স্মৃতিবিলোপের পরে

লেখক পরিচিতি

গণেশ দেবী : ইংরাজী ভাষা ও সাহিত্যের এক প্রবাদপ্রতিম অধ্যাপক। ১৯৯৬ সাল অবধি বরোদায় মহারাজা সায়াজিরাও বিশ্ববিদ্যালয়ে অধ্যাপনা করেছেন। অধ্যাপনা থেকে স্বেচ্ছাবসর গ্রহণ করে ১৯৯৬ সালে বরোদায় ভাষা রিসার্চ সেন্টার এবং তেজগড়ে আদিবাসী অ্যাকাডেমি গড়ে তোলেন। আদিবাসী এবং যাযাবর গোষ্ঠীগুলির ভাষা ও সংস্কৃতির সংরক্ষণ এবং পুনরুজ্জীবনের লক্ষ্যে তিনি নিরন্তর প্রয়াস করে চলেছেন। তাঁর এই মহান অবদানের স্বীকৃতি হিসেবে তিনি বহু পুরস্কারে ভূষিত হয়েছেন। এর মধ্যে সবচেয়ে উল্লেখযোগ্য হল ২০১৪ সালে তাঁর পদ্মশ্রী খেতাব অর্জন। পি এল এস আই গ্রন্থমালার তিনি মুখ্য সম্পাদক।

শংকর প্রসাদ সিংহ : বর্তমানে বিদ্যাসাগর বিশ্ববিদ্যালয়ে ইংরাজী বিভাগে কর্মরত। অধ্যাপক সিংহের গবেষণার বিষয়বস্তু ছিল ঊনবিংশ শতকের ইংরাজী সাহিত্য সমালোচনার ধারা। তিনি ২০০২-০৩ সালে কমনওয়েলথ পোস্ট ডক্টরাল ফেলো হিসেবে নির্বাচিত হন ও কিংস কলেজ, লন্ডন-এর সাথে যুক্ত হন। বিশ্ববিদ্যালয়ের কলাবিভাগের প্রাক্তন ডীন ও ইংরাজী বিভাগের ইউজিসি বিশেষ সহায়তা কার্যক্রমে গবেষণা প্রকল্পের প্রাক্তন কর্ণধার অধ্যাপক সিংহ নানা বিষয়ে অসংখ্য প্রবন্ধ প্রকাশ করেছেন। তাঁর রচিত ও সম্পাদিত গ্রন্থের সংখ্যা চারটি।

ইন্দ্রনীল আচার্য : বর্তমানে বিদ্যাসাগর বিশ্ববিদ্যালয়ের ইংরাজী বিভাগে অ্যাসোসিয়েট প্রফেসর পদে অধ্যাপনারত। দলিত ও আদিবাসী ভাষা সাহিত্যের গবেষণা প্রকল্পে কাজ করে চলেছেন। দেশে ও বিদেশে বহু আলোচনা চক্রে বিপন্ন ভাষা ও সংস্কৃতির উপর অনেক গবেষণাপত্র পেশ করেছেন। পরবর্তীকালে গবেষণালব্ধ তথ্য নির্ভর এইসব কাজ বহু জার্নাল ও পত্র-পত্রিকায় প্রকাশিত হয়েছে। সম্প্রতি পশ্চিমবঙ্গের বিপন্ন লোকনাটকের ধারার উপরে একটি গবেষণা প্রকল্পের কাজ সম্পন্ন করেছেন। তাঁর রচিত ও সম্পাদিত গ্রন্থের সংখ্যা ছয়।

স্মৃতিবিলোপের পরে

ভারতীয় সাহিত্য সমালোচনার ধারায় ঐতিহ্য ও পরিবর্তনের পরম্পরা

গণেশ দেবী

অনুবাদক

শংকর প্রসাদ সিংহ

ইন্দ্রনীল আচার্য

ওরিয়েন্ট ব্ল্যাকসোয়ান

এই গ্রন্থটি ১৯৯৩ সালে সাহিত্য অ্যাকাডেমি পুরস্কার প্রাপ্ত ইংরেজি গ্রন্থ, 'আফ্‌টার অ্যামনেসিয়া'-র বাংলা অনুবাদ।

স্মৃতিবিলোপের পরে : ভারতীয় সাহিত্য সমালোচনার ধারায় ঐতিহ্য ও পরিবর্তনের পরম্পরা

ওরিয়েন্ট ব্ল্যাকসোয়ান প্রাইভেট লিমিটেড

রেজিস্টার্ড অফিস
৩-৬-৭৫২ হিমায়ৎনগর, হায়দ্রাবাদ 500 029, তেলাঙ্গানা, ভারত
ইমেল : centraloffice@orientblackswan.com

অন্যান্য অফিস
কলকাতা, গুয়াহাটি, চেন্নাই, জয়পুর, নয়ডা, ভুবনেশ্বর, নয়াদিল্লি, পাটনা, বেঙ্গালুরু, ভোপাল, মুম্বাই, লখনউ, হায়দ্রাবাদ, বিজয়বাডা

প্রথম প্রকাশ ঃ ২০১৭

ISBN: 978-93-86689-59-7

অক্ষরবিন্যাস
এস.এস. এন্টারপ্রাইজেস, বিকাশপুরী, নয়াদিল্লি ১১০ ০১৮

মুদ্রক
বি.বি. প্রেস, নয়ডা

মুদ্রণ
ওরিয়েন্ট ব্ল্যাকসোয়ান প্রাইভেট লিমিটেড
৩-৬-৭৫২ হিমায়ৎনগর, হায়দ্রাবাদ 500 029, তেলাঙ্গানা, ভারত
ইমেল : info@orientblackswan.com

025788
25072017

সুরেখার প্রতি

এক মহাত্মা ও তাঁর সহধর্মিনী একটি সারিবীণা নিয়ে উপস্থিত হলেন। তাঁরা বীণার তারে ঝংকার দিয়ে একটি গান গাইতে শুরু করলেন।

তাঁরা গান শুরু করলে মহাত্মা একটি রাগ পরিবেশন করলেন, তাঁর স্ত্রী অন্য একটি রাগে গাইতে থাকলেন আর দুজনে বাদ্যযন্ত্রটি একটি তৃতীয় রাগে বাজাতে থাকলেন।

এবং গোসাভি বললেন, "হে ঘৃণ্য পাতককুল! তোমরা মৃত্যুবরণ কর।"
আর তাঁরা নিরুত্তর রইলেন।
এরপর গোসাভি স্থানত্যাগ করলেন।

শ্রী গোবিন্দপ্রভু চরিত্র, সন ১৩৯২

মূল মারাঠি গ্রন্থ *মহানুভব* থেকে অনুবাদ করেছেন অ্যান্ ফেল্ডহাউস (*দ্য ডিড্স অফ গড ইন ঋদ্ধিপুর*, ১৯৮৪)। তাঁর ব্যবহৃত 'a stringed instrument' এবং 'song' এর পরিবর্তে আমি 'সারিবীণা' ও 'রাগ' শব্দদুটি ব্যবহার করার সিদ্ধান্ত নিয়েছি।

সূচীপত্র

পেপারব্যাক সংস্করণ প্রকাশ উপলক্ষ্যে

এই নিবন্ধটি বিপুল সংখ্যক পাঠকের দৃষ্টি আকর্ষণ করেছে। আর আমার মতে পাঠকমহলে এটি অনেক বেশী সাদরে গৃহীত হয়েছে। হয়তো বা এর এতখানি কৃতিত্ব প্রাপ্য ছিল না। অগস্ট ১৯৯২ এ এর প্রথম প্রকাশকাল থেকে সংবাদপত্রের নিবন্ধে, পর্যালোচনায়, সাহিত্য পত্রিকায় ও সেমিনারে এটি বহুবার আলোচিত হয়েছে। বহুসংখ্যক সমালোচক, বন্ধু ও পাঠকেরা তাঁদের বক্তব্য ও মতামত জানিয়ে আমাকে চিঠি লিখেছেন। আমি এই নিবন্ধে পেশ করা আমার মূল যুক্তিটির ফাঁকফোকর ও অপ্রতুলতার বিষয়ে পূর্ণমাত্রায় ওয়াকিবহাল। আমার পাঠকদের কাছ থেকে যে সব মন্তব্য পেয়েছি তার পূর্ণাঙ্গ আলোচনা করতে গেলে এই নিবন্ধের সমদৈর্ঘ্যের ও সমমর্যাদার আর একটি নিবন্ধ লেখা প্রয়োজন। বর্তমান সংস্করণে *After Amnesia* র স্বপক্ষে একটি বিবরণ সংযোজন করা সম্ভব নয়। এর ফলে এই নিবন্ধে পরিবেশিত মূল যুক্তিটির মর্যাদা অনেকখানি লঘু হয়ে পড়বে। এই কারণে পূর্ববর্তী সংস্করণটিতে কোনো বড়সড় পরিবর্তন না ঘটিয়েই এর পুনঃপ্রকাশের প্রস্তুতি নেওয়া হয়েছে। অবশ্য কিছু তারিখ ও প্রসঙ্গের ক্ষেত্রে আমি কিছু ছোটখাটো সংশোধন করেছি। আমি ড. এম. এস. পাতিলকে ধন্যবাদ দেব এই নিবন্ধের বেশ কিছু খুঁত ও ভুলভ্রান্তি ধরিয়ে দেওয়ার জন্য। তিনি এই নিবন্ধটি মারাঠি ভাষায় অনুবাদ করেছেন।

১৯৯৩ সালে এই নিবন্ধটিকে সাহিত্য আকাদেমি পুরস্কার প্রদান করা হয়। আমি এই পুরস্কারের জন্য আকাদেমিকে ধন্যবাদ জানাই। একইসঙ্গে আমি এটাও ভুলে যাইনি যে পুরস্কার মাত্রেই শ্রেষ্ঠত্ব ও চরম উৎকর্ষতার অভিজ্ঞান নয়।

গণেশ দেবী

বরোদা

১২ সেপ্টেম্বর ১৯৯৪

কৃতজ্ঞতা স্বীকার

১৯৮৬ সালের সেপ্টেম্বর মাসে প্রয়াণের কয়েক মাস পূর্বে অধ্যাপক সুরেশ জোশীর সঙ্গে আলোচনার মাধ্যমে এই নিবন্ধটির একটি প্রাথমিক রূপরেখা তৈরি করা হয়েছিল। এর প্রথম খসড়াটি অক্টোবর ১৯৮৬ ও জুলাই ১৯৮৭ র মধ্যে তৈরি হয়েছিল। তখন আমি লিডস্ বিশ্ববিদ্যালয়ে কমনওয়েলথ্ এ্যাকাডেমিক স্টাফ ফেলো হিসেবে নিযুক্ত ছিলাম। এই প্রথম খসড়াটি পাঠ করেছিলেন প্রয়াত মি: আর্থার র‍্যাভেনসক্রফ্‌ট (লিডস্) ও ড. জন স্টাচনিউস্কি (ম্যান্‌চেস্টার)। এই নিবন্ধটি আংশিকভাবে পাঠ করেছিলেন ড. চন্দ্রশেখর জাহাগিরদার (শিবাজী বিশ্ববিদ্যালয়), ড. শার্লি চিউ (লিডস্ বিশ্ববিদ্যালয়) এবং মি. জ্যোতির্ময় শর্মা (হাল বিশ্ববিদ্যালয়)। যখন পুরো লেখাটি মুদ্রিত হচ্ছিল তখন মি. এস. কে. রাণা ও ড. দেবল ধারকার (বরোদা বিশ্ববিদ্যালয়) অনেক গুরুত্বপূর্ণ মতামত জানিয়েছিলেন। এই কাজটি ড. সুজিত মুখার্জীর মতামত দ্বারাও অনেক সমৃদ্ধ হয়েছে। আমি এঁদের সবাইকে ধন্যবাদ জানাই।

আমি ভারতবর্ষের বিশ্ববিদ্যালয় মঞ্জুরী আয়োগ ও এম. এস. বিশ্ববিদ্যালয়, বরোদাকে ধন্যবাদ জানাই আমাকে কমনওয়েলথ্ ফেলোশিপের জন্য মনোনীত করায় এবং বরোদায় আমার শিক্ষকতার দায়িত্ব থেকে সাময়িকভাবে অব্যাহতি দেওয়ার জন্য। লিডস্ বিশ্ববিদ্যালয়ের স্কুল অফ্ ইংলিশ এর তদানিন্তন চেয়ারম্যান অধ্যাপক জন বার্ণার্ড আমাকে ভালোভাবে কাজ করার জন্য একটি উদ্দীপক পড়াশোনার পরিবেশ দিয়েছিলেন। মি. ও মিসেস র‍্যাভেনসক্রফট ও ড. শার্লি চিউ আমার লিডস্ এর দিনগুলোকে উপভোগ্য করে তুলেছিলেন। আমি তাঁদের ধন্যবাদ জানাই।

এই কাজের মূল প্রেরণাটি আমি পেয়েছিলাম আমার ভূতপূর্ব শিক্ষক অধ্যাপক শান্তিনাথ দেশাই-এর কাছ থেকে। অধ্যাপক দেশাই বর্তমানে শিমোগার কে.ভি.পি. বিশ্ববিদ্যালয়ের উপাচার্য। আমি তাঁর কাছে বিশেষ কৃতজ্ঞ। এই প্রসঙ্গে আমি আমার স্ত্রী-র অবদানের কথাও প্রশংসচিত্তে উল্লেখ করতে চাই। এপ্রিল ১৯৮৬ থেকে মার্চ ১৯৮৯ পর্যন্ত আমি যখন এই নিবন্ধ রচনায় নিয়োজিত ছিলাম তখন তিনি আমাকে নিরন্তর সহায়তা ও উৎসাহ প্রদান করে গিয়েছিলেন।

গণেশ দেবী

প্রতিবর্ণীকরণ

প্রতিবর্ণীকরণের বেলায় দীর্ঘ স্বরধ্বনি (অ, ঈ, ঊ) এবং (মূর্ধণ্য বর্ণগুলি)র ক্ষেত্রে প্রচলিত নিয়মই অনুসরণ করা হয়েছে। দুই ব্যঞ্জনবর্ণ মধ্যস্থিত 'ঋ' দীর্ঘ ঋ হিসেবে উচ্চারিত হয়েছে। ব্যঞ্জনবর্ণের পরে 'হ' ধ্বনি ব্যবহার করে ব্যঞ্জনবর্ণটির মহাপ্রাণতা নির্দেশ করা হয়েছে। 'C' বর্ণটিকে দিয়ে 'চ', œএবং ° বর্ণ দুটি দিয়ে যথাক্রমে তালব্যবর্ণ এবং মূর্ধণ্য বর্ণ চিহ্নিত করা হয়েছে। 'M' চিহ্নটি দিয়ে পূর্ববর্তী স্বরধ্বনির নাসিক্যভবন নির্দেশ করা হয়েছে।

বেশকিছু ব্যক্তিনাম এবং স্থাননাম যেগুলির ক্ষেত্রে ইংরেজী রূপটিই ব্যবহৃত হয় সেগুলি ছাড়া বাকি নামের ক্ষেত্রে প্রয়োজনীয় উচ্চারণ নির্দেশক চিহ্ন (Diacritic mark) ব্যবহার করে প্রতিবর্ণীকরণ করা হয়েছে।

তারিখসমূহ

কোন লেখকের ক্ষেত্রে প্রযোজ্য তারিখ অথবা সময়কাল, বা কোনো লেখার রচনার সাল প্রভৃতি যখন প্রথমবার ঐ লেখক বা লেখার প্রসঙ্গে উল্লেখ করা হয়েছে তখনই বন্ধনীর মধ্যে চিহ্নিত করা হয়েছে। এই ধরনের সময়সম্বন্ধীয় তথ্য প্রয়োজনের ভিত্তিতে পুনরায় ব্যবহার করা হয়েছে। অবশ্য সুপরিচিত পশ্চিমী লেখককুল এবং সাম্প্রতিক বা সমকালীন ভারতীয় লেখকদের ক্ষেত্রে কোনো তারিখ উল্লেখ করা হয়নি। যেখানে পূর্ণাঙ্গ তথ্য পাওয়া যায়নি সেখানে নিম্নোক্ত চিহ্নগুলি ব্যবহার করা হয়েছে।

(u.) = তারিখ জানা যায়নি; (b.-) = জন্মসাল; (c.-) = লেখাটির রচনা তারিখ অথবা প্রকাশের তারিখ; (d.-) = সংশ্লিষ্ট লেখকের মৃত্যুসন।

অনুবাদকের ভূমিকা

গণেশ দেবীর *After Amnesia* বইটি ভারতীয় সংস্কৃতি চর্চার ক্ষেত্রে একটি মুক্ত চিন্তা ও জ্ঞানচর্চার দলিল।

এতাবৎকাল আমাদের সংস্কৃতিতে ইতিহাস ও সমাজবিদ্যা আলোচনায় বিজয়ী ইংরেজদের ঔপনিবেশিক আধিপত্যবাদী একদেশদর্শিতাই প্রচলিত ছিল। ইংরেজ শাসন কতটা ফলদায়ী তার প্রচারে নিয়োজিত কৌশলী লেখালেখিকে নতজানু কৃতজ্ঞতায় আমরা মান্যতা দিয়ে এসেছি এতকাল। স্বাধীনতার পরেও।

ভারতীয় সাহিত্য ও নান্দনিক চেতনায় পাশ্চাত্য সমালোচনা ধারার চর্চাতেও এই আধিপত্যবাদী ভাবনার অনিবার্য প্রভাব অনুভব করেছেন লেখক। তাঁর রচনায় আমাদের আধুনিক শিক্ষাব্যবস্থা ও সাহিত্যতত্ত্ব আলোচনার এই নব মূল্যায়ণ আমাদের সচকিত করে। তিনি স্পষ্ট ভাষায় জানান, আজকের আধুনিক ভারতীয় বিশ্ববিদ্যালয়গুলি সাহিত্য সমালোচনার ধারায় পাশ্চাত্য প্রবণতাগুলি গ্রহণ ও অনুকরণের কেন্দ্র হিসেবে গড়ে উঠেছে। এগুলি জাগতিক উন্নতিলাভের ক্ষেত্রেও গুরুত্বপূর্ণ কেন্দ্র হিসেবে সক্রিয়।

পাশ্চাত্য সভ্যতা-সংস্কৃতির প্রতি অন্ধ আনুগত্যের ফলে আমরা যে এক বিকৃত ও খণ্ডিত জ্ঞানচর্চার পথে হাঁটছি এমন অনুভব রবীন্দ্রনাথের বিভিন্ন রচনায়ও ব্যক্ত হয়েছিল। *After Amnesia* এই বিষয়টিকে বিশদে ও বহুমাত্রিক বিশ্লেষণের আতস কাঁচের সামনে এনে দিয়েছে।

এক নির্মোহ ও নির্মায়িক দৃষ্টিতে পাশ্চাত্যের আনুগত্য মুক্ত হয়ে তিনি ভাবতে পেরেছেন কিভাবে আমরা বিস্মৃত হয়ে যাচ্ছি মধ্যযুগের এক সমৃদ্ধ সংস্কৃতির সংযোগে গড়ে ওঠা ভারতবর্ষের বৈচিত্র্যের মধ্যে ঐক্যের সংস্কৃতির নান্দনিকতার পূর্ণাঙ্গ রূপ। *After Amnesia* আমাদের সেই বিস্মৃতি প্রবণতার অসুখটাকে চিহ্নিত করে এক সুস্থ ও নিরপেক্ষ সংস্কৃতি চর্চার পথ দেখিয়েছে।

এই প্রসঙ্গে উল্লেখ করা যেতে পারে যে বাংলা সমালোচনা সাহিত্যের

ক্ষেত্রে এই ধরনের একটি গ্রন্থের অভাব দীর্ঘদিন ধরেই অনুভূত হচ্ছিল। বর্তমান অনুবাদটি বিশেষ নিপুণতার সঙ্গে সেই শূণ্যস্থান পূর্ণ করবে বলে আমাদের বিশ্বাস।

বিবিধ কারণে *After Amnesia* বইটির অনুবাদ অনুবাদকের কাছে এক দুরূহ চ্যালেঞ্জ ছিল। প্রথমতঃ, মূল রচনায় বিধৃত ধারণাগুলিকে সম্পূর্ণ রূপ দেওয়ার জন্য প্রায়শই দীর্ঘ ইংরেজী বাক্যের ব্যবহার করা হয়েছিল। ফলতঃ ঐসব মৌলিক ধারণাগুলিকে বাংলা বাক্যরীতি অনুসারে পুনর্বিন্যাস করা অনুবাদকের কাছে এক কঠিন কাজ ছিল। সামগ্রিকভাবে শব্দশৃঙ্খলাটিকে পরিবর্তন করতে হয়েছিল এবং বড় বড় বাক্যকে অনেকগুলি ছোট ছোট বাক্যে রূপান্তরিত করতে হয়েছিল। দ্বিতীয়তঃ ইংরেজী শব্দের যথার্থ প্রতিশব্দ খুঁজে বার করা ও তাদের অর্থগত সাযুজ্য বজায় রাখা বাংলা ভাষার শব্দ ভান্ডারের নিরিখে বেশ শ্রমসাধ্য কাজ ছিল। কিছু সময়ে মনে হয়েছিল যে মূল ইংরেজী শব্দটি তার স্বল্প ব্যবহৃত বাংলা প্রতিশব্দটির চেয়ে অনেক বেশী বোধগম্য হবে বাঙ্গালী পাঠকের কাছে। তৃতীয়তঃ সংস্কৃত শব্দভান্ডার ও তার উচ্চারণসূচক চিহ্নগুলি মূল ইংরেজী রচনায় বহুল পরিমাণে ব্যবহৃত হয়েছে। এইসব শব্দ বাংলা হরফে লেখা ও তার উপযুক্ত ধ্বনিতাত্ত্বিক চিহ্ন ব্যবহার করা বেশ দুরূহ ব্যাপার ছিল। এইসব ক্ষেত্রে, পাঠকের সুবিধের কথা মনে রেখে সহজবোধ্য বাংলা উচ্চারণে শব্দগুলির রূপটিকে বাংলা লিপিতে প্রকাশ করা হয়েছে। সবশেষে Notes and References অংশের অনুবাদের বিষয়ে কিঞ্চিৎ আলোকপাত করা দরকার। এই অংশে প্রতিটি বই ও প্রবন্ধের শিরোনামটি ইংরেজী হরফে রেখে দেওয়া হয়েছে যাতে করে পাঠকের মনে বানান সংক্রান্ত বিষয়ে কোনো বিভ্রান্তি না জন্মায়। বাংলা হরফে লিপ্যন্তরের বিষয়টি একেবারে সীমিত কিছু অংশে প্রয়োগ করা হয়েছে। মূল ইংরেজী বাক্যগুলির সুগভীর দার্শনিক দ্যোতনা ও যুক্তিনির্ভর বিস্তৃত কাঠামোর মিশেল অনুবাদকের কাছে কড়া মোকাবিলার বিষয় ছিল। এর সবচেয়ে বড় কারণ ছিল যে ইংরেজী ও বাংলা দুটি একেবারে ভিন্ন ধরনের ভাষা। এমনকি 'অ্যামনেসিয়া' শব্দটির যথার্থ বাংলা তর্জমা নিয়েও যথেষ্ট সমস্যার সম্মুখীন হতে হয়েছিল। অনেক সম্ভাব্য প্রতিশব্দের গভীর বিশ্লেষণের পরে একটি বিশেষ শব্দ নির্বাচন করা হয়। যেভাবে এই অনুবাদে ফরাসী ও জার্মান শব্দগুলির লিপ্যন্তর করা হয়েছে তা নিয়ে বিরুদ্ধমত থাকতেই পরে। যদিও এইসব ক্ষেত্রে কোনো সমস্যা

দেখা দিলে মূল ইংরেজী রচনাটির সঙ্গে পাঠকের নিবিড় যোগ স্থাপিত হওয়া উচিত।

এই গ্রন্থের অনুবাদ প্রকল্পে আমরা যাঁদের সহায়তায় সমৃদ্ধ হয়েছি তাঁদের কাছে বিশেষ কৃতজ্ঞতা প্রকাশ করি। বিদ্যাসাগর বিশ্ববিদ্যালয়ের বাংলা বিভাগের প্রথিতযশা অধ্যাপক ড. লায়েক আলি খান তাঁর সুচিন্তিত মতামত প্রকাশ করে অনুবাদকর্মের গুণমান উন্নয়নে প্রভূত সহায়তা করেছেন। ইন্ডিয়ান স্ট্যাটিসটিক্যাল ইনস্টিটিউট, কলকাতার ভাষাতত্ত্বের অধ্যাপক ড. নীলাদ্রিশেখর দাশ প্রতিবর্ণীকরণ সংক্রান্ত বিষয়ে মূল্যবান মতামত প্রকাশ করে উচ্চারণগত যথার্থতা নিরূপণে আমাদের অশেষ সাহায্য করেছেন। এছাড়াও এই অনুবাদকর্ম সম্পন্ন করার ক্ষেত্রে বিদ্যাসাগর বিশ্ববিদ্যালয়ের সঙ্গে যুক্ত অনিন্দিতা সেন, অঞ্জলি আট্টু, জগদীশ মাহাতা ও সব্যসাচী পাত্র আমাদের নানাভাবে সহায়তা করেছেন। এই সুযোগে আমরা তাঁদের সকলকে আমাদের ধন্যবাদ জানাই।

ভূমিকা

এই প্রবন্ধের বিষয়বস্তু হল সমকালীন ভারতবর্ষে সাহিত্য সমালোচনার ধারা। সাধারণভাবে যা ভারতীয় সমালোচনা সাহিত্যের সংকট হিসেবে চিহ্নিত, তার বর্ণনা ও ঐতিহাসিক প্রেক্ষিতে তার ব্যাখ্যার উদ্দেশ্যে বর্তমান আলোচনার অবতারণা করা হয়েছে। বর্তমানে প্রচলিত বিভিন্ন তাত্ত্বিক অবস্থানের কোন বিশ্লেষণ এই প্রবন্ধের উদ্দেশ্য নয়। সমকালীন ভারতীয় সাহিত্য সম্পর্কে কোন নতুন ও অর্থবহ তাত্ত্বিক প্রশ্ন উত্থাপন করতে হলে প্রথমে এই ক্ষেত্রের ঐতিহাসিক মানদণ্ডগুলি নির্দিষ্টভাবে চিহ্নিত করা প্রয়োজন। সাহিত্য সমালোচনার ধারা ও তার কার্যকারিতা বিষয়ে প্রাসঙ্গিক ও প্রয়োজনীয় আলোচনার কিছু পূর্বশর্ত আছে। সেগুলি সংক্ষেপে এইভাবে বলা যেতে পারে — সাহিত্য ও সাহিত্য সমালোচনার পরিপ্রেক্ষিত সম্পর্কে সচেতনবোধ ও ধারণা, ভারতীয় সাহিত্য সমালোচনার ঐতিহ্য সম্পর্কে সম্যক জ্ঞান এবং সেই ঐতিহ্যের আধুনিক রূপান্তর সম্পর্কে প্রকৃষ্ট উপলব্ধি এই বৃহত্তর প্রেক্ষিত সম্পর্কে স্পষ্ট জ্ঞান থাকলে একজন ভারতীয় সমালোচক ও তাত্ত্বিক প্রশ্নগুলি সঠিকভাবে চিহ্নিত ও আলোচনা করতে পারবেন।

ভারতীয় সাহিত্য ও নান্দনিক চেতনায় পাশ্চাত্য সমালোচনার ধারা একটি নতুন স্রোতরূপে দেখা দিয়েছে। এটাও সাধারণভাবে স্বীকার করা হয় যে এর অভিঘাতে আমাদের পরম্পরাগত সমালোচনার ধারা পুরোপুরি স্থানচ্যুত হয়েছে। কিন্তু আমাদের পরম্পরার স্রোতে কি এমন কোন পলি ছিল না যা এই নব্যস্রোতকে কোনভাবে প্রভাবিত করতে পারেনি ? এছাড়াও অন্য কয়েকটি প্রাসঙ্গিক প্রশ্ন থেকেই যায়। আমাদের প্রাচীন স্রোত কি কেবলমাত্র একটি মূলস্রোত, না তার মধ্যে অনেকগুলি ক্ষুদ্র ক্ষুদ্র ধারা বিলীন হয়ে আছে ? হয়তো তা আমাদের দৃষ্টি ও বোধের বাইরে রয়ে গেছে। বিজাতীয় এক ধারায় আমাদের দেশীয় ঐতিহ্যের অপসারণ কি একটি সরল ও একমাত্রিক ঘটনা ? এই সব প্রশ্নের সন্তোষজনক উত্তর আমরা জানি না। কিন্তু এর চেয়েও বড় একটি প্রশ্ন আমাদের বিচার বিশ্লেষণের দাবী করে। ভারতীয় সমালোচনার ধারায় যে সংকট উপস্থিত হয়েছে তার সঠিক

প্রকৃতি আমাদের জানা প্রয়োজন। প্রশ্নটি সংস্কৃত কাব্যচিন্তা বা পাশ্চাত্য নন্দনতত্ত্বের বিষয় নয়। প্রশ্নটি ভারতীয় ভাষাসমূহে সাহিত্য সমালোচনার সঙ্গে সম্পর্কযুক্ত।

ভারতীয় প্রত্যেকটি ভাষা সাহিত্যে একটি সুসংবদ্ধ ঐতিহ্য আছে। কন্নড় ও তামিলের মতো ভাষার সাহিত্যের ইতিহাস সহস্রাধিক বছরেরও বেশী প্রাচীন। অন্যান্য ভাষার মধ্যে মারাঠী ও গুজরাতী ভাষার ইতিহাস প্রায় সাতশো বা আটশো বছরের পুরানো। ভারতীয় ভাষাসাহিত্য সমূহ যখন সংস্কৃত কাব্যতত্ত্বের নিগূঢ় তত্ত্ব থেকে দ্রুত মুক্ত হচ্ছিল তখনও কিন্তু পাশ্চাত্য নন্দনতত্ত্বের প্রভাব অনুভূত হয়নি। ব্রিটিশ ঔপনিবেশিক অভিজ্ঞতার মধ্য দিয়েই পাশ্চাত্য নন্দনতত্ত্বের সঙ্গে ভারতীয়দের যোগাযোগ গড়ে উঠেছে। উদাহরণ স্বরূপ বলা যায় যে মারাঠি সাহিত্যের গৌরবময় সূচনা ঘটে ত্রয়োদশ শতকে অথচ মারাঠি সমালোচনা সাহিত্যের সূত্রপাত ঘটে উনবিংশ শতাব্দীর মধ্যভাগে দাদোবা পান্ডুরং (১৮৬৫), পরশুরাম তাঁতিয়া গোড়বোলে (১৮৬৭) এবং মহাদেব মোরেশ্বর কুন্তে (১৮৬৯) রচিত 'মুখবন্ধগুলির' মধ্য দিয়ে।[১] সাধারণভাবে এই ধারণাই প্রচলিত আছে। একইভাবে মনে করা হয় যে গুজরাতে সাহিত্যের ঐতিহ্য শুরু হয়েছে হেমচন্দ্র (১০৮৮-১১৭৩) দ্বারা সংকলিত অভিধান এবং তাঁর রচিত কবিতার মাধ্যমে। হেমচন্দ্র অবশ্য সংস্কৃতেও উল্লেখযোগ্য সমালোচনা সাহিত্যের স্রষ্টা। কিন্তু গুজরাতি সমালোচনা সাহিত্যের ঐতিহ্য শুরু হয়েছে মাত্র নওলরাম (১৮৩৬-১৮৮৮) এবং গোবর্ধনরামের[২] (১৮৫৫-১৯০৭) সময় থেকে।[২] অন্তত লিখিত তথ্য এইরকমই নির্দেশ করে। কিন্তু এটা কি বিশ্বাসযোগ্য যে এই ভাষাগুলিতে অর্ধসহস্র বছরের অধিককাল ধরে উৎকৃষ্ট সাহিত্য রচিত হয়েছে অথচ অত্যন্ত স্থূলভাবে হলেও সমালোচনা সাহিত্যের কোন সূচনা ঘটেনি ? অথবা আমরা কি ধরে নেব যে ভারতীয় সাহিত্যের ইতিহাস-চর্চা সমালোচনার ধারা সম্পর্কে একেবারেই অজ্ঞ ছিল ?[৩]

যদি একটি অধিকতর বিশ্বাসযোগ্য সাহিত্যের ইতিহাস রচনা করতে হয় তাহলে ভারতের ভাষাসাহিত্যের ঐতিহ্য বিষয়ে আরো সঠিক তথ্য আহরণ ও বিশ্লেষণ প্রয়োজন। আলাদা আলাদাভাবে দেখা দরকার, মুদ্রণ প্রযুক্তির প্রভাবে কীভাবে অনেক বেশী সংখ্যায় সমালোচনামূলক রচনার সৃষ্টি হয়েছিল এবং আমাদের সমালোচনা সংক্রান্ত চেতনায় এর প্রভাব কতটা গভীর। একইরকমভাবে ভারতীয় ঐতিহ্যের সঙ্গে পাশ্চাত্য 'আধুনিকতার' সংশ্লেষও গভীর বিশ্লেষণের দাবী রাখে। বিদেশী বৌদ্ধিক প্রকরণগুলি আত্মীকরণের অনেক আগেই সেগুলি

ভারতীয় চেতনায় নিজস্ব স্থান পায়। স্বাভাবিকভাবেই নতুনভাবে নির্ধারিত এক ঐতিহাসিক পরিপ্রেক্ষিতে সমস্ত বিষয়টি পর্যালোচনার ধারা সম্পর্কে এক অধিকতর প্রয়োজনীয় এবং বাস্তবসম্মত ইতিহাস রচিত হলে সেটা সংস্কৃত নন্দনতত্ত্ব ও পাশ্চাত্য সমালোচনার নিশ্চল প্রতিমা থেকে ভারতীয় সমালোচনা সাহিত্যকে উদ্ধার করতে পারে।

আধুনিক ভারতবর্ষে যে কোন সাহিত্য বিষয়ক আলোচনায় বা সাহিত্য সমালোচনায় 'ভারত' ও 'পাশ্চাত্য' এই দুটি শব্দের প্রয়োগ অবধারিত। 'ইন্ডিয়া' শব্দটি মানচিত্রের পাতায় অর্থবহ হতে পারে, কিন্তু সাংস্কৃতিক অভিধা হিসেবে চূড়ান্তভাবে অনুপযুক্ত ও অতিসরলীকৃত। উপনিবেশবাদী ইতিহাস রচনার ফলশ্রুতিতে উদ্ভূত 'ইন্ডিয়া' শব্দটির মধ্যে এক প্রকার রাজনৈতিক রঙ এবং সাংস্কৃতিক স্মৃতিভ্রংশের যোগ রয়েছে। একথাও বলা যেতে পারে যে উপনিবেশবাদ পাশ্চাত্য সম্পর্কে ভারতেও একইরকমভাবে ভ্রান্ত এক ধারণার জন্ম দেয়। যার ফলে বাস্তবে পাশ্চাত্য যা তার থেকে অনেক বড় ও অপ্রতিরোধ্য শক্তিরূপে প্রতিভাত হয়। পাশ্চাত্য সম্পর্কে ভারতীয় ধারণায় তাই এক ধরনের আদর্শায়িত ও অনৈতিহাসিক সংকীর্ণতা পরিলক্ষিত হয়।[৪] এই সংকীর্ণ ঔপনিবেশিক জ্ঞানতত্ত্বের ফলে সাংস্কৃতিক মূল্যবোধের একটি মিথ্যা কাঠামো গড়ে উঠেছে। যার ফলে উৎকৃষ্ট (পাশ্চাত্য) ও নিকৃষ্ট (ভারতীয়) — এই দুই ভাগে জ্ঞানকে স্তরীভূত করা হয়েছে।

এই ভ্রান্ত দর্শন কিভাবে ভারতীয় সমালোচনা সাহিত্যের ধারাকে অযৌক্তিক পথে চালিত করেছে বর্তমান প্রবন্ধে তা পরিস্ফুট করার চেষ্টা করা হয়েছে। এই প্রবন্ধের পাতায় ব্যবহৃত 'ইন্ডিয়া' শব্দটি এই উপমহাদেশের কোন সাংস্কৃতিক ঐক্য বা সংযুক্তির ধারণাকে পূর্বশর্ত হিসাবে স্বীকার করে না। এ বিষয়ে সন্দেহ নেই যে কোন কাল্পনিক সাংস্কৃতিক একক বা ঐক্যের ধারণার ভিত্তিতে কথা না বলে নির্দিষ্ট ভাষাগত ঐতিহ্য ও অঞ্চলের ভিত্তিতে আলোচনা অধিকতর অর্থপূর্ণ হবে। 'আধুনিক ভারতীয় ভাষায় রচিত সাহিত্য' — এরূপ একটি জটিল ও দীর্ঘ শব্দবন্ধের পরিবর্তে বর্তমান প্রবন্ধে আমি সবসময় আমাদের ঐতিহ্যের সঙ্গে সংগতিপূর্ণ 'ভাষাসাহিত্য' শব্দটি ব্যবহার করেছি। এইভাবে 'ভাষাসাহিত্য' বা 'ভাষা সমালোচনা সাহিত্য' ব্যবহৃত হয়েছে। আসলে শব্দদুটিকে ভারতের বিভিন্ন ভাষায় রচিত সাহিত্য ও সমালোচনাকে বোঝানোর সংক্ষিপ্ত নির্দেশসূচক হিসেবে গণ্য করতে হবে। যেভাবে আমরা ইউরোপীয় সাহিত্য ও কমনওয়েলথ সাহিত্য

শব্দবন্ধ ব্যবহার করি এগুলিও সেইভাবেই গ্রহণ করতে হবে।

ভারতের সমকালীন সাহিত্য সমালোচনায় সংকটের সৃষ্টি হয়েছে একপ্রকার সাংস্কৃতিক স্মৃতি বিলোপের কারণে। এই সংকটের স্বরূপ বিশ্লেষণ করতে গিয়ে আমি বেশ কয়েকটি ভারতীয় ভাষা থেকে উদাহরণ সংকলন করেছি, যদিও মূলত আমি নির্ভর করেছি গুজরাতি ও মারাঠি সাহিত্যের উপরেই। কারণ এই দুটি ভাষা আমি বুঝি। মাঝে মাঝে অবশ্য আমি ভারতীয় ইংরাজি সমালোচনা থেকেও সাহায্য নিয়েছি। এমন অনেক ভারতীয় ভাষার সাহিত্য সমালোচক আছেন যাঁরা ইংরাজি ভাষায় সমালোচনাতেও সমানভাবে সক্রিয়। বস্তুতপক্ষে দ্বিভাষিকতা ভারতীয় সাহিত্য ও সমালোচনার ক্ষেত্রে একটি অত্যন্ত স্বাভাবিক পুরানো বৈশিষ্ট্য। বিষয়টি ভারতীয়দের সাংস্কৃতিক ক্রিয়াকর্মের একটি স্বাভাবিক কৌশল হিসাবে গণ্য করতে হবে। কারণ ভারতীয় জনগোষ্ঠী 'মার্গ' ও 'দেশি' — বৃহৎ ঐতিহ্য ও ক্ষুদ্র ঐতিহ্যের এক দ্বান্দ্বিক পরিমণ্ডলে পরিপুষ্ট হয়েছে। কাজেই বিষয়টিকে কেবল একটি ভাষাগত পছন্দের নিরিখে বিচার করা যুক্তিযুক্ত হবে না। যাইহোক, বর্তমান প্রবন্ধের মূল উপজীব্য অবশ্যই ভাষাসাহিত্য সমালোচনা ।

বর্তমান প্রবন্ধে আমি বৌদ্ধিক অনুসন্ধানের পাশ্চাত্য আদর্শকে যতদূর সম্ভব সচেতনভাবে পরিহার করার চেষ্টা করেছি। পরিবর্তে আধুনিক ভারতীয় ব্যাখ্যা ও বিশ্লেষণের উপর নির্ভর করেছি। সাম্প্রতিককালে কিছু মননশীল বুদ্ধিজীবির সামগ্রিক প্রচেষ্টার মাধ্যমে এই বিতর্ক ও ব্যাখ্যা ধীরে ধীরে উদ্ভূত হচ্ছে। এই প্রসঙ্গে সমাজবিজ্ঞানে এম. এন. শ্রীনিবাস, ইতিহাসে রোমিলা থাপার ও রণজিৎ গুহ, রাষ্ট্রবিজ্ঞানে অনিল শীল ও পার্থ চ্যাটার্জী, মনোবিজ্ঞানে সুধীর কাক্কর, সাংস্কৃতিক ইতিহাসে আশিস নন্দী এবং সমালোচনা সাহিত্যের ক্ষেত্রে মীনাক্ষি মুখার্জী ও বালচন্দ্র নেমাডের নাম উল্লেখযোগ্য। অবশ্য এই ক্রমবর্ধমান তাত্ত্বিক আলোচনার মধ্যে অনেক অস্পষ্টতার জায়গা আছে। ফলত: এই আলোচনার উপরে ভিত্তি করে গড়ে ওঠা যুক্তির মধ্যে স্থূলতা অপরিহার্য। তা সত্ত্বেও অতিমাত্রায় জটিল ও ইউরোপ কেন্দ্রিক কোন তত্ত্বের উপর নির্ভর করা অপেক্ষা এই ক্রমগঠিত ভারতীয় তাত্ত্বিক কাঠামোর উপরে নির্ভর করা আমার মতে অনেক বেশী কাম্য এক সাংস্কৃতিক কৌশল। কারণ বর্তমান প্রবন্ধে আমি সমালোচনা সাহিত্যকে কোন বিমূর্ত তাত্ত্বিক কাঠামো হিসাবে না দেখে সাংস্কৃতিক ক্রিয়াকাণ্ডের উপধারা হিসেবেই দেখেছি।

তাই বলে পাশ্চাত্যকে অনুসরণ করার ভারতীয় প্রবণতাকে কেবলমাত্র

নিন্দাযোগ্য মনে করার কোন কারণ নেই। এমনকি বিংশ শতকের সবচেয়ে মৌলিক ভারতীয় চিন্তাবিদরা — শ্রী অরবিন্দ, মানবেন্দ্র নাথ রায় ও মহাত্মা গান্ধী — পাশ্চাত্য চিন্তার প্রভাব এড়িয়ে যেতে পারেন নি। সাংস্কৃতিক ক্রিয়াকর্মের রূপ এবং বৌদ্ধিক প্রতিষ্ঠানসমূহ ক্রমাগত পরিবর্তিত হতে থাকে এবং এমন কোন উত্তর ঔপনিবেশিক সমাজ গড়ে ওঠেনি যা ঔপনিবেশিকযুগের প্রভাব থেকে সম্পূর্ণ মুক্ত হয়েছে। ইচ্ছে করলেই কোন দেশ তার ঔপনিবেশিক অতীতকে মুছে ফেলতে পারে না। কিন্তু অতীতে সৃষ্ট বৌদ্ধিক আলোচনার পদ্ধতি ও প্রকরণের যাথার্থ ও কার্যকারিতাকে বারংবার প্রশ্নচিহ্নের সম্মুখীন করাটা অত্যন্ত বাঞ্ছনীয়।

ঔপনিবেশিক অভিজ্ঞতা যে কোন প্রাক্তন উপনিবেশের সমাজে নানারকম স্ববিরোধী প্রবণতার সৃষ্টি করে। একটি প্রবল প্রবণতা হল ঔপনিবেশিক শাসকের ক্রিয়াকর্মের অনুকরণ করা ও তাদের অনুমোদন আদায় করা। কিন্তু একই সময়ে ঔপনিবেশিক অভিজ্ঞতা প্রবল জাতীয় চেতনারও উন্মেষ ঘটিয়েছে এবং ঔপনিবেশিক প্রভাবকে প্রতিহত করার প্রবণতারও জন্ম দিয়েছে। এই অভিজ্ঞতা যুগপৎ পুনরুজ্জীবনবাদী রোম্যাণ্টিক স্বপ্ন ও কঠোর বাস্তববাদী রাজনৈতিক চেতনার জন্মদাত্রী। অনেকগুলি স্ববিরোধী প্রবণতার সৃষ্টির ফলে সংস্কৃতি ক্ষেত্রে এক অদ্ভুত ও অগভীর চালিকাশক্তির প্রাদুর্ভাব ঘটে। এর ফলে ঔপনিবেশিক সমাজ একই সঙ্গে প্রবলভাবে প্রগতিশীল ও ততোধিক প্রবলভাবে প্রতিক্রিয়াশীল এবং কার্যত একধরনের নিশ্চলতায় আক্রান্ত হয়। এই সাংস্কৃতিক নিশ্চলতার প্রকৃত স্বরূপ অনুধাবন করার জন্য এক নতুন ও যথোপযুক্ত ইতিহাস রচনার প্রয়োজনীয়তা অনস্বীকার্য।

কাল্পনিক পুনরুজ্জীবনবাদী ইতিহাসের পুনর্নির্মাণের ফলে সাংস্কৃতিক পরিবর্তনসমূহ ও তাকে সঠিকভাবে অনুধাবন করার পদ্ধতিগুলির মধ্যে ফাটল প্রকটতর হতে থাকে। একইরকমভাবে আধুনিকীকরণের পদ্ধতিগুলিকে অনেক সময় উন্নতির এক ঐক্যবদ্ধ রূপ হিসেবে গণ্য করার চেষ্টা করা হয়। কিন্তু এইরকম মতাদর্শগত ও অযৌক্তিক ধ্যানধারণা সমালোচনা সাহিত্যের মতো কোন যুক্তিবাদী প্রাতিষ্ঠানিক ক্রিয়াকে সন্তোষজনকভাবে ব্যাখ্যা করতে পারে না। কারণ সমালোচনা সাহিত্য ঐতিহ্য ও পরিবর্তনের কোন মতাদর্শগত কাঠামোর নিগড়ে বদ্ধ থাকে না। বর্তমান প্রবন্ধটিকে ভারতবর্ষের সমালোচনা সাহিত্যের সংকট বিশ্লেষণের একটি পরিমিত প্রচেষ্টা হিসেবে গণ্য করতে হবে।

প্রত্যেক সাহিত্য তার নিজস্ব প্রয়োজনানুগ সাহিত্যের ইতিহাস রচনার দাবী

করে। ভারতবর্ষে এই ক্ষেত্রটি প্রায় সম্পূর্ণরূপে অবহেলিত রয়েছে।[৫] এই অবহেলার একটি প্রধান ফলশ্রুতি হল যে ভারতীয় সাহিত্য ও সংস্কৃতি বিষয়ে উইলিয়ন জোন্স, এ্যালবার্ট ওয়েবার, জর্জ গ্রিয়ারসন, মরিস উইন্টারনিৎস[৬] এর মতো ইউরোপীয় ভারততত্ত্ববিদদের নির্দেশিত সাধারণ ধারণার কাঠামোটি আজও সমানভাবে গ্রহণীয় হয়ে রয়েছে। এই কথা বলার অর্থ এই নয় যে সাহিত্যের ইতিহাস রচনার ক্ষেত্রে কোন ভারতীয় পণ্ডিতের কোন অবদান নেই। কিন্তু উপরোক্ত পাশ্চাত্য ভারত তাত্ত্বিকদের সৃষ্ট সাধারণ ধারণাটি এখনও ক্রিয়াশীল। এর মূল কথাটি হল যে আধুনিক ভারতীয় সাহিত্যের সূত্রপাত ঘটেছে ব্রিটিশ ঔপনিবেশিক যুগ থেকে। ভারততত্ত্ববিদ স্যার উইলিয়ম জোন্স ১৭৬১ খ্রিস্টাব্দে তাঁর "Third Anniversary Discourse" শীর্ষক রচনায় ঘোষণা করলেন যে, "ভারতের ইতিহাস সংক্রান্ত সমস্ত অনুসন্ধানে বর্তমানের দিকে একাদশ শতকের সূচনায় মুসলিম বিজয়ের সময় পর্যন্ত আমার গবেষণা সীমায়িত রাখব। কিন্তু অতীতের দিকে এই অনুসন্ধান মানব সভ্যতার সর্বাপেক্ষা প্রাচীন নির্ভরযোগ্য দলিল পর্যন্ত যাবে।"[৭]

এই মতের প্রভাবে ধ্রুপদী ভারত হল 'গৌরবময়', ব্রিটিশ ভারত হল 'প্রগতিশীল' এবং মধ্যবর্তী শতকগুলি সাংস্কৃতিক দিক থেকে নিরবচ্ছিন্ন তমসাচ্ছন্ন কাল হিসেবে পরিগণিত হল। বিভাজনের এই পদ্ধতিগত সুবিধা কালক্রমে ইতিহাস রচনার ক্ষেত্রে স্থায়ী ধারণায় পরিণত হল। এমনকি সাহিত্যের ইতিহাস প্রণয়নের ক্ষেত্রেও এটি অবিসংবাদিত একটি নীতি হিসেবে স্বীকৃত হল। এই রকম ভ্রান্ত ইতিহাস রচনার মূল ধারণা থেকে উদ্ভূত সমালোচনা সাহিত্যে স্বাভাবিকভাবেই নূতন তাত্ত্বিক ভূমি বিকাশের পরিপন্থী। বর্তমান প্রবন্ধে ভারতের সমালোচনা সাহিত্যের সংকট বিশ্লেষণের চেষ্টার, সঙ্গে সঙ্গে একটি বিকল্প ও পরীক্ষামূলক ইতিহাস রচনার চেষ্টা করা হয়েছে।

ঐতিহ্য ও স্মৃতিবিলুপ্তি

খ্রিস্টীয় তৃতীয় শতাব্দী থেকে দশম শতাব্দী পর্যন্ত ধ্রুপদী ভারতবর্ষে সাংস্কৃতিক সৃষ্টিকর্মের যে বিভিন্ন রূপ গড়ে উঠেছিল, বর্তমান সহস্রাব্দের সূচনায় সেগুলি যুগান্তকারী পরিবর্তনের সম্মুখীন হয়। এই পরিবর্তনের মধ্যে সর্বাপেক্ষা মৌলিক হল সমস্ত ভারতীয় উপমহাদেশে নতুন নতুন ভাষার উদ্ভব। এই নতুন ভাষাগুলি সংস্কৃত ভাষা ও তার ভিত্তিতে গঠিত সংস্কৃতির বিরুদ্ধে আঞ্চলিক ও প্রতিষ্ঠানবিরোধী আকাঙ্ক্ষা প্রকাশের মাধ্যম হিসেবে দেখা দিল। তামিল ভাষার বিরুদ্ধে দক্ষিণ ভারতে প্রায় একই ধরনের আন্দোলন শুরু হল। প্রায় দু'হাজার বছরের নিরবচ্ছিন্ন ইতিহাসের পরে তামিল ভাষা থেকে তেলুগু ভাষার উদ্ভব হল (একাদশ শতক)। তার আগেই, তামিল ভাষার স্বতন্ত্র উপভাষা হিসেবে কন্নড় ভাষা তৈরি হয়েছিল (পঞ্চম শতাব্দী)। প্রায় ন'শো বছর পরে তামিল ও কন্নড় এই দুই ভাষার সম্মিলন মালয়ালাম ভাষার জন্ম দিল (চতুর্দশ শতক)। উত্তর ভারতে অপভ্রংশ হিসেবে পরিচিত আঞ্চলিক উপভাষাগুলি নিজেদের স্বাতন্ত্র্য ঘোষণা করতে থাকল। এর ফলশ্রুতি হিসাবে পূর্ব ভারতে মধ্য-ইন্দো-এরিয়ান উপভাষা বাংলা ও ওড়িয়া এই দুই ভাগে বিভক্ত হল (দশম শতক)। পরবর্তীকালে বাংলা থেকে অসমিয়া ভাষার সৃষ্টি হল (ত্রয়োদশ শতক)। উত্তর-পশ্চিম ভারতীয় অপভ্রংশ থেকে ধীরে ধীরে গড়ে উঠল কাশ্মীরি (ত্রয়োদশ শতক), সিন্ধি (পঞ্চদশ শতক) এবং পাঞ্জাবি (পঞ্চদশ শতক)। মধ্য ইন্দো-এরিয়ানের পশ্চিম ভারতীয় অপভ্রংশ হিসেবে গড়ে উঠল হিন্দী (যা উনবিংশ শতকের সূচনা অবধি অনেকগুলি স্বতন্ত্র উপভাষা হিসেবে প্রচলিত ছিল), গুজরাতি (একাদশ শতক) এবং মারাঠি (একাদশ শতক)। হিন্দী পরিবারের উপভাষাগুলি চতুর্দশ শতকে সম্পূর্ণভাবে স্বাধীন অস্তিত্ব নিয়ে উপস্থিত হল। এই ভাষার সঙ্গে বিভিন্ন ইসলামি ভাষার যোগাযোগ গড়ে উঠল; যেমন ফারসি যা ভারতবর্ষে ত্রয়োদশ শতাব্দী থেকে উনবিংশ শতাব্দী পর্যন্ত ব্যবহৃত হত এবং আরবি যা ভারতবর্ষে একাদশ থেকে

ঊনবিংশ শতাব্দী পর্যন্ত ব্যবহৃত হত। এই যোগাযোগের ফলে সেনাছাউনিতে* উর্দু নামে এক নতুন ভাষার জন্ম হল এবং পরবর্তীকালে এই ভাষা এক মহান সাহিত্যের জন্মদাত্রী হিসেবে খ্যাতি লাভ করে।

উপরে উল্লিখিত ভাষাগুলির কোন কোনটির জন্মের ইতিহাস আরও আগের কোন শতাব্দীতে খুঁজে পাওয়া যেতে পারে। উদাহরণস্বরূপ বলা যায় যে ইতস্তত উৎকীর্ণ লিপি ও বিক্ষিপ্ত কবিতার মধ্যে গুজরাতি ও মারাঠি ভাষার প্রাথমিক রূপটি অষ্টম শতাব্দী থেকে দেখতে পাওয়া যায়।[১] অবশ্য তাদের পরিচিত সাহিত্য ঐতিহ্য গড়ে উঠতে আরো অনেক সময় লেগেছিল। স্বতন্ত্র ভাষা হিসেবে আত্মপ্রকাশ করার অন্তত একশ বা দু'শ বছর পরে এই ভাষাদুটির সাহিত্য ঐতিহ্য গড়ে ওঠে। যাই হোক না কেন, প্রায় প্রত্যেকটি ভাষা পঞ্চদশ শতকে সাহিত্য সৃষ্টির উপযোগী হয়ে ওঠে। এই সাহিত্য ঐতিহ্য দুই পর্বে দীর্ঘ বিদেশি শাসনের অভিঘাতেও অটুট ছিল। অনেকগুলি ভাষাই যথেষ্ট সংখ্যক উচ্চমানের সাহিত্য ও সাহিত্যিকের জন্ম দেওয়ার দাবী করতে পারে। এতগুলি চিন্তাঋদ্ধ সাহিত্য ঐতিহ্যের উদ্ভব ও উদ্বর্তন ভারতের সাংস্কৃতিক ইতিহাসের সবচেয়ে উল্লেখযোগ্য ঘটনা।

মারাঠি ভাষায় সর্বপ্রথম গদ্যরচনা হল মাইভাটার *লীলাচরিত্র* (১২৭৮ খ্রিস্টাব্দে রচিত)। অদ্যাবধি বিদ্যমান সর্বাপেক্ষা প্রাচীন পদ্যসাহিত্যের নমুনা হিসেবে মুকুন্দরাজার *বিবেকসিন্ধু* (সঠিক তারিখ বিতর্কিত)র নাম করা যেতে পারে। জ্ঞানদেবের *জ্ঞানেশ্বরী* (১২৯০ সালে রচিত) প্রথম উচ্চপ্রশংসিত মারাঠি ধ্রুপদী সাহিত্য হিসেবে গণ্য হয়। সাধক-কবি ও বৈয়াকরণ হেমচন্দ্র দ্বাদশ শতাব্দীতে গুজরাতি সাহিত্য ঐতিহ্যের সূচনা করেন। যে সময়ে এই নতুন নতুন ভাষাতে সাহিত্যের ঐতিহ্যের সূত্রপাত ঘটছিল তখন সংস্কৃতে সাহিত্য সমালোচনা অত্যন্ত উন্নত ও জটিল একটি শাখা হিসেবে প্রতিষ্ঠিত হয়ে গেছে। তামিল ভাষাতেও পরিস্থিতি অনেকটা সংস্কৃতের মতোই ছিল। প্রায় ষোলশ' বছর ধরে সংস্কৃতে একটি অত্যন্ত উচ্চমানের সাহিত্য-ঐতিহ্য স্বীকৃত ও প্রতিষ্ঠিত। এই ঐতিহ্য খ্রিস্টপূর্ব পঞ্চম শতকে ব্যাসদেব থেকে একাদশ খ্রিস্টাব্দে ভোজের সময় পর্যন্ত বিস্তৃত। সৃজনশীল সাহিত্যের এই মহান ঐতিহ্য সংস্কৃত সমালোচনা সাহিত্যকে একটি অত্যন্ত জটিল ও উচ্চমানের চিন্তাপ্রণালী রূপে গড়ে উঠতে সাহায্য করেছিল।

---

*দক্ষিণ ভারতে, বিশেষ করে গুলবর্গা অঞ্চলে আরবি সৈন্যদের ছাউনিতে উর্দু ভাষা গড়ে উঠেছিল

সংস্কৃত বৈয়াকরণ, পণ্ডিত ও লেখকেরা ভাষা ও ভাষাতত্ত্ব বিষয়ে গভীরভাবে অনুধাবন করেছিলেন (পাণিনি – খ্রিস্টপূর্ব চতুর্থ শতক; বররুচি খ্রিস্টীয় প্রথম শতক, পতঞ্জলি দ্বিতীয় শতক)। একইভাবে শব্দচয়ন, রচনাশৈলী ও ছন্দোবিজ্ঞান (বামন – অষ্টম শতক; ভোজ – একাদশ শতক), নাট্যশাস্ত্র, নৃত্যকলা ও মঞ্চাভিনয় (ভরত – চতুর্থ শতক), রূপকালঙ্কার, প্রতীক ও শব্দচয়ন (আনন্দবর্ধন – অষ্টম শতক; অভিনবগুপ্ত – একাদশ শতক), সাহিত্যের বিভিন্ন বিভাগ ও রূপ (ভামাহ – পঞ্চম (?) শতক), সাহিত্যের সমাজতত্ত্ব (রাজশেখর – দশম শতক) ইত্যাদি নানা বিষয়েও তাঁরা গভীর চিন্তার ছাপ রেখেছেন। ভারতীয় ন্যায়শাস্ত্রের অনুসারী এই সমস্ত সমালোচকদের চিন্তাপ্রণালী অত্যন্ত সুশৃঙ্খলভাবে পুঁথিতে সংরক্ষিত। নাটক ও কবিতা সংক্রান্ত নানা তত্ত্ব বিশ্ববিদ্যালয়ে পঠিত, পণ্ডিতদের দ্বারা ব্যাখ্যাত ও দার্শনিকদের দ্বারা বিবেচিত হত। উদাহরণস্বরূপ বলা যেতে পারে যে, নবম শতকে শংকরের অদ্বৈত বেদান্ত দর্শনে ভাষাতত্ত্বের 'স্ফোট' সংক্রান্ত ধারণাটি অত্যন্ত গুরুত্বপূর্ণ স্থান অধিকার করেছিল। 'স্ফোট' শব্দের অর্থ হল কোন আকস্মিক বিস্ফোরণ। যে জটিল প্রক্রিয়াতে একটি বাকপ্রতিমা কোন অর্থপূর্ণ ধারণায় রূপান্তরিত হয় তা বোঝানোর জন্য ভাষাতাত্ত্বিকগণ এই 'স্ফোট' শব্দটি ব্যবহার করেছেন। শংকর এই ভাষাতাত্ত্বিক অর্থতত্ত্বকে গ্রহণ করে অস্তিত্বের অর্থের প্রশ্নে ব্রহ্মের ধারণার উপরে তাঁর দেওয়া গুরুত্বপূর্ণ দর্শনের ব্যাখ্যা করেছেন।[৪] সমালোচনা সাহিত্যের সমগ্র ক্ষেত্র সম্পর্কে সংস্কৃত সমালোচকদের এক স্পষ্ট ধারণা ছিল। ক্ষেত্রটিকে তাঁরা বিভিন্ন বিভাগ ও উপবিভাগে বিভক্ত করেছেন। রাজশেখর তাঁর *কাব্যমীমাংসায়* উল্লেখ করেছেন — (১) সূত্র — কোন ধারণার যুক্তিগ্রাহ্য, প্রবচনাত্মক গদ্যরূপ; (২) কারিকা — কোন ধারণার যুক্তিগ্রাহ্য, প্রবচনাত্মক পদ্যরূপ; (৩) ব্যাখ্যা — বিশদভাবে স্পষ্টীকরণ; (৪) বৃতি — উদাহরণ সহযোগে বিশদ আলোচনা; (৫) ভাষ্য — কোন মতবাদের সামগ্রিক সারসংক্ষেপ ও মন্তব্য; (৬) টীকা — মূল্যায়ন; (৭) মীমাংসা — বিশ্লেষণ; (৮) সমীক্ষা — পুনর্নিরীক্ষণ; (৯) শাস্ত্র — অন্যান্য জ্ঞানতত্ত্বের সঙ্গে সম্পর্কযুক্ত সাহিত্যতত্ত্ব।[৫]

জৈন সন্ন্যাসী হেমচন্দ্র, যিনি গুজরাতি কাব্য ঐতিহ্যের সূচনা করেন, তিনি ছিলেন একাধারে কবি, আভিধানিক ও তাত্ত্বিক। তাঁর *কাব্যানুশাসন* (১১৪০ খ্রিস্টাব্দে সম্পাদিত) সংস্কৃত কাব্যতত্ত্বে একটি মূল্যবান সংযোজন রূপে পরিগণিত হয়। সংস্কৃতে রচিত গ্রন্থটি ওই চিন্তার মৌলিকত্ব অপেক্ষা পাণ্ডিত্যের জন্য অনেক বেশী প্রশংসিত। তাঁর আধুনিক ভাষ্যকাররাও মনে করেন যে হেমচন্দ্র সংস্কৃত

কাব্যতত্ত্বের সমগ্র ঐতিহ্যটিকে গুজরাতি সাহিত্যের দ্বারপ্রান্তে উপনীত করেছিলেন। হেমচন্দ্রের একটি সাম্প্রতিক মূল্যায়নে বলা হয়েছে:

> তাঁর রচনা ঐ সময়ের সর্বাপেক্ষা সারগ্রাহী রচনা। তাঁর চেতনা সারগ্রাহিতা আত্মীকরণের উপযোগী এক মানসিক ঔদার্যের দ্বারা চালিত। কোনরকম মতবাদে (এমন কি রস / ধ্বনিতেও) নিজেকে আবদ্ধ না রেখে হেমচন্দ্র অলংকারশাস্ত্রের এবং নাট্যশাস্ত্রের বিভিন্ন বিষয়ে এক পারিপার্শ্বিক অবস্থাগত বিবরণ দিতে সক্ষম হয়েছেন। অন্যভাবে বলতে গেলে তাঁর রচনা আধুনিক জ্ঞানের মানদণ্ডকে ছুঁতে সক্ষম হয়েছে। ... তিনি নিজেকে কেবলমাত্র সংকলনকারী, এই অভিযোগের মুখোমুখি দাঁড় করাতে দ্বিধা করেন নি। ক্ষতিপূরণ হিসেবে তাঁর ক্ষেত্র অবশ্য ব্যাপকতা লাভ করেছে। বিশেষ করে কাব্যের উদাহরণ প্রদানের ক্ষেত্রে (বিভিন্ন লেখকের প্রায় পনেরোশ' উদাহরণ) তিনি বহুবিস্তৃত। উপরন্তু মনে হয়, ভারতীয় শাস্ত্রকারদের মধ্যে বিরল এক ব্যাপক সংশয়বাদের অধিকারী ছিলেন তিনি।

মুকুন্দরাজা প্রথম মারাঠি কবি হিসাবে স্বীকৃত। তাঁরও হেমচন্দ্রের মতো সংস্কৃত বৌদ্ধিক ঐতিহ্য সম্পর্কে ছিল গভীর জ্ঞান। একজন সমালোচক মন্তব্য করেছেন —

> ... মুকুন্দরাজা হলেন জ্ঞানদেবের যথার্থ পূর্বসূরী, তাঁর *পরমামর্ত্য* ও *বিবেকসিন্ধু* এই দুই রচনার মাধ্যমে তিনি জ্ঞানদেবের জন্য ক্ষেত্র প্রস্তুত করেছিলেন। এই দুই গ্রন্থে বৈদান্তিকদের নিজস্ব ঘরানায় বেদান্তের বিশদ বিশ্লেষণ পাওয়া যায়। এটা অত্যন্ত আশ্চর্যের যে মারাঠি সাহিত্যের যেখানে শুরু, সেখানে অন্য ভাষা-সাহিত্য সাধারণত শেষ হয়। কিন্তু এটি সত্য। এর কারণ হিসেবে বলা যায় যে, মারাঠি সাহিত্যের পিছনে ছিল সংস্কৃত বিদ্যার দীর্ঘ ঐতিহ্য এবং অপভ্রংশের অক্ষমতার পর্বের পরবর্তী সময়ে মারাঠি সাহিত্য সংস্কৃতের পুনরুজ্জীবনের জন্য সচেষ্ট হয়েছিল।

সংস্কৃত বৌদ্ধিক বিকাশের উপরে ভিত্তি করে মারাঠি ও গুজরাতি উভয় ভাষাতেই সাহিত্যের ঐতিহ্য গড়ে উঠেছিল। অন্য ভাষার সাহিত্যও সংস্কৃতের সঙ্গে যোগাযোগের ফলে উপকৃত হয়েছিল।

ভারতীয় ভাষা-সাহিত্যের উদ্ভব ও ভারতে ইসলামিক শাসনের পরম্পরা দুটি সমকালীন ঘটনা। যদিও একথা বলা যাবে না যে ভাষা সাহিত্যের উদ্ভব ইসলামিক শাসনের ফলেই ঘটেছিল। ইসলামিক শাসকগণ — আরব, তুর্কি ও মুঘলরা — ভারতবর্ষে সংস্কৃতির নতুন ধারা এনেছিলেন এবং উদার হস্তে রাজনৈতিক পৃষ্ঠপোষকতা দানের মাধ্যমে এই নতুন ধারাগুলিকে মান্যতা দিয়েছিলেন। আরবি এবং ফারসির মতো তাঁদের ভাষাগুলি অথবা তাদের প্রভাবে দেশীয়ভাবে উদ্ভূত উর্দুর মতো ভাষা কবিতা ও সংগীত রচনায় নতুন শৈলীর আমদানি করেছিল। ইসলামিক সংস্কৃতির সঙ্গে এই গভীর সংযোগের ফলে ভাষা-সাহিত্যগুলিতে নিরন্তর বিকাশের নতুন সম্ভাবনা উন্মোচিত হল।

অষ্টাদশ শতকের মধ্যভাগ থেকে ব্রিটিশরা ভারতে সক্রিয় রাজনৈতিক হস্তক্ষেপের নীতি অনুসরণ করতে শুরু করল। রাজনৈতিক কর্তৃত্ব দৃঢ়ভাবে প্রতিষ্ঠার পরে ঊনবিংশ শতকে ব্রিটিশরা ভারতবাসীদের শিক্ষিত করার ঐতিহাসিক কর্তব্য সম্পাদনে মনোযোগী হল। ঔপনিবেশিক শাসনের বাস্তব প্রয়োজনবোধগুলি এই বিশ্বাসকে দৃঢ় করল। ব্রিটিশ ঔপনিবেশিক কর্মকর্তাদের পরিকল্পিত এই শিক্ষাব্যবস্থা ভারতবর্ষের অসভ্য জনগোষ্ঠীকে সভ্য করার ধারণার ভিত্তিতে চালু করা হল। লর্ড লরেন্সের কথায় আমরা এই ধারণারই প্রতিফলন দেখা যায় — "... জনগণের সর্বাপেক্ষা কল্যাণের নিমিত্ত আমাদের বিবেকের কাছে দায়বদ্ধ; জনগণের বিবেকের কাছে দায়বদ্ধ নই,"[৮] ইংরেজি ভাষার ভিত্তিতে গড়ে ওঠা এক শিক্ষাব্যবস্থা প্রবর্তিত হল এবং তা ইংরেজি ভাষার মাধ্যমেই বিস্তৃত হল। একই সঙ্গে সভ্য করে তোলার প্রকরণ হিসেবে ইংরাজি সাহিত্যও শিক্ষাক্রমের অন্তর্ভুক্ত করা হল। আলোচনা প্রসঙ্গে উল্লেখ করা যেতে পারে যে ব্রিটিশ ইতিহাসের ভিক্টোরিয়ান যুগে ব্রিটিশ বিশ্ববিদ্যালয়গুলিতে ইংরেজি সাহিত্য পঠনপাঠনের উপযোগী বিষয় হিসাবে বিবেচিত হয়নি। ব্রিটেনে মাত্র অর্ধ শতাব্দী আগে ইংরেজি সাহিত্য পঠনপাঠনের উপযোগী বিষয় হিসেবে গণ্য হবার সৌভাগ্য অর্জন করেছে।[৯] ভারতবর্ষে অবশ্য উনবিংশ শতাব্দীর মধ্যভাগেই ইংরাজি সাহিত্য পঠনপাঠনের বিষয় হিসেবে প্রবর্তিত হয়েছিল, যে সময়ে ঔপনিবেশিক শাসনের সম্প্রসারণের সুবাদে ব্রিটেনে উৎপাদিত শিল্পসামগ্রীও ভারতের বাজারে প্রেরিত হচ্ছিল।

ইংরেজি সাহিত্যের শিক্ষা ও চর্চা নতুন সাহিত্যরূপের আদর্শ ও ধারণার জন্ম দিল। প্রথম পর্যায়ে কেবল ব্রিটিশ আদর্শ ও ধারণা এবং পরবর্তী সময়ে

ইংরেজির মাধ্যমে ইউরোপীয় আদর্শ ও ধারণা ভারতবর্ষের সাহিত্যে ও সাহিত্য চেতনায় স্থানলাভ করল। এই ইংরেজি শিক্ষা ভারতকে কতদূর পর্যন্ত 'সভ্য' করতে সক্ষম হয়েছিল তা নিরূপণ করা দুরূহ। তবে একটা কথা নিশ্চিতরূপে বলা যায় যে একটি বিদেশি সাহিত্যচেতনার সবল অনুপ্রবেশ ও উপস্থিতি ভারতীয় ভাষা-সাহিত্যের ক্ষেত্রে অনেক অপ্রিয় প্রবণতার জন্ম দিয়েছিল। এই ঘটনার সবচেয়ে ক্ষতিকর প্রভাব ছিল এক ধরনের সাংস্কৃতিক স্মৃতিবিলুপ্তি। যার ফলে একজন গড়পড়তা ভারতীয় বুদ্ধিজীবী দেশীয় সাহিত্য ঐতিহ্যকে ঊনবিংশ শতাব্দীর মধ্যভাগের পূর্বে আর খুঁজে পান না। যদি বা কখনও ঐতিহ্যের ইতিহাস খুঁজে দেখা হয়, তো সেই কাজে বিবেচনাবোধের অভাব থেকে যায়। উপনিবেশবাদ এক ধরনের সাংস্কৃতিক আত্মবিশ্বাসহীনতার সৃষ্টি করে। বিজিত জাতির মনে নিজেদের ইতিহাস ও ঐতিহ্য সম্পর্কে এক অহেতুক লজ্জার জন্ম দেয়। এর প্রভাবে ঔপনিবেশিকতার চূড়ান্ত পর্যায়ের সময় থেকে ভারতীয় সমালোচকরা নিজেদের ভাষা-সাহিত্যের অতীত ঐতিহ্যের সঙ্গে এক সুস্থ যোগাযোগের সুযোগ থেকে বঞ্চিত হলেন। অতীতের বিবেচনারহিত পুনরুজ্জীবন এবং নির্বিবাদে অতীতকে প্রত্যাখ্যান — এই দুইয়ের মধ্যেকার জাঁতাকলে পড়ে দেশীয় ঐতিহ্য মৃতপ্রায় হল। সংস্কৃত কাব্যতত্ত্ব না পাশ্চাত্য সমালোচনাতত্ত্ব — কোনটি অনুসরণ করা উচিত এই দোটানায় পড়ে ভাষা সাহিত্যের সমালোচনা বৌদ্ধিক আলোচনা বা ডিসকোর্স হিসাবে গড়ে উঠতে পারল না। স্মৃতিবিলুপ্তি ও উদ্‌ভ্রান্ত বিমূঢ়তার যৌথপ্রভাবে পাঁচ থেকে দশ শতাব্দী প্রাচীন ভারতের ভাষা-সাহিত্যগুলি ভারতীয় সমালোচনা সাহিত্যের তীব্র সংকটের কারণে ভয়ংকরভাবে ক্ষতিগ্রস্ত হয়েছে।

সাহিত্য সমালোচনায় সংকট

ভারতের সমালোচনা সাহিত্য যে সংকটের সম্মুখীন হয়েছে তার কয়েকটি প্রধান লক্ষণ তালিকাভুক্ত করা যেতে পারে। সেগুলি হল — পাশ্চাত্য সাহিত্যতত্ত্ব ও তাত্ত্বিকদের উপরে অনর্থক দীর্ঘ ব্যাখ্যা রচনার আধিক্য; পাশ্চাত্য সমালোচনার তত্ত্ব, ধারণা ও মান ব্যবহারের ক্ষেত্রে প্রয়োজনমতো সেগুলির পরিমার্জনার উদ্যোগের অভাব, পাশ্চাত্যে উদ্ভূত ধারণা ও শব্দাবলীর অপ্রাসঙ্গিক, অযথার্থ ও অপরিমিত ব্যবহার; সমালোচনা সাহিত্যকে সচল রাখার উপযোগী যথেষ্ট যুক্তিগ্রাহ্য আলোচনার অভাব — সাহিত্য গুণযুক্ত জীবনী সাহিত্য, গ্রন্থপঞ্জী, বিদেশি এবং ভারতীয় সাহিত্যের অনুবাদ, সম্পাদনার মুন্সিয়ানা ও তৎসম্পর্কিত

আলোচনা; সাহিত্যকে অন্যান্য শিল্প, সংবাদ মাধ্যম, সামাজিক ও সাংস্কৃতিক ঘটনার সঙ্গে যুক্ত করে বোঝার অক্ষমতা, বহির্বিশ্বের প্রভাবকে যথাযথভাবে বিশ্লেষণ ও অনুধাবন করার ক্ষমতার অভাব ;আত্মসচেতনতা ও ঐতিহ্য সম্পর্কে সচেতনতার অভাব; সাহিত্য আলোচনায় অবিন্যস্তভাবে মূলত বিদেশি মানদণ্ডের উপর অত্যধিক নির্ভরশীলতা। এই ব্যর্থতাগুলি কেবলমাত্র ভারতীয় সমালোচনা জগতে দেখা যায়, এমন নাও হতে পারে। নব্য উপনিবেশবাদী পৃথিবীতে শোষণমূলক রাজনৈতিক কাঠামো ও ফ্যাসিবাদী সাংস্কৃতিক আদর্শের ভিত্তিতে গঠিত যেকোন দেশ ও সংস্কৃতিতে উপরোক্ত বৈশিষ্ট্যগুলি দেখতে পাওয়া যায়। তা সত্ত্বেও ভারতবর্ষের ক্ষেত্রে বিষয়টি সবিশেষ গুরুত্ব দাবী করে। কারণ দীর্ঘ ও উন্নত সাহিত্যের ঐতিহ্যলালিত চেতনাও এখানে অক্ষমতার ভারে পঙ্গুপ্রায় হয়ে গিয়েছে। সাহিত্য আলোচনার ক্ষেত্রে ব্যর্থতাগুলির যে অগোছালো তালিকা উপরে দেওয়া হয়েছে তা কিন্তু সাহিত্যতত্ত্বের কোন প্রাক্-কল্পিত ধারণার ভিত্তিতে নয়। যদিও ঐ তালিকার অবাঞ্ছিত পরিস্থিতি থেকে উত্তরণের দিক্‌নির্দেশ পাওয়া সম্ভব, তথাপি ঐ তালিকার উদ্দেশ্য সেটা নয়। ঐ তালিকাকে কোনভাবেই নির্দেশক নিয়মাবলীরূপে গ্রহণ করা ঠিক হবে না। ঐ তালিকা আসলে বর্তমান শতকে ভাষা-সাহিত্য সমালোচকদের করা অজস্র ব্যাখ্যা ও মন্তব্যের একটি সংক্ষিপ্তসার মাত্র। এবং ঐ তালিকা তাঁদের করা আত্মসমালোচনার সমাহার।

গুজরাতি ও মারাঠি সাহিত্য সমালোচনা থেকে কিছু উদাহরণ নেওয়া যেতে পারে। মারাঠিতে কিছু সমালোচক সাহিত্য ও সংস্কৃতির আলোচনায় প্রথম থেকেই আগ্রহী ছিলেন। তাঁদের প্রতিনিধি স্থানীয় ঊনবিংশ শতকের শেষভাগের সমালোচক কে. বি. মারাঠে থেকে একেবারে সমকালীন নব্যরীতির ঔপন্যাসিক বালচন্দ্র নেমাডে পর্যন্ত সকলেই সমালোচনা ক্ষেত্রে যথোপযুক্ত মানদণ্ডের অভাবের জন্য তাঁদের গভীর হতাশা ব্যক্ত করেছেন। "রঙ্গমঞ্চ ও উপন্যাস বিষয়ে" /"Concerning the Theatre and the Novel" শীর্ষক তাঁর প্রবন্ধে ১৮৭২ খ্রিস্টাব্দে কে. বি. মারাঠে লেখেন — "এই সব লেখকদের একশ'র মধ্যে এমনকি একজনও যথার্থ নীতি ও নিয়মকানুনের সঙ্গে পরিচিত নন।"[১০] তারপর তিনি উপন্যাস ও নাটকের বিবিধ বিধিগুলি সূত্রবদ্ধ করার চেষ্টা করেছেন। তাঁর নিজের কথা অনুযায়ী এই সূত্রগুলি তিনি "এ্যাডিসন, স্কট ও মেকলের প্রবন্ধ থেকে ... এবং সংস্কৃত অলংকার শাস্ত্র থেকে আহরণ করেছেন।" এই সংশ্লেষণ কিন্তু মারাঠি সমালোচনাধারাকে খুব একটা উপকৃত করেনি। সেই কারণে ১৯০২

খ্রিস্টাব্দে মারাঠিতে কথাসাহিত্য সমালোচনা প্রসঙ্গে বলতে গিয়ে ভি.কে. রাজাওয়াড়ে প্রশ্ন তোলেন, "এটা কি ধরনের বিচক্ষণতা যা নিজেদের সাহিত্য বিষয়ে বিদেশীদের উক্তিকে আক্ষরিক অর্থে গ্রহণ করে আমাদের দেশীয় পরিস্থিতিতে তার হুবহু প্রয়োগ ঘটায় ?"[১১] মারাঠি সাহিত্য সংস্কৃতির এই দূষণের ব্যাখ্যা করতে গিয়ে প্রায় আশি বছর পরে বালচন্দ্র নেমাডে এই পরিস্থিতির জন্য মারাঠিতে বিবেচনারহিত উপন্যাস সমালোচনাকেই দায়ী করেছেন। মারাঠিতে উপন্যাসের এক সাহসী ও বৈপ্লবিক পুনর্মূল্যায়নের উপসংহারে নেমাডে লেখেন, "যদি পরবর্তী প্রজন্ম সমালোচনা সাহিত্যে এক বিপ্লবের সূচনা না করে এবং নিম্নগামী সাহিত্যরুচিকে উন্নত করার চেষ্টা না করে তাহলে মারাঠি সাহিত্যের পরিস্থিতির কোনরূপ পরিবর্তনের আশা সুদূরপরাহত।"[১২]

এই প্রসঙ্গে একথা বলা প্রয়োজন যে ভারতীয় সমালোচনা সাহিত্যে আত্মপ্রশস্তিমূলক মূল্যায়নের কোন অভাব নেই। ভারতীয় সাহিত্যকৃতির আদমশুমারি ধরনের সমীক্ষাতে এই ধরনের সমালোচনার নমুনা আমরা দেখতে পাই। ১৯৬৫ সালে মনসুখলাল জাভেরি পনেরো জন গুজরাতি সমালোচককে উল্লেখযোগ্য অবদানের জন্য সাধুবাদ জানান। কারণ তাঁদের বিচারের মান ছিল "খুবই উঁচু" এবং তাঁরা "উৎকর্ষের পূর্ণতা ছাড়া অন্য কিছুতেই সন্তুষ্ট হননি।"[১৩] ১৯৮৬ সালে প্রকাশিত ভারতীয় সাহিত্যের এক সমীক্ষাতে একই ধরনের দাবী করা হয়।[১৪] গুজরাতি ভাষায় রচিত সমালোচনা সাহিত্যের উৎকর্ষের জন্য সাহিত্য অকাদেমি এ পর্যন্ত আটবার পুরস্কার প্রদান করেছে। মারাঠি ভাষায় রচিত সাহিত্য সমালোচনা বিষয়ে ১৯৬৫ সালে অনন্ত কানেকর এবং ১৯৮০ সালে সুধীর রসুল কৃত দাবীগুলিও কম আত্মশ্লাঘার পরিচায়ক নয়।[১৫] ব্যাখ্যার অতীত এক সহজ বিশ্বাসে মারাঠি সমালোচকরাও মনে করেন যে সাধারণ নন্দনতত্ত্ব ও সাহিত্যতত্ত্বের ক্ষেত্রে মারাঠি সমালোচনা সাহিত্য এক গুরুত্বপূর্ণ অবদানের স্বাক্ষর রেখেছে।

মারাঠিতে সমালোচনা সাহিত্যকে একটি সচেতন সৃষ্টি হিসেবে প্রতিষ্ঠার ক্ষেত্রে আর. বি. পতঙ্করের অবদান অত্যন্ত গুরুত্বপূর্ণ। একটি দীর্ঘ প্রবন্ধে (১৯৮৪) পতঙ্কর ১৯৪০ সাল থেকে রচিত মারাঠি সমালোচনা সাহিত্যের নির্ভরযোগ্য বিশ্লেষণ করেছেন। একটি স্বতন্ত্র বিভাগ হিসেবে নন্দনতত্ত্বের মূল বিধিগুলির ব্যাখ্যা করার পরে তিনি মারাঠি সমালোচনা সাহিত্যের তাত্ত্বিক অবস্থানের অসংগতিগুলির যুক্তিসিদ্ধ আলোচনা করেছেন। পরিশেষে তাঁর সুচিন্তিত উপসংহার:

এখন যখন আমরা নন্দনতত্ত্বের প্রকৃতি বিষয়ে একটি নির্দিষ্ট ধারণা অর্জন করতে পেরেছি তখন মারাঠি সমালোচক ও নন্দতাত্ত্বিকরা এই বিষয়ে কি করতে পেরেছেন এবং কি করতে পারেননি তা জানা ও তার মূল্যায়ন করা আমাদের পক্ষে কঠিন হবে না। সৌন্দর্যের তত্ত্ব শিল্প ঐতিহ্যের গর্ভে লালিত হয় ও সমালোচনা সাহিত্যে প্রকাশিত হয়। এবং সেই জনগোষ্ঠীর যদি কোন দৃঢ় বৌদ্ধিক ঐতিহ্যের কাঠামো থাকে তবে এই সৌন্দর্যতত্ত্ব নির্ভরযোগ্য যুক্তিগ্রাহ্যতার সঙ্গে সূত্রবদ্ধ হতে পারে। আমরা যদি আত্মপ্রশস্তিকে প্রশ্রয় দানের প্রলোভন প্রতিহত করে বাস্তবের মুখোমুখি হতে মনস্থ করি তাহলে আমাদের অবশ্যই স্বীকার করতে হবে যে, তিনটি ক্ষেত্রের কোথাও উল্লেখযোগ্য কিছু হয়নি — নন্দনতত্ত্ব, সমালোচনা সাহিত্য এবং সৃজনশীল সাহিত্য। এটি অত্যন্ত দুঃখজনক এক উপলব্ধি যে চিন্তার জগতে এই সার্বিক দৈন্য মহারাষ্ট্রে কোন সাম্প্রতিক ঘটনা নয়। দশকের পর দশক মহারাষ্ট্রে এই দৈন্যদশা বিদ্যমান। এই সার্বিক দৈন্যের পরিমন্ডলে আকস্মিকভাবে কোন নন্দনতত্ত্বের ধারণার বিকাশ ঘটবে — এমনটা ভাবার কোন কারণ নেই। সামগ্রিকভাবে কলাবিভাগ নামে বিদ্যার যে সমস্ত বিভাগগুলি অভিহিত হয়, সেগুলির ক্ষেত্রেও আমাদের একই উপসংহারে উপনীত হতে হবে। কেবলমাত্র যখন কোন সমাজ তার সমস্ত দিকে, সমস্ত ঐতিহ্যে ও প্রতিষ্ঠানে জীবন এবং যৌবনের প্রাচুর্যে স্পন্দিত হতে থাকে তখনই সেই সমাজে নতুন তাত্ত্বিক কাঠামো গড়ে ওঠার সম্ভাবনা সৃষ্টি হয়। এইরকম জীবন্ত কোন সমাজে নানা বৃহৎ সমস্যার উদ্ভব ঘটে কিন্তু সমাজের জীবন্ত ঐতিহ্য ও সংস্কৃতির ধারা ঐ সমস্যা নিরসনের জন্য বহুবিধ গুণসম্পন্ন প্রতিভার জন্ম দেয়। আমাদের শিল্প ঐতিহ্যে এরকম কোন সমস্যার সৃষ্টি হয়নি এবং ফলত তার সমাধানের নিমিত্ত আমাদের সমাজ কোন বৃহৎ প্রতিভার জন্ম দেয়নি।[১৬]

আত্মধিক্কার মারাঠি রসবোধের একটি অন্যতম উপাদান। এবং উপরোক্ত মন্তব্যের ভিত্তিতে কোন সহজবিশ্বাসী বহিরাগত, মারাঠি সমালোচনা সাহিত্যের সর্বব্যাপী দেউলিয়াপনা সম্পর্কে নিঃসংশয় হতে পারেন। কিন্তু আত্মসমালোচনা ও ধিক্কারের অস্তিত্ব স্বীকার করেও বলতে হয় যে পতঙ্করের কঠোর অভিযোগ বাস্তবের সংকটের সঙ্গে সম্পূর্ণ সাযুজ্যপূর্ণ।

গুজরাতি সাহিত্য সমালোচনা প্রসঙ্গে একইরকম কঠোর কিন্তু প্রয়োজনীয় অভিযোগের সুর সুরেশ জোশীর লেখাতে পাওয়া যায়। জোশী যুক্তি সহকারে দাবী করেন যে গুজরাতি সাহিত্যের আলোচনায় ব্যবহৃত মানদণ্ডগুলি কোন সত্যিকারের সাহিত্য মানদণ্ড নয় এবং "বিধিনিষেধ দ্বারা নিয়ন্ত্রিত গুজরাতি সমাজ জঞ্জালকে শিল্প ও শিল্পকে জঞ্জালে রূপান্তরিত করেছে।"[১৭] বিশেষত, যে সময়কে তিনি আদতে উত্তর-ঔপনিবেশিক যুগ হিসেবে চিহ্নিত করেছেন তখন এই ঘটনা দেখা যায়। তাঁর লেখা *চিন্তয়ামী মানস* (১৯৮১) ১৯৮৩ সালে সাহিত্য অ্যাকাডেমি পুরস্কারে ভূষিত হয়। কিন্তু জোশী পুরস্কার প্রত্যাখ্যান করেন এই যুক্তিতে যে, গ্রন্থটি কতকগুলি "বিক্ষিপ্ত সমালোচনামূলক প্রবন্ধের সংকলনের" বেশী কিছু নয়। অনেকেই জোশীর যুক্তির সংগে সহমত হবেন এই কারণে যে, গুজরাতি সমালোচনা সাহিত্য সমালোচনা ও নন্দনতত্ত্বের কতকগুলি প্রাথমিক ধারণা ও পরিভাষাগুলিকেও সুশৃঙ্খলভাবে আলোচনার পরিসরে আনতে পারে নি।

ভারতীয় ইংরেজি সমালোচনা সাহিত্যও কোনভাবেই উন্নততর নয়। ভারতীয়দের দ্বারা লিখিত ইংরেজিতে তাত্ত্বিক সমালোচনার একমাত্র সংকলনের (এই গ্রন্থের প্রকাশের সময়কাল পর্যন্ত) মুখবন্ধে এস. কে. দেশাই কৃত নিম্নলিখিত মন্তব্য এই ক্ষেত্রের অবিকশিত অবস্থার স্পষ্ট ছবি প্রদান করে:

> ... ভারতে সমালোচনা সাহিত্যের কোন দেশীয় ঘরানা বা আন্দোলন গড়ে ওঠেনি। ... কোন ভারতীয় সমালোচক ভারতীয় সমালোচনা সাহিত্যের ঐতিহ্যের অস্তিত্ব বিষয়ে অবহিত ছিলেন না। একভাবে বলতে গেলে, বিংশ শতকে ভারতীয় সমালোচনা তত্ত্বের ইতিহাস আসলে কতকগুলি নতুন সূচনার সমাহার। প্রায় সব সমালোচকই পথিকৃতের ভূমিকা পালন করেছেন। তাঁদের ব্যবহৃত কম্পাসের অভিমুখ হয় অতীতের কোন অসংলগ্ন সমালোচনার (প্রাচীন ভারতীয় কাব্যতত্ত্ব) ঐতিহ্যের দিকে নয়তো দূরবর্তী কোন সংস্কৃতি ক্ষেত্রের (পাশ্চাত্য নন্দনতত্ত্ব) দিকে নির্দেশিত। যাই হোক, এই বিষয়ে ব্যর্থতার একটি সাধারণ নকশা দেখতে পাওয়া যায় ... এবং আধুনিক ভারতীয় সমালোচনা সাহিত্যের সংক্ষিপ্ত ইতিহাসের ভিত্তিতে রয়েছে ব্যর্থতার এই সাধারণ নকশা।[১৮]

এইভাবে আধুনিক ভারতীয় সমালোচনা সাহিত্যের নিন্দার অজস্র উদাহরণ

তালিকাভুক্ত করা যেতে পারে। এই উদাহরণগুলি থেকে এই সিদ্ধান্তে উপনীত হওয়া যায় যে, ভারতীয় সমালোচনা সাহিত্যে মাঝেমাঝে উল্লিখিত বিশাল কৃতিত্বের দাবীকে গুরুত্ব সহকারে গ্রহণ করার কোন কারণ নেই। যদি উপরোক্ত সমালোচকদের কথামতো ভাষা সাহিত্যের সমালোচনা ব্যর্থ হয়ে থাকে তাহলে এই ব্যর্থতার কারণগুলি কি কি এই প্রশ্নের উত্তরের মধ্যেই ধরা আছে ভাষা সমালোচনা সাহিত্যে সংকটের আসল স্বরূপ।

ভারতের সমালোচনা সাহিত্য ক্ষেত্রে যে বিষয়টি একজন অসতর্ক পাঠকেরও দৃষ্টি আকর্ষণ করবে তা হল তত্ত্বের প্রতি এক দুর্নিবার আগ্রহ। কোন কর্তৃত্বের উপর ভারতীয় নির্ভরশীলতার অভ্যাসের নিরিখে এই আগ্রহের ব্যাখ্যা দেওয়া সম্ভব। অন্য একটি ব্যাখ্যাও সম্ভব। বিমূর্ততার জগতে বিচরণ করার অকৃত্রিম ক্ষমতার পরিপ্রেক্ষিতেও এই আগ্রহ থাকা সম্ভব। কারণ যাই হোক না কেন, অনেক ভারতীয় চিন্তক তাত্ত্বিক সমালোচনার সমস্যা বিষয়ে অসাধারণ উৎকণ্ঠা দেখিয়েছেন। শ্রী অরবিন্দ[১৯] (১৮৭২-১৯৫০) কবিতার তত্ত্ব নির্মাণে সচেষ্ট হয়েছিলেন। বি. এস. মারধেকার (১৯০৮-৫৬)[২০] বিভিন্ন যুগের পাশ্চাত্য সাহিত্যতত্ত্বের ভিত্তিতে এক নন্দনতাত্ত্বিক কাঠামো নির্মাণের চেষ্টা করেছিলেন। সমকালীন ভারতীয় সমাজ কোন তত্ত্বের সৃষ্টিতে অপারগ বলে পতঙ্কর হতাশা প্রকাশ করেছেন।[২১]

কৃষ্ণ রায়ান (১৯৬৬ খ্রি.) ও নগেন্দ্র (১৯৮৩ খ্রি.)-র মতো সংস্কৃত পন্ডিতগণ মনে করেন, সংস্কৃত সাহিত্যতত্ত্বকে আধুনিক ভাষাসাহিত্য আলোচনায় প্রয়োগ করা সম্ভব। অন্যদিকে প্রচলিত সাহিত্যতত্ত্বের বিরোধী দলিত ও গ্রামীণ সাহিত্যের প্রবক্তারা বর্তমান সমালোচনাকে হতাশাজনকভাবে অপ্রাসঙ্গিক ও সেকেলে বলে মনে করেন। এই সমালোচকরা সকলেই এই বিষয়ে একমত যে আধুনিক ভারতবর্ষে সাহিত্যতত্ত্বের সাফল্যের জন্য এক গুরুত্বপূর্ণ উদ্ভাবনের প্রয়োজন। কোন সমালোচকই সমকালীন সমালোচনার রীতিকে সন্তোষজনক মনে করেন না। কিন্তু কোন সমালোচকই এই সংকটের হাত থেকে পরিত্রাণের কোন দিকনির্দেশ করতে পারেন নি। একটি আধুনিক ভারতীয় সাহিত্যতত্ত্ব নির্মাণের প্রচেষ্টা এখনও পর্যন্ত, বর্তমানে প্রচলিত প্রাচীন (সংস্কৃত) অথবা সমকালীন (পাশ্চাত্য) তত্ত্বগুলির অবিবেচনাপ্রসূত ব্যবহারের উপর নির্ভরশীল। উদাহরণস্বরূপ বলা যায় যে, মারধেকার অ্যারিস্টটলের ওপরে যে গুরুত্ব আরোপ করেছেন ক্লাইভ বেলের উপরেও সেই একই গুরুত্ব আরোপ করেছেন। অধিকন্তু

তিনি অ্যারিস্টটলের তাত্ত্বিক সূত্রগুলির সংশোধনে তাঁর বৌদ্ধিক শক্তিকে ব্যবহার করেছেন। অথচ 'ভারত ছাড়' আন্দোলনের সময়ে মারধেকারের দ্রুত-পরিবর্তনশীল বোম্বাইতে সৃষ্ট সাহিত্যের পরিপ্রেক্ষিতে অ্যারিস্টটলের সূত্রগুলির প্রাসঙ্গিকতা অত্যন্ত ক্ষীণ। তত্ত্বের প্রতি ভারতবাসীর অসীম আগ্রহের সঙ্গে হয়ত অজস্র দেবতার আরাধনার প্রতি ভারতীয়দের গভীর নিষ্ঠার তুলনা করা যেতে পারে। আর. বি. পতঙ্কর প্রায়শই ইমানুয়েল কান্টের, সুরেশ যোশী সার্ত্র বা মরিস মার্লো-পন্টির, কৃষ্ণ রায়ান আনন্দবর্ধনের, এবং নগেন্দ্র ভরতের উল্লেখ করেন। বর্তমান যুগের এই সমস্ত সমসাময়িক লেখক ও চিন্তকরা অনায়াসে বিভিন্ন যুগের ও বিভিন্ন ঐতিহ্যের উল্লেখ করেন। তাঁদের মধ্যে দেশীয় সাহিত্য ঐতিহ্যের মধ্যে নিহিত জ্ঞানের সাহায্যে সমকালীন সাহিত্যকে বিশ্লেষণ করার কোন নিয়মানুগ প্রচেষ্টা কদাচিৎ দেখতে পাওয়া যায়। ব্যতিক্রমীদের মধ্যে দেশীয় সমালোচনার ঘরানায় দীক্ষিত বালচন্দ্র নেমাড়ে ও তাঁর সহযোগীদের নাম স্মর্তব্য।[২৩]

অবশ্যই আমরা একথা বলার চেষ্টা করছি না যে, সাহিত্যের কোন বিশ্বজনীন মূল্য নেই বা সাহিত্যতত্ত্ব সংস্কৃতির বেড়া অতিক্রম করতে অক্ষম। কিন্তু এই ধরনের সাংস্কৃতিক অর্থবহ হতে গেলে সাংস্কৃতিক বিভিন্নতার সুস্পষ্ট চেতনার মধ্য দিয়ে তা পরিস্রুত হওয়া প্রয়োজন। ভাষাসাহিত্যগুলি ও তাদের ব্যাখ্যায় প্রযোজ্য বিভিন্ন তত্ত্বগুলি বহুলাংশে ভিন্ন ভিন্ন সাংস্কৃতিক পরিমণ্ডলে গড়ে উঠেছে। তাই তাদের মধ্যে অবশ্যম্ভাবীভাবে একটা দূরত্ব থেকে যায়। অবশ্য এমন দাবী কখনই করা যায়না যে সংস্কৃত অথবা পাশ্চাত্য সাহিত্য ও তত্ত্বের মধ্যে কোন প্রকার ব্যবধান নেই। বস্তুত, মারে ক্রিগারের মতো পাশ্চাত্য সমালোচকরা সমগ্র পাশ্চাত্য সমালোচনার ঐতিহ্যকে এরকম ব্যবধানের নিরিখে বিশ্লেষণ করেছেন। ক্রিগার পাশ্চাত্য সমালোচনা সাহিত্যের বিকাশকে সৃজনশীল লেখক ও সমালোচকদের মধ্যে অসংগতির ফসল হিসেবে বর্ণনা করেছেন (১৯৭৬)। এই প্রসঙ্গে তিনি সমস্ত মুখ্য সমালোচকদের মধ্যে এক ধরনের তাত্ত্বিক অস্থিরতার কথা বলেছেন। যখন কোন সমালোচক তাঁর অভিজ্ঞতার স্বাতন্ত্র্য ও জটিলতার সঙ্গে তত্ত্বগত সর্বজনীনতার ধারণার সমন্বয়সাধনে ব্যর্থ হন তখনই এই অস্থিরতার জন্ম হয়।[২৪]

কিন্তু ভারতবর্ষে সাহিত্য ও সাহিত্যতত্ত্বের মধ্যে এই অসংগতির এক ভিন্ন চরিত্র আছে। এটি কেবলমাত্র দার্শনিক ও নান্দনিক সমস্যার উপস্থাপনা ঘটায় না; বরং সংস্কৃতির রাজনীতি থেকে উদ্ভূত সমস্যাও উপস্থাপিত হয়। ঊনবিংশ শতাব্দীর মধ্যভাগ থেকে ভারতবর্ষে ব্যবহৃত সাহিত্যতত্ত্বে সর্বজনীনতার ধারণা

ইউরোপে গড়ে ওঠা ধারণার ভিত্তিতে গঠিত। সাম্প্রতিককালে আমেরিকা যুক্তরাষ্ট্রে প্রচলিত ধারণা তার সংগে যুক্ত হয়েছে। এবং এই ধারণাগুলি অন্যান্য ইউরোপকেন্দ্রিক ধারণার মতই অভ্রান্তভাবে একমাত্র সর্বজনীন ধারণা হিসাবে স্বীকৃতির দাবী করে। তত্ত্ব এবং সৃজনশীল সাহিত্যের মধ্যে এই ব্যবধান কেবলমাত্র ভারতীয় সমালোচনা জগতের নিজস্ব বৈশিষ্ট্য নয়। এই ব্যবধান এবং এই ব্যবধানকে অতিক্রম করার জন্য একটি সফল তত্ত্বগত কাঠামো নির্মাণের অক্ষমতা — এই হল এই শতকের ভারতীয় সমালোচনা সাহিত্যের সংকটের দুই মুখ্য উপাদান।

উপরে বর্ণিত বিষয়বস্তু ও আত্মসমালোচনার সুরের মধ্যে এই সংকটের স্বীকৃতি ব্যক্ত হয়েছে। এই সংকটের প্রকৃতি, প্রায়োগিক ক্ষেত্রে তার লক্ষণসমূহ, এই সাংস্কৃতিক পরিস্থিতিতে ভারতীয় সমালোচকের অস্থির অসহায়তা, বর্তমান শতাব্দী জুড়ে এগুলি সবই অপরিবর্তিত আছে। ১৮৭২ সালে কে. ডি. মারাঠে বলেছিলেন যে মারাঠি লেখকরা সাহিত্যনীতির বিষয়ে সম্পূর্ণ অজ্ঞ। আর ১৯৮৪ সালে আর. বি. পতঙ্কর অভিযোগ করেন যে মারাঠি সমালোচকরা সাহিত্যের নন্দনতত্ত্বের প্রাথমিক বিষয়গুলিও সঠিকভাবে বুঝতে পারেন না। এই দুই বক্তব্যের মধ্যে যথেষ্ট সাদৃশ্য আছে। তাঁদের বক্তব্যের ও যুক্তির মধ্যে আক্রমণের লক্ষ্য ও সূক্ষ্মতার পরিমাপের পার্থক্য থাকতে পারে কিন্তু মূল সংকটের বোধের বিষয়ে যথার্থ সহমত দেখা যায়।

এটা বলার অপেক্ষা রাখে না যে সাম্প্রতিক অতীতে ভারত কেবলমাত্র পাশ্চাত্য ধ্যানধারণার ও তাত্ত্বিক জ্ঞানের উপভোক্তা হিসেবে পরিচিত। এটাও সাধারণভাবে স্বীকৃত সত্য যে, ধারণা ও তত্ত্বের এই আমদানির প্রভাবে সাহিত্যসৃষ্টি ও সমালোচনার ক্ষেত্রে এক ধরনের অসুস্থতা ও পঙ্গুত্বের জন্ম হয়েছে। আমাদের বৌদ্ধিক জীবনের অন্যান্য ক্ষেত্রে বর্তমানে এই সংকট যতটা গভীর, সাহিত্য আলোচনার ক্ষেত্রে কোনভাবেই তার চেয়ে কম গভীর নয়। অবশ্য এই প্রশ্ন উঠতেই পারে, ভারতীয় সংস্কৃতি বিষয়ে সমকালীন প্রবণতায় যে ভ্রান্তি রয়েছে তা কি সাধারণভাবে সংস্কৃতির মধ্যেই নেই ? এই সংকটের সঙ্গে সংশ্লিষ্ট উদ্দেশ্যটি হল এই সংকটকে উপলব্ধি করার উপযুক্ত সমালোচকের চেতনা এবং বিধেয়টি হল সাহিত্য সমালোচনা। এই সংকটের ক্ষেত্রটির সঠিক অনুধাবনের জন্য বাস্তবে প্রচলতি সমালোচনার পুনর্মূল্যায়ন এবং এই সংকটের স্বরূপ সম্পর্কে স্পষ্ট ধারণা থাকা প্রয়োজন। এই ধারণা কিন্তু অন্যান্য ঘটনার সঙ্গে সম্পর্কহীন কোন বিচ্ছিন্ন

বোধ থেকে উদ্ভুত হতে পারে না। এই বোধ বিভিন্ন বিষয়ে ধারণার এক পরস্পর সম্পর্ক যুক্ত কাঠামো থেকে উদ্ভূত যা, আধুনিক ভারতীয় বুদ্ধিজীবির আত্মপরিচয়কে সংজ্ঞায়িত করে। উদাহরণস্বরূপ বলা যায় যে, ভারতীয় সমালোচনা বিষয়ে আত্মধিক্কারমূলক মন্তব্যগুলির ভিত্তিতে এই সিদ্ধান্তে উপনীত হতে পারি যে উপরোক্ত মন্তব্যগুলির পিছনে এক অকথিত সাহিত্য সংক্রান্ত আদর্শবাদের ভূমিকা রয়েছে। নিরবচ্ছিন্ন এই আত্মধিক্কারের মূলে রয়েছে সমালোচনা কি হওয়া উচিত ও কি হওয়া উচিত নয় সে বিষয়ে এক পূর্বানুমান। বিশেষভাবে সমালোচনার ক্ষেত্রে এবং সাধারণভাবে সংস্কৃতির ক্ষেত্রে এক আদর্শ অবস্থার ধারণা ভারতীয় চেতনাতে গভীরভাবে প্রোথিত। মূলত সংস্কৃতি বিষয়ে এক অনিশ্চয়তার বোধের কারণে এই আদর্শবাদ আজ অবধি সঠিকভাবে সংজ্ঞায়িত হয়নি। যে প্রবণতাগুলি ভারতীয় চেতনায় সাহিত্য সমালোচনা বিষয়ে সাধারণ ধারণাগুলিকে চালিত করে সেগুলিকে গভীরভাবে অনুসন্ধান ও অনুধাবন করার জন্য নিম্নোক্ত বিষয়গুলি সম্পর্কে প্রচলিত প্রবণতাগুলিকে বিশদে আলোচনা করা দরকার — (ক) ঐতিহ্য (খ) পাশ্চাত্য চিন্তা ও চেতনা (গ) সংস্কৃত সাহিত্যের ঐতিহ্য (ঘ) ঔপনিবেশিকতার প্রভাব ও (ঙ) ভারতীয় ভাষাসাহিত্য। একত্রে এই বিষয়গুলি এই সংকটের অনুধাবনের ক্ষেত্রে সহায়ক ও এবিষয়ে আমাদের খণ্ডিত ধারণাকে পূর্ণতা দিতে পারে।

ঐতিহ্য

অনেক ভারতীয় ভাষায় পোশাকি ও আধা-পোশাকি সাহিত্য আলোচনায় ইংরেজি 'ট্রাডিশন' শব্দটি ব্যবহৃত হয়। ধারণাটির আনুষ্ঠানিক ব্যবহারে সংস্কৃত 'পরম্পরা' শব্দটি বর্তমানে প্রায় সমস্ত ভারতীয় ভাষাতে গৃহীত হয়েছে। যদিও শব্দদুটি সমার্থক শব্দ হিসেবে ব্যবহৃত হয়, কিন্তু শব্দদুটির অন্তর্নিহিত ধারণাগত কাঠামো অভিন্ন নয়। বাস্তবে অর্থের দিক থেকে তারা বরং সম্পূর্ণ বিপরীত। অক্সফোর্ড অভিধান অনুযায়ী 'ট্রাডিশন' শব্দের অর্থ হল উত্তরাধিকার বা উত্তরাধিকার সূত্রে প্রাপ্ত। আরও বিশেষভাবে বলতে গেলে বলা যায় — 'শিল্প ও সাহিত্য বিষয়ে পূর্বসূরীদের থেকে প্রাপ্ত সমস্ত অভিজ্ঞতা, ব্যবহারিক বিধি বা রীতিনীতি'। এই হল ট্রাডিশন। অন্যদিকে 'পরম' ও 'পরা' — এই দুই শব্দের যৌগ হল পরম্পরা। এর অর্থ হল 'দূরবর্তী, আরও অধিক, শত্রু, পরবর্তী স্থান ও কালের বাইরে, অন্য, অপরিচিত, ওইখানে, অন্যপার্শ্বে অবস্থিত, দ্বিতীয়' অথবা বিশেষভাবে বলতে গেলে — 'এমন

কোন বস্তু বা বিষয় যা অনেক দূরবর্তী এবং অত্যন্ত স্পষ্ট, সময়ের স্রোতের অন্য পাশে, অনভিগম্য।'[২৫]

পরম্পরা অর্থে ঐতিহ্যকে এগিয়ে নিয়ে যাওয়ার অর্থ হল এর আয়ু দীর্ঘায়িত করা। ভারতীয়দের পারিবারিক ও গোষ্ঠীগত ঐতিহ্যের গর্ব এই প্রকার এক বৈশিষ্ট্য। পরম্পরা অর্থে ঐতিহ্য পাশ্চাত্য অর্থে ঐতিহ্যের ধারণার পরিপন্থী। তাই লর্ড ডালহৌসি (১৮৪৮ থেকে ১৮৫৬ পর্যন্ত ভারতের গভর্ণর জেনারেল) প্রবর্তিত 'স্বত্ববিলোপ নীতি' ভারতীয় পরম্পরার সঙ্গে সরাসরি সংঘাতের ক্ষেত্র প্রস্তুত করেছিল। পাশ্চাত্য অর্থে ঐতিহ্য হল প্রয়োজনীয় প্রথা। স্বত্ববিলোপ নীতির ফলে লর্ড ডালহৌসি নির্দিষ্ট রাজনৈতিক ক্ষেত্রে কিছু হিন্দু রাষ্ট্রকে গ্রাস করার সুযোগ পেয়েছিলেন। যে সমস্ত হিন্দুরাষ্ট্রের শাসকরা বংশগত উত্তরাধিকারীর জন্ম দিতে ব্যর্থ হয়েছিলেন তাদের রাজ্য এই নীতিতে বৃটিশ শাসকের অধীনস্থ হয়ে যেত। সাধারণ অবস্থাতে কিন্তু এই শাসকেরা দত্তকপুত্রের মাধ্যমে সিংহাসনের উত্তরাধিকারের সমস্যার সমাধান করতেন। এই দত্তকপুত্র পারিবারিক পরম্পরাকে এগিয়ে নিয়ে যেতেন। এই মূল্যবোধের সংঘাত ১৮৫৭ খৃষ্টাব্দের মহাবিদ্রোহের পিছনে কতটা সক্রিয় ছিল তা অবশ্যই অনুমানের এবং অনুসন্ধানের বিষয় হতে পারে।

ঐতিহ্য ও সংস্কৃতির পাশ্চাত্য ধারণাগুলি বৃদ্ধি বা উন্নতিসূচক অন্তর্নিহিত অর্থে পরস্পরের সঙ্গে সম্পর্কযুক্ত এবং তা ভারতীয় সাহিত্যচেতনাকে গভীরভাবে প্রভাবিত করেছিল।[২৬] ১৮৫৭ সাল (যে বছর ভারতবর্ষে তিনটি বৃটিশ ধরনের বিশ্ববিদ্যালয় স্থাপিত হয়েছিল) থেকে ভারতীয় চেতনায় পাশ্চাত্য ও সংস্কৃত ঐতিহ্যের ধারণার সংঘাত তীব্রতা লাভ করছিল। উনবিংশ শতকের শেষার্ধ ও বিংশ শতকের প্রথমার্ধে ভারতীয় সাংস্কৃতিক জীবনে সনাতন (প্রাচীন) ও নূতন (আধুনিক)-এর মধ্যে বিতর্ক, এই সংঘাতেরই ফলশ্রুতি এবং কোন ধারণাই চূড়ান্ত বিজয় লাভ করতে পারেনি। সেই কারণেই ভাষা সাহিত্য আলোচনায় 'ঐতিহ্য' শব্দটি কখনও প্রাক্-ব্রিটিশযুগের প্রথাকে নির্দেশ করে; কখনও বা ব্রিটিশ যুগে প্রবর্তিত নূতন প্রথার প্রতি ইঙ্গিত করে। অর্থাৎ সমকালীন ভারতীয় ভাষায় ব্যবহারের নিরিখে 'ঐতিহ্য' শব্দটি অনুসরণ ও পরিবর্তন — এই দুই ধারণার মধ্যে আন্দোলিত হয়।

ঐতিহ্যের ধারণাটির অর্থগত অনিশ্চয়তা, ধারণাটির সংগে যুক্ত পরম্পরাগত এবং আধুনিক অনুষঙ্গ এবং ফলশ্রুতিতে একধরণের দ্বিবিধতা—

এগুলি সবই আধুনিক ভারতীয় চেতনার গুরুত্বপূর্ণ গঠনগত উপাদান। কিন্তু এই পদ্ধতির সরলীকৃত ব্যাখ্যা বিষয়ে আমাদের সতর্ক থাকা উচিত। সাংস্কৃতিক ও ভাষাগত বহুত্ববাদ এবং মানসিক ঔদার্য — ভারতীয় ইতিহাসের এই পরিচিত সাংস্কৃতিক বৈশিষ্ট্যগুলির আলোকে একথা বলা যেতেই পারে যে ভারতীয় চেতনা এই দুই ঐতিহ্যের দ্বারা লালিত হয়েছিল। 'পাশ্চাত্য' ও 'ভারতীয়' — এই দুই ধারণার মধ্যে এক দ্বন্দ্বমূলক বৈরিতার বোধ এতই প্রবল যে, আমরা ভুলে যাই 'ভারতীয়'—এই ধারণার মধ্যেই একপ্রকার দ্বন্দ্ব নিহিত আছে। সংস্কৃত ভাষার সঙ্গে যুক্ত সাংস্কৃতিক শক্তিগুলি বিরুদ্ধে ও ভারতীয় ভাষা-সংস্কৃতির শক্তিগুলির মধ্যে এই দ্বন্দ্ব বিষয়ে আমরা সাধারণভাবে উদাসীন।

প্রথাগত অর্থে ভারতে পরম্পরা শব্দের দুটি মূল উপাদান আছে: মার্গ—নাগরিক বা মূলধারা এবং দেশি—আঞ্চলিক বা উপধারা। ভারতীয় সংস্কৃতিতে এই দুই ধারার মধ্যে আদানপ্রদান এবং দ্বন্দ্বের এক দীর্ঘ ইতিহাস আছে। একথা বলা অযৌক্তিক হবে না যে পাশ্চাত্য বৌদ্ধিক ঐতিহ্যের যোগদানের ফলে এই দুই ধারার সম্পর্ক প্রসারিত হয়েছিল কিন্তু বৈপ্লবিক কোন পরিবর্তন ঘটেনি। তাই ঐতিহ্যের আধুনিক ভারতীয় ধারণাটিকে এক ত্রিপাক্ষিক সম্পর্ক হিসাবে বর্ণনা করা যেতে পারে। এখানে মার্গ পরম্পরা, দেশি পরম্পরা ও পাশ্চাত্য ঐতিহ্য পরস্পরের সঙ্গে যুক্ত এবং এর প্রত্যেকটি ধারাই অন্য ধারার সংগে নানাভাবে সহযোগ ও বিরোধের মাধ্যমে অগ্রসর হয়েছে।

যে সময়ে মধ্য ইন্দো-আর্য এবং তামিল থেকে ভারতীয় ভাষাগুলির উদ্ভব ঘটেছিল তখন সময়, ভাষা ও সত্তার ধারণাতেও এক মৌলিক রূপান্তর ঘটে। ধ্রুপদী গঠনবাদের থেকে মুক্তির সাংস্কৃতিক আন্দোলনে ভারতীয় ভাষাগুলি এই ধারণাসমূহের মানবিকীকরণ ঘটায়। মহাজাগতিক ও জাগতিক এবং নান্দনিক, নাগরিক ও গ্রামীণ এবং মার্জিত ও অমার্জিত এই দ্বন্দ্বেরও সূচনা ঘটে এই পদ্ধতির ফলে। মূলত এটি ছিল এক আদর্শবাদী বিশ্ববীক্ষা ও বাস্তববাদী বিশ্ববীক্ষার মধ্যে দ্বন্দ্ব।

কাজেই ব্রিটিশ শাসনের সূচনাকালে যখন পাশ্চাত্য বৌদ্ধিক ঐতিহ্য ভারতে প্রসারিত হচ্ছিল তখন ঐতিহ্য এবং পরিবর্তনের দ্বন্দ্ব সম্পূর্ণ নতুন কোন ঘটনা ছিল না। ভারতীয় ও পাশ্চাত্য ঐতিহ্যের সন্নিধির ফলে উদ্ভূত সাংস্কৃতিক দ্বন্দ্ব সম্পূর্ণ পূর্বানুমানহীন ছিল না। এর থেকে বোঝা যায় যে, ভারতীয় সংস্কৃতি একটি বিদেশি সংস্কৃতির প্রভাবকে আত্মভূত করার জন্য ভালভাবে প্রস্তুত ছিল। যদিও

বিষয়টি সেভাবে স্বীকৃত হয় না। পাশ্চাত্য সংস্কৃতির সঙ্গে ভারতের সম্পর্কের সহযোগিতা ও দ্বন্দ্বের যে জটিল নকশা আমরা দেখতে পাই তা বোঝা অনেক সহজ হয়ে যায় যদি আমরা এই পরিপ্রেক্ষিতটি মাথায় রাখি।[২৭] ভারতীয় ও পাশ্চাত্য এই দুই ধারণার মধ্যে সম্পূর্ণ বিপ্রতীপ এক তীব্র বিরোধের তত্ত্ব তাই বাস্তবিক অপেক্ষা অনেক বেশি কাল্পনিক।

এম. এন. শ্রীনিবাস (১৯৬৬), মিল্টন সিঙ্গার (১৯৭১) ও এডওয়ার্ড শীল্‌স্ (১৯৬১)-এর মতো সমাজতাত্ত্বিকদের রচনা একথা প্রতিষ্ঠিত করেছে যে ভারতীয় সমাজে সাংস্কৃতিক সংশ্লেষ এর পদ্ধতিটি অত্যন্ত জটিল।[২৮] বিশেষ করে মাদ্রাজের এক জনগোষ্ঠীর বিষয়ে সিঙ্গারের আলোচনা থেকে স্পষ্ট হয় যে এক সতর্ক নির্বাচন পদ্ধতির মাধ্যমে বিদেশি সাংস্কৃতিক বৈশিষ্ট্যগুলি ভারতীয় সমাজে গৃহীত হয়। এবং এই পর্যায়ে বিদেশি বৈশিষ্ট্যগুলিকে এক ঐতিহ্যগত আকারও দান করা হয়। সিঙ্গারের সমীক্ষা থেকে প্রাপ্ত তথ্যের ভিত্তিতে বলা যায় যে ভারতীয় সমাজে বিদেশি প্রভাবকে নিয়ন্ত্রণ ও নিজের প্রয়োজন ও সুবিধামত পরিমার্জন করার এক সহজাত দক্ষতা রয়েছে। অন্যভাবে বলা যায় যে, নতুন পরিস্থিতির সঙ্গে নিজস্ব শর্তে অভিযোজনের এক উল্লেখযোগ্য ক্ষমতা পরম্পরাগত ভারতীয় সংস্কৃতির আছে। পরিস্থিতির সঙ্গে মেলবন্ধনের এই পদ্ধতিতে সবসময়ই যে দ্বন্দ্ব উদ্ভুত হবে তা নয়। এইজন্য এইকথা বলা যায় যে ঐতিহ্য ও আধুনিকতার যে দ্বন্দ্বের কথা প্রায় সমগ্র ঊনবিংশ শতকজুড়ে বহুলচর্চিত এবং যে বিতর্ক বর্তমানেও প্রচলিত তার সাহায্যে ভারতীয় সমাজে পরিবর্তনের পদ্ধতি সম্পর্কে কেবলমাত্র আংশিক ধারণা করা সম্ভব। সাংস্কৃতিক সম্পর্কের এক ভ্রান্ত ধারণার ভিত্তিতে এই দ্বিমেরু বিবাদের তত্ত্বের জন্ম হয়েছে, এবং ঔপনিবেশিক শাসনকালেই এই ভ্রান্ত ধারণার উদ্ভব।[২৯] সাহিত্য সমালোচনা উত্তরাধিকারসূত্রে এই ধারণা লাভ করেছে। পাশ্চাত্য বনাম ভারতীয় — সাহিত্য সমালোচনার ক্ষেত্রে এই সাংস্কৃতিক বিরোধের আলোচনা প্রায়শই নাটকীয় ভঙ্গীতে উপস্থাপিত হয়। যার ফলে সমস্ত আলোচনাটাই হয়ে ওঠে নিরর্থক ও বিপথগামী।

ভারতীয় সমালোচকগণ প্রায়ই সংস্কৃত কাব্যতত্ত্বের অন্তর্নিহিত ধারণাগত নকশার পাশাপাশি পাশ্চাত্য সমালোচনা তত্ত্বকে স্থাপন করার চেষ্টা করেছেন (ভরত — অ্যারিস্টটল : কণ্টক, ১৯৮৪; *হাস্য* —মেরেডিথ; জি. এস. আমুর, ১৯৭৬; *ধ্বনি*— টি. এস. এলিয়ট: কৃষ্ণ রায়ান, ১৯৬৫, *করুণা* — ট্রাজেডি: আর বি পতঙ্কর, ১৯৬৭ ইত্যাদি)।[৩০] এই সন্নিধিকরণের পশ্চাতে যে কারণ আছে তা

হল এই ধারণা যে সমকালীন ভারতীয় সমালোচকরা দুই রাস্তার সংযোগস্থলে দাঁড়িয়ে আছেন এবং তাঁদের অবশ্যই দ্বিবিরোধী এক অবয়বের মধ্য থেকে সচেতনভাবে সাহিত্য মূল্যমাপ নিরূপণ করতে হবে। উদাহরণস্বরূপ, ভি. ওয়াই কণ্টকের ভারতীয় নাট্যরীতি বিষয়ে অসামান্য প্রবন্ধটির উল্লেখ করা যেতে পারে। *নাট্যশাস্ত্র* শীর্ষক গ্রন্থের অন্তর্গত এই প্রবন্ধে কণ্টক অ্যারিস্টটলের নাট্যতত্ত্বের আলোকে ভরতের তত্ত্বকে বিচার করেছেন:

> ভরতের নাট্যশাস্ত্রের অন্তর্নিহিত অবয়বগত নকশাটি সঠিকভাবে বিচারের জন্য অ্যারিস্টটলের কাব্যতত্ত্ব একটি সুবিধাজনক সূচক মানদণ্ড হতে পারে। একে পাটাতন হিসেবে ব্যবহার করে আমরা নাট্যশাস্ত্রের অন্ধকার শান্ত জলে ঝুঁকিপূর্ণ ঝাঁপ দিতে পারি। একটা কথা বলা যেতে পারে—যে তাত্ত্বিক আয়ুধ আমরা বর্তমানে ব্যবহার করি তা বহুলাংশেই প্লেটো, অ্যারিস্টটল প্রবর্তিত পাশ্চাত্য চিন্তার ঐতিহ্য থেকে আহরণ করা। উপরন্তু, অ্যারিস্টটলের কাব্যতত্ত্ব এক তীব্র বৈসাদৃশ্য মূলক তাত্ত্বিক কাঠামো সূত্রবদ্ধ করেছে যার নিরিখে নাট্যশাস্ত্রে ব্যবহৃত স্বাতন্ত্র্যমূলক বৈশিষ্ট্যগুলিকে আলাদাভাবে চিহ্নিত করা সম্ভব।[৩১]

এইরকম স্পষ্ট ও প্রাঞ্জল বিশ্লেষণের সাহায্যে লেখক আমাদের সংস্কৃত নাট্যশাস্ত্রের 'শান্ত অন্ধকার জলের' মধ্যে এগিয়ে নিয়ে চলেন, এবং শেষে এই প্রশ্নের মুখোমুখি দাঁড় করিয়ে দেন — "আমাদের রঙ্গমঞ্চ কি অ্যারিস্টটল ও ভরতের মধ্যে দোদুল্যমান ও দুই রাস্তার সংযোগস্থলে দাঁড়িয়ে আছে?"

কণ্টক যেভাবে ভরত এবং অ্যারিস্টটল—এই দুই বিকল্পের উপস্থাপনা করে ভারতীয় রঙ্গমঞ্চের সংকটের মূল হিসেবে এক দ্বিবিরোধী অবস্থাকে নিরূপণ করতে চেয়েছেন, তার সঙ্গে ঊনবিংশ শতকে সংস্কৃত অথবা ইংরেজি-এই দুই বিকল্পের মধ্যে শিক্ষাভাবনা সীমায়িত রাখা নিয়ে তৈরি হওয়া বিতর্কের প্রচুর সাদৃশ্য দেখা যায়। আধুনিক ভারতীয় সমালোচনা ও সাহিত্যেও সেই একই বিতর্ক দেখা যায়—পুনরুজ্জীবনমূলক প্রবণতা অথবা পাশ্চাত্যতত্ত্ব অনুসরণের প্রবণতা। এই দুই প্রবণতা সমকালীন সমালোচনা ক্ষেত্রে সর্বাপেক্ষা প্রবল দুই দিশা। এবং এই দুই প্রবণতাই ধরে নেয় যে ভারতীয় ভাষা-সাহিত্যের লেখক ও সমালোচকরা পাশ্চাত্য এবং সংস্কৃত চিন্তার ঐতিহ্যের সঙ্গে যথেষ্ট পরিচিত।

আধুনিক ভারতীয় বুদ্ধিজীবী ও পাশ্চাত্য চিন্তধারা

একটি ভ্রান্ত ধারণা প্রচলিত আছে যে ঊনবিংশ শতাব্দীতে ভারতবর্ষে প্রবর্তিত ইংরেজি শিক্ষার ফলেই আধুনিক ভারতীয় বুদ্ধিজীবীরা পাশ্চাত্য চিন্তা ও দর্শনের সঙ্গে পরিচয়ের সুযোগ লাভ করেন। এবিষয়ে কোন সন্দেহ নেই যে ব্রিটিশদের প্রবর্তিত শিক্ষা ভারতীয়দের জন্য অত্যন্ত মূল্যবান জ্ঞানের ভাণ্ডার উন্মুক্ত করেছিল। যে জ্ঞান ভাণ্ডার পাশ্চাত্যে গড়ে উঠেছিল তা আমাদের অধিগম্য হয়েছিল। কিন্তু পরম্পরাগত ভারতীয় জ্ঞান ও আধুনিক ইউরোপীয় জ্ঞানের মধ্যে কোন বিনিময়কে এই প্রক্রিয়া উৎসাহিত করেনি। এমনকি দুটির মধ্যে কোন সংশ্লেষ বা ইউরোপীয় ঐতিহ্যে কোন ভারতীয়ের অর্থপূর্ণ যোগদানের ক্ষেত্রও উন্মুক্ত করা হয়নি। ঔপনিবেশিক যুগে ইউরোপীয় পণ্ডিতদের কাছে একটি প্রধান উদ্দীপনার কেন্দ্র ছিল সংস্কৃত ও অন্যান্য প্রাচ্যভাষায় নির্মিত জ্ঞানভাণ্ডার। এবং তাঁদের মধ্যে বেশিরভাগই স্বীকার করে নিয়েছিলেন যে সংস্কৃত ভাষায় এক অত্যন্ত উচ্চমানের সাহিত্য সৃষ্টি হয়েছে। তবুও তুলনামূলক সাহিত্যের মাধ্যমে ইউরোপ যখন তার সাহিত্যের দিগন্তকে প্রসারিত করতে চাইলো তখন এই বিভাগের মধ্যে সচেতনভাবে কোন প্রাচ্য ভাষায় রচিত সাহিত্যকে অন্তর্ভুক্ত করা হয়নি। যেমন, ম্যাথু আর্নল্ড যখন তুলনামূলক দৃষ্টিভঙ্গীর প্রসারের পক্ষে বললেন তখন তিনি কেবলমাত্র ইউরোপীয় সাহিত্যের কথাই বিবেচনা করেছিলেন।[৩৩] ঔপনিবেশিক বাস্তবতাকে মাথায় রাখলে এটা খুবই স্বাভাবিক মনে হবে যে ইউরোপ ভারতীয় সাহিত্যকে 'ওরিয়েন্টালিজম' বা 'ইন্ডোলজি' এই ছাপের আড়ালে রাখতে চেয়েছিল। উদ্দেশ্য ছিল যাতে বিশুদ্ধ এবং সাংস্কৃতিক ভাবে শ্রেষ্ঠ ইউরোপীয় সাহিত্য এই সাহিত্যর সংস্পর্শে দূষিত না হয়ে যায়।

ব্রিটিশ শিক্ষাপ্রণেতাদের উদ্দেশ্য ছিল ঘোর বাস্তববাদী।[৩৪] উদ্দেশ্য ছিল যাতে ভারতীয়রা সঠিক শিক্ষা পেয়ে ব্রিটিশদের সমকক্ষ না হয়ে যায় তা নিশ্চিত করা। তারা চাইছিল ভারতীয়দের ততটুকুই শিক্ষিত করা যাতে তাদের সাম্রাজ্যের 'কাজে লাগানো' যায়। যাই হোক, সাংস্কৃতিকভাবে দমে যাওয়া ভারতীয় বুদ্ধিজীবিরা স্বীকার করে নিয়েছিলেন যে ক্ষয়িষ্ণু ভারতীয় সংস্কৃতি অপেক্ষা ইউরোপীয় সংস্কৃতি শ্রেষ্ঠ। সুতরাং ব্রিটিশ শিক্ষা, শাসন ও আইনব্যবস্থাকে যথার্থ ও আদর্শ হিসেবে গ্রহণ করতে তাঁদের কোন সমস্যা হয়নি। ফলে তাঁরা ইউরোপীয় সংস্কৃতিকে এক উদার ও উন্নত সংস্কৃতি বলে স্বীকৃতি দিলেন। এর ফলে একথাও মেনে নেওয়া হল যে, যদি প্রয়োজনীয় উৎকর্ষ অর্জন করা যায় তবে এই সংস্কৃতিতে

পারস্পরিক ভিত্তিতে অংশগ্রহণ করা সম্ভব। ইংরেজী ভাষার মাধ্যমে প্রাপ্ত পাশ্চাত্য ধ্যানধারণার উপর একপেশে ও নিরবচ্ছিন্ন নির্ভরতার কারণে এই অলীক কল্পনার বিরোধিতারও কোন প্রয়োজন থাকে না।

পাশ্চাত্যের চিন্তাধারাকে ক্রমান্বয়ে গ্রহণ করার কারণ কিন্তু শুধু তার অন্তর্নিহিত গুণ নয় বরং পাশ্চাত্য জ্ঞানের অন্তর্নিহিত গুণের বিচার না করেই, তাদের সংস্কৃতিকে উন্নততর ধরে নিয়ে (ঔপনিবেশিক শাসকদের জীবনযাত্রার মধ্যেও যা প্রতিফলিত হত) ভারতীয়রা পাশ্চাত্য জ্ঞানের চর্চা শুরু করেছিল। ব্রিটিশদের যুদ্ধবিদ্যা ও প্রযুক্তিক্ষেত্রের শ্রেষ্ঠতা ইতিমধ্যেই গৃহীত হয়েছিল। ইংরেজি ভাষা ও শিক্ষাব্যবস্থা প্রবর্তনের আগেই এটি ঘটেছিল। এই কারণেই এবিষয়ে বিস্ময়ের কোন কারণ নেই যে, অষ্টাদশ শতাব্দীর শেষভাগে ও উনবিংশ শতাব্দীর প্রথমভাগে অনেক বাঙালী বুদ্ধিজীবী ইংরেজি ভাষার মাধ্যমে শিক্ষাদানের পক্ষে জোরালো সওয়াল করেছিলেন। ভারতকে এই সুযোগ দেওয়াটা সাংস্কৃতিক সাম্রাজ্যবাদ স্থাপনের একটি শেষ পদক্ষেপ, প্রাথমিক পদক্ষেপ নয়। শিক্ষা সংক্রান্ত বিতর্কের বিভিন্ন বক্তব্যগুলি বিশ্লেষণ করলে এটা স্পষ্ট হয় যে ভারতবাসীদের 'সভ্য' করা ইংরেজি শিক্ষা প্রবর্তনের উদ্দেশ্য ছিল না। বরং প্রকৃত উদ্দেশ্য ছিল এই ব্রিটিশ মতকে প্রাতিষ্ঠানিক মান্যতা দেওয়া যে, ভারতীয় সভ্যতা একটি খুব করুণ অবস্থার মধ্যে পড়ে আছে, এবং তাকে উদ্ধার করার একমাত্র উপায় হল সাম্রাজ্য পরিচালনায় কিছু বশংবদ ভারতীয়ের সাহায্য গ্রহণ করা।

ঔপনিবেশিক শাসনের শোষণমূলক প্রকৃতির প্রেক্ষিতে অত্যন্ত স্বাভাবিকভাবেই জ্ঞানের বিভিন্ন ক্ষেত্রকে রাজনৈতিক উদ্দেশ্যে পুনর্গঠিত করার ক্ষেত্রে ইংরেজি ভাষা অত্যন্ত গুরুত্বপূর্ণ ভূমিকা গ্রহণ করেছিল। সমাজ-ভাষাবিজ্ঞানে এটি অত্যন্ত পরিচিত ঘটনা যে রাজনৈতিকভাবে সবল সংখ্যালঘুর ভাষাকে সবসময়ই রাজনৈতিকভাবে দুর্বল ও পর্যুদস্ত সংখ্যাগুরু শ্রেষ্ঠ ও উন্নততর বলে স্বীকার করে নেন। একইভাবে সবল সংখ্যালঘুর ব্যবহৃত জ্ঞান, যার মধ্যে আছে সাংস্কৃতিক ও প্রযুক্তিগত উন্নতি, বিশ্ববীক্ষা এবং প্রকৃতিকে নিয়ন্ত্রণ করার কৃৎকৌশল, সবসময়ই পর্যুদস্ত সংখ্যাগুরুর দ্বারা উন্নততর হিসেবে গৃহীত হয়। এমনকি এই বিশেষ জ্ঞান সংখ্যাগুরুর জগৎ ও জীবনের সঙ্গে সম্পর্করহিত হলেও তা শ্রেষ্ঠ উন্নততর বিবেচিত হয়। ঔপনিবেশিক সময়কালে ভারতীয় সাহিত্যচেতনাকে এই ধরনের রাজনৈতিক উদ্দেশ্যে নির্মিত মূল্যবোধের মধ্য দিয়ে পথ অতিক্রম করতে হয়েছিল।

বৌদ্ধিক ঐতিহ্য সর্বদাই সংস্কৃতি দ্বারা নিয়ন্ত্রিত। সময় ও সমাজের বিশেষ প্রয়োজন সেই ঐতিহ্যের সৃষ্টি করে। যখন এই ঐতিহ্য এক ক্ষেত্র থেকে অন্য ক্ষেত্রে রোপিত হয় তখন তার উপযোগিতা ও বিশ্বাসযোগ্যতা হারানোর সম্ভাবনা সৃষ্টি হয়। ভারতীয় সমাজ ও শৈশবের মনোবিজ্ঞানমূলক সমীক্ষায় সুধীর কাক্কর দাবী করেছেন যে,[৩৫] প্রায়োগিক ক্ষেত্রে সর্বজনীন হিসাবে স্বীকৃত মনোবিজ্ঞানের অনেক অনুসরণীয় পাশ্চাত্য আদর্শ অ-পাশ্চাত্য সাংস্কৃতিক ক্ষেত্রে ব্যবহারের আগে সতর্কভাবে পর্যালোচনা করা প্রয়োজন। তবেই সেটিকে অ-পাশ্চাত্য ক্ষেত্রে গ্রহণ করা উচিত হবে। তিনি পরিষ্কারভাবে দেখিয়েছেন যে ভারতবর্ষে শৈশবের প্রকৃতি ও বেড়ে ওঠার পদ্ধতি পাশ্চাত্যের শৈশব ও বেড়ে ওঠার পদ্ধতি থেকে অনেক আলাদা। স্বাভাবিক ভাবেই তিনি সংস্কৃতিভিত্তিক মনোবিজ্ঞানের সপক্ষে যুক্তি দিয়েছেন:

> যেহেতু আমি কর্ম, শিক্ষা ও প্রশিক্ষণসূত্রে জীবনের অনেকটা সময় ভারত ছাড়াও ইউরোপ ও আমেরিকায় অতিবাহিত করেছি, তাই অন্য যে সংস্কৃতির সঙ্গে আমি ভারতের তুলনা করেছি সেগুলি মূলত পাশ্চাত্যের। আমি অবশ্যই প্রত্যেকটি সমাজের স্বকীয়তা ও স্বাতন্ত্র্য বিষয়ে সতর্ক থেকেছি। কোন সমাজকে, ভারতীয় বা পাশ্চাত্য, অন্য সমাজের নিরিখে মূল্যায়ন করা কখনই আমার উদ্দেশ্য ছিল না। কোন সমাজের সদস্যদের মনোবিজ্ঞানগত বিশেষ বৈশিষ্ট্যকে আমি কখনই স্নায়ুবিকারের লক্ষণ অথবা অপর সমাজের অন্তর্গত সর্বজনীন আদর্শ থেকে দুর্ভাগ্যজনক বিচ্যুতি হিসেবে ব্যাখ্যা করিনি। বরং আমি এই ধারণার ভিত্তিতে অগ্রসর হয়েছি যে সর্বজনীন সংকটের ক্ষেত্রে উভয় সমাজই স্বতন্ত্র সমাধানের সন্ধান করেছে। এবং উভয় সমাজেই (ধর্মনিরপেক্ষ মনোবিজ্ঞানগত পরিভাষায়) সুষ্ঠু ব্যক্তিত্ব গঠন ও বিকাশের বিষয়ে বিশেষ আদর্শ বিদ্যমান। কিভাবে সামাজিক সম্পর্কগুলিকে পুনর্বিন্যাস করে এই লক্ষ্যকে পূরণ করা যায় সে সম্পর্কে উভয় সমাজেই এক স্পষ্ট ধারণা আছে।[৩৬]

কাক্কর মনোবিজ্ঞান বিষয়ে যা বলেছেন, একই যুক্তিতে সাহিত্য সমালোচনার ক্ষেত্রেও সেগুলি প্রযোজ্য। সেই কারণেই আমি তাঁর ব্যাখ্যার আরো কিছু অংশ উদ্ধৃত করছি:

> পাশ্চাত্য মনোবিদ্যা এবং মনোচিকিৎসার মতবাদগুলি সর্বদা অত্যন্ত জটিল এক ব্যক্তিত্বের কথা সূত্রবদ্ধ করে। এই জটিল ব্যক্তিত্ব অবিরত নিজের মানসিক সমস্যাগুলির এক সাধারণ সমাধান সৃষ্টির লক্ষ্যে কাজ করে চলে। এই কাজের জন্য অহং (ইগো) এর সর্বাপেক্ষা বেশি সংশ্লেষ ও সংযোগের প্রয়োজন হয়। বিপরীতদিকে ভারতবর্ষে মনোবিজ্ঞানের সম্পূর্ণতার আদর্শ বা পরিণত অবস্থা এমন এক অহং (ইগো)-এর সংগে সামঞ্জস্যপূর্ণ যে অহং (ইগো) বহুলাংশে নিষ্ক্রিয় এবং কম বিচ্ছিন্ন। মনোবিজ্ঞানগত পরিণত অবস্থার যে কোন আদর্শ যা অভিজ্ঞতা ও প্রথাকে সর্বজনীনভাবে অনুসরণীয় দৃষ্টান্তে রূপান্তরিত করার চেষ্টা করে, তার সম্পর্কে সতর্ক থাকা প্রয়োজন। ছয় অন্ধব্যক্তি ও হাতির ভারতীয় কাহিনী আমার মনে পড়ে যাচ্ছে যাতে হাতির লেজ স্পর্শ করে একজন অন্ধ ব্যক্তি অন্যদের উপর তার এই দৃঢ় বিশ্বাস চাপিয়ে দিতে চাইছিল যে হাতিটি আসলে একটা বড় সাপ।[৩৭]

এই সতর্কবার্তা সাহিত্য সমালোচনার ক্ষেত্রেও সমানভাবে অথবা আরও বেশি করে প্রযোজ্য। কেননা সমালোচনা সাহিত্য মনোবিজ্ঞান অপেক্ষা অনেক বেশি দৃঢ়-সন্নিবিষ্ট চিহ্ন ও প্রতীকের ব্যবহার নিয়ে আলোচনা করে।

ঔপনিবেশিক যুগে ভারতীয় লেখক ও সমালোচকরা প্রচুর সাহিত্য ও তত্ত্বগত ধারণা গ্রহণ করেছিলেন। এবং আমাদের শিক্ষাকাঠামোতে এই ধারণাগুলি সহজাতভাবে উন্নততর হিসেবে গৃহীত হয়েছিল। ভারতের শিক্ষাপ্রণালী প্রায় অন্ধভাবে কর্তৃত্বকে মেনে চলার শিক্ষা দেয়। সুতরাং এই ধারণাগুলি একবার ভারতীয় শিক্ষাক্ষেত্রে প্রবর্তিত হওয়ার পরে সেগুলি এক প্রজন্ম থেকে পরের প্রজন্মে সঞ্চারিত হতে থাকে। বাস্তবে এই তত্ত্ব / ধারণাগুলি অবশ্যই ইউরোপকেন্দ্রিক। এই ক্ষতিকারক প্রভাবের একটি শিক্ষামূলক দৃষ্টান্ত হল মহাকাব্যের তত্ত্ব / ধারণা। সাহিত্যের এই বিশেষ শাখাটি ইউরোপের মতো ভারতেও অত্যন্ত প্রাচীন। সপ্তম শতকে দন্ডি থেকে একাদশ শতকে ভোজ পর্যন্ত অনেক যোগ্য তাত্ত্বিক ভারতবর্ষে এই বিশেষ শাখাটির বিষয়গত ও অবয়বগত কাঠামো নিয়ে বিশদে আলোচনা করেছেন। *কাব্যাদর্শ* ও *শৃঙ্গারপ্রকাশ*, এই দুই গ্রন্থে মহাকাব্য সম্পর্কে প্রশংসনীয় তাত্ত্বিক আলোচনা সূত্রবদ্ধ করা হয়েছে।

সংস্কৃত এবং ভাষা-সাহিত্যের মাধ্যমে মহাকাব্য গড়ে উঠেছিল এবং অনেক উপ-শাখার বিবর্তন ঘটেছিল। যেমন আদিকাব্য (সাহিত্য-মহাকাব্য—*রামায়ণ*),

মহাকাব্য (মৌখিক মহাকাব্য—*মহাভারত*), সর্গবন্ধ (ধ্রুপদী যুগে রচিত আধুনিক মহাকাব্য—*রঘুবংশ*), চম্পু (গদ্য ও পদ্যের মিশ্রণে রচিত দীর্ঘ আখ্যানকাব্য), আখ্যান (চরিত্রনির্ভর উপাখ্যান), এবং মহাকাব্যের ব্যাপ্তিসম্পন্ন বিভিন্ন আঞ্চলিক বীরগাথা। ইংরাজি অনুবাদে ইউরোপীয় মহাকাব্য এবং মিল্টন রচিত মহাকাব্য ইংরাজি শিক্ষার সঙ্গে এদেশে প্রবেশ করল। এবং এই সমস্ত মহাকাব্যের সঙ্গেই মহাকাব্যের ইউরোপীয় সমালোচনার তত্ত্ব ও রীতি ভারতে এল। মজার কথা হল, এই ইউরোপীয় তত্ত্ব ভারতে গড়ে ওঠা তত্ত্বের নিরিখে ছিল খুবই সামান্য, কিন্তু ঔপনিবেশিক শিক্ষাব্যবস্থার কল্যাণে খুবই সুবিধাজনক জায়গায় অবস্থিত। ইউরোপীয় মহাকাব্যের সঙ্গে পরিচিতি গড়ে ওঠা ভারতীয় সাহিত্যের পক্ষে খুবই সমৃদ্ধ এক অভিজ্ঞতা। কিন্তু ইউরোপীয় মহাকাব্য সমালোচনার রীতি ও প্রকরণ মহাকাব্য সম্পর্কে ভারতীয় প্রত্যাশার সঙ্গে সংগতিপূর্ণ ছিল না। যদি ব্রিটিশ ঔপনিবেশিক কালপর্বে অবয়ববাদ প্রধান সমালোচনা রীতি হিসেবে স্বীকৃত হত তাহলে দণ্ডির সর্গবন্ধ নামের সুচারু ধারণাটি সম্ভবত অনেক বেশী গুরুত্ব লাভ করত। কিন্তু ইংল্যান্ডের অপরিপক্ক মহাকাব্য সমালোচনার প্রভাবে ভারতীয় সমালোচকরা ভারতীয় মহাকাব্য বিষয়ে নিজেদের বক্তব্য সম্পর্কে নিজেরাই সন্দিহান হয়ে ওঠেন।

ভারতবর্ষে পাশ্চাত্য বৌদ্ধিক ভাবনার আমদানি প্রক্রিয়ার ফলে সাংস্কৃতিক আদানপ্রদানের ক্ষেত্রে ভারসাম্যের অভাব দেখা দিল। সেইসঙ্গে জ্ঞান ও বাস্তব জগতের মধ্যে একটি ব্যবধান সৃষ্টি হল। এক দূরের দ্বীপে গড়ে ওঠা জ্ঞানভাণ্ডারের প্রতি অন্ধ আনুগত্যের ফলে বাস্তবতা ও বাস্তবতাকে অনুধাবনের উপযুক্ত দৃষ্টিভঙ্গী — দুই এর মধ্যে দুস্তর ব্যবধান গড়ে উঠল। সাহিত্য সমালোচনার ক্ষেত্রেও কোন ব্যতিক্রম হয়নি। আধুনিকতার ধারণা এই ঘটনাকে বোঝার জন্য একটি আদর্শ দৃষ্টান্ত। 'আধুনিকতা' মোটামুটিভাবে ইউরোপের একটি নির্দ্দিষ্ট সময়কালের সাহিত্য ও সংস্কৃতিকে নির্দেশ করে। আধুনিকতার ধারণা অনেক পরস্পর-বিরোধিতা সত্ত্বেও পাশ্চাত্যে এক স্থির ও স্থায়ী ধারণা হিসেবে গড়ে উঠেছে। এর ফলে কাফ্‌কা, টমাস মান, জেমস জয়েস, আঁদ্রে জিদ্ এবং আর্নেস্ট হেমিংওয়ের মতো বিভিন্ন ঘরানার লেখককেও সামগ্রিকভাবে আধুনিক বলে স্বীকার করা হয়। ইউরোপীয় আধুনিকতার প্রভাবে ভারতীয় সাহিত্যে এমন কিছু আন্দোলনের সূত্রপাত ঘটেছিল যা ইউরোপীয় আধুনিকতার ধারণা থেকে সম্পূর্ণ ভিন্ন গোত্রের। ভারতীয় সাহিত্য সমালোচনা কিন্তু ইউরোপীয় আধুনিকতা ও তার ভারতীয়

প্রতিচ্ছবির মধ্যে কোন পার্থক্য স্বীকারের প্রয়োজনীয়তা বোধ করে না। যেহেতু ভারতে সমালোচনা সাহিত্য এই আন্তঃসাংস্কৃতিক রূপান্তরকে ধর্তব্যের মধ্যে রাখেনি, সেই কারণে সাহিত্য বিষয়ে প্রত্যাশা পাশচাত্য কেতা দ্বারাই চালিত হয়েছে। দেরিদা বর্ণিত ডিফারঁস এর আদর্শে লালিত একজন ভারতীয় সমালোচক কিভাবে সেই সাহিত্যের প্রতি সুবিচার করবেন, যে-সাহিত্য এমন সমাজ থেকে গড়ে উঠেছে যে সমাজ কখনও শব্দকেন্দ্রিকতার (logocentirsm) উদ্বেগের শরিক হয়নি ?

এটা অত্যন্ত স্পষ্ট যে ঔপনিবেশিক বা উত্তর-ঔপনিবেশিক ভাষা-সমালোচনা সাহিত্য রাজনৈতিক যুক্তিযুক্ততার কারণে ঔপনিবেশিক যুগে গড়ে ওঠা জ্ঞানের ক্রমোচ্চ শ্রেণীবিভাগ স্বীকার করে নিয়েছিল। একবার সৃষ্টি হওয়ার পরে এই শ্রেণীবিভাজন আত্মসমদর্শনের বলে বলীয়ান হয়ে ওঠে। বিজিত শক্তি বিজেতাকে মেনে চলার নিশ্চিন্ত পথে চলতে থাকে। অন্যদিকে এই মূল্যবোধের ধারণা থেকে সামান্য বিচ্যুতি ও শাসকের চোখে অপরাধ অথবা আরো খারাপভাবে নৃতাত্ত্বিক কৌতূহলের বিষয় হিসাবে গণ্য হয়। সময়ের সঙ্গে সঙ্গে বশংবদ বিজিত প্রজারা নিজের সংস্কৃতির সঙ্গে জৈব যোগসূত্রের কথা সম্পূর্ণ ভুলে যেতে থাকে। ১৮২৬ খ্রিস্টাব্দে তাঁর *ব্রিটিশ ভারতের ইতিহাস* গ্রন্থে জেম্স্ মিল নিম্নোক্ত মন্তব্য করেন:

> [রামায়ণ ও মহাভারত] এমন কিছু ধারাবাহিক ঘটনা পরম্পরাকে বর্ণনা করেছে যেখানে দেবতা ও মানুষ যৌথভাবে অংশগ্রহণ করেছে। এই কাল্পনিক ঘটনা পরম্পরা কেবল অতিরঞ্জিত ও অস্বাভাবিক নয়, তা বিশ্বের জাগতিক ও নৈতিক বিধিরও পরিপন্থী। সেগুলির মধ্যে উদ্ভাবনী দক্ষতার অভাব ও বিকটতার কারণে মানুষের মনে সেগুলির প্রতি কোন বিশ্বাস, শ্রদ্ধা, ভয় বা সহানুভূতির উদ্রেক ঘটেনা। এমনকি পৃথিবীর অজ্ঞতম জাতিগুলি, যাদের সঙ্গে আমাদের সামান্য পরিচয় ঘটেছে, তাদের কবিতাও এগুলি অপেক্ষা ভাল। দীর্ঘ ও শব্দবহুল এই সব রচনা সম্পূর্ণ নীরস। দীর্ঘ স্তবকে সেগুলিকে প্রায়শই বালখিল্য এবং অসার বলে মনে হয়। ইউরোপীয় কবিতার সঙ্গে পরিচয় আছে এমন কোন ব্যক্তির পক্ষে এইরূপ রচনা কল্পনা করাও অসম্ভব। রচনাশৈলী সম্পর্কে বলতে গেলে, একথা বলা অসংগত হবে না যে, বর্বরজাতির, বিশেষ করে এশিয়ার বর্বর

> জাতিসমূহের রচনায় যে যে ত্রুটি দেখা যায়, তার চূড়ান্ত রূপ এই লেখাগুলিতে পরিস্ফুট হয়েছে। অতিশয়োক্তি, কথাকল্পিত ও উগ্র রূপকালংকার, প্রায়শই অস্বাভাবিক ও হাস্যকর, দুর্বোধ্যতা, পুনরুক্তি, অনুলাপ, পৌনঃপুনিকতা, মাত্রাতিরিক্ত শব্দবাহুল্য, অসংগতি, বিশৃঙ্খলা — এই সব ত্রুটির দ্বারাই রামায়ণ ও মহাভারতকে চেনা যায়।[৩৯]

এটা খুবই স্বাভাবিক যে সাম্রাজ্য গঠন প্রক্রিয়ার একজন প্রতিনিধি হিসাবে মিল এমনই ভিত্তিহীন মতামতের প্রকাশ করবেন। কিন্তু ঔপনিবেশিক চিন্তার প্রভাবে একজন ভারতীয় সমালোচক যদি প্রাচীন ভারতীয় সাহিত্য সম্বন্ধে এইরকম অসংগত ধারণার বশবর্তী হন তবে পরিস্থিতির আমূল পরিবর্তনের প্রয়োজন।

নৃতাত্ত্বিক স্বর যদি সহানুভূতি বর্জিত হয় তবে তা যে কোন জীবন্ত সাংস্কৃতিকে বিশ্লেষণযোগ্য কতকগুলি বস্তুতে নামিয়ে আনে। এই বৈশিষ্ট্য ভারত সম্পর্কে পাশ্চাত্য ধারণায় প্রবলভাবে উপস্থিত। এই স্বরভঙ্গি একটি ঔপনিবেশিক উত্তরাধিকার। সদিচ্ছাসম্পন্ন এবং আপাতভাবে প্রশংসাসূচক বক্তব্যেও এই মনোভাব প্রতিফলিত। অবয়ববাদী সমালোচক স্যুসান ল্যাঙ্গার (Susan Langer) এর নিম্নোক্ত উক্তিতে যেমন হয়েছে। তাঁর উল্লেখযোগ্য গ্রন্থ ফিলিং এ্যান্ড ফর্ম (Feeling and Form) (১৯৮৩)-এ রসতত্ত্বের প্রসঙ্গে মন্তব্য করতে গিয়ে তিনি লিখেছেন — "নাটকে আবেগের নানা দিক হিন্দু সমালোচকরা তাঁদের পাশ্চাত্য সহকর্মীদের চেয়ে অনেক ভালভাবে বুঝেছেন ও বিশ্লেষণ করেছেন। আমাদের লেখকরা হতাশাজনকভাবে বিষয়টিতে বিভ্রান্ত হয়েছেন।"[৪০]

এখানে Langer কি চতুর্থ শতকের ভরত এর কথা বলেছেন ? নাকি তিনি একাদশ শতকের অভিনবগুপ্তের সম্পর্কে উক্তিটি করেছেন ? এবং নাটক ও মঞ্চের বিশেষ কোন্ তত্ত্বের কথা এখানে উল্লিখিত হয়েছে ? হিন্দু সমালোচকদের নির্দিষ্ট নাম ছিল, সাহিত্যতত্ত্বের দেড় হাজার বছরের গতিশীল ইতিহাসের সঙ্গে বিশেষ সম্পর্ক ছিল এবং তাঁরা এই তত্ত্বের বিকাশের নির্দিষ্ট স্তরে যুক্ত ছিলেন। Langer এই সমস্ত প্রাসঙ্গিক তথ্য বিস্মৃত হয়ে হিন্দু সমালোচকদের এক একমাত্রিক অনৈতিহাসিক ছবি তুলে ধরেছেন। পাশ্চাত্য কর্তৃক নির্মিত ভারতবর্ষের এইরকম একমাত্রিক অনৈতিহাসিক চিত্র ভারতীয়দের নিজেদের সম্পর্কে বোধকেও প্রভাবিত করেছিল।

জ্ঞানের বিভিন্ন ক্ষেত্রের এই রাজনৈতিক স্তরবিন্যাস আধুনিক ভারতীয়

সমালোচনার ক্ষেত্রে কোন বড় সমস্যার সৃষ্টি করেনি। এই সংকটের উদ্ভব, বিকাশ ও সর্বনাশা পরিণতির কারণ ছিল পাশ্চাত্য সাংস্কৃতিক পারিভাষিক শব্দের আলোতে আধুনিক ভারতের আত্মদর্শন। তা সত্ত্বেও একথা বলা যায় যে পাশ্চাত্য চিন্তাচেতনার ঐতিহ্যে ভারতীয়দের প্রবেশাধিকারের ধারণা সম্পূর্ণ কাল্পনিক। ঐতিহাসিক প্রেক্ষাপটে সৃষ্ট এই সংকট আধুনিক ভারতে প্লেটোনিক প্রেমের ধারণার প্রবল জনপ্রিয়তার পিছনে কতটা ক্রিয়াশীল ছিল — এই বিষয়ে অনুমান ও বিচার বিশ্লেষণ করা ভারতীয় সংস্কৃতির ছাত্রদের কাছে অত্যন্ত চিত্তাকর্ষক মনে হতে পারে।

ঔপনিবেশিক সংঘাতের মনস্তাত্ত্বিক বিশ্লেষণের ক্ষেত্রে আশিস নন্দী (১৯৮৩) নারীপুরুষের সম্পর্কের রূপক ব্যবহার করেছেন।[৪১] তাঁর মতে, ঔপনিবেশিক পরিস্থিতিতে বিজিত সংস্কৃতি (নারী হিসেবে চিত্রিত) বিজয়ী সংস্কৃতি (পুরুষ হিসেবে বর্ণিত)-কে অনুকরণের চেষ্টা করে। এবং পরিণতিতে কোনটাই হয়ে উঠতে পারে না (উভলিঙ্গ হিসেবে চিত্রিত)। নন্দীর রূপকের সাহায্যে আধুনিক ভারতীয় বুদ্ধিজীবীর, বিশেষত সাহিত্য সমালোচনার ক্ষেত্রে, বৌদ্ধিক সৃষ্টি-অক্ষমতাকে আংশিকভাবে ব্যাখ্যা করা সম্ভব। এটা বলার কোন প্রয়োজন নেই যে পাশ্চাত্য আদর্শকে অনুকরণের প্রবণতা এই দুরবস্থার প্রধান কারণ। নন্দীর আলোচনা ঔপনিবেশিক সাংস্কৃতিক সম্পর্কের অনুৎপাদক চরিত্রকে উন্মোচিত করে। এই সম্পর্ক বিজয়ী এবং বিজিত — উভয়েরই এক মিথ্যা আত্মপ্রতিকৃতি নির্মাণ করেছে। পাশ্চাত্য বৌদ্ধিক জগতে প্রবেশাধিকারের মিথ্যা ছলনায় ভারতীয় বুদ্ধিজীবীরা পাশ্চাত্যের তৈরি করা ভারতীয় বুদ্ধিজীবীর প্রতিকৃতিকে অনুমোদন করেছেন এবং ফলত এক আত্মবিস্মৃতির শিকার হয়েছেন। নীতিগত ভাবে অবশ্য পাশ্চাত্য চিন্তার ঐতিহ্য ভারতীয়দের কাছে অগম্য ছিল না কিন্তু বাস্তবে ঔপনিবেশিক যুগের একরৈখিক সম্পর্কের কল্যাণে পাশ্চাত্য চিন্তাচেতনা ভারতীয়দের কাছে অগম্যই ছিল।

উইলিয়ম জোন্স কৃত কালিদাস (৩৭৬-৪৫৪ খ্রি.) রচিত *অভিজ্ঞানশকুন্তলম্* নামক সংস্কৃত নাটকের অনুবাদের মাধ্যমে এই সাংস্কৃতিক সম্পর্কের আধুনিক যুগের সূচনা ঘটে। এবং এই উদাহরণটি ভারতের আত্মবিস্মৃতির জটিলতাকে ব্যাখ্যা করার ক্ষেত্রে একটি কার্যকর রূপক হিসেবে গণ্য হতে পারে। মৃগয়াকালে এই নাটকের কেন্দ্রীয় চরিত্র রাজা দুষ্মন্ত শকুন্তলাকে দেখেন ও রূপমুগ্ধ হয়ে তাঁকে গোপনে বিবাহ করেন। যেহেতু এই ঘটনা শোষণমূলক সম্পর্কের ভিত্তিতে গঠিত

তাই এটিকে আধুনিক উপনিবেশ স্থাপনের আদিরূপাত্মক চিত্রায়ণ হিসেবে ব্যাখ্যা করা যেতে পারে। শকুন্তলাকে নিয়ে আসার জন্য রথ পাঠাবেন এই প্রতিশ্রুতি দিয়ে রাজা নিজ রাজধানীতে ফিরে এলেন এবং এই প্রতিশ্রুতির কথা সম্পূর্ণ বিস্মৃত হলেন। যখন নিজ উদ্যোগে শকুন্তলা তাঁর রাজসভায় উপস্থিত হলেন তখন তিনি তাঁকে চিনতে অসমর্থ হলেন। শকুন্তলাও দুষ্মন্ত প্রদত্ত নামাঙ্কিত আংটিটি হারিয়ে ফেলে নিজ আত্মপরিচয় প্রমাণ করতে অক্ষম হলেন। সুতরাং শকুন্তলা নিজ স্বামী কর্তৃক স্বীকৃত হলেন না, আবার পালিত পিতার কাছে ফিরে যাওয়াও তাঁর পক্ষে সম্ভব হল না। তিনি তাঁর আত্মপরিচয়ের চিহ্নটি (আংটি) হারিয়ে ফেলেছেন, হারিয়ে ফেলেছেন সেই সাংস্কৃতিক পরিমণ্ডল (আশ্রম) যা তাঁকে অতীতে আত্মপরিচয় প্রদান করেছিল এবং ফলত হারিয়ে ফেলেছেন যেকোন সম্পর্কের সম্ভাবনা। সবচেয়ে গুরুত্বপূর্ণ বিষয় হল যে তিনি হারিয়ে ফেলেছেন এক যুক্তিনির্ভর পৃথিবীতে অংশগ্রহণ করার অধিকার। এই অতিক্ষুদ্র সংক্ষিপ্তসারের সঙ্গে যোগ করা যেতে পারে যে একটি অভিশাপের ফলে দুষ্মন্তের সাময়িক স্মৃতিবিলোপ ঘটেছিল। তার ফলে তিনি শকুন্তলাকে চিনতে অসমর্থ হয়েছিলেন। প্রথম পরিচয়ের ঔপনিবেশিক চরিত্র, স্মৃতি ও যুক্তির বিলোপ — নাটকের কাহিনী বিন্যাসে এই উপাদানগুলির উপস্থিতির ফলে নাটকটি আধুনিক বিশ্লেষণেরপক্ষে অত্যন্ত চিত্তাকর্ষক হতে পারে। আমরা অনুমান করতে পারি কেন স্যার উইলিয়ম জোন্স শূদ্রকের *মৃচ্ছকটিক* (একটি বাস্তবতাধর্মী কমেডি, যেখানে নায়িকা অত্যন্ত শক্তিশালী ও কর্মপটু চরিত্র) নাটকের পরিবর্তে কালিদাস এর *শকুন্তলা* নাটকটি বেছে নিয়েছিলেন পাশ্চাত্য জগতের সামনে ভারতের প্রতিকৃতি তুলে ধরার জন্য। পাশ্চাত্য জগৎ এবং পাশ্চাত্য প্রভাবিত ভারতীয়রা পরস্পর গভীর সহযোগিতার মধ্য দিয়ে ভারতের সম্পূর্ণ স্থাবর এই প্রতিচ্ছবি রক্ষা করেছেন। কিন্তু ইতিমধ্যে জীবন ও সাহিত্য গতিশীলতার কারণে অনেক দূর অগ্রসর হয়ে গেছে।

আধুনিক ভারত ও সংস্কৃত ঐতিহ্য

আধুনিক ভারতীয় সাহিত্য ও সংস্কৃত সাহিত্যের ঐতিহ্যের মধ্যে যোগসূত্রগুলি খুবই অস্পষ্ট ও ক্ষীণ। এরকম ঘটার কারণগুলি হল — (ক) সংস্কৃত সাহিত্য ঐতিহ্যের অন্তর্নিহিত দুর্বলতা; (খ) উপর্যুপরি বিদেশি প্রভাবের তরঙ্গ ও ঔপনিবেশিক শাসন, যার ফলে অ-সংস্কৃত সাহিত্য সরকারি পৃষ্ঠপোষকতা লাভ

করেছিল; (গ) অবিরাম সামাজিক পরিবর্তন ও বর্ধমান ভাষাতাত্ত্বিক বৈচিত্র্য এবং (ঘ) শতাব্দীর পর শতাব্দীব্যাপী ইচ্ছাকৃত অবহেলা। সংস্কৃত সাহিত্য ও সমালোচনাতত্ত্ব আধুনিক বুদ্ধিজীবীর কাছে কাল্পনিক সম্পদ হিসেবেই পরিগণিত হয়। আধুনিক ভারতীয় সমালোচক বলতে পারেন যে সহস্র বছর আগে ভারতে সমালোচনা সাহিত্যের এক গৌরবময় ঐতিহ্য বিদ্যমান ছিল। কিন্তু একথা বললেও এই ঐতিহ্যকে তিনি এমন কোন জীবন্ত ঐতিহ্য হিসাবে ব্যবহার করতে অক্ষম, যার মধ্যে জীবন্ত একটি আদর্শ তাত্ত্বিক কাঠামো থাকে যার নিরিখে সমস্ত স্বাভাবিক বৌদ্ধিক ক্রিয়াকাণ্ড নির্ধারিত ও নিয়ন্ত্রিত হয়। অন্যভাবে বলতে গেলে ভারতীয় বুদ্ধিজীবিদের সামনে অতীতকে বর্তমানের মধ্যে ও বর্তমানকে অতীতের মধ্যে অভিক্ষেপনের সম্ভাবনা থাকলেও তাঁদের মননে অতীত ও বর্তমানের মধ্যে কোন অঙ্গাঙ্গী, জৈব সম্পর্ক বিদ্যমান নেই।

অতীতের প্রতি ভারতীয়দের দৃষ্টিভঙ্গীর একটি মনোজ্ঞ তথ্যনিষ্ঠ আলোচনায় মহাদেব দেশপান্ডে (আ ১৯৭৯) দেখিয়েছেন যে ভারতীয় সময়তত্ত্বের একটি অবিচ্ছেদ্য অংশ হল সাম্প্রতিক কালে সৃষ্ট কোন বস্তুর মধ্যে অপ্রচলিত কোন অতীত গৌরব কল্পনা করা। মিল্টন সিঙ্গার (Milton Singer) কৃত সাম্প্রতিককালের সমাজবিজ্ঞানের গবেষণায় উক্ত যুক্তির সমর্থন মেলে। দেশপান্ডের যুক্তির নির্যাস নিম্নোক্ত অনুচ্ছেদে বিধৃত আছে:

> কর্তৃত্বের উচ্চাবচ স্তরবিন্যাসের সবচেয়ে গুরুত্বপূর্ণ অংশ হল, যে-সমস্ত রীতিনীতি অতীত কর্তৃত্বের সঙ্গে অসংগতিপূর্ণ নয়, তার উপরে লুপ্ত বৈদিক গ্রন্থ বা আইনগ্রন্থের গৌরব আরোপ। এর ফলে ইতিহাসের এক ভিন্ন ধারণার সৃষ্টি হয়। একজন আধুনিক গবেষক বৈদিক গ্রন্থগুলি পাঠের পর বলতে পারেন যে এই এই বিষয়গুলি বৈদিক যুগে প্রচলিত ছিল কারণ বৈদিক গ্রন্থে বিষয়গুলির উল্লেখ রয়েছে। কিন্তু যে-বিষয়গুলি এখন প্রচলিত হলেও বৈদিক গ্রন্থে উল্লিখিত নয় সেগুলির ক্ষেত্রে একজন গবেষক বলতে পারেন না যে সেগুলিও বৈদিক যুগে বিদ্যমান ছিল। যাইহোক ধ্রুপদী ভারতীয় ঐতিহ্য বর্তমানকে অতীতের উপরে প্রক্ষেপণের ক্ষেত্রে একটি কৌশলের ব্যবহার করে যাকে বলা যায় — 'অনিশ্চয়তার সুযোগ' (benefit of doubt)। এরকম মনে করা হয় যে বৈদিক আর্যরা তাঁদের মধ্যযুগীয় বা আধুনিক উত্তরাধিকারীদের মতোই আচরণ করতেন। বর্তমানের

যৌক্তিকতা অতীতের মধ্যে খোঁজা হত; কিন্তু এই পদ্ধতি অনুসরণ করতে গিয়ে মূর্ত বর্তমানকে যুক্তিসিদ্ধ করার জন্য এক কাল্পনিক অতীত নির্মাণ করা হত।[৪২]

ইতিহাস এবং সময়ের প্রতি সাধারণ ভারতীয় দৃষ্টিভঙ্গীর এটি একটি মোটামুটিভাবে সঠিক বর্ণনা। অবশ্য ভিন্ন ভিন্ন সময় ও ভিন্ন ভিন্ন ধর্মের ক্ষেত্রে এর নানারকম বৈচিত্র্য লক্ষ্য করা যায়। বিংশ শতকের ভারতে সাহিত্য সমালোচনার ক্ষেত্রে প্রতিটি নূতন পদ্ধতির সঙ্গে একটি অপ্রচলিত অতীত ধারণাকে যুক্ত করার প্রবণতা খুবই ক্রিয়াশীল দেখা যায়। বর্তমান শতকে ভারতীয় সমালোচনা ক্ষেত্রে এমন অজস্র উদ্যোগ লক্ষিত হয় যেখানে সংস্কৃত সাহিত্য সমালোচনার শ্রেষ্ঠত্ব প্রমাণের জন্য তার মধ্যে এমন অনেক তত্ত্ব ও চিন্তাপ্রণালী প্রক্ষিপ্ত করা হয়, যা একেবারে সম্প্রতি ইউরোপীয় সমালোচকরা ভেবে উঠতে পেরেছেন। যাঁরা এরকম প্রচেষ্টা করেছেন তাঁদের মধ্যে আছেন ভারতের সবচেয়ে কৃতী কয়েকজন সমালোচক: আনন্দ কে. কুমারস্বামী (১৮৭৭-১৯৪৭), জি. এস. আমুর (খ্রি. ১৯৭৬) কৃষ্ণ রায়ান (১৯৬৬) এবং কে. কৃষ্ণমূর্তি (১৯৬৯)। কিন্তু এইসব প্রচেষ্টার ক্ষেত্রে অতীতকে সৃষ্টিশীলভাবে ব্যাখ্যা করা হয় অথবা উদ্দেশ্যমূলকভাবে বিকৃত করা হয়। সে কারণে বাস্তবের অতীতের সঙ্গে এই কাল্পনিক অতীতের অনেক ক্ষেত্রে বড় ব্যবধান থাকে। সেই নির্মিত অতীত বর্তমানের অতীত সম্পর্কে ধারণা থেকেও ভিন্ন হয়। সেই নির্মিত অতীতের সঙ্গে সম্পর্কটা হয় রোমান্টিক এবং তা কল্পনার জগতেই বিকশিত হয়।

বিপরীতপক্ষে, কাব্যতত্ত্ব সমেত সংস্কৃত বৌদ্ধিক ঐতিহ্যের সম্পূর্ণ জাড্য সম্পর্কে ভ্রান্ত ধারণা পাশ্চাত্য ভারততত্ত্ববিদদের প্রচেষ্টার ফসল। এবং সেই ভ্রান্ত ধারণাবিশিষ্ট ঐতিহ্যকে একটি সচল ও জীবন্ত চিন্তাপ্রণালীতে রূপান্তরিত করার কোনওরূপ সম্ভাবনা নেই। কিন্তু একই সঙ্গে এটা স্বীকার করে নেওয়া প্রয়োজন যে প্রাচ্যের সাংস্কৃতিক ক্ষেত্রে সংস্কৃত বৌদ্ধিক ঐতিহ্য একটি বিমূর্ত ও স্থবির ধারণামাত্র —ভারততত্ত্ববিদদের এই ধারণা ঐতিহাসিকভাবেই অসত্য। স্যার উইলিয়াম জোন্স হিন্দু সংস্কৃতি বিষয়ে তাঁর বিখ্যাত বক্তৃতামালায় এইরকমই একটি মত প্রকাশে সচেষ্ট ছিলেন। ১৭৮৬ খ্রিস্টাব্দে কলকাতার এশিয়াটিক সোসাইটিতে প্রদত্ত এক ভাষণে তিনি ঘোষণা করেছিলেন যে ভারতীয় ইতিহাস পুনর্নির্মাণ প্রকল্পে তিনি সুদূর প্রাচীনকালে অনুসন্ধান করবেন কিন্তু বর্তমানের

অভিমুখে তাঁর গবেষণা মাত্র একাদশ শতক অবধি সময়কালের মধ্যে সীমাবদ্ধ থাকবে।[৪৩] এইভাবে তিনি প্রাচীন ভারতীয় সভ্যতা ও মধ্যযুগের ভারতীয় সভ্যতার মধ্যে একধরনের পণ্ডিতসুলভ ব্যবধানের সূচনা করেন। জোন্সের পরে প্রায় সমস্ত ভারততাত্ত্বিক উদ্যোগের ক্ষেত্রে প্রাচীন ভারতকে বিচ্ছিন্ন করে হিন্দুত্ববাদের এক বিশুদ্ধ সাংস্কৃতিক অবস্থার আধার হিসেবে উপস্থাপিত করা হয়েছে।

পাণ্ডিত্যপূর্ণ বিভিন্ন রচনায় ভারত সম্পর্কে ভারততাত্ত্বিকদের এইরকম মতই প্রকাশিত হয়েছে। কিন্তু যে দৃষ্টিভঙ্গীর ফলশ্রুতিতে এইরকম চিত্রায়ণ সম্পন্ন হয়েছে তার মধ্যে বিশুদ্ধ জ্ঞানচর্চার অতিরিক্ত অন্য অনেক উপাদান ছিল। প্রাথমিক রাজনৈতিক ও সামাজিক পরিপ্রেক্ষিত থেকে এই মতবাদ, যতটা দেখা যায় তার চেয়ে অনেক বেশি সাহায্য লাভ করেছিল। ভি.জি. কিয়েরনান এবং এড ওয়ার্ড সইদ দেখিয়েছেন যে, এমনকি আপাতদৃষ্টিতে অরাজনৈতিক শিক্ষামূলক প্রকল্পও ঔপনিবেশিক যুগে প্রবল রাজনৈতিক উদ্দেশ্যে ব্যবহৃত হয়েছে।[৪৫] ভারতবর্ষের সংস্কৃতির মতো এক সংস্কৃতির সম্মুখীন হওয়ার ফলে ভারত সম্বন্ধে পাশ্চাত্য অভিজ্ঞতায় যথেষ্ট পরিমাণে বিভ্রান্তি লক্ষ্য করা যায়। যখন যুবক মেকলে কলকাতায় এসে পৌঁছলেন তাঁর মনে হল তাঁর হাতে ধরা বইটি ধীরে ধীরে নানা অংশে বিভাজিত বস্তুতে রূপান্তরিত হয়ে যাচ্ছে।[৪৬] এক শতাব্দী পরে টমাস মান তাঁর Death in Venice গ্রন্থে গাঙ্গেয় অববাহিকাকে বাঘেদের বিচরণভূমি হিসেবে উপস্থাপিত করলেন। বিভ্রান্তিকর ধারণা, কোন সংগঠিত ব্যাখ্যার অভাব, এবং উদ্ভট প্রাচ্যকে পাশ্চাত্যের সমস্ত আধ্যাত্মিক সমস্যার সর্বরোগহর বটিকা হিসাবে উপস্থাপনের প্রবণতা (*The Waste Land* কবিতায় T. S. Eliot এর 'শান্তি' শব্দের সরল ব্যবহার) — এইগুলি ছিল ভারত সম্পর্কে ইউরোপীয় অভিজ্ঞতার অন্যান্য গঠনগত উপাদান।

ভারতীয় ইতিহাস ও সংস্কৃতির ক্ষেত্রে ইউরোপীয় পণ্ডিতেরা উল্লেখযোগ্য কাজ করেছেন। এবং এটাও সত্য যে আধুনিক ভারতীয় বিদ্যাবত্তা ভারততত্ত্ববিদ্যার কাছে কৃতজ্ঞতাপাশে আবদ্ধ। এসত্ত্বেও প্রাচ্যবিদ্যা বিষয়ক গ্রন্থে ইতিহাস সম্পর্কিত অন্তর্নিহিত দৃষ্টিভঙ্গীতে ভারতীয় ঐতিহ্যকে একদা গৌরবোজ্জ্বল কিন্তু বর্তমানে অবক্ষয়ী শক্তিরূপেই চিত্রিত করা হয়েছে। হ্যালহেড এর *গ্রামার অব্ বেঙ্গলি* (Halhead's *Grammar of Bengali* (১৮৭০) থেকে ম্যাক্সমুলার-এর *ইন্ডিয়া ঃ হোয়াট ক্যান ইট টীচ আস্* (Max Muller's India: *What Can It Teach Us?* (১৮৮২) এই সমস্ত রচনার অন্তর্গত। এই দৃষ্টিভঙ্গী

প্রাচীন ও আধুনিক ভারতের মধ্যে কোন সংযোগ স্বীকার করতে চায় না এবং সাংস্কৃতিক ঘটনাক্রমকে ইতিহাসের ধারা থেকে বিচ্ছিন্ন করে যাদুঘরের প্রত্নসামগ্রী হিসেবে পাঠ করতে চেষ্টা করে। এটি অতীতকে রোম্যান্টিক করে গড়ে তোলে এবং তাকে সম্পূর্ণ ইতিহাসবর্জিত এক দৃষ্টিকোণ থেকে বিচার করে। ইউরোপীয়দের দ্বারা প্রবর্তিত ও ভারতীয়দের দ্বারা অনুসৃত এই রকম একটি দৃষ্টিকোণের ফলে ভারতীয়দের অতীতকে দেখার অভ্যাস একদেশদর্শী হয়ে গেছে। একইপ্রকার একটি প্রবণতা আমরা দেখতে পাই ভারতের প্রতি ইউরোপের অ-পণ্ডিতসুলভ অভিজ্ঞতার প্রকাশেও। অর্থাৎ পণ্ডিত ও সৃষ্টিশীল মানুষের অভিজ্ঞতায় এই বিষয়ে খুব একটা পার্থক্য দেখা যায় না। উদাহরণস্বরূপ, কালিদাসের শকুন্তলা-র প্রতি গ্যেটের স্বতঃস্ফূর্ত প্রতিক্রিয়া ও ভারতীয় 'যোগ' বিষয়ে আর্থার কোয়েস্‌লারের মোহভঙ্গ (*Lotus and Robot*, ১৯৬৭—ভারতে নিষিদ্ধ) - এর উল্লেখ করা যেতে পারে।

কী করে এত সহজে এবং এত গভীরভাবে ভারতের আত্মজ্ঞান একটি বিদেশী বৌদ্ধিক প্রক্রিয়া দ্বারা প্রভাবিত হল — এটা বোঝা কষ্টকর। আপাতদৃষ্টিতে ভারততত্ত্ববিদ্যা এত প্রবল প্রভাব বিস্তার করার যোগ্য ছিল না। কারণ শিক্ষা বিষয়ে বিতর্কের সময় ভারততত্ত্ববিদ্‌রা (সে সময়ে প্রাচ্যবিদ্যাবিদ্ বলা হত — Orientalist) ইংরেজির পৃষ্ঠপোষকদের (Anglicist) কাছে পরাজিত হয়েছিলেন। ভারতে ব্রিটিশদের সরকারি শিক্ষানীতি প্রাচ্যবিদ্যা বিশারদদের পরিবর্তে ইংরেজির পৃষ্ঠপোষকদের মতকে অগ্রাধিকার দিয়েছিল। কাজেই ভারততত্ত্ববিদ্‌দের মতামতকে অনুসরণ করার সেরকম প্রবল চাপ থাকা সম্ভব ছিল না। তাই এই অনুসরণের প্রবণতা অবশ্যই ভারতীয় সংস্কৃতির ভেতর থেকেই উদ্ভূত হয়েছিল। বিদেশি প্রভাবকে গ্রহণ করার নির্দেশ সংস্কৃতির অন্তর্নিহিত নিজস্ব তাগিদ থেকে এবং একই সঙ্গে বহির্জাগতিক ক্ষেত্রে ক্রিয়াশীল কিছু কিছু শক্তির কাছ থেকে এসেছিল। এই কারণে যা কিছু ব্রিটিশ তাই কিন্তু গৃহীত হয়নি। উদাহরণস্বরূপ বলা যায় যে, ব্রিটিশ সামরিক সংগঠন এবং ক্রিকেট গৃহীত হয়েছিল কিন্তু ব্রিটিশ সংগীত বা খ্রিস্ট ধর্ম গৃহীত হয়নি। সুতরাং এটা অবশ্যই স্বীকার করতে হবে যে ভারততাত্ত্বিক ইতিহাস চেতনা গৃহীত হয়েছিল ভারতীয় সংস্কৃতির অন্তর্গত কিছু কিছু উপাদানের কারণে।

কঠোর বর্তমানের বিপরীতে অতীত ছিল গৌরবোজ্জ্বল — এই মনোভাব সময়ের গতি সম্পর্কে ভারতীয় দর্শনের সাংখ্য আন্দোলনের সঙ্গে সম্পূর্ণ

সংগতিপূর্ণ।[৪৭] মানববিবর্তনকে সাংখ্য দর্শন স্বর্ণযুগ থেকে বিশরণ (disintegration)-এর যুগে, সত্যযুগ থেকে কলিযুগে অবনমনের এক যাত্রা বলে গণ্য করে। এই মত যে ছিল নিতান্তই অলীক কল্পনা, ভারততত্ত্বের প্রথম আবির্ভাবের সময় ভারতীয় ঐতিহ্য যে দুর্বল হয়ে পড়েনি — এই সত্য ঘটনা থেকে স্পষ্ট হয় যে, ভারতীয় ঐতিহ্যের মধ্যে ভারততত্ত্বের সহজেই আত্তীকরণ ঘটেছিল। এসত্ত্বেও এটা স্বীকার করতে হবে যে, সমাজে ভারতীয় ইতিহাসের এক অদ্ভুত ধারণা গৃহীত হয়েছিল। সমাজে এই সময়ে আদর্শবাদী বিশ্ববীক্ষা থেকে বাস্তববাদী বিশ্ববীক্ষাতে এক উত্তরণ ঘটছিল। এবং এই কারণে সমাজের আত্মপ্রতিকৃতিতে আরো এক রূপান্তর দেখা দিয়েছিল।

এতক্ষণ পর্যন্ত আমি এই বক্তব্য প্রতিষ্ঠিত করার চেষ্টা করেছি যে, ভারতীয় সমালোচকরা আত্মবিস্মৃত হয়ে এই কথা বিশ্বাস করতে শুরু করেছিলেন যে পাশ্চাত্য চিন্তার জগতে তাঁরা প্রবেশাধিকার লাভ করেছেন। আসলে তাঁরা যা লাভ করেছিলেন তা হল এই দুই ঐতিহ্যের এক অসদ্ (virtual) দ্বিমাত্রিক সম্পর্কের ধারণা। এই সম্পর্ক ছিল একই সঙ্গে উচ্চাবচ স্তরবিন্যস্ত (যেখানে ভারতীয় সমালোচকদের নিম্নস্থান নির্দিষ্ট ছিল) এবং একমাত্রিক। বিপরীত দিকে সংস্কৃত বৌদ্ধিক ঐতিহ্যের সঙ্গেও তাঁদের যোগসূত্র ছিল ক্ষীণ। যখন তাঁরা সংস্কৃত ঐতিহ্যের সম্পূর্ণ অবক্ষয় এর কথা বলছেন তখন কিন্তু অজ্ঞাতসারে তাঁরা সেই ঐতিহ্যের অনেক কিছুই বহন করে চলেছেন। এই দুই প্রবণতার একটি রেখাচিত্র নীচে দেওয়া হল:

সংস্কৃতায়ন(+)

রস ও ধ্বনিতত্ত্বের পক্ষে বক্তব্য পেশকারী সমালোচকগণ	তুলনামুলক সমালোচকগণ যাঁরা ভিন্ন ভিন্ন প্রবণতাকে সংশ্লেষিত করার চেষ্টায় রত
পাশ্চাত্যায়ন (-) ভাষা ঐতিহ্যের সঙ্গে পরিচিত ভাষা সমালোচকগণ	পাশ্চাত্যায়ন (+) সাহিত্যের ইউরোপকেন্দ্রিক দর্শনের অনুকরণকারী সমালোচকগণ

সংস্কৃতায়ন(-)

এই রেখাচিত্র থেকে একথার ইঙ্গিত পাওয়া যাচ্ছে যে, যদিও পাশ্চাত্য সমালোচনা এবং সংস্কৃত কাব্যতত্ত্ব থেকে একত্রে বা আলাদাভাবে অনুদৃষ্টি গ্রহণ

করার প্রবণতা বহুল প্রসারিত, তবুও এই প্রবণতা আধুনিক ভারতীয় সমালোচনা সাহিত্যের সম্ভাবনাকে সম্পূর্ণভাবে নিঃশেষ করতে পারে না। এই রেখাচিত্র সাহিত্য সমালোচনার ক্ষেত্রে ঝোঁকগুলির একটি সাধারণ আবন্টনের আভাস দান করে। যেহেতু 'সংস্কৃতায়ন'ও 'পাশ্চাত্যায়ন' শব্দদুটি এখানে ব্যবহার করা হয়েছে, তাই এটা পরিষ্কারভাবে বলে দেওয়া প্রয়োজন যে সমাজতাত্ত্বিক এম. এন. শ্রীনিবাস যে অর্থে শব্দদুটি ব্যবহার করেছেন সেই অর্থে এখানে শব্দদুটি ব্যবহৃত হয়নি।[৪৮] শ্রীনিবাসের ব্যবহার অনুসারে 'সংস্কৃতায়ন' এর অর্থ হল সমাজের অভ্যন্তরীণ শক্তিসমূহের প্রভাবে সৃষ্ট সামাজিক সচলতা এবং পাশ্চাত্যায়নের ক্ষেত্রে এই শক্তিগুলি সমাজের অভ্যন্তর থেকে না হয়ে সমাজের বাইরে থেকে উদ্ভূত। এই সমাজতাত্ত্বিক অর্থ এখানে প্রযুক্ত হয়নি। সাহিত্য সমালোচনার ক্ষেত্রে সংস্কৃতায়নের অর্থ সংস্কৃত কাব্যতত্ত্বের কাছে পুনরাগমন বা তার পুনরুজ্জীবনের প্রবণতা এবং 'পাশ্চাত্যায়নের' অর্থ হল পাশ্চাত্য সমালোচনার ধারাকে অনুসরণ করা বা তার থেকে সূত্র আহরণ করে প্রয়োগ করা।

এই রেখাচিত্র থেকে দেখা যাচ্ছে যে ভারতীয় সমালোচকদের একটি অংশ বিশ্বাস করেন, বর্তমান সাহিত্য বা সমালোচনার সমস্ত প্রয়োজনই সংস্কৃত অথবা পাশ্চাত্য সমালোচনার ঐতিহ্য থেকে সম্পূর্ণরূপে মিটে যাওয়া সম্ভব। অন্য একটি অংশ মনে করেন যে এই দুই ধারার সংমিশ্রণে বর্তমান সাহিত্য সমালোচনার প্রয়োজনগুলি মেটানো সম্ভব হবে। প্রভাবশালী প্রায় সমস্ত বিদগ্ধ রচনাই শেষোক্ত পছন্দের দিকে পথনির্দেশ করে, প্রাচ্য ও পাশ্চাত্যের সংশ্লেষের পক্ষে মত প্রকাশ করেছে। উদাহরণস্বরূপ উল্লেখ করা যেতে পারে সুনীতিকুমার চট্টোপাধ্যায়ের *ইন্ডিয়ালিজম এ্যান্ড দি ইন্ডিয়ান সিন্থেসিস* (*Indianism and the Indian Synthesis*) (১৯৬২), কে. এম. পানিক্করের *দি হিন্দু সোসাইটি এ্যাট ক্রমরোড্‌স্* (*The Hindu Society at Crossroads*) (১৯৬১) এবং সি. ডি. নরসিম্‌হাইয়া সম্পাদিত *কমন ইন্ডিয়ান পোয়েটিক্‌স্* (*Common Indian Poetics*) (১৯৮৪) ইত্যাদি গ্রন্থগুলির। এই সংশ্লেষপন্থী যুক্তির সবচেয়ে ধ্রুপদী উদাহরণ পাওয়া যাবে আনন্দ কুমারস্বামী রচিত *দি ডান্স অব্ শিব* (*The Dance of Shiva*) (১৯৪৮) শীর্ষক গ্রন্থে। আমার যুক্তি হল যে, ভারতীয় সমালোচকদের পক্ষে কেবলমাত্র পাশ্চাত্য বা সংস্কৃত সমালোচনার ঐতিহ্যকে অনুসরণ করা বা এই দুই-এর এক ধরনের যৌগকে অনুসরণ করা লাভজনক হবে না। দূরবর্তী ঐতিহ্যের প্রতি আগ্রহের তীব্রতাকে ভাষা ঐতিহ্যের সচেতনতার নিরিখে নিয়ন্ত্রণ করা প্রয়োজন।

যদি সমালোচনার ধারাকে বর্তমান সংকট থেকে উত্তরণের পথ খুঁজতে হয় তবে সমালোচকদের হাতের সামনে মজুত দেশীয় ঐতিহ্যকে জানার চেষ্টা করতে হবে।

ঔপনিবেশিক প্রভাব

আধুনিক ভারতের আত্মসচেতনতার ক্ষেত্রে একটি চিত্তাকর্ষক কূটাভাস (Paradox) হলো যে, ভারতীয় সংস্কৃতির আধুনিকীকরণের ক্ষেত্রে পাশ্চাত্য বৌদ্ধিক প্রভাবকে একটি প্রয়োজনীয় প্রেরণা হিসেবে গ্রহণ করা হয় কিন্তু পাশ্চাত্য ঔপনিবেশিকতাকে ক্ষতিকর হিসেবে গণ্য করা হয়। প্রণিধানযোগ্য বিষয় হল, যে-সংস্কৃতি থেকে ইংরেজি সাহিত্যের উদ্ভব এবং যে-সংস্কৃতি ঔপনিবেশিক লুঠেরাদের জন্মদাত্রী, তাদের মধ্যে কোন সাধারণ গুণাবলী ছিল কিনা। আপাতদৃষ্টিতে, অবশ্যই লর্ড ডালহৌসি ও লর্ড টেনিসনের মধ্যে অথবা রাওলাট (ভারতীয় সংবাদপত্রের প্রতি তাঁর নির্মম মনোভাবের কারণে কুখ্যাত) এবং রাস্কিনের মধ্যে কোন সাধারণ সংযোগসূত্র নেই। কিন্তু গভীরভাবে দেখলে বোঝা যায় যে এই উভয়ের জন্মদাত্রী সংস্কৃতির মধ্যে অবশ্যই যোগসূত্র আছে।[৪৯] ভারতীয় চেতনার কাছে অবশ্য দুটি সম্পূর্ণভাবে পৃথক। পাশ্চাত্য সৃজনশীল সাহিত্য এবং সাধারণভাবে পাশ্চাত্য সৃজনশীলতাকে প্রগতিশীল, উদার, ভাল হিসেবে গণ্য করা হয়। কিন্তু রাজনৈতিক মনোভাবকে সাম্রাজ্যবাদী ও খারাপ হিসেবে দেখা হয়। সাযুজ্য রেখে, ভারতীয় সাহিত্যে সমস্ত প্রগতিশীল পরিবর্তন পাশ্চাত্য সাহিত্যের প্রভাবে ঘটেছে, এমন মনে করা হয় এবং সমস্ত অকৃতকার্যতার জন্য সাম্রাজ্যবাদী রাজনৈতিক শক্তিকে দায়ী করা হয়। এম. ডি. হাটকনঙ্গলেকার ১৯৫০ সাল থেকে ১৯৭৫ সাল অবধি মারাঠি সাহিত্যের উপর পাশ্চাত্য প্রভাব বিষয়ে একটি সাম্প্রতিক সমীক্ষাতে (১৯৮৬) দেখিয়েছেন যে এই পৃথকীকরণ সম্পূর্ণভাবে অযৌক্তিক।[৫০]

মারাঠি সাহিত্যের উন্নতির বিষয়ে বিংশ শতকের মারাঠি কবিতার কেন্দ্রীয় চরিত্র বি. এস. মারধেকার যে আশা প্রকাশ করেছেন, সেই প্রসঙ্গের অবতারণা করে হাটকনঙ্গলেকার তাঁর সাহিত্যিক বিকাশ সম্পর্কে বক্তব্যের সূচনা করেছেন। ১৯৪১ সালে অনেকটা প্ররোচনামূলকভাবে মারধেকার বলেছিলেন যে, পাশ্চাত্য সাহিত্য থেকে যথেষ্ট পরিমাণ শক্তি আত্মভূত করার আগে মারাঠি সাহিত্যের আত্মনির্ভরতার কথা ভাবাই যেত না। প্রায় অর্ধশতক আগে প্রকাশিত মারধেকারের এই মনোভাবের দিকেই হাটকনঙ্গলেকার ইঙ্গিত করেছেন এবং

মারাঠি সাহিত্যের উপর পাশ্চাত্য প্রভাবের ফলাফল বিশ্লেষণ করে এই মনোভাবের নিরর্থকতা প্রমাণ করেছেন। তিনি মনে করেন যে পাশ্চাত্য প্রভাব এতটাই আতঙ্কজনক ছিল যে মারাঠি সাহিত্য সৃজনশীলভাবে নিজের রূপান্তর ঘটাতে অক্ষম হয়ে পড়েছিল। তিনি প্রমাণ করেছেন যে এই প্রভাব মারাঠি সাহিত্যের সৃষ্টিশীল বিকাশের ক্ষেত্রে বাধা হয়ে দাঁড়িয়েছিল। তাঁর সমীক্ষা থেকে আমার মন্তব্যের সমর্থন মেলে যে, পাশ্চাত্য প্রভাব এবং ঔপনিবেশিক প্রভাবের মধ্যে কোনরূপ পার্থক্য কল্পনা করা এক ধরনের ভ্রান্তি। এই দুই প্রভাবকে পরস্পরবিরোধী হিসাবে গণ্য করা ভুল।

মেকলের *মিনিট্ অন এডুকেশন* (Minute on Education) (১৮৩৫) একটি ধ্রুপদী উদাহরণ যার সাহায্যে বোঝা যায় কিভাবে ঔপনবেশিক দমন পীড়নের সঙ্গে ভারতীয় চেতনায় পাশ্চাত্য সাহিত্যের প্রভাবকে যুক্ত করার পক্ষে মত প্রকাশ করা হয়েছে। একথা সত্য যে মেকলের মিনিট সাংস্কৃতিক সাম্রাজ্যবাদের বিপক্ষে যে কোন আক্রমণের এক সহজ লক্ষ্যবস্তু হয়ে উঠেছে (এই ধরনের আক্রমণ প্রায়শই কেবলমাত্র রোমাঞ্চকর হয়ে উঠছে)। তা সত্ত্বেও এক ধরনের নাটুকে ধার্মিকতা ও অমার্জিত স্থূলতার সংমিশ্রণের নমুনা হিসাবে মেকলের মিনিট থেকে নিম্নোক্ত অংশটি উদ্ধৃত করা হল :

> প্রাচ্যবিদ্যাকে প্রাচ্যতাত্ত্বিকদের মূল্যায়নের ভিত্তিতে গ্রহণ করতে আমি সম্পূর্ণ প্রস্তুত। প্রাচ্যতাত্ত্বিকদের মধ্যে কখনও একজনকেও খুঁজে পাইনি যিনি অস্বীকার করতে পারেন যে একটি ভাল ইউরোপীয় গ্রন্থাগারের একটি তাক ভারত ও আরবের সমগ্র দেশীয় সাহিত্যের সমতুল্য। আমি কখনও এমন কোনও প্রাচ্যতাত্ত্বিকের সাক্ষাৎ পাইনি যিনি সাহস করে বলতে পারবেন যে আরবি এবং সংস্কৃত কবিতা মহান ইউরোপীয় জাতিগুলির কবিতার সঙ্গে তুলনার যোগ্য। কিন্তু যখন আমরা কল্পনাশক্তির দ্বারা সৃষ্ট সৃজনশীল রচনা থেকে তথ্যসমৃদ্ধ অন্য রচনার দিকে তাকাই তখন দেখা যায় যে ইউরোপীয়দের শ্রেষ্ঠত্ব অপরিমেয়। আমার মনে হয় একথা বলা কোন অতিশয়োক্তি হবে না যে সংস্কৃত ভাষায় লিখিত সমস্ত গ্রন্থ থেকে আহরিত ঐতিহাসিক তথ্য ইংল্যান্ডের শিশুশ্রেণীতে ব্যবহৃত যে কোন তুচ্ছ, সংক্ষিপ্ত গ্রন্থে প্রাপ্তব্য তথ্য অপেক্ষা কম মূল্যবান। ভৌত অথবা নৈতিক দর্শনের যে কোন বিভাগে এই দুই জাতির পারস্পরিক অবস্থান প্রায় একই রকম। ... এই রকম বলা হয় যে আরবি ও সংস্কৃত ভাষাতে শত লক্ষ

মানুষের পবিত্র গ্রন্থগুলি লিখিত হয়েছে এবং সেই কারণে এইগুলি উৎসাহ প্রদানের যোগ্য। অবশ্যই, ভারতবর্ষে ব্রিটিশ সরকারের কর্তব্য সমস্ত ধর্মীয় বিষয়ে কেবলমাত্র সহিষ্ণু হওয়া নয়, বরং নিরপেক্ষ হওয়া। কিন্তু যুক্তি, নৈতিকতা বা নিরপেক্ষতা, যা পবিত্রভাবে রক্ষা করা উচিত বলে আমরা মনে করি, তার কোনওটির বিচারেই তুচ্ছ অন্তর্নিহিত মূল্যসম্পন্ন বলে স্বীকৃত কোন সাহিত্যপাঠে উৎসাহ প্রদান করা যায় না, কেবলমাত্র এই কারণে যে, তাতে সমস্ত গুরুত্বপূর্ণ বিষয়ে অত্যন্ত গুরুতর ভুল রয়েছে—। যুক্তি, নৈতিকতা বা নিরপেক্ষতা, যা আমরা মনে করি পবিত্রভাবে রক্ষা করা উচিত, কোন বিচারেই এরকম একটি পন্থা গ্রহণীয় হতে পারে না। এটি স্বীকার করে নেওয়া হয় যে প্রয়োজনীয় জ্ঞানের বিষয়ে ভাষাটি সম্পূর্ণ বন্ধ্যা। আমাদের এটি পড়ানো উচিত কেননা ভাষাটি বীভৎস সমস্ত কুসংস্কারের ধাত্রী ...আমি এখনি আরবি ও সংস্কৃত ভাষাতে সমস্ত বইয়ের মুদ্রণ বন্ধ করে দেবো, আমি মাদ্রাসা ও কলকাতায় অবস্থিত সংস্কৃত কলেজ তুলে দেবো।[৫১]

এই বক্তব্যে ভারতীয় ভাষা ও সংস্কৃতি বিষয়ে প্রকাশিত মনোভাব সম্পর্কে প্রায়শই মন্তব্য করা হয়েছে। সামান্য হেরফের থাকলেও প্রায় সমস্ত ঔপনিবেশিক যুগ জুড়ে এই মন্তব্য প্রকাশিত হয়েছে। মেকলের বক্তব্য যেমন শিক্ষা বিষয়ে ব্রিটিশ নীতিকে নির্ধারিত করেছে তেমনই এটি ভারতীয় সাহিত্যে বিষয়ে পাশ্চাত্য মতামতকেও প্রভাবিত করেছে। প্রায় দু'শতাব্দীব্যাপী ব্রিটেন ও ভারতের যোগাযোগ সত্ত্বেও, যথেষ্ট শিক্ষিত ব্রিটিশদের মধ্যেও ভারতীয় সাহিত্য বিষয়ে সাধারণ ধারণা হল যে ভারতীয় সাহিত্য মূলত ইংরেজিতে লিখিত। ভারতীয় সাহিত্য বিষয়ে ঔপনিবেশিক প্রেক্ষিতে মেকলে কৃত মতামতের স্থূলতা ভারত বিষয়ে আধুনিক (প্রগতিশীল) পাশ্চাত্যের মতামতেও সাধারণভাবে বিদ্যমান। অন্যভাবে বলতে গেলে, উপনিবেশবাদী পাশ্চাত্য ও সৃজনশীল পাশ্চাত্যের মধ্যে নানান অভ্যন্তরীণ সংযোগ আছে।

আধুনিক ভারতের ঐতিহাসিকরা ভারতে ব্রিটিশ শিক্ষানীতির বিকাশ নিয়ে বিশদে আলোচনা করেছেন এবং এই নীতির স্বাধীনতা-উত্তর রূপান্তর এবং অন্তর্ঘাত বিষয়েও গবেষণা করেছেন। আধুনিক ভারতীয় সংস্কৃতির একজন ছাত্র সেইজন্য এই উচ্চ সাংস্কৃতিক নাটকের সমস্ত পার্থিব বিষয় সম্পর্কে খুবই সচেতন।

শিক্ষার ভারতীয় ঐতিহ্য সম্পর্কে, বিশেষভাবে আর্থার মেহিউ (১৯২৬), জে. পি. নায়েক (১৯৬৫) ও আর. কে. মুখার্জীর (১৯৬৭)[৫২] রচনা থেকে প্রাচ্যবাদী ও পাশ্চাত্যবাদীদের মধ্যে বিতর্ক, প্রথাগত তত্ত্বাবধায়ক ও খ্রিস্টান মিশনারিদের হাত থেকে ব্রিটিশ সরকার কর্তৃক শিক্ষাব্যবস্থার অধিগ্রহণ, অন্তরিত (insular) ব্রিটিশ মানদণ্ডের উপর মাত্রাতিরিক্ত গুরুত্ব আরোপ, সহজসাধ্য ব্রিটিশ সামাজিক আদবকায়দা রপ্ত করায় উৎসাহপ্রদান এবং দেশীয় সামাজিক ও সাহিত্যিক মূল্যবোধের ক্রমাগত সচেতন অবনমন — এই সমস্ত বিষয়ের একটি সঠিক পরিপ্রেক্ষিত লাভ করা যায়। কিন্তু যে বিষয়টির প্রতি যথেষ্ট দৃষ্টি দেওয়া হয়নি, সেটি হল — তথাকথিত ব্রিটিশ শিক্ষাব্যবস্থার প্রবর্তনের পরে ও প্রবর্তন করার সময়ের আন্তঃসাংস্কৃতিক রূপান্তর। ঔপনিবেশিক ব্রিটিশ প্রবর্তিত শিক্ষাব্যবস্থা যে কোনমতেই একশৈলিক (monolithic) ছিল না — এই সত্য সমালোচকরা সচরাচর মনে রাখেন না। শাসকরা অনেক দ্বিধার পরে খুব স্বল্প ক্ষেত্রে এই ব্যবস্থার পত্তন করেছিল। এবং এর নামে যা কিছু প্রবর্তিত হয়েছিল সবকিছু একই সময়ে হয়নি। অ্যাংলো ইন্ডিয়ান তরফে শিক্ষার সমাজতত্ত্বে বিবিধ সাংস্কৃতিক ও আদর্শগত উপাদানের সমাহার ঘটেছে। যদিও শিক্ষকতায় বিদেশিদের তুলনায় ভারতীয়দের সংখ্যাধিক্য ছিল, তবুও অন্য শিক্ষকদের মধ্যে কেউ ছিলেন আইরিশ, কেউ স্কটিশ এবং কেউবা অস্ট্রেলিয়ান। বিভিন্ন ধর্মীয় পরিচিতিসম্পন্ন গোষ্ঠী শিক্ষা প্রতিষ্ঠান চালাতেন। এদের মধ্যে কারও কারও সঙ্গে ঔপনিবেশিক সরকারের সহমতের অভাব ছিল। ভারতীয়দের তরফেও এই শিক্ষাব্যবস্থার প্রতি মনোভাব একরকম ছিল না। অঞ্চলবিশেষে পার্থক্য ছিল, জনগোষ্ঠীর নিরিখেও মনোভাবের পার্থক্য ছিল। একইরকমভাবে এই নতুন শিক্ষাব্যবস্থার প্রভাব সমগ্র উপমহাদেশে সমানভাবে অনুভূত হয়নি। এই প্রভাবের বিভিন্নতা কেবল মূলকেন্দ্র এবং পশ্চাৎপদ অংশে অনুভব করা যেত এমনও নয়। বিভিন্ন ভাষা সংস্কৃতির ক্ষেত্রেও এই প্রভাবের বৈচিত্র্য লক্ষ্য করা যায়। এছাড়া ভারতবর্ষে প্রদত্ত প্রচলিত শিক্ষা পদ্ধতি সেই সময়ে সর্বত্র ঠিক একই রকম ছিল না। এই শেষোক্ত বক্তব্যটি বিশদে আলোচনা করা প্রয়োজন।

ঔপনিবেশিক শাসনের প্রথম পর্বে ব্রিটিশরা বিশ্বাস করত যে শাসনব্যবস্থার প্রয়োজনেই ভারতে শিক্ষাব্যবস্থার পরিবর্তন করা দরকার। একটা বিষয় উল্লেখের দাবী রাখে যে বাংলায় নতুন ব্যবস্থার পক্ষে ভারতীয়দের মধ্যে যথেষ্ট সমর্থন থাকলেও মহারাষ্ট্রে ইংরেজির মাধ্যমে শিক্ষার ধারণা ভালভাবে গৃহীত হয়নি।

স্যার টমাস মনরো (১৭৬১-১৮২৭)-র মতো শিক্ষায় উৎকর্ষের প্রবক্তাকেও তাঁর শিক্ষাবিষয়ক মিনিটে (Minute on Education, ১৮২৬) স্বীকার করতে হয়েছিল যে, "বোম্বাই অঞ্চলে প্রচলিত বিদ্যালয় শিক্ষার মান প্রায় নিকটবর্তী সময়ে অধিকাংশ ইউরোপীয় বিদ্যালয় শিক্ষার মান অপেক্ষা উৎকৃষ্ট ছিল।"[৫৩] মারাঠি ও গুজরাতির মাধ্যমে শিক্ষা প্রদানকারী এরকম ১২,৪৯৮ টি বিদ্যালয় তিনি গণনা করেছিলেন। গড় হিসাব করলে প্রতি ৫০০ জন লোকের জন্য একটি বিদ্যালয়। সেইজন্য তাঁর সুপারিশ ছিল যে "দেশীয় বিদ্যালয়গুলিতে কোনরকম হস্তক্ষেপের প্রয়োজন নেই।" মনরোর বিপরীতে, মাউন্ট স্টুয়ার্ট এলফিনস্টোন (১৭৭৯-১৮৫৯) ছিলেন মাতৃভাষার মাধ্যমে শিক্ষাদানের পক্ষপাতী। যতদিন পর্যন্ত শিক্ষা ব্রিটিশ ভারতে রাজ্যের বিষয় হিসাবে স্বীকৃত ছিল এবং কেন্দ্রীভূত হয়নি, ততদিন এলফিনস্টোন বোম্বাই প্রেসিডেন্সিতে শিক্ষাবিষয়ে নিজ মতামত কার্যকরী করার স্বাধীনতা ভোগ করেছিলেন। সুতরাং নিজ পরিষদের (council) বিরোধিতা এবং ইস্ট ইন্ডিয়া কোম্পানির পরিচালক মন্ডলীর (Board of Directors) অনাগ্রহ সত্ত্বেও এলফিনস্টোন প্রাথমিক শিক্ষার গুরুত্বে অগ্রাধিকার দিতে মনস্থ করেন। তাঁর নীতির একটি গুরুত্বপূর্ণ বিষয় ছিল স্থানীয় ভাষার মর্যাদা প্রদান। শিক্ষা বিষয়ে তাঁর মতামত এবং বোম্বাই অঞ্চলে তাঁর মতামত সাগ্রহে গৃহীত হবার ফলে লর্ড অক্‌ল্যান্ড (১৮৩৯) মেকলের নীতিকে (১৮৩৫) দেশীয় ভাষার পক্ষে সংশোধিত করেন। একইরকমভাবে রেভারেন্ড জে. উইলসন, যিনি ১৮৬৮ সালে বোম্বে বিশ্ববিদ্যালয়ের উপাচার্য নিযুক্ত হন, ছিলেন জনগণের ভাষার মাধ্যমে শিক্ষাদানের মুখ্য প্রবক্তা। বোম্বাই অঞ্চল সম্পর্কে সম্যক ধারণা ও এখানকার মানুষের মনোভাব বিষয়ে সম্যক জ্ঞান — এই দুই কারণে ঔপনিবেশিক শাসকরা বোম্বাই অঞ্চলে ভিন্ন নীতি অনুসরণ করেন।

মহারাষ্ট্রের বিপরীতে শিক্ষার এই ইংরেজিকরণের প্রক্রিয়াতে বাংলা ছিল ইচ্ছুক এক সহযোগী। ঔপনিবেশিক শাসকদের সঙ্গে সেখানে বুদ্ধিজীবিরাও, যাঁদের 'ভদ্রলোক'[৫৪] বলা হত, বিদ্যালয়ে এবং মহাবিদ্যালয়ে ইংরেজি মাধ্যমের ব্যবহারের সপক্ষে মত প্রকাশ করেছিলেন। যে মহাবিদ্যালয়ের সঙ্গে ডেভিড হেয়ার (১৭৭৫-১৮৪২), হেনরি ডিরোজিও (১৮১০-১৮৩৪) এবং রাজা রামমোহন রায়ের (১৭৭২-১৮৩৩) নাম যুক্ত, সেই হিন্দু কলেজ স্থাপিত হয়েছিল ১৮১৭ সালে। ১৮৪২ সাল নাগাদ যখন এই মহাবিদ্যালয়ের প্রতিষ্ঠাতা ডেভিড হেয়ার মারা গেলেন তখন প্রায় ১০,০০০ ছাত্রের নাম স্নাতক স্তরে নথিভুক্ত হয়।[৫৫]

ভারতে এই ঔপনিবেশিক শিক্ষাব্যবস্থার প্রভাব বিচার করতে গেলে এই কথাটা মেনে নেওয়া প্রয়োজন যে মেকলে নির্দেশিত এবং তাঁর উত্তরসূরীদের দ্বারা কয়েকবার সংশোধিত এই ব্যবস্থা একই সময়ে ব্রিটেনে প্রচলিত শিক্ষাব্যবস্থার একেবারে হুবহু প্রতিলিপি ছিল না। প্রশাসকদের দ্বারা পরিকল্পিত ও 'সেনাছাউনির মনস্তত্ত্ব' দ্বারা শর্তাবদ্ধ এই ব্যবস্থার কিছু নিজস্ব চাপ, প্রেরণা ও বিপরীতমুখী স্রোতের অন্তর্নিহিত দ্বন্দ্ব ছিল। অধিকন্তু, উনবিংশ শতাব্দীর ভারতীয় সংস্কৃতি 'স্থবির' ছিল না, যদিও সেরকম একটি ধারণাই সাধারণভাবে গৃহীত।[৫৬] উনবিংশ শতকের ভারতীয় সমাজ রাঘবাদাদা পেশওয়া (উনবিংশ শতকের শেষার্ধ)-র মধ্যযুগীয় রাজনৈতিক দর্শন থেকে ভারতীয় জাতীয় কংগ্রেসের (১৮৮৫ সালে স্থাপিত) জাতীয়তাবাদী দর্শনের দিকে অগ্রসর হয়েছিল। এরকম একটি সমাজ 'স্থবির' ছিল, এটা মেনে নেওয়া খুব কষ্টকর । বস্তুত উনবিংশ শতকের ভারতীয় সংস্কৃতিকে অত্যন্ত গতিশীল এক সংস্কৃতি হিসেবে গণ্য করাই সঠিক হবে। কারণ এই সংস্কৃতি অভূতপূর্ব সাংস্কৃতিক বিপর্যয়ের সাক্ষী ও তার মধ্য দিয়ে অগ্রসর হওয়ার কারণে বিস্ময়করভাবে রূপান্তরিত হয়েছিল। সুতরাং একথা মনে করা যুক্তিযুক্ত হবে না যে মেকলের ব্যবস্থা ভারতের উপর অবিমিশ্র ব্রিটিশ সংস্কৃতি চাপিয়ে দিতে সফল হয়েছিল। যে কাঠামোর উপরে এই প্রভাব প্রযুক্ত হয়েছিল তা স্থানীয় সামাজিক অবস্থা ও নির্দিষ্ট অর্থনৈতিক বাস্তবতার প্রেক্ষিতে গড়ে উঠেছিল। সমস্ত প্রক্রিয়াটি একটি অত্যন্ত জটিল মিথস্ক্রিয়ার মাধ্যমে শাসক ও শাসিতের বিপরীতধর্মী বৈশিষ্ট্য ও রাজনৈতিক উদ্দেশ্যের দ্বারা নির্ধারিত হয়েছিল।

আন্তঃসাংস্কৃতিক প্রভাব বিশ্লেষণের জন্য কোন উপযুক্ত নকশা বা ছকের অনুপস্থিতির কারণে ঔপনিবেশিক প্রভাবের স্বরূপ নির্ধারণ করা অত্যন্ত জটিল। ভারতে সাংস্কৃতিক প্রভাব বিষয়ে কোন তত্ত্ব এ পর্যন্ত নির্মিত হয় নি। একমাত্র ব্যতিক্রম হল আশিস নন্দীর উদ্ভাবিত খনিকটা অনুমানভিত্তিক এক রূপকালংকার যেখানে যৌন সম্পর্কের আদলে ঔপনিবেশিক সম্পর্ককে বিশ্লেষণ করার চেষ্টা হয়েছে। এটি যদিও গুরুত্বপূর্ণ তবু এর সাহায্যে আমরা এই ক্ষেত্রে একটি প্রাথমিক অন্তর্দৃষ্টির বাইরে অন্য কিছুই পাই না। পাশ্চাত্য তত্ত্বসমূহ, যেমন হ্যারল্ড ব্লুম এর সাহিত্যিক প্রভাবের তত্ত্ব (Anxiety of Influence, 1972) অথবা ম্যাক্স ওয়েবারের সামাজিক পরিবর্তনের তত্ত্ব,(Civilizational dynamics in traditional society, 1958) , একটি প্রত্যক্ষ সময়ানুক্রমিক প্রগতির কাঠামোর মধ্যে ক্রিয়াশীল হওয়ার জন্য পরিকল্পিত হয়েছিল। ভারতে ব্রিটিশ প্রভাব বিশ্লেষণ

অথবা এই প্রভাবের ফলে সৃষ্ট সামাজিক পরিবর্তন সমূহ বিশ্লেষণের ক্ষেত্রে এই কালানুক্রমিক নকশার কিছু বিশেষ সমস্যা আছে। এই সমস্যার প্রকৃতি বিশ্লেষণ করার জন্য 'রেনেশাঁস' শব্দটি ব্যবহার করা প্রয়োজন। অবশ্য (ভ্রান্তিজনক ভাবে) শব্দটি সাধারণত ভারতের ইতিহাসে ব্রিটিশ যুগের একটি অংশকে, প্রায় ১৮০০—১৯২০ সাল পর্যন্ত অথবা রাজা রামমোহন রায় (১৭৭২-১৮৩৩) থেকে মহাত্মা গান্ধী (১৮৬৯-১৯৪৮) পর্যন্ত সময়কালকে নির্দেশ করার জন্য ব্যবহৃত হয়। এটি নির্মমভাবে পরিহাসজনক যে, তথাকথিত ভারতীয় 'পুনরুজ্জীবন' অথবা নতুন আত্ম-আবিষ্কার ভারতের ঔপনিবেশিক অভিজ্ঞতার কালে ঘটছে। ব্রিটেনে পুনরুজ্জীবন কালানুক্রমে বিদেশি নর্মান শাসনের পরে ঘটেছে অথচ ভারতে তা ঘটেছে ইংরেজ শাসন চলাকালীন। ভারতীয় পুনরুজ্জীবনের কালে ঔপনিবেশিকতা সাংস্কৃতিক স্বাধীনতাকে ধ্বংস করেছিল। অথচ উপনিবেশবাদের পরিপ্রেক্ষিতে রেনেশাঁস স্বাধীনতার নতুন নতুন সম্ভাবনার দ্বার উন্মোচিত করেছিল। এগুলি পরস্পরকে নিষ্ফল করে দিচ্ছিল, এবং পরিস্থিতিকে সাংস্কৃতিক দিক থেকে অনুৎপাদক করে তুলেছিল। সেকারণেই এটা কোন বিস্ময়ের বিষয় নয় যে সমগ্র ঊনবিংশ শতকে ভারতে কোন উল্লেখযোগ্য সমালোচনামূলক তাত্ত্বিক গ্রন্থ রচিত হয়নি। এটা বলার অর্থ এই নয় যে সমগ্র শতকে সমাজে আদৌ কোন অগ্রগতি ঘটেনি। ইতিমধ্যে একথা বলা হয়েছে ঊনবিংশ শতক ভারতের ইতিহাসে অত্যন্ত গতিশীল এক অধ্যায়। কিন্তু এই গতিশীলতার প্রকৃতি এমন ছিল যে তার ফলশ্রুতিতে কোন মহৎ সৃজনকর্ম সম্পাদিত হয়নি। এই পর্যায়ে সামাজিক গতিশীলতার জটিলতা সমাজের সামগ্রিক রূপান্তরের[৫৭] প্রেক্ষিতে অনুৎপাদকতার সঙ্গে যুক্ত হয়েছিল। স্বাভাবিক কারণে কালানুক্রমিক পাশ্চাত্যের কালভিত্তিক প্রভাববিস্তারের তত্ত্বসমূহ ভারতবর্ষের ঔপনিবেশিক পরিস্থিতির ব্যাখ্যা করার জন্য আদৌ উপযুক্ত নয়।

ব্রিটিশ যুগকে ভারতীয় সাংস্কৃতিক ইতিহাসে একটি জলবিভাজিকা হিসেবে গণ্য করা যায়— এই মতবাদের পিছনে একটি মারাত্মক ভ্রান্তি আছে। ঔপনিবেশিক প্রভাবের বিষয়ে এই অতিশয়োক্তিমূলক মত দুটি পরস্পর বিরোধী বিশ্বাসের জন্ম দিয়েছে: ঔপনিবেশিক প্রভাবের ফলে ভারতে যা কিছু প্রগতিশীল এবং আধুনিকতা সৃষ্ট হয়েছে এবং ভারতীয় সংস্কৃতিতে যাকিছু পবিত্র ও মূল্যবান তা অপহৃত হয়েছে। ঔপনিবেশিক শাসন ভারতে এক স্বর্ণযুগ (আধুনিক)-এর আবির্ভাব ঘটিয়েছে অথবা ভারতের ইতিহাসে চালু স্বর্ণযুগ (প্রথাগত)-এর অবসান

ঘটিয়েছে। কিন্তু দুই মতবাদেই ঔপনিবেশিক শাসনকে অহেতুক গুরুত্ব দেওয়া হয়েছে। সেই জন্যই মেকলের বক্তব্যকে ভারতীয় ইতিহাসে একটি গুরুত্বপূর্ণ ঐতিহাসিক ক্ষণের সূচনা হিসাবে গণ্য করা হয়। এমন একটি ক্ষণ, যখন 'পতন' হয় অথবা বিকল্প হিসাবে 'মুক্তি' ঘটে। এই অসংযত মতামত ইতিহাসের এমন এক ব্যাখ্যার ভিত্তিতে প্রকাশিত যা ঐতিহাসিক বাস্তবতা থেকে বহুদূরে ।

ঐতিহাসিক পার্সিভাল স্পিয়ার মনে করেন যে আকবর (১৫৪২-১৬০৫) এবং গান্ধীর (১৮৬৯-১৯৪৮) যুগের মধ্যে এক প্রত্যক্ষ ঐতিহাসিক প্রবহমানতা বিদ্যমান ছিল। ভারতীয় সাহিত্য সমালোচনা এখনও পর্যন্ত এই যুক্তিকে ব্যবহার করার সম্ভাবনা খতিয়ে দেখেনি অথবা সাহিত্য সমালোচনার ক্ষেত্রে এই মতের যাথার্থ্য পরীক্ষা করে দেখেনি। স্বয়ংসম্পূর্ণ চিন্তার প্রণালী হিসেবে না ভেবে যদি সাহিত্য সমালোচনাকে সংস্কৃতির একটি উপশাখা হিসাবে বিবেচনা করা হয়, তাহলে অন্য উপশাখার সঙ্গে এই সাহিত্য সমালোচনার সাযুজ্য অকিঞ্চিৎকর হবে না। তাঁর ভারতের ইতিহাসের ভূমিকাতে স্পিয়ার লিখেছেন:

> (এই ইতিহাসে) মুঘল এবং ব্রিটিশ যুগকে একত্রে গ্রহণ করা হয়েছে। এই দুই যুগকে পৃথকভাবে বিবেচনা করার দরুন অনেক ভুল বোঝাবুঝির সৃষ্টি হয়েছে । ব্রিটিশ যুগের উপর অত্যধিক গুরুত্ব প্রদান করলে ভারতীয় শাসনকাল ও প্রতিষ্ঠানগুলি ক্ষয়িষ্ণু হিসাবে উপস্থাপিত হবে। এবং তা এই ধারণার জন্ম দেবে যে ঐ শাসনকালেও প্রতিষ্ঠানগুলি ক্ষয়িষ্ণু অবস্থাতেই ছিল। মুঘল যুগকে ব্রিটিশ যুগের পাশে রাখলে পাঠকের কাছে এটা স্পষ্ট হবে যে ভারতের রাজনৈতিক চিন্তা ও চেতনা তৎকালে ভারতে ব্রিটিশ রাজনৈতিক চেতনার প্রতিস্পর্ধী ছিল। এই বিবেচনা ছাড়াও এই দুই যুগের মধ্যে এক ধরনের অঙ্গাঙ্গী সম্পর্ক ছিল, পৃথকভাবে বিচার করলে যা বাদ পড়ে যায়..... এবং এটা নিশ্চিত যে, যদি ব্রিটিশ শাসন মুঘল শাসনের পর না ঘটত তাহলে ব্রিটিশ ভারত অবশ্যই এক অন্যধরনের ভূখণ্ড হত।[৫৮]

একজন ঐতিহাসিকের এইরকম সাক্ষ্যের ভিত্তিতে একথা বলা যেতে পারে যে, সাহিত্যের ইতিহাসে ঔপনিবেশিক যুগকে ভালভাবে বোঝা যাবে যদি তাকে 'ভাষা'– অতীতের বিরতিহীন অনুবৃত্তি হিসাবে গণ্য করা হয়। ভারতে আধুনিক সমালোচনার ধারা ঔপনিবেশিক যুগের গুরুত্বকে ফুলিয়ে-ফাঁপিয়ে এই পর্যায়ে

উন্নীত করেছে যে সমালোচকরা এটিকে সম্পূর্ণ নতুন সূচনা হিসেবে দেখেছেন, কোন পর্বান্তর হিসেবে নয়। ভারতীয় সমালোচনার ক্ষেত্রে ঔপনিবেশিক শাসনের ভূমিকা যে কোন মানদণ্ডেই অত্যন্ত গুরুত্বপূর্ণ। কিন্তু এই গুরুত্বকে অতিরঞ্জিত করা হয়েছে কারণ মুদ্রণ প্রযুক্তির প্রভাবের সঙ্গে ঔপনিবেশিক শাসনের প্রভাবকে গুলিয়ে ফেলা হয়েছে।

ভারতীয় সাহিত্যে আধুনিক যুগ তার পূর্বসূরীদের সঙ্গে সম্পর্কহীন, এরকম ধারণা করা ঐতিহাসিক ভাবে ভ্রান্ত। একইরকমভাবে একথা মনে করাও ভুল যে ঔপনিবেশিক যুগের চেয়ে ভাষা-সাহিত্যের অতীত তুলনমূলকভাবে স্থানু (অথবা কম জঙ্গম)। ভাষা-সাহিত্যের সমগ্র ইতিহাসকে কিছু ছোট ছোট যুগে বিভক্ত করে নেওয়া প্রয়োজন। এবং প্রতিটি ক্ষুদ্র যুগকে পূর্ববর্তী সমস্ত ক্রমপুঞ্জিত ফল হিসেবে গণ্য করা উচিত। অবশ্যই প্রতিটি ক্ষুদ্র খণ্ড সমকালীন সামাজিক শক্তিগুলির দ্বারা পরিবর্তিত হয়েছে। একইভাবে ঔপনিবেশিক যুগকেও কতকগুলি খণ্ড যুগের অনুক্রম হিসেবে দেখা প্রয়োজন যেখানে প্রত্যেক খণ্ডের স্বকীয় বৈশিষ্ট্য আছে। ব্রিটিশ শাসনের সমগ্র কালে, প্রায় ১৮০০ থেকে ১৯৪৭ অবধি, সাহিত্যিক প্রভাবের কোন একক ও একমাত্রিক রেখাচিত্র নেই। উদারনৈতিক মতবাদ, জাতীয়তাবাদ, আধুনিকতা, শিল্পায়ন, নগরায়ণ— এই রকম বিবিধ শক্তির প্রভাবে সাহিত্য সমালোচনার ধারাতে অবিরত নানা তারতম্য দেখা গেছে।

ব্রিটিশ শাসনের রাজনৈতিক উত্থান পতনের তীক্ষ্ণ, অনুসন্ধানী আলোচনায় অনিল শীল (১৯৬২) ও জন গ্যালাঘার (১৯৮২) দেখিয়েছেন যে ব্রিটিশ সাম্রাজ্য কোন স্থির বৃদ্ধির মধ্য দিয়ে গড়ে ওঠেনি। এই সাম্রাজ্যের ইতিহাসকে ভালভাবে অনুধাবন করতে হলে একে কয়েকটি ক্ষুদ্র যুগের নিরিখে বিচার করতে হবে। এবং প্রত্যেকটি সময়কালই সহযোগিতা ও বিরোধিতার এক পরিবর্তনশীল নকশা উপস্থাপিত করে।[৫৯] সেই সময়কার সাহিত্যেকে নিবিড়ভাবে অনুসন্ধান করলে দেখা যাবে যে সাহিত্যের উপর উপনিবেশের অভিঘাত একমুখী, সমমাত্রার প্রভাব হিসেবে ভারতীয় সাহিত্য-চেতনায় চেপে বসেনি। বালচন্দ্র নেমাডে দেখিয়েছেন যে মারাঠি উপন্যাসের ক্ষেত্রে এই প্রভাব বিভিন্ন প্রবণতায় বিভাজিত ছিল। বস্তুতপক্ষে, ঔপনিবেশিক প্রভাব না বলে ঔপনিবেশিক 'প্রভাবসমূহ' বলাটাই যুক্তিযুক্ত হবে। বর্তমানে পাশ্চাত্য প্রভাবসমূহ অযৌক্তিকভাবে ঔপনিবেশিক প্রভাবের থেকে পৃথক হিসেবে বিবেচিত হয়। এবং সমগ্র ঔপনিবেশিক যুগকে

সাহিত্যের ইতিহাসে এক পৃথক একক হিসেবে গণ্য করা হয়। বর্তমানে ইতিহাস রচনার ক্ষেত্রে নিম্নোক্ত মতগুলি যথাযুক্ত কৌশলরূপে গৃহীত হতে পারে: ঔপনিবেশিক প্রভাবসমূহকে এবং পাশ্চাত্য প্রভাবসমূহকে পরস্পর নির্ভর হিসেবে দেখা; সমগ্র ঔপনিবেশিক যুগকে কিছু খণ্ডকালের ক্রমপ্রবাহ রূপে বিবেচনা করা।

ভাষাসাহিত্য ও আধুনিক দৃষ্টিভঙ্গী

ভারতীয় ভাষাগুলির আবির্ভাব ও ইংরাজি সাহিত্য-ঐতিহ্য দ্বারা তাদের অবদমন — এই দুই ঘটনার মধ্যবর্তী সময়কে কখনও কখনও সাধারণ ভাবে 'প্রাক-ব্রিটিশ অতীত' বলে চিহ্নিত করা হয়। কিন্তু সমস্ত ভারতীয় ভাষার ক্ষেত্রে অন্তর্বর্তী সময়কাল সমান দীর্ঘ নয়। এক্ষেত্রে কালানুক্রমের এত বিস্তৃত বিভিন্নতা আছে যে ইতিহাস রচনার কোন সাধারণ ছক তৎক্ষণাৎ ব্যর্থ হওয়ার সম্ভাবনা থেকে যায়। তাই প্রত্যেকটি ভাষার সময়কালকে চিহ্নিতকরণের সন তারিখগুলি উল্লেখ করা যায়। নিম্নে প্রদত্ত সারণিতে ভাষাগুলির সর্বপ্রথম পরিচিত লেখক বা উল্লেখযোগ্য গ্রন্থের সন, প্রথম মুদ্রণকার্যের সূচনার সন এবং প্রত্যেক ভাষার প্রথম উপন্যাসের প্রকাশকালের সন দেওয়া হল। প্রথম উপন্যাসের প্রকাশকালের সন, সাহিত্যের আধুনিকীকরণের সূচক হিসেবে নয়, বরং একটি সাধারণ কাঠামোতে পৌঁছানোর উপায় বলে নির্বাচিত হয়েছে। এই দুই বিষয়ের মধ্যে কোন বিভ্রান্তির অবকাশ না থাকাই বাঞ্ছনীয়।[৬০]

ভাষা	সাহিত্যের সূচনা	ঔপনিবেশিক প্রভাব
অসমিয়া	১৩০০ খ্রিস্টাব্দ : হেম সরস্বতী, *প্রহ্লাদ চরিত্র*	মুদ্রণ ঃ ১৮৩৮ উপন্যাস ঃ ১৮৯৪, রজনীকান্ত বরদোলই এর *মিরিজিয়ারী*
বাংলা	অষ্টম শতক :চর্যাপদ	মুদ্রণ: ১৮০০; উপন্যাস : ১৮৬৫; বঙ্কিমচন্দ্রের *দুর্গেশনন্দিনী*, রবীন্দ্রনাথের নোবেল পুরস্কার প্রাপ্তি ১৯১৩
গুজরাতি	একাদশ শতক : হেমচন্দ্র	মুদ্রণ: ১৮০০; উপন্যাস: ১৮৬৬; নন্দকিশোর মেহতার *করণ খেলো*
হিন্দী	(গোড়ার দিকের রূপ)‾	মুদ্রণ: ১৮০০ (বাংলায়) ১৮৩৬-৩৮

ভাষা	সাহিত্যের সূচনা	ঔপনিবেশিক প্রভাব
	চতুর্দশ শতক : কবীর	অন্যত্র উপন্যাস: ১৮৭০; গোবিন্দ নারায়ণ মিশ্রর *দেবরানী জেঠানি কি কহানি*
কন্নড়	নবম শতক : কবিরাজামার্গ (সমালোচনা গ্রন্থ)	মুদ্রণ: ১৫৬৬, গোয়াতে। কিন্তু ১৭৭৪-এর পরে ব্যবহৃত। উপন্যাস : ১৮৯৯, গুলবাদি ভেঙ্কটরাও এর *ইন্দিরা দেবী*
কাশ্মীরি	১২০০ খ্রিস্টাব্দ : সীতাকান্ত আচার্যের *মহাযান প্রকাশ* যার অংশ বিশেষ কাশ্মীরিতে রচিত	মুদ্রণ: ১৮১৯, উপন্যাস: ১৯৫০ আমিন কামিলের *গতি মাবি গাশ*
মালয়ালাম	পঞ্চদশ শতক : চেরুসারির *কৃষ্ণগাথা*	মুদ্রণ: ১৭১৩, উপন্যাস: ১৮৮৭টি. এম. আপ্পু নেতুনগাতির *কুন্দলতা*
মারাঠি	ত্রয়োদশ শতক : মুকুন্দরাজা	মুদ্রণ: ১৭৭৫; উপন্যাস: ১৮৫৭, বাবা পদ্মনজি *যমুনাপর্যটন*
ওড়িয়া	চতুর্দশ শতক : সরলাদাস	মুদ্রণ: ১৭৭৫; উপন্যাস: ১৯০১, ফকিরমোহন সেনাপতির *ছ মন* অধা গুনহা
পাঞ্জাবি	১৫৩৮: গুরুনানকের *গুরুগ্রন্থ*	মুদ্রণ: সন তারিখ অজ্ঞাত, উপন্যাস: ১৮৯৮, ভাই বীর সিংহের *সুন্দরী*
সিন্ধি	সপ্তদশ শতক : শাহ আব্দুল লতিফ (১৬৮৯-১৭৮২)	মুদ্রণ: সন তারিখ অজ্ঞাত, উপন্যাস: ১৮৯০, করমানন্দ মেওরামের *জিনাত্*
তামিল	১০০০ খ্রিস্ট পূর্বাব্দ : *সঙ্গম* কবিতা	মুদ্রণ: ১৭১০; উপন্যাস: ১৮৯৬ রাজন আইয়ায়ের *কমলাবাঈ চরিত্রম*
তেলুগু	১০২০ খ্রিস্ট পূর্বাব্দ : নারায়ণ ভট্টর *মহাভারত*	মুদ্রণ: ১৭৯৬; উপন্যাস: ১৮৭২ নরহরি গোপালকৃষ্ণ চেত্তির শ্রী রসরাজু চরিত্র
উর্দু	আমীর খসরু (১২৫৩—১৩২৫)	মুদ্রণ: ১৮৭৫; উপন্যাস: ১৮৭৮রতন-নাথ সরসারের র*ফাসানা-এ-আজাদ*

এই সামান্য কালানুক্রমিক বর্ণনা থেকে একটি বিষয় পরিষ্কার হয় যে বিভিন্ন ভাষা সাহিত্যের সূচনাকাল খ্রিস্টপূর্ব ১০০০ সাল (তামিল) থেকে সপ্তদশ খ্রিস্টাব্দ (সিন্ধি) অবধি বিস্তৃত। প্রযুক্তি ও আধুনিকীকরণ, মুদ্রণ ও সাহিত্যরূপের পরিবর্তনের মধ্যে সম্পর্কের বিষয়ে এই সূচী এক সন্দেহের উদ্রেক করে। এখান থেকে বোঝা যায় যে মুদ্রণ প্রযুক্তির প্রবর্তনের ফলে পাশ্চাত্য সাহিত্যরূপের তাৎক্ষণিক বা অপরিহার্য ভাবে গৃহীত হওয়ার সম্ভাবনা সৃষ্ট হয়নি। উর্দুর ক্ষেত্রে মুদ্রণ প্রযুক্তির প্রবর্তন ও প্রথম উর্দু উপন্যাস প্রকাশের মধ্যে কেবল তিন বছরের ব্যবধান, আবার কন্নড় ভাষার ক্ষেত্রে এই ব্যবধান প্রায় তিনশ তেত্রিশ বছরের। কাশ্মীরি ভাষার প্রথম উপন্যাস প্রকাশের প্রায় এক শতক আগে মারাঠিতে উপন্যাস প্রকাশিত হয়। এর পরে, মুদ্রণ প্রযুক্তির প্রবর্তন ও ভারতীয় ভাষায় আধুনিক সাহিত্যের সূচনার মধ্যে কি কোন যান্ত্রিক সমীকরণের এর কথা বলা যেতে পারে? স্পষ্টতই নয়। একইরকমভাবে উপন্যাসের আবির্ভাব ও আধুনিক যুগের সূত্রপাতের মধ্যেও কোন যান্ত্রিক সমীকরণের কথা বলা যায় না। উপরোক্ত তালিকাসূচীর ভিত্তিতে অধিকতর গুরুত্বপূর্ণ যে মন্তব্য করা যায় তা হল — প্রতিটি ভাষার ক্ষেত্রে আধুনিক যুগের সূচনা ঘটেছিল সেই ভাষার দেশীয় নানা বাধ্যবাধ্যকতার কারণে। বাইরের সাংস্কৃতিক প্রভাবের ভূমিকা এখানে বিশেষ কিছুই ছিল না। অন্যভাবে বলতে গেলে, যদিও ভারতের সাহিত্যক্ষেত্রে ব্রিটিশ সাহিত্যের প্রভাব কোনভাবেই নগণ্য ছিল না, তাহলেও ভারতের বিভিন্ন ভাষার নিজস্ব ইতিহাস আছে এবং তার ক্রমবিবর্তন ঘটেছে সেই ভাষার নিজস্ব অভ্যন্তরীণ টানাপোড়েনের ফলে।

ভাষা-সাহিত্যগুলির তুলনামূলক প্রেক্ষিতে গৃহীত সিদ্ধান্তগুলির সঙ্গে ভারতের সাহিত্য সমালোচনা ও সাহিত্য ইতিহাসের কোন সুস্পষ্ট সংযোগ আছে বলে মনে হয় না। কিন্তু একটি ঐতিহাসিক ও তুলনামূলক প্রেক্ষিত থেকে অনেকগুলি সূচনার সৃষ্টি হতে পারে। তা থেকে ভারতীয় ভাষায় সৃষ্ট সাহিত্যগুলি সম্পর্কে অনেক তাত্ত্বিক অবস্থান সূত্রবদ্ধ করা সম্ভব। এই তাত্ত্বিক অবস্থানগুলিকে শেষ পর্যন্ত ভারতীয় ভাষার সাহিত্যতত্ত্ব হিসাবে নির্মাণ করা যেতে পারে। ভারতীয় সংস্কৃতির সারগ্রাহী চরিত্রের একটি চর্বিতচর্বণকে অন্ধভাবে অনুকরণ বা প্রচার করা হয় যে, ব্রিটিশ ঐতিহ্য ভারতে প্রবেশমাত্রই গৃহীত হয়েছিল—এই ভাবনা ভারতবর্ষে সাহিত্যতত্ত্ব এবং সাহিত্যের ইতিহাস রচনার ক্ষেত্রে ক্ষতিকারক।

এটি স্মরণে রাখা প্রয়োজন যে প্রাক্-ব্রিটিশ ভাষা-সাহিত্যের যুগের অনেক

সাহিত্য এখনও ভারতের জীবিত ঐতিহ্যের অন্তর্গত। নামদেব (১২৭০—১৩৫০) এবং তুকারাম (১৫৯৮—১৬৫০)-এর মারাঠিতে রচিত কবিতা, গুজরাতিতে নরসিংহ মেহতা (১৪০৮—১৪৮০) ও আখা (১৬১৫—১৬৭৫)-র রচিত সাহিত্য, কবীর (১৪৪০—১৫১৮) ও সুরদাস (১৪৮৩—১৫৬৭)-এর হিন্দি রচনা, পাঞ্জাবিতে গুরু নানক (১৪৬৯—১৫৩৯)-এর সৃষ্টি এবং এরকম আরো অনেক রচনা—এগুলি ভারতীয় চেতনার অবিচ্ছেদ্য অংশ বলে স্বীকৃত। তুকারাম, মীরা, কবীর, বাসবশ্বের ও অন্যান্যরা ভারতীয় অবচেতনের স্বপ্নপ্রতিকৃতিরূপে গণ্য হন। তাঁরা অরুণ কোলাৎকার, এ. কে. রামানুজন বা গজানন মহাদেব মুক্তিবোধের মতো আধুনিক কবিদের পথপ্রদর্শক। এতদ্‌সত্ত্বেও আধুনিক ভারতীয় বুদ্ধিজীবীরা যে স্মৃতিবিলুপ্তির শিকার তা এই সময় বা এই কবিদের সময়কালকে বোঝার ক্ষেত্রে এক বিভ্রান্তির সৃষ্টি করেছে। উপরে বর্ণিত প্রাক্-ব্রিটিশ কবিদের ক্ষেত্রে যে সাধারণ শব্দটি ব্যবহৃত হয় তা হল ভক্তি বা ভক্তিভাবের কবিতা। এই শব্দটি এক অতি বৃহৎ সময়কালকে নির্দেশ করে—যার সূচনা ত্রয়োদশ শতকের শেষার্ধে (জ্ঞানদেব) এবং সমাপ্তি ঊনবিংশ শতকের প্রথমার্ধে (ত্যাগরাজ; ১৭৬৭—১৮৪৭)। দান্তের সময়কাল থেকে উইলিয়াম ব্লেকের সময়কালের সমস্ত ইউরোপীয় কবিতাকে যেমন একটি অভিধায় নির্দেশ করা যায় না, সেইরকমই এই সব কবিদের ও একটি নির্দিষ্ট শব্দের মাধ্যমে অভিহিত করা অযৌক্তিক। পাঁচ শতাব্দীর মহৎ সৃষ্টিকে একটি মোড়কে পরিবেশন করা অবশ্যই সাহিত্যের ইতিহাস রচয়িতাদের ক্ষেত্রে কোন গভীর অন্তর্দৃষ্টির পরিচয় দেয় না।

সাহিত্যগুণের উপনিবেশবাদ-স্বীকৃত উচ্চাবচ কাঠামোটি ভারতীয় সমালোচকরা গ্রহণ করেছিলেন। যার ফলে তাঁদের ধারণা হয়েছিল 'প্রকৃত' সাহিত্য ও সমালোচনার বিষয়গুলি কেবল পাশ্চাত্য সাহিত্যের ঐতিহ্যের মধ্যেই পাওয়া যাবে। তাদের মনে নিজেদের সম্পর্কে নিকৃষ্টতার মনোভাব গভীরভাবে প্রোথিত ছিল। এবং এই ক্ষেত্রে তাঁরা নিজেদের অনধিকার প্রবেশকারী মনে করতেন। কিন্তু ঘটনা হল, ব্রিটিশ, আমেরিকান বা রাশিয়ান সাহিত্যে তুকারাম, মীরা বা কবীরের অথবা আধুনিক দলিত সাহিত্যের সমতুল্য কোন সাহিত্যের অস্তিত্ব নেই। ভারতীয় ও পাশ্চাত্য সাহিত্যের নিজস্ব ধরনের উৎকর্ষ রয়েছে। কিন্তু নিজেদের বিষয়ে দুরারোগ্য নিকৃষ্টতার ধারণার ফলে ভাষা-সাহিত্যের সমালোচকরা প্রাক্-ব্রিটিশ ভাষা সাহিত্যের সঙ্গে আত্মিক যোগ হারিয়ে ফেলেছিলেন। যে ক্ষেত্রে সহজে প্রাপ্ত কোন পাশ্চাত্য তত্ত্ব নেই সেই সাহিত্যের

মূল্যায়নের ক্ষেত্রে তাঁরা দুঃখজনকভাবে অসফল। তাঁরা মনে মনে চাইতেন যে তাঁদের ভাষা-সাহিত্যে শেক্সপীয়র, ড্রাইডেন বা ফিল্ডিং এর সৃষ্টির মতো রচনা পাওয়া যাবে এবং ফলে তাঁরা তুকারাম, কবীর বা মীরাকে অবহেলা করেছেন। সুতরাং ভারতীয় সংস্কৃতির যৌথ অবচেতনে অধিষ্ঠিত লেখকদের অবমূল্যায়নের একটি সচেতন প্রয়াস লক্ষ্য করা যায়। এবং সচেতনভাবে এই লেখকদের সামগ্রিক অবচেতনার গভীরতম স্তরে নির্বাসিত করা হয়। এইভাবে ভারতের ভাষা-সাহিত্যের শ্রেষ্ঠ কবিদের স্বীকৃত সাহিত্যভাষ্যের বাইরে রাখা হয়। তাঁদের উল্লেখ পাওয়া যায় কেবল সামাজিক ভাষ্যের কিছু অস্বীকৃত অংশে—লোকসাহিত্য, মহিলাদের সাহিত্য বা উচ্চ মানদণ্ডে অস্বীকৃত সাহিত্যে। ভদ্রলোকদের প্রাতিষ্ঠানিক সাহিত্যে বা সাহিত্যভাষ্যে তাঁরা একেবারেই অচল হিসেবে গণ্য হলেন।

গুজরাতি সাহিত্যের যে-যুগ পণ্ডিত যুগ (প্রায় ১৮৮০—১৯২০) নামে পরিচিত,সমালোচকদের স্মৃতিতে সেটা শুরুর সময় হিসেবে চিহ্নিত। এই সময়ের পূর্ববর্তী সমস্ত রচনাকে 'মধ্যযুগীয়' বলে মনে করা হয়। গুজরাতি সমালোচনা সাহিত্যের একটি সমীক্ষায় মনসুখলাল জাভেরি লিখেছেন :

গুজরাতি ভাষায় সাহিত্য সমালোচনা মোটামুটিভাবে চারটি যুগের মধ্য দিয়ে বিকাশ লাভ করেছে। প্রথম যুগটি ১৮৬০ থেকে ১৮৮০ পর্যন্ত সময়কালকে নির্দেশ করে; দ্বিতীয়টি ১৮৮০ থেকে ১৯২০ সময়কাল পর্যন্ত বিস্তৃত; তৃতীয়টি ১৯২০ থেকে ১৯৫০ সময়কাল পর্যন্ত এবং চতুর্থ ও বর্তমান যুগটি ১৯৫০ থেকে শুরু হয়েছে। অবশ্যই সময়ের এই বিভাজন সম্পর্কে কোন অলঙ্ঘনীয় অনমনীয়তা নেই। এবং এই সময়ের সঙ্গে গুজরাতি সাহিত্য সমালোচনার ইতিহাসে উল্লেখযোগ্য প্রকাশনারও কোন যোগসূত্র নেই। ১৮৬০ সাল হল সেই সময় যখন গুজরাতি ভাষায় সাহিত্য সমালোচনার অঙ্কুরোদ্গম ঘটেছিল। ১৮৮০ হল সেই সাল যখন বিশ্ববিদ্যালয়ের স্নাতকস্তরের ছাত্ররা প্রথম গুজরাতিতে সাহিত্য সমালোচনার মুখোমুখি হয়েছিল। ১৯২০ হল সেই সময় যখন গান্ধীজির প্রভাবে গুজরাতি সমাজ ও সাহিত্য এক গভীর রূপান্তরের মাধ্যমে নতুনভাবে আবির্ভূত হল।[৬১]

গুজরাতি সমালোচনা সাহিত্যের এই চারটি সময়কালের বিভাজন করার পরে জাভেরি মন্তব্য করেন, প্রথম যুগে গুজরাতি ভাষায় তেমন কিছুই লেখা হয়নি। এ বিষয়ে মন্তব্যের কোন প্রয়োজন আছে বলে মনে হয় না।

জাভেরি সৃষ্ট সাহিত্যের ইতিহাসের এই ধারণা অধিকাংশ গুজরাতি

সমালোচক দ্বারা গৃহীত হল। এই বিষয়ে তিনি একা নন, বরং তিনি প্রতিনিধিস্থানীয়। কোনরকম সন্দেহের অবকাশ না রেখে জাভেরি ধরেই নিলেন যে ১৮৮০ সালের বিশ্ববিদ্যালয় স্নাতকেরা সমালোচনার ধারাতে উল্লেখযোগ্য কার্যকারিতার প্রবর্তন করেছিলেন। এটা সত্য যে এই স্নাতকেরা ব্রিটিশদের প্রবর্তিত ব্যবস্থায় স্নাতক ডিগ্রি লাভ করেছিলেন এবং গোবর্ধনরাজের মতো প্রতিভাবান লেখকেরা এই সময়কার লোক ছিলেন। কিন্তু এই স্নাতকেরা কি বিদ্যালয় বা বিশ্ববিদ্যালয়ে গিয়েছিলেন পরিষ্কার স্লেটের মতো মন নিয়ে ? তাঁরা ছিলেন ছয় বা সাতশতকব্যাপী এক প্রচলিত ঐতিহ্যের উত্তরাধিকারী। যে ঐতিহ্য, আমরা আগেই বলেছি, আজও জীবন্ত এবং সচল। যে গুজরাতি সাহিত্যচেতনা তাঁরা উত্তরাধিকার সূত্রে লাভ করেছিলেন তার মধ্যে গঠনগত কিছু সামর্থ্য ছিল যার দ্বারা বিদেশি সাংস্কৃতিক শক্তির মোকাবিলা করা যায়। আমরা কি একথা বলতে পারি যে গোবর্ধনরাজের সময়ে বিদেশিদের সঙ্গে মোকাবিলার এই সাংস্কৃতিক সূত্রে প্রাপ্ত সামর্থ্য হঠাৎ হারিয়ে গিয়েছিল ? ভারতের শহরগুলির মধ্যে সুরাত শহরে ব্রিটিশ বসবাসের দীর্ঘতম অভিজ্ঞতা ছিল। এবং এই শহরেই গুজরাতের প্রথম আধুনিক কবি নর্মদ কাজ করতেন। এটা কি সম্ভব যে নর্মদের জীবনে সুরাতের কোনও লোকসাহিত্যের প্রভাব পড়ে নি ? মনসুখলাল জাভেরির ইতিহাস রচনাপদ্ধতি সংকীর্ণচিত্ততা দ্বারা আচ্ছন্ন ও স্বল্পদৃষ্টিসম্পন্ন ছিল—এটা অত্যন্ত দুর্ভাগ্যের। কিন্তু সংস্কৃতির আত্মপ্রতিকৃতিতে ঔপনিবেশিক অনাধিকার চর্চা ইতিহাস রচনায় এরকম ভ্রান্তির জন্ম দিতে বাধ্য। আধুনিক ভারতীয় সমালোচক বিভিন্ন উপায়ে তাঁর স্মৃতিবিলুপ্তির বৈধতা খোঁজেন। তার মধ্যে সর্বপ্রধান হল কোন কাল্পনিক শাশ্বত মানদণ্ডের উপর বিশ্বস্তভাবে নির্ভরশীলতা। অধিকাংশ ক্ষেত্রেই এই শাশ্বত মানদণ্ডটি আসলে পাশ্চাত্য মাপকাঠি।

ইউরোপ এবং ভারতবর্ষের মধ্যে ভারততত্ত্বের মহানুভব মধ্যস্থতার কারণে ইউরোপ ভারতের সংস্কৃত ঐতিহ্যের প্রাচীনতাকে স্বীকার করে নিয়েছিল। কিন্তু ভারততত্ত্ব বা ঔপনিবেশিক ব্রিটিশ— কেউই ধ্রুপদী যুগ এবং ব্রিটিশ যুগের প্রতি যথোপযুক্ত দৃষ্টিপাত করেন নি। আজকের ভারতীয় সমালোচকরাও আবেগের দিক থেকে অনেকটাই 'মহৎ' সংস্কৃত ধ্রুপদী রচনার স্বগোত্রের। দুর্ভাগ্যক্রমে ভারততত্ত্বের প্রবক্তাদের মধ্যে খুব উচ্চ সাহিত্যচেতনার উপস্থিতি ছিল না। এই কারণে সংস্কৃত ধ্রুপদী সাহিত্যের সঙ্গে আধুনিককালের সুর বাঁধার কাজটি অনেক সময় বিবেচনাবর্জিতভাবে সম্পন্ন করা হয়েছে। সাহিত্য সমালোচনার ক্ষেত্রে,

ভরত ও আনন্দবর্ধনের মতো স্বকীয় বৈশিষ্ট্যে উজ্জ্বল সমালোচক এবং বিশ্বনাথ ও আপ্পাইয়া দীক্ষিতর-এর মতো ভাষ্যকার — উভয়কেই মহৎ তাত্ত্বিক হিসেবে গণ্য করা হয়েছে। জাতীয় ও আন্তর্জাতিক জগতে সংস্কৃত নন্দনতত্ত্ব গৌরবের সঙ্গে আলোচিত হয়েছে, গুজরাতিতে রসিকলাল পারিখ, দোলার-রে মানকড়, রামপ্রসাদ বক্সী এবং নাগিনদাস পারেখের মতো গুরুত্বপূর্ণ সমালোচকরা সংস্কৃত সমালোচনামূলক গ্রন্থ ও তত্ত্ব পুনরুদ্ধারের কাজে ব্রতী হয়েছিলেন। এই প্রবণতা শুধুমাত্র গুজরাতিতেই সীমাবদ্ধ ছিল না। মারাঠিতেও আর. এস. যোগ, ডব্লিউ. এল. কুলকার্নি, আর. এস. ওয়ালিম্বে, এস. কে. ক্ষীরসাগর এবং ডি. কে. বেডেকার এর মতো সমালোচকরা একই চেষ্টা করেছিলেন। ভারতীয় ইংরেজি সমালোচনার ক্ষেত্রে কৃষ্ণ রায়ান, কৃষ্ণ চৈতন্য এবং কে. কৃষ্ণমূর্তি প্রমুখরা একই ঐতিহ্যের শরিক ছিলেন। এই সমস্ত লেখকদের পাণ্ডিত্যের মূল্যায়ন আমাদের উদ্দেশ্য নয়, আমরা কেবলমাত্র এইসব উদ্যোগের সাংস্কৃতিক যুক্তিযুক্ততা দেখানোর চেষ্টা করেছি।

যদি আধুনিক ভারত আবেগের দিক থেকে প্রাচীন ভারতের সঙ্গে নিজের যোগসূত্র খুঁজে পায় কিন্তু প্রাক ব্রিটিশ ভারতের সঙ্গে সংযোগ নির্মাণে অক্ষম বা অনাগ্রহী হয় তবে সেই ঘটনাকে এই সংস্কৃতির মনস্তত্ত্বে এক ধরনের বিশৃঙ্খলা বলেই বর্ণনা করতে হবে। ঐতিহ্য সম্পর্কে গড়পড়তা আধুনিক ভারতীয় সমালোচকদের মতবাদটি সুশীল কুমার দে তাঁর *বাংলা সাহিত্যের ইতিহাস* (১৯১৯) গ্রন্থে প্রকাশ করেছেন। তাঁর মতে, "আধুনিক ভারতীয় সাহিত্যের জন্মকাল হল উনিশ শতকের প্রথমার্ধ।" এই মতামত প্রায় স্বতঃসিদ্ধ রূপে সর্বস্বীকৃত। শ্রীযুক্ত দের যুক্তি 'ঐতিহাসিক' যুক্তি হিসেবে পরিগণিত এবং আশা করা হয় যে সেটা সর্বজনের সম্মতি লাভ করবে। একে নতুন কোন মতামত গ্রহণের জন্য বিতর্ক উস্কে দেবার উদ্দেশ্যে কৃত মন্তব্য হিসেবে গ্রহণ করা হয় না। ভাষা-সাহিত্য সম্পর্কে উদাসীন এরকম একটি অনমনীয় মতামত অবশ্যই স্মৃতিবিলুপ্তির ফসল।

ভাষা-সাহিত্য পাঠের ক্ষেত্রে দুটি স্পষ্ট সমালোচনা পদ্ধতি বিবর্তিত হয়েছে — একটি তথাকথিত 'আধুনিক' সাহিত্য পাঠের পদ্ধতি যা পাশ্চাত্যে বিকশিত সাহিত্য ও ভাষাতত্ত্বের বিভিন্ন ধারার প্রভাবে নির্মিত। অন্যটি মধ্যযুগীয় সাহিত্যপাঠের পদ্ধতি যা নৃতত্ত্ব ও ঐতিহাসিক ভাষাতত্ত্বের পাশ্চাত্য তত্ত্বের প্রভাবে নির্মিত। অন্যভাবে বলতে গেলে, 'আধুনিক' রচনাকে বিশ্লেষণের জন্য ব্যবহৃত সমালোচনার যন্ত্রপাতিগুলি প্রকৃতিগত ভাবেই 'সমালোচনামূলক' কিন্তু মধ্যযুগের

সাহিত্য বিশ্লেষণের উদ্দেশ্যে ব্যবহৃত অস্ত্রশস্ত্র কেবলমাত্র ঘটনা ও তার বিশদ বিবরণ নিয়ে ব্যস্ত থাকে এবং কোন মূল্যায়নের ধারে কাছে যায় না। সাহিত্য পাঠের এই 'দৃষ্টবাদী' (Positivist) পদ্ধতি প্রাক্-ব্রিটিশ ভাষাসাহিত্য পাঠের ক্ষেত্রে ব্যবহৃত হয়েছিল। এই ঘটনা আধুনিক সমালোচক ও প্রাক্-ব্রিটিশ সাহিত্য ঐতিহ্যের মধ্যে এক ধরনের অস্বস্তিকর সম্পর্ক প্রকাশ করে। এই সম্পর্ক যথেষ্ট সমালোচনামূলক ছিল না। সমালোচকরা হয় এই ঐতিহ্য সম্পর্কে উদাসীন ছিলেন অথবা এই ঐতিহ্যের সামনে ভয়ে, বিস্ময়ে হতবাক হয়ে যেতেন। অতীত ঐতিহ্যের কেবলমাত্র বর্ণনার কাজটিই যথেষ্ট কঠিন কেননা এই বিস্তৃত জ্ঞানের সঙ্গে এক পরিণত সমালোচনাধর্মী চেতনার যুগলবন্দী প্রয়োজন। কিন্তু ভাষা সমালোচকরা এই ঐতিহ্যের সঙ্গে তাঁদের অস্বস্তিকর সম্পর্কের কারণে অতীত ঐতিহ্য বিষয়ে উপযুক্ত নিরীক্ষণ ব্যতিরেকে নিজেদের মূল্যায়ন প্রকাশ করে দিতেন।

ভাষা-সাহিত্যের ইতিহাস প্রশংসনীয় পণ্ডিতসুলভ যত্নের সঙ্গে লিপিবদ্ধ করা হয়েছে। মারাঠিতে এস. ডি. তুলুপুলে, ভি.বি. কোলটে, ও জি. বি. সর্দার এবং গুজরাতিতে হরিবল্লভ ভায়ানির একক প্রচেষ্টা যেকোন ভাষায় সাহিত্যের ইতিহাস রচনার ক্ষেত্রে পাণ্ডিত্য ও রচনাগুণে সমকক্ষতার দাবি করতে পারে। যাইহোক, ভাষা-সাহিত্য সমালোচনা এই সব পণ্ডিতদের রচনার উপযুক্ত প্রয়োগের মাধ্যমে অতীত ঐতিহ্যের সঙ্গে কার্যকরী সংযোগ স্থাপনের কোন ব্যবস্থা করে উঠতে সক্ষম হয়নি। ভারতের সাংস্কৃতিক ইতিহাসে এতগুলি নতুন ভাষা ও সাহিত্যের আবির্ভাবের যে গুরুত্ব, তার সঠিক মূল্যায়ন সমালোচকরা করেন নি। মধ্যযুগের ভারতীয় সংস্কৃতির হৃদয়ে প্রবেশের ক্ষেত্রে সাহিত্য একটি চাবিকাঠি হতে পারত। প্রাক্-ব্রিটিশ ভারত ও 'আধুনিক' ভারতের মধ্যে যোগসূত্র নির্মাণ করার মাধ্যমে আধুনিক ভারতীয় চেতনার বি-উপনিবেশিকীকরণ (decolonization) সম্ভব হত সাহিত্যের মাধ্যমে। কিন্তু মধ্যযুগ বিশেষজ্ঞদের প্রত্নতাত্ত্বিক ও ঐতিহাসিক সাক্ষ্যগুলি, যা 'দৃষ্টবাদী' (Positivist) ভঙ্গীতে উত্থাপিত হয়েছিল, তা এই প্রশ্নের যথার্থ উত্তরদানে অক্ষম, যে—"কি কারণে এই সহস্রাব্দের সূচনায় ভাষাগুলি ভারতবর্ষে এত মৌলিকভাবে পরিবর্তিত হয়েছে?" যতক্ষণ পর্যন্ত না ভারতবর্ষে ভাষাগত আদানপ্রদানের মূল বিষয়গুলি যথেষ্ট আলোচিত হচ্ছে, ততক্ষণ সাহিত্য সমালোচনা ও সাহিত্যের ইতিহাস উপযুক্তভাবে বিকশিত হতে পারবে না।

ভাষা-সমালোচনা সাহিত্য এ পর্যন্ত যথেষ্ট কুশলতার সঙ্গে এই সব প্রশ্নের মুখোমুখি হয়নি।

এই প্রসঙ্গে সাহিত্যের ইতিহাসের কতকগুলি বিশেষ উদাহরণ পরীক্ষা করা যেতে পারে। গুজরাতি সাহিত্য পরিষদ চার খণ্ডে গুজরাতি সাহিত্যের ইতিহাস রচনা করেছে। এর প্রথম খণ্ডটি প্রাচীন সাহিত্য আলোচনার জন্য নিয়োজিত হয়েছে, দ্বিতীয় খণ্ড মধ্যযুগ ও শেষ খণ্ডে আধুনিক সাহিত্য আলোচনা করা হয়েছে। মধ্যযুগের গুজরাতি সাহিত্য আলোচনার জন্য নির্দিষ্ট খণ্ডটি চার শতাব্দীর একটি বৃহৎ সময়কালকে আলোচনা করেছে—১৪৫০—১৮৫০। *মধ্যকাল-না সাহিত্যপ্রকার* শীর্ষক একটি গ্রন্থের সূচক পরিচ্ছেদে চন্দ্রকান্ত মেহতা বলেছেন —"সুপ্রতিষ্ঠিত পণ্ডিতদের মত অনুযায়ী, গুজরাতি সাহিত্যের মধ্যযুগ দ্বাদশ শতক অর্থাৎ হেমচন্দ্রের মৃত্যুর পর থেকে ঊনবিংশ শতক অর্থাৎ দয়ারামের মৃত্যু পর্যন্ত বিস্তৃত।"[৬২]

এই কালবিভাজনে সাহিত্যকে গতিশীল কোন সামাজিক প্রতিষ্ঠান হিসেবে বিবেচনা করা হয়নি, অথবা গুজরাতি ভাষার অসাধারণ গতিশীলতাকেও বিবেচনার মধ্যে আনা হয়নি। মনে রাখতে হবে যে এই গতিশীলতার কারণে গুজরাতি ভাষা যখন সাহিত্য আলোচনার উপযুক্ত ভাষা হিসেবে আত্মপ্রকাশ করেছে তখনও একই ইন্দো-এরিয়ান থেকে উদ্ভুত তার ভগিনীস্থানীয় ভাষাগুলি, যেমন - হিন্দী বা রাজস্থানি, এক ধরনের পরিবর্তনশীলতার মধ্যে আবদ্ধ ছিল। গুজরাতি ভাষার এই জঙ্গমতাকে বিবেচনা না করার ফলে পরিষদকৃত সাহিত্যের ইতিহাস কেবলমাত্র কিছু গুরুত্বপূর্ণ লেখক, সাহিত্যরূপ ও রাজনৈতিক ঘটনার একটি তালিকা বা তথ্যপঞ্জী হিসেবে গড়ে উঠেছে, অনেকটা বিদ্যালয়ে পাঠ্যসূচীর অন্তর্গত পাঠ্যপুস্তক হিসেবে। একটি সাহিত্যের ইতিহাস যদি কোন যুগের নিজস্ব অন্তর্নিহিত শক্তিসমূহের বিশ্লেষণে অক্ষম হয় তবে ইতিহাসের চালিকাশক্তি সেই আলোচনায় স্থান পায় না। পাঠকের কাছে এই ইতিহাস সাহিত্যের সামগ্রিক উপস্থিতির ধারণাদানে অসমর্থ হয়। সাহিত্যের সামাজিক-সাংস্কৃতিক অচেতনতা, ভাষাগত অবচেতন এবং শৈলীগত সচেতনতা এগুলি সবই মধ্যযুগের গুজরাতি ইতিহাসের অচ্ছেদ্য উপাদান। তার সঙ্গে যুক্ত আছে চার শতকব্যাপী গুজরাতি ইতিহাসের সাংস্কৃতিক তত্ত্বের আদানপ্রদানের ঐতিহ্য। আত্মবিশ্বাসী সমালোচনা চেতনার অভাবে এই সমস্ত বিষয়গুলিকে সাহিত্যের ইতিহাসে তুলে ধরা সম্ভব হয়নি।

এই বিষয়ে মারাঠি সাহিত্যের ইতিহাস অনেক বেশী সৌভাগ্যের অধিকারী। ১৯৫০ এর দশকে মারাঠি সাহিত্যের ইতিহাস রচনাপদ্ধতি এক বড় বিতর্কের বিষয় হয়ে উঠেছিল। এই বিতর্কসংক্রান্ত বেশ কিছু মূল্যবান দলিল সাহিত্যের ইতিহাস রচনা পদ্ধতি বিষয়ক প্রবন্ধ হিসেবে দত্তাত্রেয় পুন্ডে কর্তৃক একটি সংকলনে সন্নিবেশিত হয়েছে (১৯৮৬)।[৬৩] মারাঠি সাহিত্য পরিষদ কর্তৃক গৃহীত সাহিত্য ইতিহাস রচনার পদ্ধতি ছিল এই আলোচনার মূল বিষয়। মারাঠি সাহিত্যের একটি পূর্ণাঙ্গ সমীক্ষার বিষয়ে মূল প্রস্তাবনাটির খসড়া তৈরী করেন এস. এম. মাতে।[৬৪] তিনি একাদশ খণ্ডে এই ইতিহাস রচনার পরিকল্পনা করেন। তার মধ্যে পাঁচটি খণ্ডে ১৩৫০-১৮২০ এই সময়কাল অর্থাৎ মধ্যযুগের সাহিত্য আলোচিত হবে বলে স্থির করা হয়। এই পাঁচ খণ্ড পাঁচজন লেখকের যুগের উপর ভিত্তি করে কাল বিভাজনের মাধ্যমে লেখা হবে—এই বিষয় নির্দিষ্ট করা হয় : (ক) ১৩৫০—১৬০০ : একনাথ যুগ; (খ) ১৬০০—১৭০০ : তুকারাম যুগ; (গ) ১৬০০—১৭০০ রামদাস যুগ; (ঘ) ১৬০০--১৮০০ পণ্ডিত কবি ও ঘটনা বিবরণের যুগ এবং (ঙ) ১৬০০—১৮২০ : আখ্যান গদ্য ও কবিতার যুগ। এই পরিকল্পনায় কালবিভাজনের নীতি, লেখকভিত্তিক যুগ নির্দেশ এবং ইতিহাসের আনুষ্ঠানিক বিভাগ—এই কয়েকটি বিষয়ের একটি স্থূল সমাহারের প্রচেষ্টা লক্ষিত হয়। এর চেয়ে অনেক বেশি যুক্তিগ্রাহ্য এক পরিকল্পনা পেশ করেন এস. ভি. কেতকার (১৯৩২)। এই পরিকল্পনায় প্রাক্ ব্রিটিশ ও ব্রিটিশ যুগের আলোচনার জন্য যোলটি খণ্ডের কথা ভাবা হয়েছিল।[৬৫] প্রথম যোলটির মধ্যে চারটি খণ্ড একনাথের পূর্ববর্তী সাহিত্য আলোচনার জন্য নির্দিষ্ট করা হয়। এবং বারোটি খণ্ড - নির্দিষ্ট হয় 'মধ্যযুগের' সাহিত্যের জন্য। কেতকারের বিষয়বস্তুর বিভাজন মূলত সাহিত্যের বিভিন্ন বিভাগের উপর ভিত্তি করে গড়ে উঠেছিল। সাহিত্যের সামাজিক প্রেক্ষাপটের জন্য অনেক বেশি জায়গা এখানে দেওয়া হয়েছিল কিন্তু এটা স্পষ্টতই ছিল একজন কোষ (encyclopaedia) রচয়িতার কাজ। এছাড়াও, পরিষদ নিজের প্রকল্প বাস্তবায়নের সময় কেতকারের পরিকল্পনাকে গুরুত্ব দেয়নি।

মাতের পরিকল্পনার বিরোধিতা করেন ডি. কে. বেদেকার ও জি. বি. সরদার। বামপন্থী মনোভাবাপন্ন দুজনেই বিরোধিতার কারণে বলেন যে ইতিহাস কেবল তথ্যপঞ্জী হতে পারে না; তাকে সাহিত্যের বিকাশও প্রতিফলিত করতে হবে। এর জন্য ঐতিহাসিক তথ্যের বিশ্লেষণ ও গবেষণাধর্মী মনোভাবের প্রয়োজন। বেদেকার ও সরদার মধ্যযুগের মারাঠি সাহিত্যের জন্য তিন খণ্ডের প্রস্তাবনা

করেন—১৩৫০—১৬৮০ : মধ্য মধ্যযুগ; ১৬৮০—১৮০০ : অন্তিম মধ্যযুগ; এবং অপর একটি খণ্ডে বিশ্লেষণাত্মক সিদ্ধান্তগুলির সঙ্গে মধ্যযুগ থেকে আধুনিক যুগে উত্তরণের সমীক্ষা।[৬৬] এবং এই বিশ্লেষণের অবশ্যই হাল্কা মার্ক্সীয় অভিমুখ থাকা প্রয়োজন। এই পরিকল্পনায় যুগ বিভাজন রাজনৈতিক ঘটনাক্রমের ভিত্তিতে করা হয়েছিল। ১৬৮০ ছিল শিবাজীর মৃত্যুর বছর। সাহিত্য পরিষদ এই মতকে মান্যতা দেয় এবং এগারো খণ্ডের মূল প্রকল্পকে নয় খণ্ডে নামিয়ে আনে। যদিও পরিষদ প্রকাশিত খণ্ডগুলি পণ্ডিতজনোচিত হয়েছে তাহলেও অনেক কিছুই প্রত্যাশা পূরণে সক্ষম হয়নি। বিশেষ করে প্রাক্-ব্রিটিশ মারাঠি সাহিত্যের আলোচনায় বিশ্লেষণের অভিমুখ নির্দিষ্ট দিকে গতিপ্রাপ্ত হয়নি।

গুজরাতিতে সমগ্র মধ্যযুগকে 'একীভূত কালগত অস্তিত্ব' হিসেবে দেখার যে-প্রবণতা দেখা যায়, তা প্রতিবেশী মারাঠি সাহিত্যে ইতিহাস রচনার সূক্ষ্ম যুগবিভাজন থেকে শিক্ষালাভ করতে পারতো। হেমচন্দ্র থেকে দয়ারাম পর্যন্ত সমগ্র সময়কালকে ব্যাখ্যার জন্য একটি সাধারণ ছকের প্রয়োগ এই সময়কালের এক ভুল মূল্যায়নের সম্ভাবনাকে বর্ধিত করে। মারাঠি সাহিত্য ইতিহাস রচনার পদ্ধতিতে কালগত বিভাজন সন্তোষজনক। কিন্তু মারাঠি সাহিত্যের মধ্যযুগ এক ধরনের সমাজতাত্ত্বিক ও বিষয়গত বিভাজনের দাবি করে—লোকসাহিত্য, জনপ্রিয় সাহিত্য ও অভিজাত সাহিত্যের জন্য ভিন্ন ভিন্ন মাপকাঠির প্রয়োজন। নতুবা একটি মাপকাঠিতে অভিজাত মোরাপন্ত, জনপ্রিয় তুকারাম এবং লোকসাহিত্যিক হোনাজীকে বিশ্লেষণের ফলে এক ধরনের বিশৃঙ্খলার সৃষ্টি হয়। এছাড়াও সংস্কৃত, পারসিক ও দেশীয় নব্য মারাঠি—এই তিন বিষয়ের উপর ভিত্তি করে শৈলী ও ভাষার ব্যবহারের ভিন্নতা দেখানো প্রয়োজন ছিল। মধ্যযুগের মারাঠি সাহিত্যের ইতিহাস এক বিস্ময়কর অগ্রগতির ইতিহাস—তা কাগজ ও লিপি প্রযুক্তির সাহিত্য থেকে মুদ্রণ প্রযুক্তি ও বিশ্ববিদ্যালয় সৃষ্ট সমাজতাত্ত্বিক সাহিত্যে উত্তরণের ইতিহাস।

সাংস্কৃতিক স্মৃতিবিলুপ্তি

পাশ্চাত্য ধ্যানধারণা, ঔপনিবেশিক প্রভাব, সংস্কৃত ঐতিহ্য এবং ভাষা সাহিত্যের প্রতি প্রচলিত ভারতীয় দৃষ্টিভঙ্গীর আলোচনাকালে আমরা লক্ষ্য করেছি যে আধুনিক ভারতীয় সমালোচক পাশ্চাত্য ও সংস্কৃত ধ্যান ধারণার প্রতি একধরনের আবেগনির্ভর নৈকট্য অনুভব করেন। একই সঙ্গে ভাষাসাহিত্যের অবদমনের প্রবণতা ও ঔপনিবেশিক অভিজ্ঞতার উপনিবেশবাদী দৃষ্টিভঙ্গীকে লক্ষ্য না করার

প্রবণতা খুবই স্পষ্ট। বাস্তবে সংস্কৃত ও পাশ্চাত্য ধ্যানধারণার মধ্যে সম্পর্কটি আদর্শায়িত এবং কল্পিত অসদপ্রতিবিম্ব, কোনভাবেই জৈব সম্পর্ক নয়। ঔপনিবেশিক যুগে পাশ্চাত্য ধ্যানধারণা ভারতে প্রবেশ করে এবং তা ঔপনিবেশিক প্রেক্ষিত থেকেই পরিচালিত হয়। সুতরাং পাশ্চাত্য ধ্যানধারণা ও ঔপনিবেশিক পরিপ্রেক্ষিতকে ভারতীয় সংস্কৃতিতে প্রতিস্থাপিত এক বৃহৎ বর্ণালীর অন্তর্ভুক্ত রশ্মি হিসেবে গণ্য করা প্রয়োজন। একইরকমভাবে, ভাষাসাহিত্য ও সংস্কৃতির মাধ্যমে পরিশ্রুত হয়ে সংস্কৃত ঐতিহ্য আধুনিক ভারতীয় চেতনায় অনুস্রবিত হয়েছে। এই কারণে সংস্কৃত ঐতিহ্য ও ভাষা ঐতিহ্যকে একক ঐতিহাসিক ধারাবাহিকতা হিসাবে গণ্য করা প্রয়োজন। এরকম না করার অর্থ হল ঐতিহাসিক ভিত্তিবর্জিত এক বিভাজনের প্রবর্তন এবং পরিপ্রেক্ষিতহীন একধরনের 'শাশ্বত' সাহিত্য বিষয়ক ভ্রান্তবিশ্বাস উৎপাদন। কোন দুর্বোধ্য আদর্শবাদ ইতিহাসের এই বিকৃত ব্যাখ্যার জন্ম দিয়েছিল নাকি কোন ত্রুটিপূর্ণ ব্যাখ্যা এই আদর্শবাদের জন্ম দিয়েছিল—একথা বলা কঠিন।

পাশ্চাত্য এবং সংস্কৃত ধ্যানধারণায় ভারতীয় সমালোচকদের এই ভ্রান্ত, আবেগনির্ভর সাদৃশ্যের নিম্নোক্ত দুটি সম্ভাব্য উৎপত্তিস্থল থাকতে পারে:

একটি উৎপত্তিক্ষেত্র, আমরা যা সন্দেহ করি তার চেয়ে অনেক প্রাচীন। সেটি হল, মার্গ ঐতিহ্য ও দেশীয় ঐতিহ্য—এই দুইয়ের প্রতি ভারতীয় চেতনার জানুসসদৃশ দ্বিমুখী সম্পর্ক। স্থানীয় ঐতিহ্য ও সর্বভারতীয় ঐতিহ্যের এক অদৃশ্য টানাপোড়েন। এই দ্বিমুখী আকর্ষণের মধ্যেকার টানাপোড়েন এক ধরনের অস্তিত্বের সংকটের সৃষ্টি করে এবং ক্ষতিকরভাবে আত্মগ্লানি ও আত্মকরুণার জন্ম দেয়। ভারতের দার্শনিক চিন্তার অধিকাংশ ধারাই সেতুর মতো বৌদ্ধিক বিভাজনকে যুক্ত করে, স্বতন্ত্র স্রোতের মতো নিজস্ব গতিতে স্বকীয় পথে ধাবিত হয় না। এমনকি বর্তমানে গৃহীত রাজনৈতিক কাঠামোটিও একইসঙ্গে যুক্তরাষ্ট্রীয় ও এককেন্দ্রিক যা দেশীয় ও মার্গ উভয় ঐতিহ্যের জন্য যথেষ্ট জায়গা ছেড়ে দিতে পারে। আমাদের অগ্রাধিকারগুলির অবিরাম পরিবর্তন এবং এই পরিস্থিতিতে বিদ্যমান উভয়বলতা এক ধরনের যন্ত্রণার সৃষ্টি করে। এম. এল. শ্রীনিবাস আমাদের দৃষ্টি আকর্ষণ করে বলেছেন যে এই আত্মধিক্কার ও তজ্জনিত যন্ত্রণা ভারতীয় সংস্কৃতিতে নতুন উৎপত্তি কিছু নয়। ভারতীয় অভিজাত সংস্কৃতিতে এই বৈশিষ্ট্যের উৎপত্তি অন্তিম বৈদিক যুগ পর্যায়ে লক্ষ করেছেন শ্রীনিবাস।[৬৭]

ভ্রান্ত সাংস্কৃতিক ব্যাখ্যার দ্বিতীয় উৎপত্তিস্থলটি হল ঔপনিবেশিক

অভিজ্ঞতার ফলে সৃষ্ট একপ্রকার সাংস্কৃতিক আত্মাবমাননা ও হতাশা। ঔপনিবেশিক অভিজ্ঞতা বিজিত জাতিকে এক নতুন বৌদ্ধিক শব্দবিন্যাসের শিক্ষা দেয়। এবং এর ফলে স্বাভাবিক দেশীয় চিন্তার শৈলী ক্ষতিগ্রস্ত হয়। ঔপনিবেশিক শাসন প্রচলিত মূল্যবোধের কাঠামোকে ধ্বংস করে শাসিত সমাজে বলপূর্বক এক নতুন মূল্যবোধের কাঠামো প্রবর্তন করে। এর ফলে শাসিত সমাজে বৌদ্ধিক যুক্তিবিন্যাসে এক গুরুতর স্থানচ্যুতি ও খণ্ডীকরণ ঘটে। এই শাসন বিদেশি এবং সাধারণত অপ্রাসঙ্গিক এক বৌদ্ধিক পদ্ধতির প্রতীককে মান্যতা দেয় এবং পূর্বে প্রচলিত মূল্যবোধকে নিজস্ব ছন্দ, বিন্যাস, সৌন্দর্য ও অর্থ থেকে বঞ্চিত করে। সাংস্কৃতিক অবদমন ও বিলুপ্তির মধ্য দিয়ে এই বিশৃঙ্খলা আত্মপ্রকাশ করে। অতীতের এক স্থবির প্রতিরূপ নির্মাণ, সাহিত্য ঐতিহ্য ও ইতিহাসের এক ভ্রান্ত এবং অনমনীয় ধারণার সৃষ্টি, আদর্শায়িত অতীতের সঙ্গে এক অনুৎপাদনশীল সম্পর্কের বোধ —এগুলি সবই এই সাংস্কৃতিক বিশৃঙ্খলার লক্ষণ।

স্মৃতিবিলুপ্তি নিয়ে পরম্পরাগত ভারতীয় উৎকণ্ঠা সাংস্কৃতিক স্মৃতিবিলুপ্তির বর্তমান ব্যাধিকে বহুগুণে শক্তিশালী করেছে। এই স্মৃতিবিলুপ্তি ভারতীয় মনস্তত্ত্বের এক স্থায়ী ব্যাধি কিনা সে চিন্তা অর্থহীন। ভারতীয় সংস্কৃতির দীর্ঘকালীনতার সঙ্গে এই উদ্বেগের কোন প্রত্যক্ষ যোগ আছে কি না, এই চিন্তাও অর্থহীন। কারণ, সাংস্কৃতিক নৃতত্ত্ব ও জীববৈজ্ঞানিক পদ্ধতি, সংস্কৃতির সঙ্গে মানুষের সাদৃশ্যের রূপকালংকারটিকে যুক্তির জগতের বাইরেও প্রসারিত করতে চায়। যাইহোক, ভারতীয় সংস্কৃতির বিভিন্ন দিকে এই স্মৃতিবিলুপ্তির ভীতির বহুবিধ উদাহরণ দেখতে পাওয়া যায়। অত্যন্ত চিত্তাকর্ষক একটি দৃষ্টান্ত হল, ছাপানো কাগজের এই যুগেও ভারতবর্ষে মুখস্থবিদ্যার মাধ্যমে স্মৃতিনির্ভর শিক্ষার উপরে বিশ্বাস। গভীর অন্তর্দৃষ্টি সম্পন্ন একটি প্রামাণ্য প্রবন্ধে আনন্দ কুমারস্বামী ভারতীয় সংস্কৃতি ও মনস্তত্ত্বে স্মৃতির স্থান [৬৮] সম্পর্কে বলতে গিয়ে দেখিয়েছেন যে, ব্রাহ্মণ্যবাদী অজস্র গ্রন্থে স্মৃতি বিষয়ে প্রচুর আলোচনা করা হয়েছে। কুমারস্বামী বলেন যে ঈশ্বরের কোন স্মৃতির প্রয়োজন নেই কারণ ঈশ্বর কিছুই ভোলেন না। কিন্তু মানুষকে সত্য ও স্বরূপের সন্ধান করতে হবে স্মৃতির মাধ্যমে, যা ভুলে যাওয়া গিয়েছে তা পুনরায় স্মরণ করার মাধ্যমে। ব্রাহ্মণ্যবাদী রচনাসমূহে এই কারণে স্মৃতিবিলুপ্তিকে মানবচেতনার এক মৌলিক বৈশিষ্ট্য হিসেবে গণ্য করা হয়েছে এবং স্মৃতি এমন এক শক্তি যা বুদ্ধির উপর নির্ভরশীল নয়। ছান্দোগ্য উপনিষদের প্রসঙ্গ টেনে কুমারস্বামী উদাহরণ স্বরূপ বলেন :

স্মৃতি (স্মর) আকাশ (শ্রুতির মাধ্যম) অপেক্ষা অধিক। ফলতঃ যদি স্মৃতিরহিত অনেক মানুষ একত্রিত হয় তবে তাঁরা কেউ পরস্পরের কথা শুনবেন না, চিন্তা করবেন না (মন) বা চিনবেন না (বিজ্ঞা)। কিন্তু স্মৃতিশক্তিসম্পন্ন হলে তাঁরা শুনবেন, চিন্তা করবেন ও চিনবেন। স্মৃতির দ্বারাই মানুষ শিশুদের ও গবাদি প্রাণীদের চিনতে পারে (বিজানাতি)। স্মৃতিকে শ্রদ্ধা কর . . . . স্মৃতির বিষয়টি *মিলিন্দ পানহো* (৭৮–৮০)-তে আলোচিত হয়েছে। এখানে প্রথম দেখানো হয় যে চিন্তার (চিত্ত) দ্বারা নয় বরং স্মৃতির (সতি = স্মৃতি) দ্বারাই আমরা মনে রাখতে পারি। কারণ বহুদিন পূর্বে সংঘটিত কোন বিষয় আমরা ভুলে গেলেও আমাদের বুদ্ধি কিন্তু তখনও সক্রিয় (পমুখম = প্রমর্স্তম)। তার পরে জিজ্ঞাসা করা হয়েছে "স্মৃতি কি অধিক জ্ঞানযুক্ত কোন অবস্থা (সব্বা...অভিজ্ঞানত্তা) হিসেবে উদ্ভুত হয় (অপজ্জতি) নাকি স্মৃতি তথ্য নির্ভর (কটুমিকা = কৃতিমা)" ? এবং উত্তর দেওয়া হয়েছে এইভাবে "স্মৃতি কার্যকর হয় অধিক জ্ঞানযুক্ত অবস্থায় এবং এটি তথ্যনির্ভরও বটে।" [৬৯]

সাক্ষ্যপ্রমাণের এক বিস্তৃত পরিধির উপর ভিত্তি করে কুমারস্বামী যুক্তি দেন – "স্মৃতি এক ধরনের বিমূঢ় জ্ঞান", এবং স্মৃতিবিলুপ্তি মানব মনের এক অবশ্যম্ভাবী কিন্তু পরিবর্তনযোগ্য অবস্থা। স্মৃতি বিলুপ্তির অবশ্যম্ভাবিতার ব্যাখ্যা হল যে, স্মৃতি স্থান ও কালের গণ্ডীর দ্বারা আবদ্ধ নয় এবং আত্মা যখন জীবদেহ পরিগ্রহ করে তখন তা স্থানকালের গণ্ডীর দ্বারা সীমায়িত হয় ও স্মৃতি হারিয়ে ফেলে। এই যুক্তি সর্বজ্ঞ আত্মার এক আধিবিদ্যক ধারণার ভিত্তিতে গঠিত যেখানে পুরুষ এক পূর্বনির্দিষ্ট (a priori) বাস্তবতা। কুমারস্বামীর ব্যাখ্যায় স্মৃতি ও স্মৃতিবিলুপ্তি যথাক্রমে 'সর্বজ্ঞ সত্তা' ও 'অনিয়ত অহং' এর প্রতীকি উপস্থাপনা।[৭০] অনিয়ত অহং, যা আসলে মানুষের অহংবোধ, তাকে অবশ্যই সর্বজ্ঞ সত্তা হিসাবে নিজের প্রকৃতিকে স্মরণ করতে হবে। যেমনভাবে এক শিশু তার পিতাকে জানে সেইভাবেই এই আপৎকালীন অহং সর্বজ্ঞ সত্তাকে জানবে। স্বর্গীয় অনুমোদনপ্রাপ্ত উচ্চাবচ কাঠামোসহ স্মৃতিবিলুপ্তির আধিবিদ্যাতে এক ধরনের ইঙ্গিত আছে যা আমাদের স্মৃতিবিলুপ্তির এক বর্ণনাত্মক তালিকার দিকে চালিত করে। এই তালিকা আসলে সিগমুন্ড ফ্রয়েডের মনস্তত্ত্বের পরীক্ষা নিরীক্ষা থেকে প্রাপ্ত।

পরীক্ষামূলক মনস্তত্ত্ব অনুযায়ী স্মৃতিবিলুপ্তি আসলে স্মৃতির উগ্র, অচেতন অবদমনের সঙ্গে সম্পর্কিত। তাঁর 'দৈনন্দিন জীবনের মনোবিকার *সাইকোলজি অব্ এভ্‌রিডে লাই (Psychopathology of Everyday life)* শীর্ষক গ্রন্থে ফ্রয়েড

দাবী করেছেন যে স্মৃতিবিলোপ এবং বিস্মৃত স্মৃতির প্রকৃতির মধ্যে এক নিশ্চিত সম্পর্ক বিদ্যমান। এই সম্পর্ক খুবই সরল বা অত্যন্ত জটিল ও গভীর হতে পারে। এই সম্পর্কের ভিত্তিতে ফ্রয়েড যাকে 'স্মৃতি লুক্কায়িতকরণ' বলেছেন তার জাতিরূপ (typology) উপস্থাপনা করেছেন। স্মৃতির মনস্তত্ত্বে যা বর্তমানে ধ্রুপদী হিসেবে পরিগণিত হয়, আমি সেখান থেকে নিম্নলিখিত অংশটি উদ্ধৃত করছি :

(সম্পূর্ণভাবে বিশ্লেষিত প্রদত্ত উদাহরণে) লুক্কায়িত স্মৃতি ও লুক্কায়িত স্মৃতির অন্তর্গত বিষয়বস্তুর সম্পর্কের মধ্যে আমি একটি বিশেষ বৈশিষ্ট্যের উপর সবিশেষ গুরুত্ব আরোপ করছি। এই উদাহরণে লুক্কায়িত স্মৃতির পরিপ্রেক্ষিত শৈশবের প্রথম বর্ষের সঙ্গে যুক্ত। কিন্তু এর সঙ্গে উপস্থাপিত চিন্তাগুলি, যা বস্তুতপক্ষে অচেতন অবস্থায় থাকে তা সংশ্লিষ্ট ব্যক্তির জীবনের পরের পর্যায়ের সঙ্গে যুক্ত। এই প্রকার স্থানচ্যুতিকে আমি প্রত্যাবৃত্তিমূলক বা প্রতিক্রিয়াশীল বলে চিহ্নিত করেছি। সম্ভবত অনেক বেশি ক্ষেত্রে আমরা বিপরীতমুখী সম্পর্ক দেখতে পাই। অনেক দূরবর্তী অতীতের কোন উদাসীন ধারণা আমাদের চেতনায় লুক্কায়িত স্মৃতি হিসেবে থাকে। এর অস্তিত্ব কিন্তু পূর্বে সংঘটিত কোন অভিজ্ঞতার অনুষঙ্গ রূপে থাকে। এই অভিজ্ঞতার প্রত্যক্ষ মননের বিরুদ্ধে নানা ধরনের প্রতিরোধ পরিলক্ষিত হয়। আমরা এগুলোকে অনুপ্রবেশকারী লুক্কায়িত স্মৃতি বলতে পারি। যা স্মৃতিকে সর্বাপ্রেক্ষা প্রভাবিত করে তা এখানে কালানুক্রমিকভাবে লুক্কায়িত স্মৃতির প্রভাবের বাইরে থাকে। পরিশেষে, একটি তৃতীয় সম্ভাবনারও অস্তিত্ব থাকতে পারে। লুক্কায়িত স্মৃতি যে ধারণাকে লুকোনো হচ্ছে তার সঙ্গে সম্পর্কযুক্ত হতে পারে। এই সম্পর্ক কেবল বিষয়বস্তুর ভিত্তিতে নয়, বরং সময় সন্নিধির ভিত্তিতেও গড়ে উঠতে পারে। এটি হল সমকালীন বা সন্নিধিমূলক লুক্কায়িত স্মৃতি।[৭১]

যে সংস্কৃতিতে মৃত্যুকে উত্তরণক্ষম এক ব্যাপ্ত স্মৃতির পুরাণ কাহিনীর সৃষ্টি হয়েছে সেখানে ব্যবহারকালে ফ্রয়েডের সূত্রগুলি কিছুটা পরিশোধিত হওয়া প্রয়োজন। মৃত্যুকে অতিক্রমকারী এই স্মৃতি, যা অন্য এক জীবনেও থেকে যায় — এর ধারণা সম্ভবত এই সংস্কৃতির নিরন্তর বিস্মৃতির ভয়কে জয় করবার তাড়না থেকে এক কল্পজগৎরূপে সৃষ্টি হয়েছে। কিন্তু এইরকম সংশোধনের জন্য পরীক্ষামূলক মনস্তত্ত্বে এক ভারতীয় প্রতিভার আর্বিভাবের অপেক্ষা করতে হবে। ইতিমধ্যে, খানিকটা এলোমেলো ও আকস্মিকভাবে হলেও, ফ্রয়েডীয় লুক্কায়িত স্মৃতির ধারণার ভিত্তিতে এরকম দাবী করা যুক্তিযুক্ত হবে যে, সাংস্কৃতিক স্মৃতিবিলোপ, উপনিবেশবাদের অবশ্যম্ভাবী পরিণতি। যখন কোন বিজয়ী সংস্কৃতি

বিজিত সংস্কৃতিকে অথবা তার কিছু উপাদানকে নিকৃষ্ট হিসেবে চিহ্নিত করে, এবং বিজিত সংস্কৃতি সেটা স্বীকার করে নেয়, তখন এই স্মৃতিবিলুপ্তি ঘটে। এই স্মৃতিবিলুপ্তি অনতিপূর্ব অতীত বিষয়ে দেশীয় ধারণাকে ধ্বংস করে। একই সঙ্গে এই স্মৃতিবিলুপ্তি নিজ অতীত সম্পর্কে আত্মসম্মান রক্ষা করার কৌশল হিসেবেও কাজ করে এবং প্রভুত্বকারী সংস্কৃতির অনুমোদন অর্জনেও সহায়তা করে।

উৎপাদনের উন্নততর পদ্ধতি, সামরিক সংগঠনের কার্যকারিতা এবং অনুপ্রবেশকারী বিদেশি শক্তির জাগতিক সাফল্য—এগুলি সবই বিজিত সংস্কৃতিকে নিজের নিকট অতীত সম্পর্কে এক ধরনের অসম্মানজনক বিহ্বলতার মুখোমুখি দাঁড় করিয়ে দেয়। এই অবদমনের প্রতিক্রিয়ায় দূরবর্তী অতীত সম্পর্কে এক স্বপ্নালু মাত্রাতিরিক্ত প্রতিকৃতির সৃষ্টি হয়। অথবা অন্য একটি ফ্রয়েডীয় ধারণা ধার করে বলা যায় যে ঔপনিবেশিক শক্তিকে পিতার ভূমিকায় দেখা হয়.— যাকে ভয়, ঘৃণা অথচ একইসঙ্গে অনুকরণও করা হয়। বিজিত সংস্কৃতি নিজেকে 'সন্তান' হিসেবে দেখতে অভ্যস্ত হয়। যে সন্তান নিজের সৃজন-অক্ষমতাকে ভয় পায় এবং 'পিতার' সৃজনশীলতা বা ক্ষমতা বিষয়ে এক কল্পনার জগৎ নির্মাণ করে। ভীতিপ্রাপ্ত সেই সন্তান তখন পিতার প্রশাংসালাভের কাজে নিজেকে ব্যাপৃত রাখে ও নিজস্ব এক পরিচিতি গঠন করতে চায়। এখানেই ইতিহাস আর ইতিহাস থাকে না; বরং তা স্মৃতিবিলুপ্তি ও কল্পনার এক বিস্তৃত বর্ণালিতে রূপান্তরিত হয়।

তথাকথিত ভারতীয় নবজাগরণের নেতৃবৃন্দ আধুনিকতার বিভিন্ন পদ্ধতিগুলিকে এক প্রকার 'জাতীয় পুনর্জন্ম' হিসেবে গণ্য করেছিলেন। এটা প্রতিষ্ঠা করার যথেষ্ট সমাজতাত্ত্বিক ও ঐতিহাসিক প্রমাণ আছে যে ভারতে ঔপনিবেশিক শাসনের ফলে আধুনিকীকরণ ত্বরান্বিত হয়েছিল। কিন্তু এটা ভারতীয় সংস্কৃতিতে সম্পূর্ণ নতুন কোন বৈশিষ্ট্য ছিল না। সুতরাং ভারতের নবজাগরণ কোন নতুন জন্ম ছিল না বরং সহস্রাব্দের শুরুতে যে প্রক্রিয়া শুরু হয়েছিল তা পরিণতি লাভ করেছিল। যাইহোক, নবজন্মের ধারণা 'শিশু' হিসেবে ভারতের নতুন প্রতিকৃতির সঙ্গে সম্পূর্ণ সংগতিপূর্ণ ছিল। প্রাচ্যবিদ্যাচর্চা ও পুনরুজ্জীবনমূলক প্রবণতা ছিল মানানসই অনুস্মৃতি। ভারতীয় নবজাগরণ এবং ভারতীয় জাতীয়তাবাদ, সাংস্কৃতিক স্মৃতিবিলুপ্তিকে অগ্রগতির এক অপরিহার্য শর্তরূপে মৌনভাবে স্বীকার করে নিয়েছিল।

একদিকে, বেশ কিছু উপন্যাস ও কবিতার নাম করা সম্ভব যেগুলি মেকলের

সময় থেকে স্মৃতিবিলুপ্তি ও ভুলে যাওয়ার ভয় বিষয়ে লেখা হয়েছে। অন্যদিকে, ভারতে যে মুসলিম শাসনের সূচনা থেকে স্মৃতিবিলুপ্তির সূত্রপাত ঘটেছে তাও দেখানো সম্ভব। এখানে আমরা অবশ্য ঔপনিবেশিক যুগ থেকে কিছু দৃষ্টান্ত পরীক্ষা করব যাতে আমাদের বর্তমান আলোচনার পরিধির মধ্যে আমরা থাকতে পারি। আমরা তিনটি উদাহরণ দেখব — ভাষা, চিত্রকলা ও প্রযুক্তির ক্ষেত্র থেকে একটি করে দৃষ্টান্ত নেওয়া হবে।

ঊনবিংশ শতকের প্রথমার্ধে, যখন মধ্য-উত্তরাঞ্চলের বিভিন্ন উপভাষাগুলি, এখন যাকে আমরা হিন্দী বলি, সেইরূপে সংবদ্ধ হচ্ছিল, তার প্রেরণাটি এসেছিল ইস্ট ইন্ডিয়া কোম্পানি থেকে; এই উপভাষাগুলির ব্যবহারকারীদের থেকে নয়। মজার বিষয় হল, এই সংগঠিত হিন্দী ফোর্ট উইলিয়াম কলেজের মুদ্রণযন্ত্র থেকে প্রকাশিত হয়েছিল। এবং এর প্রতিষ্ঠাতা ছিলেন 'রাইটার' হিসেবে আনুষ্ঠানিকভাবে নিযুক্ত লালুজী লাল (১৭৬৩—১৮২৫)। কোম্পানি সরকারে তাঁর কাজ ছিল হিন্দীতে মুদ্রিত রচনা প্রস্তুত করা।[৭২] লালুজী করণিকের কাজ করতে করতে এক সৃজনধর্মী কাজ সম্পন্ন করেছিলেন কারণ তিনি খড়িবোলিতে ভাগবতপুরাণের হিন্দী অনুবাদ মুদ্রিত করেন। খড়িবোলি ছিল হিন্দীর স্বীকৃত রূপ। হিন্দীর ইউরোপীয় ছাত্রদের কাছে এই *প্রেমসাগর* (১৯০৫—৬) নামক পুস্তকটি ছিল প্রধান পাঠ্যপুস্তক। প্রায় সমগ্র ঊনবিংশ শতকব্যাপী এটি কেবল ইউরোপীয়দের কাছে নয় এমনকি ভারতীয়দের কাছেও নির্ভরযোগ্য পাঠ্যগ্রন্থ হিসাবে স্বীকৃত ছিল। লালুজী লাল কর্তৃক এক পুরাণের নির্বাচন — পৌরাণিক ভঙ্গীতে ইতিহাসের কথন — এবং নতুন মাধ্যমে অক্ষরের মুদ্রণ প্রযুক্তি ব্যবহার —এগুলি সবই নতুন প্রযুক্তির ক্ষেত্রে ভারতীয় প্রতিক্রিয়ার উল্লেখযোগ্য নিদর্শন। একদিকে তিনি প্রযুক্তির পরম্পরাকরণ ঘটিয়ে তাকে এক ধর্মীয় আচারের স্তরে উন্নীত করেছিলেন, অন্যদিকে তিনি ভারতের অতীতকে স্মরণ করার আগ্রহ ও ইতিহাসের এক অনিশ্চিত বোধ —এই দুই বৈশিষ্ট্যের প্রকাশ ঘটিয়েছিলেন। একথা বলার অর্থ এই নয় যে তিনি নিজে এই দোলাচলের বিষয়ে সচেতন ছিলেন, আমরা পশ্চাৎদৃষ্টির সুবিধা থেকে এই কথা বলতে পারছি।

চিত্রকলার অভিজ্ঞতার পরিপ্রেক্ষিতে বিচার করলে দেখা যাবে যে লাল-এর চেতনার উপরোক্ত ব্যাখ্যার মধ্যে যথেষ্ট সারবত্তা আছে। দেশীয় রীতির বক্রতুলির পরিবর্তে সরল তুলির ব্যবহার, কৃত্রিম রঙ এবং চিত্রাঙ্কনে স্বভাববাদী পদ্ধতির প্রয়োগ—এই সমস্ত বৈশিষ্ট্য যখন ভারতে প্রবিষ্ট হল তখন রাজা

রবিবর্মার[৭৩] মতো প্রতিভাও এগুলির দ্বারা প্রভাবিত হলেন। রবিবর্মা (১৮৪৮—১৯০৬), আধুনিক ভারতের প্রথম উল্লেখযোগ্য চিত্রকর, ত্রিবাংকুরের রাজসভাতে একজন ইউরোপীয় চিত্রকরকে কর্মরত অবস্থায় দেখেন। প্রতিকৃতি অঙ্কনের পদ্ধতি দ্বারা প্রবলভাবে প্রভাবিত হয়ে তিনি দেবতা, নায়ক এবং পৌরাণিক চরিত্রগুলির প্রতিকৃতি অঙ্কনে ব্রতী হলেন। 'প্রত্নতাত্ত্বিক' অঙ্কন হিসাবে তাঁর সময়ে পরিচিত এই পদ্ধতিতে তিনি এই সমস্ত চরিত্রগুলিকে উপযুক্ত শরীর ও রঙ প্রদান করলেন। বিশেষ করে তাঁর চিত্রিত দেবীরা ছিলেন স্বাস্থ্যবতী। তাঁর খ্যাতি সারা ভারতে ছড়িয়ে পড়েছিল এবং তাঁর লিথোগ্রাফের নমুনা সারা দেশে বহু গৃহের দেওয়ালে শোভা পায়। এমনকি রবীন্দ্রনাথও তাঁর কাজের প্রশংসা করেছিলেন। তাঁর কাজের বিশেষ আবেদনের মূল কারণ কী? তিনি আদৌ অতীতকে পুনর্নির্মাণের প্রত্নতাত্ত্বিক পদ্ধতির বিশ্বস্ত অনুসরণ করেননি। কারণ তাঁর চিত্রিত দেবদেবীদের সঙ্গে হিন্দু ধর্মগ্রন্থে প্রাপ্ত দেবদেবীদের বর্ণনার খুব সামান্য সাদৃশ্য দেখা যায়। তিনি স্বভাববাদ (naturalism) অনুসরণ করেননি কারণ তাঁর বিষয়বস্তু প্রায়শই এক কল্পজগৎ থেকে আহরিত হয়েছে। এটা হওয়া সম্ভব যে, উন্নততর পাশ্চাত্য অঙ্কন পদ্ধতি রবিবর্মার অতীত সম্পর্কিত স্মৃতিকে উদ্বেলিত করেছিল। কিন্তু এই অতীত ছিল অনেক স্বপ্নপ্রতিকৃতিসমন্বিত এক সুদূর অতীত। রবিবর্মা কলকাতার অন্ধকূপ হত্যা বা ১৮৫৭ সালের সিপাহী বিদ্রোহের অভিজ্ঞতা থেকে তাঁর কাজের বিষয়বস্তু আহরণ করতে পারেন নি। তাঁর স্মৃতিবিলুপ্তির ধারণাটিকে স্পষ্টভাবে বোঝা সম্ভব হবে যদি আমরা স্মরণে রাখি যে ব্রিটিশদের সঙ্গে যোগাযোগের আদি পর্বে—ব্রিটিশদের হাতে ভারতীয়দের সম্পূর্ণ পরাজয়ের পূর্বে—কালীঘাটের চিত্রকরেরা নিজেদের তাৎক্ষণিক পরিমণ্ডল থেকে অক্লেশে বিষয়বস্তু নির্বাচন করতে পারতেন।

যেভাবে প্রথমদিকে মুদ্রণ প্রযুক্তির ব্যবহার হয়েছিল, সেই অভিজ্ঞতাকে এই প্রবণতার আরেকটি দৃষ্টান্ত হিসাবে দেখা যেতে পারে। এম. এন. শ্রীনিবাস আমাদের জানিয়েছেন যে ভারতবর্ষে মুদ্রণ প্রবর্তনের প্রথম পর্বে প্রকাশিত অধিকাংশ গ্রন্থই ছিল পুনরুজ্জীবনবাদী:

. . . পাশ্চাত্য প্রযুক্তির কৌশলী ব্যবহারের অর্থ এই নয় যে ব্যবহারকারীরা যুক্তিবাদী ও বিজ্ঞানসম্মত বিশ্ববীক্ষা গ্রহণ করেছিলেন। . . . উপরন্তু এমন অনেক দৃষ্টান্ত আছে যেখানে পাশ্চাত্যায়ন এমন শক্তির জন্ম দিয়েছে যেগুলি পারস্পরিকভাবে বিরুদ্ধ উদ্দেশ্যে চালিত। . . . মুদ্রণের প্রবর্তন যেমন কেবলমাত্র

আধুনিক জ্ঞানের প্রসারণ ঘটিয়েছে তা নয়। একইসঙ্গে পরম্পরাগত মহাকাব্য, পুরাণ কাহিনী, সন্তদের জীবনী এবং অন্যান্য বিভিন্ন ধর্মীয় সাহিত্যের প্রসারেও তা যথেষ্ট কার্যকরী হয়েছে। . . . রাজনৈতিক ও সাংস্কৃতিক ক্ষেত্রে পাশ্চাত্যায়ন কেবল জাতীয়তাবাদের নয়, এমন কি পুনরুজ্জীবনবাদেরও জন্মদান করেছে।[৭৪]

শ্রীনিবাসের মন্তব্য 'পাশ্চাত্যায়ন' নামে এক পরিব্যাপ্ত সামাজিক প্রক্রিয়ার সাধারণীকরণ ঘটিয়েছে।

ভারতবর্ষে পাশ্চাত্যায়ন সংস্কৃতায়নের এক প্রতিক্রিয়াশীল প্রবণতার সঙ্গে যুক্ত। এই প্রসঙ্গে সংস্কৃতায়নের অর্থ হল দূরবর্তী অতীতের পুনরুজ্জীবন ও নিকট অতীতের অবদমন। অতীতের এই কাল্পনিক প্রতিমা নির্মাণ, অতীত যে নিকট অতীতের মধ্য দিয়ে নানান জটিল পদ্ধতিতে রূপান্তরিত হতে হতে আজকের সময়ে উপনীত হয়েছে, তা বোঝার ক্ষমতার বিলুপ্তি, এবং সাম্প্রতিক ইতিহাসের সঙ্গে তার অস্বস্তিকর সম্পর্ক —এগুলি সবই সাংস্কৃতিক স্মৃতিবিলুপ্তির ফল। ভারতীয় সংস্কৃতি ঔপনিবেশিক যুগে এই স্মৃতিবিলুপ্তির কবলে পতিত হয়েছিল। ঔপনিবেশিক প্রভাবের সর্বাপেক্ষা খারাপ দিক হল যে, তা ভারতের জীবিত সাংস্কৃতিক ঐতিহ্যকে ছিনিয়ে নিয়েছিল এং অতীতের এক কল্পকাহিনীকে তার স্থানাভিষিক্ত করেছিল। এই স্মৃতিবিলুপ্তি আমাদের দেশীয় ঐতিহ্য বিষয়ে সচেতনাকে ক্ষতিগ্রস্ত করেছিল। এই ক্ষতি এখনও সজীব এবং সম্ভবত ভারতের সমালোচনা-সাহিত্যের সংকটের অন্যতম প্রধান কারণ।

এক অন্তবিহীন পরিবর্তন

সাংস্কৃতিক পুরাতত্ত্ব

ভারতীয় সমালোচনা-সাহিত্যে স্মৃতিবিলুপ্তির বর্তমান অবস্থা দুটি জরুরি প্রয়োজনের উপরে গুরুত্ব আরোপ করেছে —

(ক) ভারতীয় সাহিত্য ঐতিহ্যের উপরে ব্রিটিশ প্রভাব পুনরায় পরীক্ষা করা এবং (খ) ভাষা-সাহিত্যগুলির জন্য এক বাস্তবানুগ সাহিত্যের ইতিহাস রচনাপদ্ধতি সূত্রবদ্ধ করা। সাহিত্য ইতিহাসের সমস্যা থেকে বিচ্ছিন্ন করে সাহিত্যতত্ত্বের সমস্যাকে বোঝা যাবে না, বিশেষত ভারতীয় সাহিত্য সমালোচনার বর্তমান সংকটকালে। সুতরাং পুনরায় সাংস্কৃতিক পরিচিতির সংজ্ঞা নিরূপণ খুবই প্রয়োজনীয়। এবং বর্তমানে প্রচলিত সমালোচনার মূল্যবোধের কাঠামো প্রকাশ করা বা নতুন তাত্ত্বিক অবস্থান সূত্রবদ্ধ করার আগেই সেটি করা প্রয়োজন।

*দি থ্রি অল্টারনেটিভ্‌স্ (*The Three Alternatives) (তিনটি বিকল্প) শীর্ষক এক প্রবন্ধে আর. বি. পতঙ্কর উপরে উল্লিখিত দুটি প্রয়োজনের সম্পর্কে ইঙ্গিত দিয়েছেন।[1] সম্ভবত দেশীয় ভাষা ঐতিহ্যের সঙ্গে আধুনিক সাহিত্য সমালোচনার সম্পর্ক স্থাপনের এটিই প্রথম প্রচেষ্টা। তিনি মনে করেন যে মারাঠিতে আধুনিক কাব্যতত্ত্ব বোঝার চাবিকাঠি হল ষোড়শ বা সপ্তদশ শতকে ভারতীয় সমালোচনার 'শিকড়'-এর অনুসন্ধান ও বিশ্লেষণ করা। একটু বর্ধিত করলে তাঁর যুক্তি অন্যান্য ভারতীয় ভাষা-সাহিত্যের ক্ষেত্রেও সমান প্রযোজ্য। পতঙ্কর এরকম ধারণাও প্রকাশ করেছেন যে ব্রিটিশ প্রভাব ব্যতিরেকেও ভারতবর্ষ আধুনিকতার দ্বারাপ্রান্তে উপস্থিত হতে পারতো। তিনি বলেন :

কোন সম্মেলন (Seminar) কক্ষে, যেখানে অকার্যকর কিছু দেবদূত তাঁদের ধার করা পাশ্চাত্য বা প্রাচীন ভারতীয় পাখাগুলি শূন্যে আন্দোলিত করতে থাকেন, সেখানে আমরা আমাদের সাহিত্য কাঠামোকে খুঁজে পাবার বা সৃষ্টি করার আশা করতে পারি না। আমাদের অবশ্যই এই পাখাগুলি প্রথমে পরিত্যাগ করতে হবে

এবং প্রথম শ্রেণীর নাগরিক হিসেবে আমাদের অস্তিত্ব সবলে ঘোষণা করতে হবে। আমি একথা বলছি না যে আমরা আমাদের স্থানিক ও কালিক সীমান্ত রুদ্ধ করে দেবো। ব্রিটিশদের আগমনের পূর্বে আমাদের সাহিত্য চেতনা যেমন ছিল তার এক উপযুক্ত বৌদ্ধিক প্রকাশের ক্ষেত্রে আমাদের উপনীত হতে হবে। ষোড়শ বা সপ্তদশ শতক এক সম্ভাবনাপূর্ণ সূচনাবিন্দু হতে পারে। আমরা সেখানে এমন কবিতার সন্ধান পাবো যা নৈতিক সমস্যার, দৈনন্দিন জীবনের সমস্যার বিশ্লেষণে রত, অনন্তের সমস্যাকে উপেক্ষা না করেই। আমাদের উচিৎ সেখান থেকে আধুনিক জীবনের নতুন সমস্যার দিকে অগ্রসর হওয়া। আমাদের কল্পনার চোখে দেখতে হবে কিভাবে মূল্যবোধের ঐ কাঠামো এবং চেতনা নিয়ে মানুষ ঐ সমস্যাগুলির মোকাবিলা করতেন। আমাদের দেখতে হবে তাঁরা তাঁদের উদ্বৃত্ত উৎপাদনের ক্ষেত্রে পুনরায় বিনিয়োগ করতেন নাকি তা দৃষ্টিআকর্ষক ভোগ বা দানে ব্যবহার করতেন। দেখতে হবে তাঁরা অর্থ ও কামের সম্যক গুরুত্ব উপলব্ধি করে জীবনের এই দুই দিককে সঠিকভাবে সংগঠিত করতে পারতেন কিনা। সম্ভবত আমাদের বিদেশি ধ্যানধারণা এবং প্রাচীন অতীতের ধ্যানধারণাকে আত্মীকরণ করার প্রয়োজন হবে। কিন্তু আমরা শুধু আত্মীকরণই করবো, ঐ ধ্যানধারণার দ্বারা শাসিত হবো না। যদি না ব্রিটিশরা বলপূর্বক আমাদের স্বাভাবিক বৃদ্ধিকে প্রতিহত করত, সম্ভবত আমরা নিজেদের মতো করে আধুনিক জাতিতে উন্নীত হতে পারতাম।[২]

এই যুক্তির শেষাংশ অর্থহীন, অলস কল্পনা। কিন্তু ভাষা-অতীতের কাছে প্রত্যাবর্তনের ধারণা এক প্রাসঙ্গিক ইতিহাস রচনা পদ্ধতির বিবর্তনের জন্য অপরিসীম ভাবে ফলপ্রসূ হতে পারে। যাইহোক, এই সাংস্কৃতিক প্রত্নতত্ত্বের নিজস্ব কিছু অসুবিধা আছে। ভাষা-অতীতের সঙ্গে সম্পর্কিত যথেষ্ট পাণ্ডিত্যপূর্ণ ও প্রাসঙ্গিক তথ্যের অভাব অবশ্যই একটি সমস্যা। অনেক বেশি ভীতিপ্রদ সমস্যা হল যে, সপ্তদশ শতাব্দী সম্পর্কিত অধিকাংশ তথ্যই পাওয়া যাবে ইউরোপীয় বণিক, ভ্রমণকারী এবং প্রশাসকদের মতো অ-সাহিত্যিক মানুষদের রচিত নথি থেকে। তাঁদের বৃহদংশই ভারতীয় ভাষা শিক্ষায় দুর্ভাগ্যজনকভাবে ধীরগতি এবং দেশীয় ভাষায় রচিত সাহিত্য বিষয়ে নিরুৎসাহী।

যখন ইউরোপের কাছে প্রাচ্য ছিল এক নতুন আবিষ্কার, এক গৃহপালিত পশু নয়, বরং ভয়ংকর ও আদিম কোন অস্তিত্ব, প্রাচ্যতত্ত্ব (Orientalism) ছিল সৃজনশীল রচনার প্রায় স্বতন্ত্র একটি বিভাগ।[৩] মিল্টনের *প্যারাডাইস লস্ট*

(Paradise Lost)-এ ভারত বিষয়ে অজস্র উল্লেখ এবং ড্রাইডেনের নাটক *আওরাঙ্গজেব (Aurengzebe)* এই ধারার সৃষ্টি।[৪] স্বাভাবিকভাবেই, ভারত সম্পর্কে সপ্তদশ শতকের ইউরোপীয় বিবরণ ছকে বাঁধা গৃহীত ধারণার সঙ্গে সংগতিপূর্ণ। সপ্তদশ শতকে প্রাচ্যতত্ত্বসৃষ্ট ভারত সম্পর্কিত কাল্পনিক ধারণা ঐ সময়কার ইতিহাস নির্মাণে ব্যবহৃত নথিপত্রেও প্রবিষ্ট হয়েছিল। জাতীয়তাবাদী পর্বে যে ভারতীয় ইতিহাসরচনা পদ্ধতি গড়ে উঠেছিল তা কিন্তু এই কাল্পনিক বিবরণের প্রতিক্রিয়ায় সৃষ্ট। ভারতীয় ঐতিহাসিকরা সেই সমস্ত গুণের কথা সজোরে ব্যক্ত করেছেন যেগুলি থেকে প্রাচ্যতাত্ত্বিকরা ভারতকে বঞ্চিত করেছিল। কাজেই ঐ মন্তব্যগুলিও সম্পূর্ণভাবে গ্রহণ করার আগে যথেষ্ট ঝাড়াইবাছাই করার প্রয়োজন আছে। এখানে ভারতীয় ইতিহাসের উৎস তথ্যের কিছু নমুনা দেওয়া হল।

গুজরাতে কয়েক বছর কাটিয়ে জেম্স্ ফোর্বেস (১৭৪৯—১৮১৯) মন্তব্য করেছিলেন যে এশিয়াবাসীরা "সুকুমার শিল্পের প্রতি খুবই অনাগ্রহী"।[৫] তাঁর সমনামী এ. কে. ফোর্বেস্ (১৮২১—১৮৬৫) যিনি,গুজরাতি ভাষা ও সাহিত্যের বিকাশে বিভিন্নভাবে সহায়তা করেছিলেন,[৬] তাঁর বিপরীতে জেম্স্ ফোর্বেস্ নরসিংহ মেহতা এবং আখা-র কবিতার মর্ম উপলব্ধি করতে অক্ষম ছিলেন, যদিও আজকের মতোই ফোর্বেসের সময়েও গুজরাতে তাঁদের কবিতার অত্যন্ত জীবন্ত উপস্থিতি ছিল। তাঁর অসংবেদনশীল মতামত দুই শতাব্দী ধরে প্রচলিত ছিল এবং স্যর জর্জ গ্রিয়ারসন এর উল্লেখযোগ্য সৃষ্টি *লিঙ্গুইস্টিক সার্ভে অব্ ইন্ডিয়া (Linguistic Survey of India)* (১৮৯৪-১৯২৭)-র অন্তর্গত বিবরণে এই মতের প্রতিধ্বনি শুনতে পাওয়া যায়। গ্রিয়াসরন ঘোষণা করেন যে "গুজরাতি ভাষাতে এখনও এমন একজন মহৎ কবির জন্ম হয় নি যিনি উৎকর্ষে হিন্দুস্তানের মধ্যযুগীয় শ্রেষ্ঠ কবিদের সমকক্ষ বলে বিবেচিত হতে পারেন।"[৭] স্পষ্টতই তিনি দয়ারাম এবং প্রেমানন্দের মতো প্রধান কবিদের নাম বিস্মৃত হয়েছিলেন।

ভারত বিষয়ক ইউরোপীয় মতবাদের উৎসমুখ ছিল ফ্রান্সিস বার্নিয়ের নামক একজন ফরাসির বিবরণ। বার্নিয়ের মুঘল দরবারে ও ভারতের মধ্যে ভ্রমণে চোদ্দ বছর এই দেশে অতিবাহিত করেন। ভারতীয় জীবন ও সংস্কৃতি বিষয়ে তিনি একটি সংক্ষিপ্তসার রচনা করেন। সমস্ত ইউরোপে ভারতের প্রতিকৃতি (১৬৫৬—৬৮) নির্মাণে তাঁর রচিত বিবরণ ছিল খুবই প্রভাবশালী। বিশেষ করে প্রাচ্যদেশীয় স্বেচ্ছাচারী শাসকের প্রতিকৃতি রচনায়। এই অদ্ভুত কিন্তু সরলীকৃত প্রতিকৃতিই

ড্রাইডেনকে তাঁর নাটক *আওরাঙ্গজেব (Aurengzebe)* (১৬৭৫) রচনায় অনুপ্রাণিত করেছিল।

ভি. এস. নইপল কৃত আধুনিককালের ভারত বিষয়ক সমালোচনা বার্নিয়ের কৃত ভারতীয় শিল্প ও সাহিত্যের সমাজতত্ত্ব বিষয়ক বিবরণের পাশে অত্যন্ত নিষ্প্রভ বলে মনে হবে :

> এতে কি বিস্ময়ের কিছু আছে যে এইরকম পরিস্থিতিতে শিল্প সঠিকভাবে বিকশিত হতে পারে না যা অন্য কোন দক্ষ সরকারের অধীনে হতে পারত অথবা আমাদের সুখী ফ্রান্সে যেভাবে বিকশিত হয় ? কোন শিল্পীর পক্ষে নিজের শিল্পের প্রতি সেইভাবে মনোযোগ দেওয়া সম্ভব নয় যেখানে অধিকাংশ মানুষই দুর্বিষহ দারিদ্র্যের মধ্যে বসবাস করেন। যাঁরা ধনী তাঁরাও দরিদ্রের মতো বাঁচেন এবং সৌন্দর্য ও উৎকর্ষের প্রতি বিন্দুমাত্র আগ্রহ নেই। তাঁরা কোন বস্তু সস্তা কিনা সেটাই বিচার করেন এবং এই দেশে অভিজাতগণ শিল্পকর্মের যথেষ্ট মূল্যদানে অনিচ্ছুক, নিজেদের মর্জিমাফিক শিল্পের মূল্য নির্ধারণ করেন। এঁরা কোন গুরুত্বপূর্ণ শিল্পী অথবা বণিককে কোড়া দিয়ে শাস্তি দিতে বিন্দুমাত্র ইতস্তত করেন না। . . . ভারতে শিল্পকলা অনেক আগেই সৌন্দর্য ও সূক্ষ্মতা হারিয়ে ফেলত যদি সম্রাট এবং প্রধান আমীর ওমরাহরা অনেক শিল্পীকে নিজেদের গৃহে কাজ করার জন্য, নিজেদের সন্তান সন্ততিকে শিক্ষাদানের জন্য টাকার বিনিময়ে নিয়োগ না করতেন। সুতরাং এইরূপ পরিস্থিতিতে শিল্পীরা কাজের জন্য উজ্জীবিত হন পুরস্কারের আশায় এবং কোড়ার ভয়ে। . . .
>
> সমাজের এইরূপ অবস্থায় এক গভীর ও সামুহিক অজ্ঞতাই হল স্বাভাবিক ফলশ্রুতি যা আমি বর্ণনা করার চেষ্টা করেছি। হিন্দুস্থানে কি সঠিকভাবে সংগঠিত কোন অ্যাকাডেমি বা শিক্ষায়তন প্রতিষ্ঠা করা সম্ভব ? কোথায় আমরা প্রতিষ্ঠাতা খুঁজে পাবো ? অথবা যদি তাঁদের খুঁজে পাওয়া যায়ও পণ্ডিতদের কোথায় পাওয়া যাবে ?[৮]

ভারতবর্ষ সম্পর্কে এইরকম সরলীকৃত ও কাল্পনিক ধারণা, যা বৃহদংশে সমাজ-বাস্তবতা থেকে বিচ্ছিন্ন, তা পরবর্তী কালে পণ্ডিত ও প্রশাসকদের রচনা দ্বারা পুননবীকৃত হয়েছিল। অষ্টাদশ শতকের শেষার্ধে ও উনবিংশ শতকে ইউরোপীয় ভারততত্ত্ববিদরা ভারতবর্ষের প্রাচীন অতীত বিষয়ে কিছু গুরুত্বপূর্ণ

ও পণ্ডিতসুলভ বিশ্লেষণ করেছিলেন, কিন্তু সমকালীন ভারত সম্পর্কে তাঁদের দৃষ্টিভঙ্গী বার্নিয়ের প্রবর্তিত ব্যঙ্গাত্মক হাস্যরসের উপাদানগুলি দ্বারা আচ্ছন্ন ছিল।

ভারতের ইতিহাসে ব্রিটিশ অধ্যায়, আধুনিক ভারতীয় পণ্ডিত এবং প্রাক্-ব্রিটিশ অতীতের মধ্যে কেবলমাত্র কালগত এক যুগ হিসাবে অবস্থিত নয় বরং একটি তত্ত্বগত পাথরের প্রাচীর রূপে প্রতিষ্ঠিত। এটিকে অতিক্রম করে দেখতে গেলে আমাদের এরই মধ্য দিয়ে দেখার ক্ষমতা অর্জন করতে হবে। ঐতিহাসিক উৎস-উপাদানগুলির সাহায্যে প্রাক্-ব্রিটিশ ভারত সম্পর্কে ইউরোপীয়দের রাজনৈতিক পক্ষপাতদুষ্ট ভ্রান্ত বিবরণগুলি নস্যাৎ করে দেওয়া সম্ভব হত যদি না পরবর্তীকালে প্রবর্তিত ব্রিটিশ শিক্ষাব্যবস্থা এই পক্ষপাতদুষ্ট বিবরণকে এক ধরনের বৈধতা প্রদান করতো। ভ্রান্ত ভারততত্ত্ব দ্বারা সৃষ্ট এই তাত্ত্বিক বিকৃতির সবচেয়ে ক্ষতিগ্রস্ত শিকার ছিল ভাষা-সাহিত্যের অতীত। সেইজন্য ভারতীয় সাহিত্যের ইতিহাসের অন্ধকার যুগের ধারণার অপসারণ প্রয়োজন। এবং একইসঙ্গে এই বর্ণালির অপর প্রান্তে অবস্থিত স্বর্ণযুগের ধারণাকেও আর অতিরঞ্জিত করা যাবে না।[৯] সমকালীন ভারতীয় সমালোচনা-সাহিত্যের সমস্যা বিষয়ে আমাদের অনুসন্ধানের প্রকৃত প্রারম্ভিক বিন্দু হল ভাষা-সাহিত্যের সূচনাপর্ব। যাইহোক, সপ্তদশ শতকের পরিস্থিতি বিশ্লেষণে নিবিড় পাঠ বর্তমান সমালোচনা-সাহিত্যের সংকটের উপরে প্রয়োজনীয় আলোকপাত করতে পারে।

সপ্তদশ শতাব্দীর ভারত সাহিত্য ও শিল্পকলায় কৃতিত্বের এক অতীব উজ্জ্বল চিত্র আমাদের সামনে উপস্থাপিত করে। সংগীত, চিত্রকলা, নৃত্য, স্থাপত্য ও কবিতার ক্ষেত্রে অবদানের জন্য ভারতের সাংস্কৃতিক ইতিহাসে এটি এক গৌরবোজ্জ্বল যুগ হিসেবে গণ্য হতে পারে। তথাপি জীবন্ত সাংস্কৃতিক ঐতিহ্য এবং বৃহৎ সামাজিক সমস্যার মধ্যে সম্পর্কের কোন সহজ সূত্রের দ্বারা সমগ্র যুগটিকে সন্তোষজনকভাবে ব্যাখ্যা করা সম্ভব নয়।[১০] এখানে আমরা এক কূটাভাসের মুখোমুখি হই যার ব্যাখ্যা করা খুবই কষ্টসাধ্য। তুকারামের (১৫৯৮—১৬৪৯) হিন্দু বিশ্ববীক্ষার নতুন সংজ্ঞা নিরূপণের ফলে উদ্ভূত মারাঠি কাব্যতত্ত্বের আবির্ভাবের পাশাপাশি আমরা জগন্নাথ (১৬২০-১৬৬৫)[১১]-এর দেখা পাই। তিনি সংস্কৃতে দীর্ঘ, অবসন্ন, হিন্দু কাব্যতত্ত্বের ঐতিহ্যের সমাপ্তি ঘটালেন। একদিকে আমরা অসমীয়া বুরাঞ্জি নামক এক নতুন সাহিত্যরূপের দেখা পাই, অন্যদিকে হিন্দীতে ভক্তিগোষ্ঠীর স্খলিত অগ্রগতি পরিদৃষ্ট হয়। বিগত শতাব্দীতে দক্ষতার সঙ্গে এই ভক্তি আন্দোলনের সূচনা করেন মীরা (১৪৯৮—১৫৭৩), কবীর

(১৪৪০—১৫১৮) এবং তুলসীদাস (১৫৩২—১৬২৩)। সপ্তদশ শতাব্দীতেই পাঞ্জাবি ভাষাতে ওয়ারিশ শাহ নামে এক মহান কবির জন্ম হয় এবং গুজরাতি তে একইরকম শক্তিশালী কবি প্রেমানন্দ ও আখার জন্ম হয়। কিন্তু অন্ধ্রপ্রদেশে শিল্পকলায় যথেষ্ট পৃষ্ঠপোষকতা সত্ত্বেও এই সময়ে তেলুগু সাহিত্যে দ্রুত পতন দেখা যায়। অন্যভাবে বলতে গেলে, এই শতাব্দীতে হিন্দু কাব্যতত্ত্বের বৌদ্ধিক ঐতিহ্যে এক ক্ষয় লক্ষ্য করা যায়, যদিও একই সময়ে রাজনৈতিকভাবে হিন্দু জাতীয়তাবাদ ছিল ঊর্ধ্বগামী।

জগন্নাথ রচিত *রসগঙ্গাধর* সাহিত্যশৈলী বা অলঙ্কারশাস্ত্রে একটি সামগ্রিক রচনা। বিংশ শতকের ভাষ্যকারদের মতে, এই গ্রন্থ অলংকার শাস্ত্রের ঐতিহ্যে শ্রেষ্ঠ গ্রন্থসমূহের সঙ্গে তুলনার যোগ্য। এটি অনেকাংশে মৌলিক রচনা হিসেবে বিবেচিত হয়। প্রথিতযশা বিশেষজ্ঞদের কাছে জগন্নাথ ব্যাকরণ ও দর্শনশাস্ত্র অধ্যয়ন করেছিলেন এবং নিজেও ছিলেন একজন বিদগ্ধ পণ্ডিত, কবি ও শৈলী বিজ্ঞানী। যাইহোক, তিনি হিন্দু পরিমণ্ডলে বসবাস না করার সিদ্ধান্ত নিয়েছিলেন, যদিও তাঁর শিক্ষা ,কবিতা ও দর্শন এই পরিমণ্ডলে বিকশিত হয়েছিল। তিনি মুঘল দরবারে পৃষ্ঠপোষকতা প্রার্থনা করেছিলেন। তাঁর দেশীয় তেলুগু পরিমণ্ডল থেকে তিনি অসমিয়া এবং পরে ফারসি ভাষাগত পরিমণ্ডলে স্থান পরিবর্তন করেন। তিনি সংস্কৃত ভাষাতে কবিতা রচনা করেছিলেন, যদিও সংস্কৃত সেই সময়ে জীবনের সঙ্গে যুক্ত কোন ভাষা ছিল না। কিন্তু তাঁর বিষয়বস্তু সংস্কৃত জগৎ থেকে আহরিত হয়নি। *অসফবিলাস* নামে যে শোকগীতি তিনি রচনা করেছিলেন তা ছিল শাহজাহানের জনৈক আত্মীয়ের বিষয়ে। তাঁর কবিতা ও কাব্যতত্ত্ব এইভাবে এক সামাজিক, অধিবিদ্যক এবং ভাষাগত খণ্ডীকরণের দ্বারা প্রভাবিত।

মহান মারাঠি কবি তুকারাম ছিলেন জগন্নাথের সমকালীন। মারাঠি কাব্য ঐতিহ্যের আরো দুজন প্রধান কবিও ছিলেন তাঁর সমকালীন : মুক্তেশ্বর (ষোড়শ শতকের শেষভাগ) এবং রামদাস (১৬০৮—১৬৮১)। জগন্নাথ যখন সংস্কৃত ছন্দে মুঘল সভাসদদের বিষয়ে কবিতা রচনা করেছিলেন তুকারাম তখন এক নতুন ধর্মীয় ভাষ্য রচনায় ব্যাপৃত ছিলেন। তাঁর *অভঙ্গগুলি* (*Abhangas*) বিভিন্ন সামাজিক গোষ্ঠী ও মতবাদকে একত্রিত করেছিল। কিন্তু তার চেয়েও গুরুত্বপূর্ণ বিষয় হল যে তিনি মারাঠি কবিতার ভাষাকে সাধারণ মানুষের ভাষার সঙ্গে যুক্ত করেছিলেন এবং উভয়কেই প্রবলভাবে অভিব্যক্তিপূর্ণ করেছিলেন। এক জীবন্ত ভাষায় রচিত তুকারামের প্রাণবস্তু ও সমাজ-অভিমুখী কবিতা বর্ধমান মারাঠি

জাতীয়তাবাদের বিকাশে মুখ্য ভূমিকা পালন করেছিল। যদি আমরা জগন্নাথ ও তুকারামকে তাঁদের সাংস্কৃতিক পরিমণ্ডলের নিরিখে পাশাপাশি রাখি তো দুটি প্রশ্ন সূত্রবদ্ধ করা সম্ভব হবে : (ক) সংস্কৃত কাব্যতত্ত্বের ক্ষয় ও ভাষা-সাহিত্যের আবির্ভাবের মধ্যে সঠিক ঐতিহাসিক কালানুক্রমটি প্রকৃতপক্ষে কী ? এবং (খ) বৃহৎ ঐতিহ্য ও নতুনভাবে আবির্ভাবকারী ক্ষুদ্র ঐতিহ্যগুলির মধ্যে, মার্গ ঐতিহ্য ও দেশি সাহিত্যের মধ্যে সম্পর্কের প্রকৃতিটি ঠিক কিরূপ ছিল ? এই দুটি প্রশ্নের সম্ভাব্য উত্তর অনুসন্ধানের ফলে ভাষা সমালোচনার মূল্যবোধের কাঠামোর দিকে আরো একটু অগ্রসর হওয়া সম্ভব হবে।

এক নিরবচ্ছিন্ন রূপান্তর

১

যদি ভারতীয় ভাষা-সাহিত্যের ক্রমানুসারী কালবিভাজনের কোনো নীতি নির্ধারণ করা সম্ভব হত — যেভাবে ইউরোপীয় সাহিত্যধারায় এক সাহিত্যযুগ থেকে অন্য যুগে 'নিরন্তর গতি' পরিলক্ষিত হয় বা দুই চরম বিপরীতমুখী ধারার মধ্যে 'দোদুল্যমানতা' গোচরে আসে — সেক্ষেত্রে কোনো সত্যিকারের উপযোগী ইতিহাস নির্মাণ এক হতাশাব্যঞ্জক প্রস্তাবনায় পর্যবসিত হত। এই জাতীয় ইউরোপীয় মডেল এখন ভারতীয় সাহিত্য মানসে দৃঢ়ভাবে জায়গা করে নিয়েছে আর এই মডেল ব্যবহার করে এই সিদ্ধান্তে আসা যেতে পারে যে ভারতীয় ভাষা-সাহিত্যের প্রসার সংস্কৃত কাব্যতত্ত্বের অবক্ষয় ও আঞ্চলিক ভাষা-সমালোচনারীতির উন্মেষের সাথে ওতপ্রোতভাবে জড়িত। এই পরিবর্তন প্রক্রিয়াকে সময়ানুসারী ঘটনাপ্রবাহের নিরিখে সাজিয়ে ফেললে অনেকটা এইরকম দাঁড়ায় — ১. সাহিত্যের ভাষা হিসেবে সংস্কৃতের অবমূল্যায়ন, ২. আঞ্চলিক ভাষাসাহিত্যের উন্মেষ, ৩. সংস্কৃত রসশাস্ত্রের অবক্ষয় এবং ৪. আঞ্চলিক ভাষা-সমালোচনারীতির উদ্ভব। কিন্তু প্রকৃত ইতিহাসের দিকে দৃক্‌পাত করলে এই যুক্তিগ্রাহ্য বিন্যাস মূল্যহীন হয়ে পড়ে।

বস্তুত এই ইউরোপীয় যুক্তিবিন্যাসের কাঠামো থেকে দুটি সবচেয়ে গুরুত্বপূর্ণ বিচ্যুতি হল - ক) আঞ্চলিক ভাষা-সাহিত্যের উদ্ভবের বেশ কিছু শতাব্দী পরেও সংস্কৃত কাব্যতত্ত্বের বিশেষ কোনো অবমূল্যায়ন পরিলক্ষিত হয়নি এবং খ) কোনো তাৎপর্যপূর্ণ আঞ্চলিক ভাষা-সমালোচনা রীতির প্রমাণ পাওয়া যায়নি।

তাই সংস্কৃত কাব্যতত্ত্ব থেকে ভাষাসমালোচনার ধারায় বিবর্তনের প্রক্রিয়াটি একটি নতুন এবং আরো গ্রহণযোগ্য ইতিহাস রচনা দাবী করে।

ভারতীয় সাহিত্যের যে কোনো ছাত্রের কাছে এটা একটা বিস্ময়কর ব্যাপার যে অতীতে এবং বর্তমানে ভারতবর্ষে বহু আঞ্চলিক ভাষায় সাহিত্যকীর্তির ধারা প্রচলিত থাকলেও একমাত্র সংস্কৃত ছাড়া অন্য কোনো প্রাচীন, মধ্যযুগীয় বা আধুনিক ভাষায় একটি সুগঠিত 'কাব্যতত্ত্ব' গড়ে ওঠেনি। ব্রিটিশ এবং পাশ্চাত্য প্রভাবের ফলে কিছু সাহিত্যতত্ত্ব জাতীয় লেখালেখি শুরু হয়েছিল। কিন্তু এর বেশিরভাগটাই কেবলমাত্র কেতাবি জ্ঞানচর্চার নিরিখে 'কাব্যতত্ত্ব' বলে বিবেচিত হতে পারে। এর সাথে আধুনিক ভারতীয় সৃজনশীল সাহিত্যধারার কোন যোগ নেই। ভারতীয় ভাষাগুলির পরিসংখ্যানের দিকে নজর দিলে অনেক কিছু জানা যায়। বর্তমান ভারতবর্ষে বিরাশিটি ভাষা রয়েছে। এর প্রতিটিতে অন্তত দশ লক্ষ মানুষ কথা বলে থাকেন।[১২] এর মধ্যে অনেকগুলি সাহিত্যের ভাষা, যাতে সৃজনশীল সাহিত্যের সুপ্রতিষ্ঠিত পরম্পরা বিদ্যমান। অন্য ভাষাগুলির ক্ষেত্রে লিখিত সাহিত্য না থাকলেও সংগীত এবং নাটকের এক অতি সমৃদ্ধ ঐতিহ্য রয়েছে। অন্যদিকে কিছু ভাষায় অনেক কম সংখ্যক মানুষ কথাবার্তা বলেন অথচ এই সব ভাষায় লিখিত সাহিত্য পরম্পরা ভালোভাবে গড়ে উঠেছে। যেমন, ভাষাভাষীর সংখ্যার বিচারে ইংরেজি সাতষট্টিতম স্থানে রয়েছে কিন্তু এই ভাষায় সৃষ্টিশীল সাহিত্যের ভাণ্ডার অতিদ্রুত হারে বেড়ে উঠেছে। এই সব জীবন্ত ভাষাগুলি ছাড়াও এমন অনেক ভাষার উল্লেখ পাওয়া যায় যাদের একসময় সমৃদ্ধ সাহিত্য ধারা বজায় থাকলেও আজ তারা বিলুপ্ত। অন্যভাবে বললে ভারতীয় সাহিত্যের ঐতিহাসিক দৃষ্টিকোণ থেকে বিচার করলে যতসংখ্যক ভাষা গুরুত্ব সহকারে বিবেচিত হওয়া উচিত তা বিপুলতা ও ব্যাপ্তিতে আমাদের বিস্ময় উদ্রেক করে। অবশ্য সংস্কৃত ব্যতীত অন্য কোনো ভারতীয় ভাষা বা সাহিত্য সাহিত্যতত্ত্বকে বৌদ্ধিক শৃঙ্খলা বা সাহিত্যরীতি হিসেবে চর্চা করেনি।

সংস্কৃত ছাড়া অন্যান্য ভারতীয় ভাষায় সাহিত্যতত্ত্বের এই একান্ত অভাবের মধ্যে একমাত্র উজ্জ্বল ব্যতিক্রম হল তামিল কাব্যতত্ত্ব।[১৩] এই তামিল কাব্যতত্ত্ব ব্যবস্থা গঠিত হয়েছে তিনটি মূলপাঠ এবং অনেকগুলি ভাষ্যরচনার মাধ্যমে। তামিল কাব্যতত্ত্বের এই তিনটি মূল পাঠ হল—টোলকাপ্পিয়মের *পোরুলাতিকারম* (আনুমানিক ৪৫০ খ্রিস্টাব্দ), ইরাইয়ানার রচিত *কলাবিলয়* বা *আকাপ্পোরুল* (চতুর্থ থেকে ষষ্ঠ শতক) এবং আইয়ানার ইটানারের *পুরপ্পোরুলভেণপামালাই* (একাদশ

শতক)। যেসব ভাষ্য পাওয়া গেছে তাদের মধ্যে সবচেয়ে গুরুত্বপূর্ণ হল *কলাবিলয়* পাঠের ওপর নাক্কীরারের ভাষ্য। *পোরুলাতিকরম*-এর সবচেয়ে মৌলিক অবদান হল কাব্যকে দুটি মূল রীতিতে শ্রেণীবিভক্ত করা— *আকম্* (ভাবগত জগতের কবিতা) এবং *পুরম* (বস্তুগত জগতের কবিতা)। এই বিভাজন পরবর্তী ক্ষেত্রে সমস্ত তামিল কাব্যের বিকাশের ধারায় মুখ্য ভূমিকা পালন করেছে, যদিও এটি সংস্কৃত কাব্যতত্ত্বকে প্রভাবিত করেছে বলে মনে হয় না। বরং মনে হয় সংস্কৃতের 'রস' তত্ত্বকে আত্তীকরণ করে এই ধারা তামিলে পরিচিত হয় *মেয়েপ্পাতু* নামে।

বৌদ্ধিক জগতে সংস্কৃতের আর এক শক্তিশালী প্রতিপক্ষ ছিল পালি (আধুনিক ভাষাতাত্ত্বিকেরা কিছু উপভাষাগুচ্ছকে চিহ্নিত করতে এই নামটি দিয়েছিলেন)।[১৪] সংস্কৃতের মতো পালিতেও সুগঠিত দার্শনিক পরম্পরা বিদ্যমান ছিল। এই ভাষা রাজনৈতিক পৃষ্ঠপোষকতা অর্জন করেছিল। তার সাথে যুক্ত ছিল এক প্রাণবন্ত সামাজিক বিতর্ক এবং সর্বোপরি এর ছিল সৃজনশীল সাহিত্যের ভাষা। বৌদ্ধ সাহিত্যের ভাষা হওয়ায় এতে ইন্দো-আর্য এবং সংস্কৃত বিশ্ববীক্ষা গ্রহণ করার বাধ্যবাধকতা ছিল না। অবশ্য সাহিত্য সমালোচনার ক্ষেত্রে শ্লাঘা অনুভব করার মতো কোনো কৃতিত্ব পালি ভাষায় অর্জন করা সম্ভব হয়নি। দ্বাদশ শতকের শেষার্ধে পালি ভাষায় একমাত্র সমালোচনামূলক নিবন্ধ রচনা করেন শ্রীলঙ্কাজাত পণ্ডিত সংঘরক্ষিতা। বিস্ময়কর, ব্যাপার হল পালিভাষা দার্শনিক কথোপকথনের ভাষা হিসেবে গৃহীত হওয়ার সুদীর্ঘ আঠারোশ বছর বাদে নিবন্ধের এই একমাত্র নিদর্শন পাওয়া যায়। ভাষ্যকাররা মনে করেন সংঘরক্ষিতা এই নিবন্ধের জন্য সংস্কৃত প্রতিরূপগুলির উপর অনেকাংশে নির্ভরশীল ছিলেন— বিশেষত তিনি সংস্কৃত থেকেই পরিভাষা আহরণ এবং পরিমার্জন করেছিলেন।

সংঘরক্ষিতার একমাত্র মৌলিক গ্রন্থ হল *ভুত্তোদয়*—পালি ছন্দের উপর রচিত একটি প্রামাণ্য গ্রন্থ। কিন্তু বইটির সামগ্রিক পরিভাষাকোষ এবং যাবতীয় ভাষাতাত্ত্বিক অনুমান অধিক মাত্রায় সংস্কৃত কাব্যতত্ত্বের উপর নির্ভরশীল। এর ফলে এর মৌলিকতার দাবী অনেকাংশে খর্ব হয়েছে। পালি ভাষায় সংঘরক্ষিতার কোনো উত্তরসূরী নেই।

আধুনিক দ্রাবিড়ীয় ভাষাগুলির মধ্যে তেলুগু এবং মালয়ালম, শব্দকোষ সংকলনের ক্ষেত্রে কিছু অগ্রগতি অর্জন করেছিল। কিন্তু একমাত্র কন্নড় ভাষায় কিছু তাৎপর্যপূর্ণ সমালোচনামূলক গ্রন্থ রচিত হয়।[১৫] এর মধ্যে সবচেয়ে মূল্যবান হিসেবে পরিগণিত হয় নৃপতুঙ্গ বা শ্রীবিজয়ের লেখা *কবিরাজমার্গ* (নবম শতক)।

এরপর আরেকটি গুরুত্বপূর্ণ গ্রন্থ হল নাগবর্মার লেখা *কাব্যলোকন* (একাদশ শতক)। *কবিরাজমার্গ* গ্রন্থে কাব্যতত্ত্বের গুরুত্বপূর্ণ ধারণাগুলি সংস্কৃত থেকে সরিয়ে নিয়ে কন্নড় ভাষায় প্রতিস্থাপনের উদ্যোগ নেওয়া হয় এবং এই প্রক্রিয়া সম্পন্ন করার মাধ্যমে কন্নড় বাক্যবিন্যাসরীতি, গঠনশৈলী এবং ছন্দবিজ্ঞানের নিয়ন্ত্রক নির্দেশনামাও রচিত হয়। অন্যদিকে *কাব্যলোকন* গ্রন্থে এই প্রক্রিয়াটির বিপরীতমুখী গতি লক্ষ্য করা যায় এবং মূল সংস্কৃত ধারার অভিমুখে একটি নির্দিষ্ট গতি ধরা পড়ে। সন্দেহ নেই এই গ্রন্থে বিভিন্ন সাহিত্যশৈলী ও রীতি ব্যাখ্যা করতে গিয়ে কন্নড় কবিতা থেকে প্রচুর উদ্ধৃতি দেওয়া হয়েছে। কিন্তু প্রগাঢ় আস্থা স্থাপন করা হয়েছে বামন, রুদ্রতা, রাজশেখর এবং আরো অনেক সংস্কৃত কাব্যতাত্ত্বিকদের উপর । একাদশ শতকে রচিত এই গ্রন্থ এবং বি.এম. শ্রীকান্তাইয়া রচিত বিংশ শতকের গোড়ার কাজ *কন্নদিগারিগে ওল্লেয়া সাহিত্য*-র মধ্যবর্তী সময়ে কন্নড় ভাষা বিশ্বের মধ্যে কিছু শ্রেষ্ঠ কাব্যের নিদর্শন রেখেছিল। যদিও কোনো সাহিত্যতত্ত্বের নিদর্শন পাওয়া যায়নি তবুও সাহিত্য সমালোচনার ক্ষেত্রে কন্নড় ভাষার কৃতিত্ব, হিন্দী ভাষায় এক সমুজ্জ্বল কাব্য সাহিত্যের সম্ভার থাকা সত্ত্বেও, হিন্দীর চেয়ে অনেক বেশী । হিন্দিতে নায়ক-নায়িকা-ভেদ (নাটক বা উপন্যাসের খসড়া নির্মাণ এবং চরিত্রায়ণের উপাদানগুলির সংমিশ্রণ), 'শৃঙ্গার' (কাব্যে নরনারীর সম্পর্কের চিত্রায়ণ) জাতীয় ধারণার আলোচনা ইতস্তত ছড়ানো রয়েছে হিন্দীর পুরনো ব্রজভাষা রূপের মধ্যে। এর সাথে যুক্ত হয়েছে প্রতিবেশী বাংলা ভাষায় গড়ে ওঠা 'ভক্তিরস'-এর ধারণা। এইভাবে সংস্কৃত কাব্যতত্ত্বে যে সব নন্দনতাত্ত্বিক অনুভূতির খনি রয়েছে সেখানে আরও একটি গুরুত্বপূর্ণ রসের অনুপ্রবেশ ঘটেছে। অবশ্য ব্রজভাষাতে রচিত গ্রন্থাবলী মূলত পাঠ্যপুস্তক হিসেবে ব্যবহৃত হত আর তাই এগুলি ছিল নিশ্চিতভাবে মৌলিকতা বর্জিত। প্রকৃতপক্ষে এগুলি ছিল সাধারণ স্কুলপাঠ্য বই। এই প্রবণতা এখনো হিন্দী ভাষায় প্রবলভাবে বিদ্যমান।

অষ্টাদশ শতাব্দীতে ব্রিটিশ সাহিত্য-সংস্কৃতির দুনিয়ার সংস্পর্শে আসার ফলে সাহিত্যের ভাষা হিসেবে বাংলা ভারতীয় উপমহাদেশে একটি অগ্রগণ্য ভূমিকা পালন করেছে। কিন্তু তার আগে এর বৃদ্ধির হার একেবারেই আশানুরূপ ছিল না। বাংলা ভাষা সাহিত্যে-সমালোচনার ধারা বিকাশের পর্বটি একটি সাম্প্রতিক বাংলা সাহিত্যের ইতিহাস গ্রন্থে খুব সুন্দরভাবে বিধৃত আছে। নীচে তার উল্লেখ করা হল :

প্রাক্-আধুনিক বাংলা সাহিত্যের বৈশিষ্ট্য ছিল সাহিত্য, কাব্যতত্ত্ব, নন্দনতত্ত্ব

বা শৈলী বিষয়ে কোনো তাত্ত্বিক নিবন্ধের একান্ত অনুপস্থিতি। অন্যভাবে বললে , এই ভাষায় কোনো বিধিবদ্ধ নন্দনতাত্ত্বিক অনুশাসন-নামা তৈরি হয়নি যা একজন কবিকে রচনার কাজে সহায়তা করবে এবং তাঁর শ্রোতা ও পাঠককুলকে ‘ভালো’ এবং ‘মন্দ’ সাহিত্যের পার্থক্য নিরূপণ করতে শেখাবে। কাব্যতত্ত্ব বিষয়ে কি বিপুল সংখ্যক সংস্কৃত গ্রন্থ রচিত হয়েছিল এবং তার কত অগুনতি নিয়মাবলী তৈরি হয়েছিল, সেটা মনে রাখলেই বোঝা যাবে বাংলা ভাষার পরিস্থিতি কতখানি পৃথক ছিল। একদিকে বাঙালী কবিরা তাদের পূর্বসুরীদের অনুসরণ করতেন এবং তাঁদের কাব্যচেতনার দ্বারাই পরিচালিত হতেন । অন্যদিকে কিছু কবি, যাঁরা সংস্কৃত সাহিত্যের সঙ্গে পরিচিত ছিলেন তাঁরা কাবতত্ত্বের ওপর রচিত বিভিন্ন সংস্কৃত গ্রন্থের যথেচ্ছ ব্যবহার করতেন। এঁদের মধ্যে উল্লেখযোগ্য ছিলেন রূপ গোস্বামী এবং এইসব লেখকেরা সংস্কৃত সাহিত্যের বহু নিয়মাবলীও বাংলার ক্ষেত্রে গ্রহণ করে নিয়েছিলেন। প্রাক্-আধুনিক বাংলা সাহিত্যে একইভাবে কোনো সাহিত্য সমালোচনার ধারা বিদ্যমান ছিলনা। এই সময়কার সেরা কীর্তি হিসেবে বেশ কিছু বৈষ্ণব পদাবলীর সংকলন পাওয়া গেলেও তা সাহিত্য সমালোচনার অভাব পূরণ করতে পারেনি।[১৬]

গুজরাতি, মারাঠি এবং ওড়িয়াতেও সাহিত্য সমালোচনার পূর্ণাঙ্গ ধারার অনুপস্থিতির কাহিনীটি একই। এই ধরনের একটা তর্ক উপস্থাপন করা যেতেই পারে যে রাজনৈতিক স্বাধীনতার অভাবে কিছু বৌদ্ধিক চর্চার ধারা, যেমন সাহিত্য-সমালোচনা, গড়ে ওঠেনি। যদিও এটা এক দুর্বল যুক্তি। এছাড়া এই যুক্তি সব ভারতীয় ভাষার ক্ষেত্রে সমানভাবে প্রযোজ্য নয়। এমনকি বিদেশি শাসনের সবগুলি শতকের ক্ষেত্রেও এটি একভাবে প্রয়োগ করা চলে না। এক্ষেত্রে বিশেষ শিক্ষণীয় বিষয় হতে পারে আরবি, ফারসি এবং উর্দুর মতো ইসলামীয় ভাষাগুলিতে সমালোচনার ধারাটিকে পরীক্ষা করা। এই পদ্ধতি অত্যন্ত জরুরি কারণ এই সব ভাষা রাজনৈতিক পৃষ্ঠপোষকতা অর্জন করেছিল এবং এই ভাষাগুলিতে উন্নত কাব্যসাহিত্য রচিত হয়েছিল যা সাহিত্য সমালোচনার ধারার বিকাশে সহায়ক হয়েছিল।

১৫৮২ খ্রিস্টাব্দে সম্রাট আকবর ফারসি ভাষাকে মুঘল শাসনব্যবস্থার সরকারি ভাষা হিসেবে গ্রহণ করেন। যদিও তুর্কি ফারসির চেয়ে বেশি জনপ্রিয় ছিল, এর তথাকথিত ‘নিম্নবর্গীয়’ সামাজিক সংস্রবের কারণে, তবুও ফারসি ভাষার

মাধ্যমেই ইসলামীয় সাহিত্য ভারতবর্ষে এক বৃহৎ প্রস্ফুটনের পরিবেশ লাভ করেছিল। এই ভাষার মহান কবিদের তালিকায় প্রথমেই উঠে আসেন আমীর খসরু (১২৫৩—১৩২৫)। আর ফারসি সাহিত্যের আধুনিক যুগের সূচনা হয় বিখ্যাত কবি গালিব (১৭৯৩—১৮৬৯) এবং ইক্‌বালের (১৮৭৫—১৯৩৭) হাত ধরে।

এখানে একটি গুরুত্বপূর্ণ বিষয় লক্ষ্য করা প্রয়োজন যে অন্যান্য বহু ভারতীয় ভাষার তুলনায় ইসলামীয় ভাষাগুলিতে বৈচিত্র্যময় ও বিবিধ বিষয় ভিত্তিক গদ্যের অনেক বেশি উন্নত রূপ পরিলক্ষিত হয়। এই গ্রন্থের জন্য বিশেষ আগ্রহ সৃষ্টিকারী কাজগুলি হল মিঞাঁ ভবনের নেতৃত্বে তৈরি হওয়া ওষধি সংহিতা (১৫১২ খ্রিস্টাব্দে সম্পন্ন)[১৭], মোল্লা গিওয়ানের উদ্যোগে রচিত আইন সংহিতা (১৭১৭)[১৮] এবং জামালুদ্দিন হুসেন রচিত শব্দকোষ (১৬২৩ খ্রিস্টাব্দে পাঠ প্রস্তুত হয়)[১৯]। সবকটি কাজই ফারসি সরকারি ভাষা হিসেবে স্বীকৃতি লাভের অব্যবহিত পরেই সম্পন্ন হয়েছিল। একটি সংস্কৃতির নিজস্ব আইন, ঔষধ এবং ব্যাকরণ সম্বন্ধে সম্যক আত্মচেতনা তার নন্দনতাত্ত্বিক চেতনার বিকাশে একটি গুরুত্বপূর্ণ প্রাক্-শর্ত হিসেবে বিবেচিত হয়। এই বক্তব্যের যাতে ভুল ব্যাখ্যা না হয় তাই আমি আরো যোগ করতে চাই যে, ঔষধির জ্ঞান—যা ব্যথা, সংজ্ঞাহীনতা, জন্ম ও মৃত্যুর অভিজ্ঞতাগুলিকে বিধিবদ্ধ নিয়ন্ত্রণ ব্যবস্থার অধীনে নিয়ে আসে—কাব্যের জ্ঞানের সঙ্গে ওতপ্রোতভাবে জড়িত। কারণ কাব্যের জ্ঞান ও আনন্দ নান্দনিক বোধ এবং সৃজনশীলতার অভিজ্ঞতাকে এক বিধিবদ্ধনিয়ন্ত্রণ ব্যবস্থার আওতায় নিয়ে আসে। আইন যেমন নৈতিক বিমূর্ততা ধারণ করে তেমনই সাহিত্য সমালোচনাও নান্দনিক বিমূর্তনকে আত্মগত করে তোলে। আর ভাষার ক্ষেত্রে ব্যাকরণের যা ভূমিকা সাহিত্যের ভাষার ক্ষেত্রেও সমালোচনার একই ভূমিকা থাকে। যদিও এই তিনটি বিষয় ফারসি ভাষায় যথেষ্ট অগ্রগতি অর্জন করেছিল তবু এই ভাষায় কোন সাহিত্য তত্ত্ব নির্মাণের প্রয়াস চোখে পড়েনি।

ফারসি ভাষা ব্যবহারকারী সমাজ যে সংস্কৃতিকে লালন করেছিল তা স্থাপত্যকীর্তি, সংগীত, নৃত্যকলা এবং চিত্রকলায় অত্যন্ত সমৃদ্ধ ছিল। এই সমাজ আরো অনেক গুরুত্বপূর্ণ বৌদ্ধিক পরম্পরাকে লালন করেছিল। এর মধ্যে উল্লেখযোগ্য হল জোতির্বিদ্যা, ইতিহাস রচনা এবং দর্শন। এই ভাষার একটি স্বতন্ত্র বিশ্ববীক্ষা ছিল যা এর ইসলামীয় ধর্মচেতনা ও সুবিধাজনক রাজনৈতিক অবস্থানের সমন্বয়ে নির্মিত হয়েছিল। যেহেতু এই দর্শন সংস্কৃত

মননজাত হিন্দু বিশ্ববীক্ষা থেকে সম্পূর্ণ পৃথক ছিল, তাই ফারসি ভাষায় রচিত সাহিত্যের একটি নতুন সাহিত্যিক শাস্ত্রনির্মাণ-কাঠামোর সন্ধানে নিয়োজিত হওয়ার কারণ ও সুযোগ দুই-ই বর্তমান ছিল। কিন্তু ফারসি ভাষা এই সুযোগ কাজে লাগাতে পারেনি। আমীর খসরুর সাহিত্য জীবনের[২০] দিকে তাকালে স্পষ্ট বোঝা যায় ফারসি ভাষায় সাহিত্য সমালোচনার রীতিটিকে অনেক কম গুরুত্ব দেওয়া হয়েছিল।

তুর্কি পিতা ও ভারতীয় বংশোদ্ভুত মাতার সন্তান খসরু কাব্যকলাকুশলতা অর্জনের প্রশিক্ষণ নিয়েছিলেন। এছাড়া উত্তর ভারতীয় সাহিত্য শৈলীর বৈচিত্র্যময়তার সঙ্গেও তাঁর ঘনিষ্ঠ পরিচিতি ছিল। 'গজল' ঘরানার কাব্যধারায় তাঁর অবদান এবং 'তারানা' ও 'খেয়াল' শৈলীর গায়কীতে তাঁর কুশলী সংযোজন কোনো এক ব্যক্তির নিরিখে মহত্তম সংযোজন বলে বিবেচিত হতে পারে। তিনি ছিলেন এক লেখক কারণ ভারতীয় জীবন, প্রথা, রাজনৈতিক ঘটনা প্রবাহ এবং ব্যক্তিগত ইতিহাস নিয়ে তিনি বিরানব্বইটি গ্রন্থ রচনা করেছেন। ভারতবর্ষের জীবনচর্যা, সংস্কৃতি এবং ইতিহাস বিষয়ে তাঁর জ্ঞানের পরিধি ছিল সুবিস্তৃত। বলা হয় তিনি সংগীতের ওপরেও একটি জ্ঞানগর্ভ নিবন্ধ রচনা করেছিলেন যা সংগীতের জগতে এক তাত্ত্বিক হিসেবে তাঁকে প্রতিষ্ঠিত করে। তাঁর জ্ঞানভাণ্ডার এবং অফুরন্ত কৌতূহল দেখে মনে হয় আমীর খসরু খুব সম্ভবত সংস্কৃত কাব্যতত্ত্বের সঙ্গে পরিচিত ছিলেন—যে সাহিত্য তাঁর আগের দুশতক ধরে অভাবনীয় বিকাশ লাভ করেছিল। এটা বলা অতিরঞ্জন হবে না যে খসরু *ধ্বনি* এবং *অলংকার* তত্ত্বের সঙ্গে পরিচিত ছিলেন। তথাপি, ফারসি ভাষা ও সাহিত্যে এইসব তত্ত্ব সংযোজনের ক্ষেত্রে তিনি উদ্যোগী হননি। এমনকি তাঁর পরবর্তী পাঁচটি শতকে তাঁর উত্তরসূরীরাও এ ব্যাপারে তেমন কোনো পদক্ষেপ গ্রহণ করেননি।

উপরের উদাহরণগুলি থেকে এই সিদ্ধান্তে উপনীত হওয়া যায় যে ঊনবিংশ শতাব্দীতে ব্রিটিশ ভাষা-সাহিত্যের প্রভাবের আওতায় আসার আগে কোনো ভারতীয় ভাষা-সাহিত্যে সাহিত্যতত্ত্বের নির্মাণ সম্ভব হয়নি। অবশ্য এতগুলি কাব্যধারা কোনো নিজস্ব কাব্যতত্ব ছাড়া—সেটা সুসংবদ্ধ হোক বা না হোক—গড়ে উঠেছে এই কল্পনা করা যথেষ্ট কষ্টসাধ্য। ঠিক যেমন করে ভাষার ব্যতিরেকে চেতনার অস্তিত্ব কল্পনা করা প্রায় অসম্ভব। এইজন্য ভারতীয় ভাষা-সাহিত্যে কোন সুনির্দিষ্ট কাব্যতত্ত্বের অনুপস্থিতি কিভাবে ব্যাখ্যা করা ঠিক হবে এটা বিবেচনা করা জরুরি। এটিকে কোন এক বিশেষ সর্বজনগ্রাহ্য কাব্যতত্ত্বের অনুপস্থিতি

হিসেবে দেখা ঠিক হবে, নাকি যে কোন ধরনেরই কাব্যতত্ত্বের অভাব হিসেবে বর্ণনা করা হবে? এটা খুব বাস্তব যে ভারতীয় ভাষা-সাহিত্যের ইতিহাস কোন পূর্বনির্ধারিত কাব্যতত্ত্ব বা সাহিত্যতত্ত্বের পরিকাঠামো অনুযায়ী গড়ে ওঠেনি। আমাদের কাছে যা তথ্যপ্রমাণ রয়েছে তার উপর ভিত্তি করে পরবর্তী পরিচ্ছেদে আমরা এই প্রশ্নের উত্তর খোঁজার চেষ্টা করব ।

২

ভারতীয় ভাষাগুলি যখন ভারতীয় উপমহাদেশে প্রথম তৈরি হতে শুরু করে সেই সময়কার সামাজিক প্রেক্ষিত বিশ্লেষণ করলে দেখা যায় যে সনাতন ভারতীয় সমাজ যে মূল্যবোধের কাঠামোর উপর গড়ে উঠেছিল সেখানে ব্যাপক পরিবর্তন ঘটছে। ঐতিহাসিকদের মত অনুসারে একাদশ শতকে যখন মারাঠি, গুজরাতি এবং বাংলা ভাষার উদ্ভব হয়েছিল ঠিক তখন রাজনৈতিক পরিকাঠামো, আইন সম্বন্ধীয় ধ্যান ধারণা এবং অর্থনৈতিক বিন্যাসের ক্ষেত্রে প্রভূত পরিবর্তন শুরু হয়েছিল।[২১] ভারতবর্ষে ইসলামের অনুপ্রবেশ সেইসব প্রজন্মের কাছে ছিল এক বৈপ্লবিক সাংস্কৃতিক অভিজ্ঞতা, যারা এই বৈদেশিক শক্তির সাথে প্রথম বোঝাপড়া করতে বাধ্য হয়েছিল। ঐ সময়ের সাহিত্যে স্পষ্টভাবে আঞ্চলিকতার সমৃদ্ধি লক্ষ্য করা যায় এবং একই সঙ্গে হিন্দু সনাতন পন্থা থেকে বিচ্যুতিও সারা ভারত জুড়ে ঘটতে থাকে।

এইসব পরিবর্তনের মধ্যে সবচেয়ে লক্ষণীয় এবং গুরুত্বপূর্ণ ছিল সাহিত্যসৃষ্টির মাধ্যম হিসেবে সংস্কৃত থেকে আঞ্চলিক ভাষায় রূপান্তরের প্রক্রিয়াটি। সামগ্রিক ঐতিহাসিক স্থিতিকে এই পরিবর্তনের আলোকে উপলব্ধি করতে হলে একইসঙ্গে সাহিত্যের উৎকর্ষ বিচারের প্রক্রিয়ায় যে নতুন উপলব্ধির জন্ম হয়েছিল তারও পর্যালোচনা করা দরকার। এই উপলব্ধির প্রয়োজন এই কারণে যে ধর্মতত্ত্ব এবং বিশ্ববিদ্যালয়ের শিক্ষায় সাহিত্য এক অতিপ্রয়োজনীয় অঙ্গ হিসেবে বিবেচিত হয়েছিল।[২২] তাই এটা বোঝা খুব দুষ্কর, কী কারণে এই সহস্রাব্দের প্রথম কয়েকটি শতকে সংস্কৃত কাব্যতত্ত্বের পরিবর্ত হিসেবে দেশীয় ভাষায় কাব্যতত্ত্ব সেভাবে গড়ে ওঠেনি। অন্যভাবে বলতে গেলে, সংস্কৃত সাহিত্যকে সরিয়ে ভাষা সাহিত্য একটি জীবন্ত সাহিত্যিক পরম্পরা সৃষ্টি করা সত্ত্বেও কেন সংস্কৃত কাব্যতত্ব বেশ কিছু শতক তার স্বমহিমায় বিরাজ করেছিল তা বোঝা খুবই কঠিন।

ইসলামীয় অনুপ্রবেশকারীরা অষ্টম শতক থেকেই ভারতের বিভিন্ন অংশ দখল করতে শুরু করেছিল। কিন্তু সনাতন ভারতীয় কাঠামোয় গজ্‌নীর সুলতান মামুদ ১০০১ খ্রিস্টাব্দে প্রথম গভীর ইসলামীয় আঘাত হেনেছিলেন। বহুবার আক্রমণের পর ১০২৫ খ্রিস্টাব্দে তিনি পাঞ্জাব দখল করেন। সোমনাথ মন্দিরে মামুদের প্রথম লুঠতরাজ এবং ১২৯০ খ্রিস্টাব্দে জ্ঞানদেব রচিত প্রথম মারাঠি ধ্রুপদী সাহিত্য *জ্ঞানেশ্বরী*-র অন্তর্বর্তী তিন শতকে ভারতীয় ইতিহাসে বিশাল এক যুগান্তর ঘটে।

বিস্ময়করভাবে এই তিন শতকে একঝাঁক সাহিত্যতাত্ত্বিক যথেষ্ট তাৎপর্যপূর্ণ কাজ সম্পন্ন করেছিলেন। এটা আকস্মিকভাবে ঘটেনি এবং এমন সময়ে এগুলি রচিত হয়েছিল যখন ভারতীয় ভাষাগুলি তাদের সাহিত্য রচনার কাঠামোটি শক্তপোক্ত করার কাজে নিয়োজিত ছিল। এই তাত্ত্বিকদের মধ্যে অভিনবগুপ্ত (একাদশ শতক) থেকে ভাগবত (চতুর্দশ শতক) বিশেষ উল্লেখযোগ্য। এছাড়া আরো গুরুত্বপূর্ণ তাত্ত্বিকরা হলেন ভট্টনায়ক, কুন্তক, মহিমভট্ট, ভোজ, ক্ষেমেন্দ্র, মম্মত, রুইআকা, ভাগবত, হেমচন্দ্র, জয়দেব এবং বিদ্যাধর। এই যুগপৎ সমৃদ্ধির ঘটনাপ্রবাহ—ইসলামীয় রাজনৈতিক ক্ষমতায়ন, আঞ্চলিক ভাষা সাহিত্যের প্রস্ফুটন এবং সংস্কৃত সাহিত্যতত্ত্বের শ্রীবৃদ্ধিসাধন — আর্থসামাজিক ও সাংস্কৃতিক নির্মাণগুলির পারস্পরিক সম্পর্কের কোনও সরল বিন্যাসসূত্রকে নাকচ করে দেয়। এটা পরিষ্কার হয়ে গিয়েছিল যে আঞ্চলিক ভাষা ও সাহিত্যের উন্মেষ এবং সংস্কৃত কাব্যতত্ত্বের অবক্ষয় কোনো প্রত্যক্ষ সময়ানুক্রমিক ঘটনা পরম্পরা নয়। আরো গুরুত্বপূর্ণ বিষয় হল সাহিত্যতত্ত্বের নিরিখে এইসব আঞ্চলিক ভাষার সাহিত্য জন্মগতভাবে 'নিরীহ' ছিল না। আর এইসব কিছু থেকে পরিস্কার বোঝা যায় যে সাহিত্য ইতিহাস রচনা প্রক্রিয়া—যা এক যুগ থেকে অন্যযুগে সরলরৈখিক সমীকরণে এগিয়ে চলে—এই পরিবর্তিত পরিস্থিতি ব্যাখ্যা করতে যথেষ্ট নয়।

আরো একটি কারণে আঞ্চলিক ভাষা-সাহিত্যের তত্ত্বায়নের বিষয়টি প্রায় অবহেলিত থেকেছে। আসলে সংস্কৃত কাব্যতত্ত্বের অত্যধিক জ্ঞান আঞ্চলিক তত্ত্বকাঠামো সৃষ্টির অন্তরায় হয়ে দাঁড়িয়েছে। গুজরাতি ভাষায় হেমচন্দ্র এবং ফারসিতে আমীর খসরু সাধারণভাবে দেখিয়েছেন কিভাবে আঞ্চলিক ভাষা সাহিত্যের স্রষ্টারা সংস্কৃত কাব্যতত্ত্বের প্রভাব এড়িয়ে চলেছেন। পালি ভাষায় সংঘরক্ষিতা ও কন্নড়ে নৃপতুঙ্গ এ ব্যাপারে কিছু দুর্বল প্রয়াস নিলেও তাঁদের

উত্তরসূরীরা কাব্যতত্ত্ব মেনে চলার ব্যাপারে কোনো আগ্রহ দেখাননি। অন্যদিকে ইসলামীয় রাজনৈতিক খবরদারি এবং আঞ্চলিক ভাষা সাহিত্যের রমরমা সত্ত্বেও সংস্কৃত কাব্যতত্ত্বের উত্তরোত্তর শ্রীবৃদ্ধি ঘটতেই থাকল। এই কালব্যতিক্রম বা সময়ের অসঙ্গতিকে খুব আপাতভাবে ব্যাখ্যা করতে গেলে সংস্কৃত কাব্যতত্ত্বের মধ্যে নিহিত বহুভাষিকতার ধারার দিকে দৃষ্টিনিক্ষেপ করতে হয়। কাব্যতত্ত্ব আঞ্চলিক ভাষাগত বৈচিত্র্যের প্রতি অত্যধিক মাত্রায় সংবেদনশীলতা দেখিয়েছে। অধিকাংশ সংস্কৃত ভাষাবিদ ও কাব্যতাত্ত্বিক ছিলেন বহুভাষিক। উদাহরণস্বরূপ, বিশ্বনাথ (১৩০০-১৩৮০) তাঁর কবিতা *প্রশস্তি রত্নাবলী*-তে বহুভাষিক কবিতার নমুনা পেশ করেছেন। এই কবিতায় তিনি ষোলটি ভিন্ন ভাষার ব্যবহার করেছেন।[২৩] তাই একথা সহজেই বলা যায় যে সংস্কৃত কাব্যতত্ত্ব আঞ্চলিক ভাষাবৈচিত্র্যের কারণে কোন অস্তিত্ব সংকট অনুভব করেনি। সৃজনশীল সাহিত্যে বহুভাষিকতার প্রয়োগ একটি স্বীকৃত রীতি ছিল। যেমন ধ্রুপদী নাটকে বিভিন্ন সামাজিক অবস্থানের চরিত্রগুলির সংলাপে পার্থক্য নিরূপণ করার জন্য বিভিন্ন ভাষা ও উপভাষার প্রয়োগ করা হত।

সংস্কৃত নাটকে একই দৃশ্যে বিভিন্ন ভাষা ও উপভাষার প্রয়োগ করা হত সামাজিক অনুক্রমের প্রতিফলন হিসেবে। এই অনুক্রমানুসারে আঞ্চলিক ভাষাগুলিকে সংস্কৃতের চেয়ে সামাজিকভাবে অনগ্রসর হিসেবে গণ্য করা হত। অবশ্য আঞ্চলিক ভাষায় রচিত নতুন সাহিত্য এই অনুক্রমকে প্রশ্ন করার স্পর্ধা দেখিয়েছিল। জ্ঞানদেব তাঁর মাতৃভাষা মারাঠিকে অমৃতের চেয়েও মিষ্টি বলে অভিহিত করেছেন। দু' শতক পরে একনাথ সরাসরি প্রশ্ন করেছিলেন :

> যদি সংস্কৃত ঈশ্বরসৃষ্ট ভাষা হয় তাহলে প্রাকৃত কি তস্কর এবং অপরাধীদের দ্বারা সৃষ্টি হয়েছে ? এইসব অসারত্বের ভ্রান্তিবিলাস দূরে সরিয়ে দাও। ভাষা সংস্কৃত হোক বা প্রাকৃত, যেখানেই ঈশ্বরের মাহাত্ম্য বর্ণনা করা হয় তাই প্রকৃতপক্ষে পবিত্র এবং নমস্য। ঈশ্বর কোনো ভাষার প্রতি পক্ষপাতদুষ্ট নন। তাঁর কাছে প্রাকৃত এবং সংস্কৃত এক ও অভিন্ন। আমার মাতৃভাষা মারাঠি সর্বোচ্চ ভাব প্রকাশের যোগ্য মাধ্যম এবং এই ভাষায় স্বর্গীয় জ্ঞানের ফসল সুন্দরভাবে সংগৃহীত হয়েছে।[২৪]

এই ক্রমবর্ধমান ভাষাবৈচিত্র্যের প্রেক্ষিতে সংস্কৃত কাব্যতত্ত্ব আরো অনেক বেশি কঠোর এবং অলংকার শাস্ত্রের নিরিখে চুলচেরা বিশ্লেষণে মগ্ন হয়ে পড়েছিল।

ভারতীয় ইতিহাসের বিচারে অভিনব গুপ্তের বিখ্যাত গ্রন্থ *অভিনব ভারতী* এবং সুলতান মামুদের উপর্যুপরি সোমনাথ মন্দির লুণ্ঠন একই সময়ে ঘটেছিল। অভিনবগুপ্তের আবির্ভাবের সঙ্গে সংস্কৃত কাব্যতত্ত্বের পরম্পরা অনেক বেশি মার্জিত ও পরিশীলিত হয়ে উঠেছিল। অবশ্য একই সঙ্গে সাম্প্রতিক সাহিত্যের সঙ্গে এর যোগ বিচ্ছিন্ন হয়ে পড়েছিল।

যখন থেকে ভারতবিদ্যা সংস্কৃতজাত সংস্কৃতিচর্চায় আগ্রহের পুরুজ্জীবন ঘটালো তখন থেকে বিদ্বজ্জনেরা সংস্কৃত কাব্যতত্ত্বকে ধ্রুপদী ভারতবর্ষের জীবন্ত সাহিত্যধারার অঙ্গ হিসেবে বিবেচনা করার থেকে বেশিমাত্রায় শুধুমাত্র জ্ঞানচর্চার এক বিষয় হিসেবেই ধরে নিয়েছিলেন। ভারততত্ব ভরত থেকে জগন্নাথ অবধি সমগ্র কাব্যতত্ত্বের ধারাটিকে একটি সুসংহত পরম্পরার প্রকাশ হিসেবে ধারণা করেছিল। অবশ্য এটি অনেক বেশি বাস্তবসম্মত হবে যদি এই পরম্পরাকে একটি নিরবচ্ছিন্ন পরিবর্তনের দীর্ঘ সারণি হিসেবে বিবেচনা করা হয়। অশোক কেলকার সংস্কৃত কাব্যতত্ত্বকে এই দৃষ্টিভঙ্গী থেকে পর্যালোচনা করেছেন এবং সমগ্র পরম্পরাটিকে তিনটি পৃথক পর্যায়ে ভাগ করেছেন। প্রতিটি পর্যায়ের একটি বিশেষ তাত্ত্বিক গুরুত্ব রয়েছে।[২৫]

কেলকারের মতে এই তিনটি দশা হল—(১) দণ্ডিন (৭০০—৭৫০ খ্রি.), বামন (৮০০ খ্রি.), ভামহ (৭০০—৭৫০ খ্রি.) এবং উদ্ভত (৮০০ খ্রি.) এবং তাঁদের *রস-গুণ* ও *রস-অলঙ্কার* তত্ত্বসমূহ; (২) আনন্দবর্ধন (৮৯০ খ্রি.), ধনঞ্জয় (৭০০—৭৫০ খ্রি.), কুন্তক (দশম শতক), রাজশেখর (৯০০—৯৫০ খ্রি.) প্রভৃতি এবং তাঁদের ধ্বনি ও *বক্রোক্তি* তত্ত্বসমূহ, এবং (৩) অভিনবগুপ্ত (৯২৫—১০২৫ খ্রি.) থেকে জগন্নাথ (১৬০০—১৬৫০ খ্রি.) অবধি কাব্যতাত্ত্বিকরা যাঁরা পূর্বতন তত্ত্বসমূহের আত্তীকরণ করে পাঠ্যপুস্তকের রূপদান করেছিলেন। এই ঐতিহাসিক দৃষ্টিকোণ থেকে সমাজবিজ্ঞানীদের ভাষায় সাহিত্যতত্ত্বের ভারতীয় ধারার 'সভ্যতার'[২৬] অনুধাবন করতে সুবিধা হয়।

আনন্দবর্ধনের *ধ্বন্যালোক* রচিত হয় পূর্ববর্তী দুই দশক ধরে চলতে থাকা একটি প্রাণবন্ত বিতর্কের চরম প্রকাশ হিসেবে। এরপর থেকে এটি সনাতন ভারতীয় সংস্কৃতির মুখ্য সমালোচনা ধারার আকর গ্রন্থ হিসেবে গৃহীত হয়। এর সঙ্গে দর্শন এবং ভাষাতত্ত্বের মতো জ্ঞানচর্চার ধারার নিবিড় যোগ, বিভিন্ন সামাজিক শক্তি ও রাজনৈতিক ঘটনাপ্রবাহের সঙ্গে সম্পর্ক এবং সমকালীন এক নব্যধর্মীয় চেতনার সঙ্গে নিগূঢ় যোগের কারণে এটি একটি বিদ্যাচর্চা পরম্পরার কেন্দ্রে

আসীন হয়েছিল। সংস্কৃত কাব্যধারার সাম্প্রতিক অভিমত অনুসারে অভিনবগুপ্তকে আনন্দবর্ধনের সরাসরি উত্তরসূরী হিসেবে বিবেচনা করা হয়। এই দুইয়ের মধ্যে ব্যবধান হল দেড় শতকের। আর সংস্কৃত কাব্যতত্ত্বের সময় সারণির বিচারে এই ব্যবধান খুব একটা দুস্তর বলে বিবেচিত হয় না। কিন্তু যে ব্যাপারটা অনেকে বিস্মৃত হন তা হল এই যে যখন অভিনবগুপ্ত তাঁর সহস্রাধিক অনুগামী নিয়ে সমাজ থেকে বহু দূরে হিমালয়ের গুহায় চলে যান[২৭] সেই সময় থেকেই কাব্যতত্ত্ব এবং যে-সমাজ এই তত্ত্বকে সৃষ্টি করে, তাদের মধ্যে জীবন্ত যোগটি একেবারে ছিন্ন হয়ে যায়। অভিনবগুপ্তের জীবদ্দশাতেই সংস্কৃত সাংস্কৃতিক প্রান্তিকীকরণের বাস্তবকে স্বীকার করে নিয়েছিল। আনন্দবর্ধন এবং অভিনবগুপ্ত একই ধরনের সাহিত্য সমালোচনার ধারণাগুলিকে ব্যবহার করেছিলেন এটা বাস্তব। কিন্তু শুধু তার ভিত্তিতে এই দু'জনকে সংস্কৃত কাব্যতত্ত্বের একই অধিযুগের অন্তর্ভুক্ত করা সমীচীন হবে না। এদের দুজনকে একই পরম্পরার দুটি পৃথক পর্যায়ে অন্তর্ভুক্ত করা যেতে পারে। আনন্দবর্ধনের ধ্রুপদী ভারতবর্ষে যা ধর্মবিরোধিতা হিসেবে গণ্য করা হত তা অভিনবগুপ্তের ধ্রুপদী-উত্তর ভারতে গ্রহণযোগ্যতা লাভ করতে শুরু করেছিল। একথা সত্য যে অভিনবগুপ্ত ও তাঁর উত্তরসূরীরা সংস্কৃত সমালোচনার ধারায় মহত্তর বৌদ্ধিক পরিশীলন নিয়ে এসেছিলেন। সাধারণত এই পরিশীলনকে অনেক সময় উন্নয়ন বা বৃদ্ধি হিসেবে অপব্যাখ্যা করা হয়ে থাকে। কিন্তু এটাও অত্যন্ত সম্ভাব্য যে অভিনবগুপ্ত-উত্তর কাব্যতত্ত্বের ধারায় যে পরিশীলন পরিলক্ষিত হয়েছিল তা এই ধারায় গোঁড়ামি এবং অদ্যাপি বর্তমান সামাজিক সমস্যাগুলির প্রতি নিরাসক্ততার সঙ্গে সম্বন্ধযুক্ত ছিল।

অভিনবগুপ্তের সময়ে সংস্কৃত কাব্যতত্ত্বে যে পরিবর্তন সূচিত হয়েছিল তা সম্যকরূপে উপলব্ধি করা সম্ভব, যদি কাব্যতত্ত্বকে বৃহত্তর সংস্কৃতির অন্তর্গত একটি উপপ্রণালী হিসেবে গণ্য করা হয়। একে একটি স্বয়ংক্রিয় বৌদ্ধিক ক্রিয়াকলাপ হিসেবে দেখা ঠিক হবে না। এখনো অবধি সংস্কৃত কাব্যতত্ত্বের কোনো সামাজিক ইতিহাস কোন আধুনিক পণ্ডিত রচনা করতে পারেননি। আমাদের তাই এই লক্ষ্যে একটা সূচনা করতে হবে কিছু স্থূল অনুমানের মাধ্যমে। আর এই কাজটা করতে সামাজিক ইতিহাসেরও বিশেষ সহায়তা প্রয়োজন। ম্যাক্স ওয়েবার, লুই দুমণ্ট এবং স্যামুয়েল আইজেনস্টাড[২৮]-এর মতো সমাজতত্ত্ববিদেরা ভারতবর্ষে সামাজিক পরিবর্তনের প্রক্রিয়া সম্বন্ধে কিছু সাধারণ পর্যবেক্ষণ লিপিবদ্ধ করেছেন।

এর মধ্যে আইজেনস্টাডের 'সভ্যতার গতিবিদ্যা' তত্ত্বই এই সহস্রাব্দের শুরুতে ভারতীয় সাহিত্য সংস্কৃতিতে সূচিত পরিবর্তনকে বিশ্লেষণ করার ব্যাপারে গুরুত্বপূর্ণ নির্দেশিকা প্রদানে সক্ষম। আইজেনস্টাড বহু নতুন মত, সম্প্রদায় এবং সাংস্কৃতিক চর্চার উন্মেষের পিছনে যে বহুত্ববাদ রয়েছে তার উৎসমুখে গিয়ে দেখেছেন এক ক্রমবর্ধমান উদ্বেগ। এই চাপা উত্তেজনার একপ্রান্তে রয়েছে এই মহাবিশ্বের এক অতীন্দ্রিয় বিন্যাসকরণ প্রক্রিয়া আর অন্যপ্রান্তে মানব অস্তিত্বের এক নৈতিক বিন্যাসকরণ। অন্যভাবে বললে, ঈশ্বরঋদ্ধ বিশ্বচেতনা ও মানবঋদ্ধ বিশ্বচেতনার মধ্যে যে ধারণাগত ফারাক তৈরি হয়েছিল তা-ই ধ্রুপদী ভারতীয় সমাজ থেকে ধ্রুপদী-উত্তর সমাজে রূপান্তরের প্রক্রিয়াটির জন্ম দিয়েছিল। এই টানাপোড়েনের সাধারণ চরিত্র বর্ণনা করার পরে তিনি এর ফলাফলের উপর গুরুত্বপূর্ণ মন্তব্য করেন:

> এই অতীন্দ্রিয় এবং পার্থিব চেতনার টানাপোড়েনের উপলব্ধির প্রক্রিয়াটির একটি অপরিত্যাজ্য উপজাত ধারণা ছিল 'মুক্তি'র বিভিন্ন উপায়ের বিবর্তন ও সমৃদ্ধিকরণ। অর্থাৎ এই উপলব্ধ উদ্বেগের নিরসনের জন্য যথার্থ উপায় খুঁজে বের করা। বেশিরভাগ উপায়নামার মধ্যে একটি গুরুত্বপূর্ণ সুপারিশ ছিল—তা হল উচ্চতর নৈতিক বা অতীন্দ্রিয় শৃঙ্খলার ধারণাগুলির সঙ্গে সাযুজ্য বজায় রেখে মানবিক ব্যক্তিত্বের ও ব্যবহারবিধির পুনর্গঠন। অন্য কিছু সুপারিশ আরো বৈপ্লবিক ছিল, যেখানে সামগ্রিক সামাজিক রাজনৈতিক ও অর্থনৈতিক কাঠামোর পুনর্গঠনের জোরালো দাবী উঠেছিল।[২৯]

এই বিশ্লেষণ থেকে বোঝা যায় যে সমকালীন প্রেক্ষিতে এটি যথেষ্ট উপযোগী ছিল। এছাড়া এই সময়ের সংস্কৃত কাব্যতত্ত্ব ও সাহিত্যতত্ত্বের অতীন্দ্রিয় ধারণাসমূহ এবং সংশ্লিষ্ট সাহিত্যের সামাজিক গতিবিদ্যার টানাপোড়েনটি সম্যকরূপে ধারণা করতে সমর্থ হয়েছিল। কাব্যতত্ত্ব ধারার শ্রীবৃদ্ধি এবং পরিবর্তিত পরিস্থিতির সাথে মানানসই হয়ে ওঠার ক্ষমতা অনেকখানি নির্ভরশীল ছিল এই টানাপোড়েনের পরিষ্কার উপলব্ধির উপর। এটি যথেষ্ট উপযোগী হবে যদি এই রূপান্তরের দশায় সংস্কৃত কাব্যতত্ত্ব কিভাবে নিজেকে প্রাসঙ্গিক করে তুলেছিল সেই প্রক্রিয়াটি ভালোভাবে পর্যবেক্ষণ করা যায়। উন্নয়নের প্রথম পর্যায়ে[৩০] সংস্কৃত কাব্যতত্ত্ব *লোকোত্তর* নামে একটি ধারণার প্রবর্তন করে। এই ধারণাটি নান্দনিক অভিজ্ঞতাকে এক অতীন্দ্রিয় আনন্দের নিরিখে ব্যক্ত করেছিল। ভরতের মতে

নান্দনিক অভিজ্ঞতা আধ্যাত্মিক আনন্দের সঙ্গে বিশেষ সাদৃশ্যযুক্ত। অবশ্য এ ব্যাপারে যত্ন নেওয়া হয়েছিল যাতে *কাব্যানন্দ*-কে *ব্রহ্মানন্দের* সাথে এক করে ফেলা না হয়—অর্থাৎ নান্দনিক আনন্দকে অতীন্দ্রিয় তুরীয়ানন্দের সাথে মিশিয়ে না ফেলা হয়। সংস্কৃত 'রস' তত্ত্ব কাব্য এবং নাটকের রচনারীতির ক্ষেত্রে প্রয়োগ করলে পরিষ্কার বোঝা যায় যে মঞ্চনাটক মূলত একটি 'লোকধর্মী নাট্যধর্ম'। সংস্কৃত কাব্যতত্ত্বে এর পরবর্তী গুরুত্বপূর্ণ পদক্ষেপ হল *ধ্বনি* তত্ত্বের উদ্ভাবন যা ভরত কর্তৃক প্রতীকী এবং বাস্তবধর্মী নাট্যকলার পার্থক্যকে যথাযথ সংরক্ষণ করতে সমর্থ হয়েছিল। এছাড়াও পার্থিব ও অপার্থিব, শব্দের আত্মা ও শব্দের অবয়ব — এজাতীয় যাবতীয় ভেদকে এই তত্ত্বের সাহায্যে সহজে নিরূপণ করা যেত। কিন্তু অভিনবগুপ্তের ধ্রুপদী-উত্তর ভারতবর্ষে এজাতীয় প্রভেদ ক্রমশ বিলীন হতে থাকে। বাস্তবিক, সংস্কৃত কাব্যতত্ত্ব ধারার শেষ পর্যায়ে সামগ্রিক অভিঘাতের অভিমুখ ছিল ভরত, আনন্দবর্ধন ও কুন্তকের দ্বারা সংজ্ঞায়িত ও পৃথকীকৃত মুখ্য ধারণাগুলির এক কৃত্রিম সংশ্লেষ নির্মাণ করা। বিশ্বনাথ তাঁর *সাহিত্যদর্পণ* গ্রন্থ রচনা করেন যখন আঞ্চলিক ভাষাগুলি তাদের নিজস্ব সাহিত্য পরম্পরা প্রতিষ্ঠা করে ফেলেছে এবং হিন্দু রাষ্ট্রব্যবস্থার বদলে এক ইন্দো-ইসলামীয় রাষ্ট্রব্যবস্থার অধিষ্ঠান নিশ্চিত হয়েছে। চতুর্দশ শতকে যখন বিশ্বনাথ তাঁর শ্রেষ্ঠ রচনা সম্পন্ন করলেন তখন এমনকি কাব্য ও নাটকের প্রভেদরেখাও একেবারে মুছে গিয়েছিল। অথবা আরো যথাযথভাবে বললে, এই প্রভেদের সমালোচনামূলক উপলব্ধি একেবারে হারিয়ে গিয়েছিল। বাক্‌শৈলীর সংক্ষিপ্ত সংজ্ঞায় তিনি লিখেছেন, "বাক্যম্ রসাত্মকম্ কাব্যম্" (কাব্য হল নান্দনিক আনন্দ প্রদানকারী এক ভাষাতাত্ত্বিক নির্মাণ)।[৩১] এই সংজ্ঞার মাধ্যমে তিনি নাটক ও কাব্য দুই রীতিকেই অন্তর্ভুক্ত করতে চেয়েছিলেন। একইভাবে ক্ষীণ হয়ে গিয়েছিল একটি স্বয়ংক্রিয় শব্দ 'লোক' এবং তার শরীরী প্রকাশ যা 'স্ফোট' নামে পরিচিত — এই দুইয়ের প্রভেদ রেখা। এই ধারণা অনুযায়ী যাবতীয় কাব্যিক *ধ্বনির* অর্থ উৎসারিত হয় এক দিব্যলোক থেকে আর একে বলা হয় *রসাত্মকধ্বনি*। ধ্বনির উপর প্রথম মৌলিক নিবন্ধ আনন্দবর্ধন রচিত *ধ্বন্যাত্মক* বিশেষ প্রয়াস নিয়েছিল *বস্তুধ্বনি* (মর্মার্থ) *অলংকারধ্বনি* (ব্যঞ্জনা) এবং *রসধ্বনি* (আহ্বান)-র প্রভেদ প্রতিষ্ঠা করার লক্ষ্যে — আর এইসব কিছুই একসাথে গঠন করে *প্রতীয়মান* (অন্তর্নিহিত অর্থ) যা *বাচ্য* (স্থিতিশীল অর্থ)-এর বিপরীতার্থ হিসেবে ক্রিয়া করে।

বিশ্বনাথ এই ধরনের প্রত্যাগতির প্রবণতার এবং নিপুণভাবে বিকশিত

ধারণাগুলি ধ্বংসাত্মক মেলবন্ধনের মধ্যে নিহিত অবক্ষয়ের একমাত্র প্রতিনিধি ছিলেন না। এই প্রবণতা অভিনবগুপ্ত থেকে শুরু করে প্রত্যেক তাত্ত্বিকের মধ্যে লক্ষ্য করা গিয়েছিল। আর সংস্কৃত কাব্যতত্ত্বে এই অবনমন দেখা গিয়েছিল প্রতিটি আলোচিত ধারণা এবং সাহিত্যরীতির ক্ষেত্রে। দণ্ডিন এবং ভামহ দুটি পৃথক শাখার ব্যবহার করেছিলেন।, *অর্থগুণ* এবং *শব্দগুণ*।[৩২] এগুলির ব্যবহার হয়েছিল মহাকাব্যের বিষয়গত চরিত্র এবং শৈলীগত ও নির্মাণগত চরিত্র পৃথকভাবে বর্ণনা করার জন্য। তিন শতক পরে ভোজ এই দুই শাখার ব্যবহার নিরন্তরভাবে চালিয়ে যান। অবশ্য তিনি নিজস্ব আরো একটি নাম যুক্ত করেন যার পরিচয় *উভয়গুণ* (মহাকাব্যের নির্মাণ কাঠামো এবং বিষয়বস্তুর সম্মিলিত গুণাবলী)।[৩৩] তিনি মহাকাব্যের রূপ সম্বন্ধীয় পাঁচটি যৌগিক গুণাবলীর বর্ণনা করেছেন: (১) *রসরূপসন্দর্ভত্ব*(কোনো গ্রন্থের যে কোনো অংশে নান্দনিক আবেগ ও সাহিত্যিক অবয়বের সাযুজ্য, (২) *পত্রানুরূপভাষ্যত্ব*(একটি চরিত্রের মর্যাদাপূর্ণ আচরণ এবং সেই চরিত্রের সংলাপের মর্যাদার মধ্যে সাযুজ্য), (৩) *অর্থানুরূপছন্দস্ত্ব* (সারাংশ এবং ছন্দবিন্যাসের সাযুজ্য), (৪) *সমস্তলোকরঞ্জনত্ব* (সব ধরনের শ্রোতার মনোরঞ্জন), এবং (৫) *সদালঙ্কারবাক্যত্ব* (সুসজ্জিত কাঠামো এবং শব্দচয়ন)। দণ্ডিনকৃত *সর্গবন্ধ* (আপতিক কাব্য বা মহাকাব্য)-র আদি সংজ্ঞায় মহাকাব্যিক শৈলী ও বিষয়বস্তুর নিবিড় পারস্পরিক যোগের বিষয়টি অস্বীকার করা হয়নি। কিন্তু তিনি কম পণ্ডিতি ভঙ্গীতে এটি প্রতিষ্ঠা করেছিলেন। তাঁর মহাকাব্যের ধারণা ছিল সূক্ষ্মতর। এটি মহাকাব্যের বিষয়গত সূচী এবং পর্বভিত্তিক আখ্যানের শৈলীগত বৈশিষ্ট্য সমূহের একটি রূপরেখা তৈরি করেছিল। এছাড়াও এটি বিষয়বস্তু এবং কাঠামোর মধ্যেকার যোগসূত্রটির দিকে শুধুমাত্র ইঙ্গিত করেছিল। সংক্ষেপে বলা যায় যে, অভিনবগুপ্ত থেকে শুরু করে সংস্কৃত কাব্যতত্ত্বের ধারায় *লোকোত্তর* এবং *লোকধর্মী* ধারণাগুলির মধ্যেকার টানাপোড়েনের ফলে এক অস্বস্তিকর সচেতনতা সৃষ্টি হয়েছিল। এই টানাপোড়েনের উৎস ছিল পরিভাষার ক্রমবর্ধমান পরিশীলন ও ভিন্নধর্মী ধারণাসমূহের সংশ্লেষের প্রচেষ্টা। ভারতবর্ষে ইসলামীয় যুগের সূচনালগ্নে এই দ্বন্দ্ব ক্রমশ প্রকট হয়ে উঠেছিল। ক্রমশ সংস্কৃত তাত্ত্বিক নিজের অবস্থানকে শিল্প ও সাহিত্যের *লোকোত্তর* দৃষ্টিভঙ্গীর রক্ষক হিসেবে প্রতিষ্ঠা করায় প্রয়াসী হলেন। তিনি সনাতন ধ্রুপদী ভারতবর্ষের অতীন্দ্রিয়বাদী ব্যবস্থার সংরক্ষণে ব্রতী হলেন। গজনীর সুলতান মামুদের সোমনাথ মন্দির লুণ্ঠনের পরবর্তী তিন শতকে প্রকাশিত অজস্র সংস্কৃত কাব্যতত্ত্বের পাঠ্যপুস্তকের বহর

দেখে বোঝা যায় সংস্কৃত তাত্ত্বিকেরা ঐ সময়ে কাব্যতত্ত্বের নিয়মকানুনের রক্ষণশীলতা বজায় রাখতে কী পরিমাণ সক্রিয় ছিলেন। তাঁদের *লোকোত্তর* বিশ্ববীক্ষা অবলুপ্ত হতে পারে এই ভয় থেকে সংস্কৃত পণ্ডিতেরা সংশ্লেষের ধারণার ওপর বিশেষ জোর দিয়েছিলেন। ইতিমধ্যে ভারতীয় জীবনধারা ও আঞ্চলিক ভাষাসাহিত্যসমূহ সংস্কৃত এবং সংস্কৃতি থেকে অনেক দূরে সরে গিয়েছিল।

রাজশেখরের সাহিত্য সাধনাকাল (নবম / দশম শতক)[৩৪] -কে উদাহরণ হিসেবে তুলে ধরে দেখানো যেতে পারে কিভাবে দশম শতকে ভারতীয় সাংস্কৃতিক প্রেক্ষিতে কাব্যতত্ত্বের গুরুত্ব ক্রমশ বিলীয়মান হতে থাকে। মহারাষ্ট্রে জন্মগ্রহণের পরে তিনি তাঁর সমকালীন অনেক পণ্ডিতদের মতো কনৌজে গমন করেন এবং দুই প্রজন্ম ধরে রাজপুত্রদের শিক্ষকতার দায়িত্ব পালন করেন। রাজশেখর অমর হয়ে আছেন কাব্যতত্ত্বের উপর তাঁর বিশাল গ্রন্থ *কাব্যমীমাংসা*-র জন্য। এই গ্রন্থে জ্ঞানের বিভিন্ন শাখার শ্রেণীবিভাজন করা হয়েছে। এছাড়াও বিভিন্ন সাহিত্য সম্বন্ধীয় ধারণা যেমন সূত্র, ভাষ্য, বৃত্তি, পদ্ধতি, টীকা, সমীক্ষা (এগুলি সবই সাহিত্য সমালোচনার শাখা)—এগুলির সংজ্ঞা এই গ্রন্থে দেওয়া হয়েছে। উদাহরণ সহযোগে আরো কিছু গুরুত্বপূর্ণ ধারণা যেমন সাহিত্য, বাক্যরীতি, ছন্দ, সাহিত্যরীতি, শব্দার্থবিদ্যা ও ভাষাতত্ত্ব সম্বন্ধে আলোচনা করা হয়েছে। কিন্তু মূলত রাজশেখরের *কাব্যমীমাংসা*-য় সাহিত্যের সামাজিক অভিমুখ এবং লেখকের সামাজিক প্রেক্ষিত বিষয়ে সুচিন্তিত মতামত প্রদান করা হয়েছে। এখানে যে সব পণ্ডিতদের উল্লেখ করা হয়েছে তা যথেষ্ট প্রশংসনীয়। কালিদাস, ভারবি, হরিশচন্দ্রের মতো লেখক থেকে শুরু করে পাণিনি, পিঙ্গল, বররুচি-র মতো ভাষাবিদ ও অবন্তীসুন্দরী (রাজশেখরের স্ত্রী), পাল্যকীর্তি, ভরত, মঙ্গলা, রুদ্রট, বাক্‌পতিরাজ, বামন, শ্যামদেব, সুরানন্দ এবং অনেক সাহিত্য সমালোচকের প্রসঙ্গ রয়েছে। তিনি নিজেও কবি হিসেবে পরিচিত ছিলেন। এছাড়াও তিনি বহুভাষাবিদ্ হিসেবে প্রসিদ্ধ ছিলেন—তাঁর উপাধি ছিল 'সর্বভাষাচতুর'। তাঁর কূটনৈতিক সময়কাল থেকে জানা যায় যে তিনি লাতিন, আরবি, ফারসি এবং একটি আফ্রিকান উপভাষাও কিছু পরিমাণে জানতেন। সেসময়ে ভারতবর্ষে এই ভাষাগুলির নাম ছিল যথাক্রমে রোমক, যবন, পারসিক এবং বর্বর। তিনি অবশ্যই বেশ কিছু প্রাকৃত উপভাষাও রপ্ত করেছিলেন। *কাব্যমীমাংসা* গ্রন্থে তিনি পৈশাচিক, বৈদর্ভী, গৌড়ীয়, পাঞ্চালী এবং কাকু সাহিত্যের পুঙ্খানুপুঙ্খ বিশ্লেষণ করেছেন। এছাড়াও বিভিন্ন ভৌগোলিক অঞ্চল ও তাদের উপভাষাসমূহ, উচ্চারণ বিধি, সমাজ ভাষাতাত্ত্বিক বৈশিষ্ট্যসমূহ

ও সাহিত্যিক দেশাচারের এক সুচিন্তিত সারণি এই গ্রন্থে অন্তর্ভুক্ত রয়েছে। রাজশেখর নিজে দুটি ভাষায় লিখতেন। তাঁর *কাব্যমীমাংসা* সংস্কৃতে লেখা কিন্তু *কর্পূরমঞ্জিরী* নামক একটি হাস্যরসের নাটক, যা সট্টক রীতিতে লেখা, তার ভাষা ছিল তাঁর মাতৃভাষা মহারাষ্ট্রী যা মারাঠির পূর্বসূরী হিসেবে পরিচিত।

রাজশেখরের জীবন ও সমালোচনামূলক গ্রন্থ থেকে জানা যায় যে নতুন সামাজিক শক্তিগুলির বিচার করা কতখানি প্রয়োজন—বিশেষ করে আঞ্চলিকতাবাদের বিষয়টি। এই বিষয়গুলি মাথায় রেখে তিনি সাহিত্যতত্ত্বকে বৃহত্তর সামাজিক বাস্তবতার মোড়কে পেশ করেছিলেন এবং এর মাধ্যমে অভিজাত কাব্যতত্ত্ব ও জনপ্রিয় সাহিত্যের নিরন্তর টানাপোড়েনের বিষয়টি প্রতিভাত হয়। তিনি সাহিত্যের সমাজতাত্ত্বিক অভিঘাত নিয়ে যে অনুসন্ধান চালিয়েছেন তা ভরতের *নাট্যশাস্ত্রের* সামাজিক অভিঘাত অনুসন্ধানের সঙ্গে তুলনীয়। আর এর মাধ্যমেই সংস্কৃত কাব্যতত্ত্বের মানবিকীকরণের প্রক্রিয়া শুরু হয়েছিল। তবে এই প্রবণতাটি আর গড়ে উঠতে পারেনি কারণ সংস্কৃত ভাষা আঞ্চলিক ভাষাসমূহের চাপে গুরুত্ব হারিয়েছিল। ফলত রাজশেখর নিজে সংস্কৃত কাব্যতত্ত্বের ঐতিহ্যগত কাঠামোর মধ্যে নিমজ্জিত ছিলেন। যে দেশীয় সাহিত্যের ধারার সাথে তিনি গভীরভাবে সম্পর্কযুক্ত ছিলেন তার জন্য তিনি কোনো তত্ত্ব প্রণয়ন করতে পারেননি। আশ্চর্যজনকভাবে রাজশেখরের সমালোচনামূলক কাজগুলি এক ধরনের গোঁড়ামিপূর্ণ সমালোচনার ধারা ও সাহিত্যেক বৈধর্ম্যের টানাপোড়েনের সৃষ্টি করেছিল। তাঁর গ্রন্থ *কাব্যমীমাংসা* প্রথম ভারতীয় সমালোচনামূলক গ্রন্থ যা একটি অশেষ পরিবর্তনশীলতার ধারা সূচিত করে। আইজেনস্টাডের পরিভাষা একটু বদলে বলা যায়, এই পরিবর্তনশীলতার জন্ম হয়েছিল সাহিত্যের 'মার্গ' ও 'দেশি' ধারার এক নিরন্তর টানাপোড়েনের মধ্য দিয়ে। এটা এতটাই শক্তিশালী ছিল যে আজও এই পরিবর্তনশীলতা একটি সাংস্কৃতিক প্রক্রিয়া হিসেবে বিদ্যমান রয়েছে। এইজন্য রাজশেখরকে ভাষা-সমালোচনার ধারার যথার্থ পূর্বসূরী হিসেবে গণ্য করা যেতে পারে।

৩

সংস্কৃত সমালোচনার ধারা যদি কৃত্রিম শ্বাসযন্ত্রের মাধ্যমে কোনোমতে জীবিত থাকে এবং আঞ্চলিক ভাষা-সাহিত্য ধারার যদি ক্রমাগত শক্তিবৃদ্ধি হয়ে থাকে তাহলে এটা বুঝতে খুব অসুবিধে হয়, কেন কোন আঞ্চলিক ভাষা, সাহিত্য সমালোচনার

ধারায় পূর্ণ মর্যাদায় আত্মপ্রকাশ করেনি। অবশ্য আঞ্চলিক ভাষাকাব্যের ধারায় ভক্তি আন্দোলনের একটি নিজস্ব নন্দনতাত্ত্বিক / কাব্যতাত্ত্বিক কাঠামো ছিল। মূলত চতুর্দশ থেকে সপ্তদশ শতক অবধি এই ভক্তি আন্দোলন চলেছিল। এর এক নতুন শ্রেণীর শ্রোতা তৈরি হয়েছিল। এমনকি কাব্য 'প্রকাশনার' জগতে নতুন রীতির উদ্ভব হয়েছিল। ভক্তিকে এই আন্দোলন একটি বিশেষ রস হিসেবে ব্যাখ্যা করেছিল। আর তাই প্রথম প্রশ্নটিকে একটু পরিবর্তন করে নিয়ে বলতে হয়, কেন আঞ্চলিক ভাষা-সাহিত্যসমূহ কোনো সমালোচনামূলক নথি বা গ্রন্থ বা পাঠ সৃষ্টি করতে পারেনি। এই প্রশ্নের কোনো সহজ উত্তর নেই। কিন্তু নিম্নোক্ত মন্তব্যগুলো পর্যালোচনা করলে এর আংশিক ব্যাখ্যা মিলতে পারে।

ভারতবর্ষে ভাষা ও প্রাদেশিকতার নিবিড় যোগসূত্রের বিষয়টি দীর্ঘদিন ধরেই স্বীকৃত। কোনো বিশেষ প্রদেশের সঙ্গে সংস্কৃত ভাষাচর্চার সম্পর্ক এবং ঐ প্রদেশের সঙ্গে তার আঞ্চলিক ভাষার সম্পর্কের সমীকরণ একেবারে ভিন্ন[৩৫]। এই প্রভেদটিও দীর্ঘকাল যাবৎ স্বীকৃত। সংস্কৃত ভাষা ভারতের সর্বত্র ছড়িয়ে পড়েছিল। এমনকি যেসব প্রদেশে ব্যবহারিক ক্ষেত্রে দ্রাবিড়ীয় ভাষাগুলির ব্যবহার হত সেখানেও সংস্কৃতের উপস্থিতি ছিল চোখে পড়ার মতো। আর্য জনগোষ্ঠী ভারতে স্থায়ীভাবে বসবাস শুরু করা ইস্তক উচ্চজ্ঞানচর্চার ভাষা হিসেবে সংস্কৃত সর্বজনস্বীকৃত মাধ্যম হিসেবে গণ্য হত। এই ভাষা সারা ভারতে অনুভূমিকভাবে ছড়িয়ে পড়লেও কোন প্রদেশেই এর প্রভাব গভীরে যেতে পারে নি। কোন বিশেষ এলাকায় কিছু পণ্ডিত মানুষ এই ভাষাকে 'জীবিত' ভাষা হিসেবে ব্যবহার করতেন। ভারতের জনসংখ্যার এক অতি ক্ষুদ্র অংশ এই ভাষার অর্থ বুঝতেন। ইন্দো-ইসলামীয় শতকগুলিতে সংস্কৃত ভাষার ব্যবহার ও প্রতিপত্তি আরো কমে গিয়েছিল। এইভাবে ভারত ভূখণ্ডের এক সুবিস্তৃত অংশ জুড়ে সংস্কৃত ভাষায় আদানপ্রদান গড়ে উঠলেও এর প্রকৃত ব্যবহার ও চর্চা এক ক্ষুদ্র জনগোষ্ঠীর মধ্যেই সীমাবদ্ধ ছিল। চারিদিকে অ-সংস্কৃত ভাষাভাষী জনগোষ্ঠীর মধ্যে একটি দ্বীপের মতো সংস্কৃত অবস্থান করছিল। আঞ্চলিক ভাষাগুলির বাচিক পরম্পরা থেকে সংস্কৃত একেবারে আলাদা ছিল। এই পরিস্থিতিতে কথ্য সংস্কৃত শব্দ দ্রুত বিলুপ্ত হওয়ার বিপদ খুব বেশিমাত্রায় ছিল।

সংস্কৃত লেখক বা পণ্ডিত অনেক সময় অতীত পরম্পরার সঙ্গে কথোপকথনে নিয়োজিত থাকতেন। শঙ্করাচার্য বুদ্ধদেব এবং ব্যাসদেবের[৩৬] সঙ্গে কাল্পনিক কথোপকথনে নিমগ্ন ছিলেন। একইভাবে অভিনবগুপ্ত নাট্যশাস্ত্রী

ভরতের[৩৭] সাথে কথা বলতেন। এখানে লঘুবন্ধনীর মধ্যে আমার একটি পর্যবেক্ষণ আছে। সংস্কৃত ভাষায় অতীতকালের ভাষাতাত্ত্বিক গঠনের মধ্যে ভারতীয় সংস্কৃতির কিছু গোপন তথ্য লুক্কায়িত রয়েছে। সাংস্কৃতিক নৃতত্ত্বের গবেষকদের জন্য এটি একটি আকর্ষণীয় বিষয় হতে পারে। এখানে একটি বিষয় উল্লেখ করা প্রয়োজন। সংস্কৃত ভাষায় হাজার বছর বা তারও বেশি সময় ধরে যে বৌদ্ধিক শৃঙ্খলা গড়ে উঠেছিল তার কিছু সুনির্দিষ্ট চাহিদা ছিল। এর সাথে ছিল বৈচিত্র্যপূর্ণ সামাজিক পরিসর জুড়ে সংস্কৃতের বিস্তারের প্রয়োজনীয়তা। এর ফলে সংস্কৃত ভাষায় রচিত গ্রন্থ এবং তাদের পাণ্ডুলিপির মাধ্যমে সংরক্ষণের প্রক্রিয়াটি এক প্রকার বাধ্যতামূলক হয়ে দাঁড়িয়েছিল। আঞ্চলিক ভাষাগুলির ক্ষেত্রে অবশ্য এই দুটি বাধ্যবাধকতা ছিল না কারণ সেগুলি ছিল ভীষণভাবে জীবন্ত ভাষা। এইসব ভাষায় আদানপ্রদানের প্রক্রিয়াটি একটি সজীব ও সুসংহত সমাজের জন্য উদ্দিষ্ট ছিল। এইভাবে সংস্কৃত ও আঞ্চলিক ভাষাগুলির মধ্যে সুনির্দিষ্ট বিভাজন তৈরি হয়েছিল। আঞ্চলিক ভাষা যুগের লেখন প্রযুক্তির খুঁটিনাটি বিশ্লেষণ করলে এ ব্যাপারে আরো প্রমাণ মেলে।

ধ্রুপদী সংস্কৃত সাহিত্যের যুগে সাহিত্য কীর্তিগুলি প্রজন্ম থেকে প্রজন্ম স্মৃতির মাধ্যমেই সঞ্চারিত হত। স্মৃতিতে জ্ঞান ধারণের প্রক্রিয়াটিকে বিদ্যালয় ও বিশ্ববিদ্যালয় স্তরে উৎসাহিত করা হত। এটিকে জ্ঞান আহরণের একটি অতি প্রয়োজনীয় অংশ বলে গণ্য করা হত। প্রাচীন গ্রন্থসমূহ স্মৃতিতে ধারণ করা কোন ব্যক্তির শিক্ষাগ্রহণ প্রক্রিয়ার অতি গুরুত্বপূর্ণ অঙ্গ ছিল। মনে রাখার ক্ষমতা একজন ব্যক্তির সামাজিক মর্যাদা বৃদ্ধি করত। অবশ্য গ্রন্থগুলি লিখিত আকারে সংরক্ষণ করার ব্যবস্থাও চালু ছিল। এগুলি নির্দিষ্ট সময় অন্তর গাছের ছাল বা শুকনো পাতায় তৈরি পাণ্ডুলিপিতে পুনর্লিখনের মাধ্যমে সংরক্ষণ করা হত। আঞ্চলিক ভাষা-সাহিত্যের উন্মেষের সাথে সাথে এই পদ্ধতিগুলির সামাজিক ও প্রযুক্তিগত পরিবর্তন সূচিত হয়।

সামাজিক পরিবর্তনের একটি বড় কারণ ছিল নতুন সম্প্রদায়ভিত্তিক আন্দোলনগুলি। এর ফলে শ্রেণী ও জাতপাতনির্ভর কাঠামোগুলি বড়সড় আক্রমণের সম্মুখীন হয়। এই আন্দোলনের সুর তৎকালীন ভক্তি কাব্যের মধ্যে প্রতিফলিত হয়েছিল। আন্দোলনগুলিতে শাস্ত্রীয় জ্ঞানভাণ্ডার শুধুমাত্র ব্রাহ্মণ্য একাধিপত্যের ফসল হিসাবে স্বীকৃত হয়নি। অনেক অ-ব্রাহ্মণ তাঁদের ধর্মীয় জ্ঞানের উপলব্ধিসমূহ প্রচার করতে শুরু করেছিলেন। কবিতা ছিল তাঁদের

প্রচারের এক বড় মাধ্যম। মারাঠি ভাষার কবি নামদেব (১২৭০—১৩৫০) ছিলেন দর্জি সম্প্রদায়ের মানুষ। তাঁর অনুচরেরা ছিলেন গোরা কুম্ভার (কুমোর), সম্ভত মালি (মালি), চোখা মাহার (অস্পৃশ্য), সেনা নাভি (নাপিত) এবং জনাবাঈ (এক দাসী)। এই কবিরা তাঁদের কবিতা মৌখিকরূপে 'প্রকাশ' করেছিলেন, লিখিত গ্রন্থ হিসেবে নয়। এর কারণ ছিল এঁদের মধ্যে কিছু কবি নিজেরা নিরক্ষর ছিলেন অথবা তাঁরা কবিতা লিখতেন মূলত সমাজের নিরক্ষর সম্প্রদায়ের মানুষজনকে উদ্দেশ্য করে। তাঁরা এইসব কবিতা মন্দিরে উপস্থিত ভক্তকুলের উদ্দেশে গেয়ে শোনাতেন। এমনকি ধর্মস্থানে ও প্রকাশ্য নগরপথে তাঁরা গান গেয়ে কাব্য পরিবেশন করতেন। কাজেই, গ্রন্থের ভূমিকা ও সাহিত্য পরম্পরায় এর অবস্থানের ক্ষেত্রে অনেক পরিবর্তন হয়েছিল।

প্রযুক্তিগত পরিবর্তন কাগজের ব্যবহারের মাধ্যমেই শুরু হয়েছিল। দ্বাদশ শতকের মধ্যেই ভারত কাগজের সঙ্গে পরিচিত হয়। চতুর্দশ শতকের গোড়ায় মহম্মদ বিন তুঘলক (১৩২৫—৫১) -এর শাসনকালে ভারত থেকে ইরান ও অন্যান্য ইসলামীয় দেশগুলিতে কাগজ ও বই রপ্তানি শুরু হয়েছিল। ঐতিহাসিকদের মতে এই বাণিজ্যের ফলে দিল্লীতে বসবাসকারী পারস্যের ব্যবসায়ীরা খুব ধনী হয়ে উঠেছিল।[৩৮] এইসময়ে বইয়ের কপি করা খুব সহজ হয়ে উঠেছিল। বিভিন্ন ভেষজ রং দিয়ে শুকনো পাতায় লেখার চেয়ে কালি দিয়ে কাগজের উপর লেখা অনেক সহজ ছিল। এর ফলে আঞ্চলিক ভাষা-সাহিত্যের শতকগুলিতে লিখিত সাহিত্য প্রস্তুত করা নিয়মিত রেওয়াজ হয়ে দাঁড়িয়েছিল। সম্ভবত এই ধারার সবচেয়ে বিখ্যাত উদাহরণ ছিল মারাঠি ভাষায়। জ্ঞানদেবের বিখ্যাত গ্রন্থ *জ্ঞানেশ্বরী*র একটি অত্যন্ত পাণ্ডিত্যপূর্ণ সংস্করণ নির্মাণ করেছিলেন একনাথ (১৫৮৫ খ্রিস্টাব্দ)। এই নতুন প্রযুক্তি সম্ভবত বেশি ব্যবহার করতেন সম্ভ্রান্ত সংস্কৃত পণ্ডিতবর্গ। আর এদের আবেদন খুব সীমিত সংখ্যক পাঠককুলের মধ্যেই সীমাবদ্ধ ছিল। এইভাবে নতুন প্রযুক্তি সম্ভ্রান্ত শ্রেণীর কবিতা ও জনপ্রিয় কবিতার মধ্যে বিদ্যমান ব্যবধানকে আরো অনেকখানি বাড়িয়ে দিয়েছিল।

কাগজকে সাহিত্য রচনার প্রযুক্তি হিসেবে ব্যবহারের আগে এলিট সাহিত্য ও লোকসাহিত্যের মধ্যে পার্থক্য নিরূপণ করা হত 'লিখিত' কাব্য ও 'মৌখিক' কাব্য—এই মূল রচনারীতির পার্থক্য মনে রেখে। আঞ্চলিক ভাষার কবিতা, অর্থাৎ তার মূলস্রোতের কাব্যধারা, সম্পূর্ণভাবে লিখিত বা সম্পূর্ণভাবে মৌখিক ছিল না। সচেতনভাবেই কাব্যরচনা করা হত এবং কোনও কোনও কবি নিজেদের

কবিতা কাগজে লিখে রাখতেন। উপরন্তু, আঞ্চলিক ভাষার কবিতা সংস্কৃত 'লিখিত' কাব্য বা আঞ্চলিক 'লোক' কবিতা—এর কোনওটিকেই সম্পূর্ণভাবে প্রতিস্থাপন করেনি। বরং বলা ভালো আঞ্চলিক ভাষার কবিতা ছিল এই দুই ধারার সংমিশ্রণ। এটি ছিল সর্বাংশে এক নতুন শ্রেণীর কবিতা। কিন্তু এটাও সংযোজন করা প্রয়োজন যে আঞ্চলিক ভাষার কবিতার সামগ্রিক রূপ কিন্তু এই এক প্রকারে সীমাবদ্ধ ছিল না। আঞ্চলিক ভাষার কাব্যধারার মধ্যে আরো তিনটি ক্ষুদ্রতর প্রবণতার উপস্থিতি সম্ভব ছিল এবং সেগুলির কথা চিন্তায় রাখাটা কাব্য ভাষার ইতিহাস পর্যালোচনার ক্ষেত্রে যথার্থ। আঞ্চলিক ভাষা-কবিতার একটি সারণিবদ্ধ বিবরণ পেশ করলে এই অবস্থানটি অনেক পরিষ্কার হবে। এই শ্রেণীবিন্যাসের জন্য গৃহীত বিভাগগুলি সামগ্রিক জটিলতাকে বর্ণনা করার জন্য যথেষ্ট নয়। অবশ্য এই সারণিতে আমি এই বিভাগগুলি ব্যবহার করেছি পদ্ধতিগত সুবিধার জন্য।

মারাঠা কবিতার স্তরীয় বিবরণ (ত্রয়োদশ শতকের কাগজ প্রযুক্তি এবং অষ্টাদশ শতকের ছাপাখানা প্রযুক্তি প্রয়োগের মধ্যবর্তী সময়)

মারাঠি কবিতা

ধরন	সম্ভ্রান্ত	জনপ্রিয়	লোকরীতি
পাঠ	লিখিত এবং লিখিত রূপে সংগৃহীত	কখনো লিখিত কিন্তু সাধারণভবে বাচিক	বাচিক। পরবর্তীকালে লিখিত রূপে সংগৃহীত
বিষয়সমূহ	সাধারণত *রামায়ণ* বা *মহাভারত* ও অন্যান্য সংস্কৃত সাহিত্যের মিথ্ ব্যবহৃত হয়। কিন্তু শৃঙ্গার বা যৌনতার বর্ণনার চল বেশি।	নৈতিক, দার্শনিক ও জীবনের ব্যবহারিক দর্শনের কথা বেশি। সামাজিক বিষয়বস্তু ও ভক্তিরসের উল্লেখও থাকে।	ইন্দ্রজাল, জাতিগত স্মৃতি কল্পকাহিনী প্রভৃতি। বীরগাথা। স্থানীয় ইতিহাস পরিচয়।
রূপসমূহ	সংস্কৃত কবিতা ও ছন্দের প্রভাব রয়েছে। পুনর্নির্মাণবাদী।	সাম্প্রতিক কবিতার প্রতি ঝোঁক, প্রগতিশীল ও সংশোধনবাদী; কিছু মাত্রায় সুফি অতীন্দ্রিয় বাদের প্রভাবে আচ্ছন্ন।	বিনোদনের প্রতি ঝোঁক। স্থানীয় ইতিহাস ও উপ-আঞ্চলিক বিষয় চর্চাও রয়েছে। পরবর্তীকালে পারসিক গজল ও

ধরন	সম্ভ্রান্ত	জনপ্রিয়	লোকরীতি
কাব্যতত্ত্ব	সংস্কৃত কাব্যতাত্ত্বিকদের উচ্চারণে ঋদ্ধ, প্রথাগত।	এর সাথে মারাঠি জাতীয়তাবাদেরও প্রভাব আছে। বিধিবদ্ধ নয়। অবশ্য শৈলী, রূপ, কবি-শ্রোতা সম্পর্ক প্রভৃতি বিষয় সংস্কৃত ঐতিহ্য ব্যতিরেকে গড়ে উঠেছিল।	শব্দকোষ দ্বারা প্রভাবিত। কোনো বিধিবদ্ধ কাব্য তত্ত্ব নেই। প্রচলিত ধারাগুলি খুব শক্তিশালী নয়। কিন্তু লোকনাটক ও চারণ কবিতায় পুরনো সংস্কৃত কাব্যরসতত্ত্বের নমুনা চিহ্নিত করা যায়।
প্রতিনিধিত্বমূলক কবিবর্গ	মুকুন্দরাজ (ত্রয়োদশ শতক), মোরোপন্ত (অষ্টাদশ শতক)	নামদেব (চতুর্দশ শতক) রামদাস (সপ্তদশ শতক)	হোনাজি-বালা (অষ্টাদশ শতক)

উপরোক্ত সারণী থেকে মারাঠি ভাষায় রচিত সাহিত্যের ব্যাপারে কিছু তথ্য পাওয়া যায়। লেখার ধরন ও কবিতার প্রকাশনার মধ্যে সম্পর্ক এবং প্রতিটি প্রবণতার অন্তর্নিহিত কাব্যতত্ত্বের ধারা সম্বন্ধে জানা যায়। এই ক্ষেত্র বিভাজন প্রক্রিয়া বিভিন্নভাবে নির্ধারিত হত। ভাবগত আদান প্রদানের পদ্ধতি, ছন্দগত বিন্যাসপদ্ধতি এবং প্রতিটি প্রবণতার অন্তর্লীন কাব্যতত্ত্বগত কাঠামো সবকিছুই বিবেচিত হত। ত্রয়োদশ শতকে কাগজের প্রযুক্তি এবং অষ্টাদশ শতকে মুদ্রণ প্রযুক্তির উদ্ভবের অন্তর্বর্তী সময়ে কাব্যধারার বহু বৈচিত্র্যময় উন্নয়ন পরিলক্ষিত হয়। এর ফলে কোনো একমুখী কাব্যতত্ত্বের ধারা প্রণয়ন করা সম্ভব ছিল না। তাই সমালোচনার প্রকরণ পদ্ধতিও অনেকাংশে খণ্ডিত হয়ে পড়ে। অন্যান্য আঞ্চলিক ভাষার সাহিত্যের উদাহরণ সহযোগে এটি দেখানো সম্ভব যে এই কাঠামোটি অন্যান্য ভাষায় একইভাবে উপস্থিত ছিল। তাই সংস্কৃত কাব্যের ধ্রুপদী যুগে যে কাব্যতত্ত্ব রীতির উদ্ভব হয়েছিল তা অভিজাত, সংস্কৃতধর্মী আঞ্চলিক ভাষা কাব্যের ক্ষেত্রে প্রযোজ্য হতে পারত। কিন্তু অ-সংস্কৃত কাব্যধারার ক্ষেত্রে এটি একেবারেই অপ্রতুল ছিল।

মার্গ এবং দেশি

সাহিত্য ক্ষেত্রে খণ্ডিতকরণের প্রকৃতি সম্যক্‌রূপে উপলব্ধি করতে হলে আমাদের

ভারতীয় সমাজব্যবস্থার উপর আলোকপাত করতে হবে। মূলধারার সংস্কৃতির সাপেক্ষে একটি উন্নত সাংস্কৃতিক রীতি নির্মিত হয়েছিল যার মধ্যে বিভিন্ন উপসংস্কৃতির ধারাগুলির একটি সূক্ষ্ম ভারসাম্য বজায় রাখা হয়েছিল। এই সম্পর্ক ভালোভাবে বোঝার জন্য আমরা 'অনুভূমিক' ও 'উল্লম্ব' এই দুটি শব্দ ব্যবহার করতে পারি।[৩৯] 'অনুভূমিক' সংস্কৃতি ও সাহিত্য সর্বোচ্চ খিলান হিসেবে ব্যবহৃত হত। এর মধ্যে প্রতিটি 'উল্লম্ব' সাংস্কৃতিক কাঠামোকে ঠাঁই দেওয়া হত। সংস্কৃত ও আঞ্চলিক ভাষাগুলিতে এই সর্বোচ্চ খিলানরূপী অনুভূমিক নিদর্শনকে 'মার্গ' বলা হত। আর স্থানীয়, উল্লম্ব এবং অন্তর্ভুক্ত নিদর্শনকে বলা হত 'দেশি'।[৪০] শব্দের ব্যুৎপত্তি অনুযায়ী এই প্রভেদের সৃষ্টি হয়েছিল বর্ণনামূলক ভাষাতত্ত্বের মধ্যে। ভাষাতাত্ত্বিক ভূগোল, আঞ্চলিক ভাষা বা উপভাষা এবং ভাষা বৈচিত্র্যকে 'দেশি' বলে বর্ণনা করা হয়েছিল আর মানক ভাষাকে 'মার্গ' বলে অভিহিত করা হয়েছিল। পরে এই শব্দগুলিকে সমাজবিদ্যা ও কাব্যতত্ত্বের জ্ঞানবৃত্তে স্থানান্তর করা হয়েছিল। দশম শতকের মধ্যে এই ধারণাগুলিকে নির্দিষ্ট নন্দনতাত্ত্বিক শ্রেণীবিভাজন কাঠামোয় ব্যবহার করা হয়। এই ধরনের ব্যবহারের একটি গুরুত্বপূর্ণ দৃষ্টান্ত হল মাতঙ্গ রচিত গ্রন্থ *বৃহদ্ দেশি*। এটি ছিল দশম শতকে রচিত একটি সংগীত বিষয়ক গ্রন্থ।[৪১] মাতঙ্গ সংগীতকে বিশেষ পাঁচটি শ্রেণীতে বিন্যস্ত করেন যা সাধারণভাবে 'মার্গ গীতি' নামে পরিচিত। এই পাঁচটি শ্রেণী হল শুদ্ধ, ভিন্ন, গৌড়ী, রাগ এবং সাধারণী। 'দেশি' এই শীর্ষকে আরো অনেক শ্রেণীর উল্লেখ এই গ্রন্থে রয়েছে। কিন্তু এই প্রভেদ শুধুমাত্র জাতীয় এবং আঞ্চলিক তারতম্যের উপর ভিত্তি করে তৈরি হয়নি। মাতঙ্গ 'মার্গ' শব্দটি ব্যবহার করেছিলেন "প্রাচীন ভারতীয় ধ্রুপদী সাংগীতিক উপাদানগুলিকে চিহ্নিত করার জন্য। আর 'দেশি' শব্দের ব্যবহার করা হয়েছিল বিভিন্ন প্রদেশে তদানীন্তনকালে ব্যবহৃত সংগীতচর্চাকে বোঝানোর জন্য।"[৪২] তাই 'মার্গ' শুধুমাত্র মূলস্রোত নয়, ধ্রুপদী সংগীতকেও বোঝাত। আর 'দেশি' শুধুমাত্র আঞ্চলিক নয়, সাম্প্রতিক প্রবণতাকেও নির্দেশ করত। এই দুইয়ের সম্পর্ক একটি স্বাস্থ্যকর আদান-প্রদানের শর্তের উপর নির্ভরশীল ছিল। সংস্কৃত কাব্যতত্ত্বের স্বর্ণ যুগে আঞ্চলিক তারতম্য ও নাট্যকলার শৈলীগত বৈচিত্র্যের গুরুত্ব স্বীকার করা হত। এমনকি এক অবক্ষয়ী সংস্কৃত তাত্ত্বিক বিশ্বনাথ (চতুর্দশ শতক) তাঁর গ্রন্থ *সাহিত্যদর্পণ*[৪৩] -এর নবম অধ্যায়ে বিভিন্ন 'দেশি' শৈলীর বিবরণ দিয়েছেন — গৌড়ী, বৈদর্ভী এবং মহারাষ্ট্রী।

'দেশি' ভাষা পরম্পরায় একটি মুখ্য ক্লাসিক ছিল হেমচন্দ্রের লেখা

দেশীনামমালা বা *দেশীশব্দসংগ্রহ* (প্রাকৃত ভাষার অভিধান)। এর পোশাকি নাম ছিল *রয়নাবলী*। এই অভিধানে তিন ধরনের 'প্রাদেশিকতার' তালিকা আছে: (১) যেসব শব্দ তার সংস্কৃত উৎস ধরে খোঁজা হয় না, (২) সংস্কৃত উৎস সম্বলিত শব্দ কিন্তু প্রাকৃত শব্দার্থিক সংযোজন রয়েছে এবং (৩) প্রাকৃত উৎস সম্বলিত শব্দ। নিম্নোক্ত গদ্যাংশটি হেমচন্দ্রের গ্রন্থের উপর একটি সাম্প্রতিক ভাষ্য। এটি থেকে বোঝা যায় দ্বাদশ শতকে 'দেশি' এবং 'মার্গ' ধারা দুটি কতখানি সমন্বয়পূর্ণ সহাবস্থান জারি রেখেছিল :

> *দেশীনামমালা* গ্রন্থটির সঙ্গে একটি সুউচ্চ মানের সংস্কৃত ভাষায় স্বরচিত ভাষ্য সংযুক্ত ছিল। এই ভাষ্যের মাধ্যমে হেমচন্দ্র চেষ্টা করেছিলেন কিছু শব্দের সংযোজন বা বিয়োজনের কারণগুলি ব্যাখ্যা করতে। এছাড়াও কিছু বানানবিধি বা অর্থাবলী গ্রহণ বা বর্জনের কারণগুলিও এই অংশে বিধৃত ছিল। যদিও এই ভাষ্যের মধ্যে যথেষ্ট পরিমাণে তর্কশাস্ত্রীয় উপাদান ছিল তবু তিনি সচরাচর সেইসব পণ্ডিতদের নাম উল্লেখ করেন নি। সে তাঁর ভাবগত সামঞ্জস্য বা অসামঞ্জস্য যাই থাক না কেন তিনি নাম করেন নি। যাদের বিশেষভাবে উল্লেখ করা হয়েছে তাঁরা ছিলেন প্রাকৃত অভিধানকার (সঙ্গে ছিলেন তাঁর ভাষ্যকার উদুখল), গোপাল, দেবরাজ, দ্রোণ ধনপাল, পাদলিপ্ত, রাহুলক এবং শীলাংক। এর সাথে উল্লেখ ছিল প্রাকৃত কবি অবন্তীসুন্দরী ও সাতবাহনের। সংস্কৃত লেখক ভরত ও ভামহ সেখানে উল্লেখিত হয়েছেন, কালাপস্ বা কানতন্ত্র ব্যাকরণবিদেরা যেমন ছিলেন তেমনই হলায়ুধের লেখা অভিধানরত্নমালা থেকে রচয়িতার নামহীন দুটি উদ্ধৃতিও ব্যবহার করা হয়েছে।[৪৪]

হেমচন্দ্রের বৌদ্ধিক ঋণের এই মূল্যবান তালিকা থেকে স্পষ্ট বোঝা যায় তিনি 'মার্গ' ও 'দেশি' দুই পরম্পরার সাথেই কতখানি আত্মিক বন্ধনে আবদ্ধ ছিলেন।

প্রথানুযায়ী সারা ভারত জুড়ে 'মার্গ' এবং 'দেশি' পরম্পরাদ্বয়ের মধ্যে ভাবের আদানপ্রদান এবং বৌদ্ধিক বা সাংস্কৃতিক আন্দোলনের বিস্তার নিরন্তরভাবে চলত। এমনকি একটি 'দেশি' ধারার সাথে অন্য 'দেশি' ধারার আদানপ্রদানও একই পদ্ধতিতে সংঘটিত হত। ভারতবর্ষের ভূগোল এর ইতিহাস ও সংস্কৃতির চরিত্র নির্ধারণে একটি গুরুত্বপূর্ণ উপাদান হিসেবে বিবেচিত হত। এমনকি 'দেশি' ও

'মার্গ' সাংস্কৃতিক আদান-প্রদানের ক্ষেত্রেও রাষ্ট্রীয় ভূগোল একটি মুখ্য ভূমিকা পালন করেছিল। এই ব্যবস্থাকে ভূগোলবিদ্‌রা বলেছেন "পারস্পরিক সমন্বয়কামী সাংস্কৃতিক ভূগোল।"[৪৫] নগরী, বিশ্ববিদ্যালয়, রাজসভা, তীর্থস্থান, যাযাবরী স্বভাবের সাধু ও বিদ্বান, সদাভ্রাম্যমান সৈন্যবাহিনী — এরা সবাই একযোগে 'মার্গ' থেকে 'দেশি' এবং 'দেশি' থেকে 'মার্গ' ভাবের পরিব্যাপ্তিকরণে সাহায্য করেছিল। অবশ্য এই দেশজোড়া সমন্বয় কাঠামো বিভিন্ন সাংস্কৃতিক ক্ষেত্র এবং বৌদ্ধিক পরম্পরাগুলিকে বহিরাগত প্রভাব ও আক্রমণের সম্মুখীন করেছিল।

এই সাংস্কৃতিক পরিব্যক্তিকরণের কাঠামোটি গজনীর সুলতান মামুদের ভারত আক্রমণের সময় প্রায় ভেঙ্গে পড়ে।[৪৬] এই ধ্বংসের হুমকি আরো তীব্র হল যখন প্রায় একই সময়ে তিনটি শক্তিশালী সাম্রাজ্যের পতন সূচিত হল—পাল সাম্রাজ্য, প্রতিহার সাম্রাজ্য এবং রাষ্ট্রকূট সাম্রাজ্য। এইসব সাম্রাজ্যের সৈন্যবাহিনী পরস্পরের সঙ্গে লড়াই করে তাদের কোষাগার শূন্য করে ফেলেছিল। এর ফলে বড় সড়ক ও ছোট রাস্তাগুলি মেরামত না হয়ে পড়েছিল। নতুন রাজনৈতিক কাঠামোয় সামন্ততান্ত্রিক পরজীবীদের সংখ্যা বহুগুণে বৃদ্ধি পেয়েছিল। একাদশ শতকের একটি অন্যতম রাজনৈতিক বৈশিষ্ট্য ছিল এই ধরনের দালালদের সংখ্যা বৃদ্ধি। এর ফলে রাজা এবং কৃষক—উৎপাদক ও প্রশাসক –উভয়ে আগের চেয়ে আরো দুর্বল হয়ে পড়েছিল। আর যোগসূত্রের ক্ষতিসাধনের ফলে জাতীয় ক্ষেত্রে আঞ্চলিক ভাষা ও সংস্কৃতির ধারাগুলি ক্ষমতাসীন ভাষা ও সংস্কৃতিকে ছাপিয়ে নিজেদের ব্যক্ত করতে শুরু করেছিল। আবার একই সঙ্গে 'মার্গ' পরম্পরায় একটি রক্ষণশীল কাঠিন্যও লক্ষ্য করা যায়। এইভাবে ভারতবর্ষে ইসলামের আগমনের সঙ্গে সঙ্গে 'মার্গ' বৌদ্ধিক পরম্পরাগুলির বৃদ্ধি স্তব্ধ হয়ে যায়। যদিও এই ধারাগুলি ক্ষয়িষ্ণুরূপে আরো কয়েক শতাব্দী নিজেদের অস্তিত্ব বাঁচিয়ে রেখেছিল। অন্যদিকে 'দেশি' পরম্পরাগুলি লক্ষণীয়ভাবে বৃদ্ধিপ্রাপ্ত হয়। এগুলি নিজেদের জন্য এক নতুন পরিচয় ও এক নতুন সাংস্কৃতিক ক্ষেত্র প্রস্তুত করে। অবশ্য 'মার্গ' ও 'দেশি' নামে যে দুটি নন্দনতাত্ত্বিক শ্রেণী বিভাজন বিদ্যমান ছিল তা খুব দ্রুত পরিবর্তিত হয়নি। যদিও ঐ সময়ের এই পরম্পরাগুলি নিজেরাই তাদের ভূমিকা পাল্টে ফেলেছিল। এই নতুন পরিস্থিতির দুটি অত্যন্ত গুরুত্বপূর্ণ ফলাফল পরিলক্ষিত হয়েছিল। এই ফলাফলগুলি ব্রিটিশ শাসনকালের সূচনালগ্ন অবধি আঞ্চলিক ভাষা সাহিত্যের বৃদ্ধিকে প্রভাবিত করেছিল।

প্রথম ফলাফলটি ছিল বিভিন্ন আঞ্চলিক সাহিত্য ধারার মধ্যে ক্রমবর্ধমান

কথোপকথনের প্রবণতা। ক্রমশ সংস্কৃত ভাষার প্রভাব কমে যাচ্ছিল। সেই সঙ্গে আঞ্চলিক ভাষাগুলি একে অপরের সঙ্গে সরাসরি আদানপ্রদানের সম্পর্ক গড়ে তুলেছিল। তাই এই শতকগুলিতে আমরা অনেক দ্বিভাষিক কবির উত্থান লক্ষ্য করি। এঁরা হলেন নামদেব (মারাঠি ও পাঞ্জাবি), বিদ্যাপতি (মৈথিলি ও বাংলা), মীরা (হিন্দী ও গুজরাতি) এবং আরো অনেকে। এইসব দ্বিভাষিক কবির ক্ষেত্রে দুটি ভাষাই সমতুল সামাজিক মর্যাদার অনুবাদ বা লিপ্যন্তর প্রক্রিয়ার মধ্যেই সীমাবদ্ধ ছিল। এই প্রক্রিয়ার আরো ভালো ধারণা পাওয়া যায় আঞ্চলিক ভাষার আদি শতকগুলিতে রামায়ণ ও মহাভারতের বিবিধ সংস্করণের সহজলভ্যতা থেকে। একইভাবে সংস্কৃত সাহিত্যের বিভিন্ন বিষয়বস্তুর উপর আধারিত অজস্র প্রাসঙ্গিক কবিতা রচিত হয়েছিল। এই কবিতাগুলি ভীষণভাবে প্রচলিত শৈলী অনুসারী রচনা। কিন্তু এই আদান প্রদান আর কখনোই একটি জীবন্ত সংলাপের উচ্চতায় আসীন হতে পারেনি। বরং একটি আঞ্চলিক ভাষা-সাহিত্যের ধারার সাথে অন্যটির আদান প্রদান অনেক জীবন্ত হয়ে উঠেছিল। এর ফলে ভারতীয় সাহিত্যের সর্বোত্তম অধ্যায়ের সৃষ্টি হয়েছিল। তার নাম ভক্তি কাব্যধারা।

'মার্গ' ও 'দেশি' ধারার ভূমিকার অদলবদলের দ্বিতীয় ফলাফল হল সাহিত্য মূল্যের ক্রমোচ্চ শ্রেণী বিভাজনের উন্মেষ। এই স্তর বিন্যাসটি ভীষণ অনড় এবং বেসুরো ছিল, বিশেষত পরিবর্তনশীল বাস্তবের নিরিখে। পরম্পরাগতভাবে 'মার্গ' ধারাগুলি অভিজাত সাহিত্যের সাহিত্যমূল্য ও নান্দনিক গুণমান নির্ধারণ করে দিত। 'দেশি' বলতে সাধারণত গ্রাম্য ও অ-সংস্কৃত সাহিত্যিক প্রকাশকে বোঝাত। অতিরক্ষণশীল 'মার্গ' ধারাগুলির ক্রমবর্ধমান অনড় মনোভাবের জন্য জাতীয় ও আঞ্চলিক সাহিত্যমূল্যের যে মানদণ্ড নির্ধারিত হয়েছিল তার কোনো পরিবর্তন হয়নি। অথচ বিভিন্ন সাহিত্য পরম্পরাগুলির তাৎপর্যই অনেকখানি পাল্টে গিয়েছিল। এর ফলে 'দেশি' সাহিত্যের গায়ে অ-সংস্কৃত রচনার যে কালি লেগেছিল তা মুছে দেওয়া সম্ভব হয়নি। এমনকি 'দেশি' ধারায় বহু উল্লেখযোগ্য সাহিত্য কীর্তি প্রকাশের পরেও। সংস্কৃত কাব্যতত্ত্বকে এখন আত্মরক্ষার কৌশল অবলম্বন করতে হয়েছিল 'দুই' প্রতিপক্ষের বিরুদ্ধে। একদিকে ছিল ইন্দো-ইসলামীয় সাংস্কৃতিক আগ্রাসন আর অন্যদিকে ছিল আঞ্চলিক ভাষা সাহিত্যের চোখ রাঙানি। এর আত্মরক্ষার প্রবৃত্তি আসলে ছিল ব্রাহ্মণ্য শ্রেণীরও আত্মরক্ষার লড়াই। এর ফলে সপ্তদশ শতক অবধি সংস্কৃত এক স্থবির দশায় প্রাণ ধারণ করেছিল। অবধারিতভাবে এইসব কালবৈষম্যগুলি সমাজে ঢুকে পড়ে। সেই

সমাজে ঢোকে, যেখানে বৌদ্ধিক কথোপকথনগুলি খণ্ডিত হয়ে পড়ে অতীত ও বর্তমানের অসংগতিপূর্ণ সংস্কৃতির চাপে।

সংস্কৃত কাব্যতত্ত্বের প্রথম সহস্রাব্দে ভরত ও আনন্দবর্ধনের মত কাব্য সমালোচকেরা 'লোকধর্মী' ধারার সম্মান করেছেন। যে কলা সমাজ স্বীকৃত আঙ্গিকগুলিকে ব্যবহার করে তাকে শ্রদ্ধা করেছেন। এমনকি 'দেশি' ধারায় তাঁরা যথেষ্ট আগ্রহ দেখিয়েছেন। সুদূর অতীতে যখন সংস্কৃত মানুষের কথ্য ভাষা হিসেবে প্রচলিত ছিল তখন তা শ্রম ও জীবনের অনেক কাছাকাছি ছিল। *ঋক্‌বেদে* উল্লিখিত একটি শব্দ 'ইলা' মানে 'কথাবার্তা' আবার 'খাবার'। আবার অন্য একটি শব্দ 'বাক্' ছিল 'আপস' নাম্নী এক দেবীর নাম। এর দ্বিতীয় অর্থ ছিল 'কঠোর শ্রম'।[৪৭] কর্মব্যস্ত জীবনের সঙ্গে যোগযুক্ত এই ভাষা স্বভাবতই এক জীবনমুখী কাব্যতাত্ত্বিক কাঠামো নির্মাণ করেছিল। অবশ্য একাদশ শতকে এই মুক্তমনা, জীবনমুখী কাব্যতাত্ত্বিক ধারা অনেকখানি গুরুত্বহীন হয়ে পড়েছিল। এর জন্য দায়ী ছিল একাদশ শতকের প্রকরণবাদের উদ্ভব যাতে উদারবাদ বিসর্জন দিয়ে 'ধ্বনি' তত্ত্বের চুলচেরা বিশ্লেষণ শুরু হয়েছিল। ধ্রুপদী যুগোত্তর অবক্ষয় কাব্য সমালোচনার কাঠামোটিকে অনেক সংকীর্ণ করে দিয়েছিল। এর ফলে স্তরীভূত সাহিত্যমূল্য নির্ণায়ক ব্যবস্থা অনেক বেশী অনমনীয় হয়ে পড়েছিল। এই অনমনীয় ব্যবস্থা প্রবর্তনের পেছনে ব্রাহ্মণ্য বুদ্ধিজীবী শ্রেণীর ক্ষুদ্র স্বার্থরক্ষার তাগিদ ছিল। তারা 'মার্গ' ধারাগুলির গুরুত্ব চিরকালীন করে দেওয়ার অভিসন্ধি নিয়ে সামাজিক স্তরীকরণ আরো আঁটোসাঁটো করে ফেলেন। অথচ 'মার্গ' সাহিত্য ধারার অবক্ষয় রোধ করার জন্য কোনো সৃজনশীল পন্থা অবলম্বন করার কথা তাঁরা ভাবেন নি।

ইন্দো-ইসলামীয় যুগে 'মার্গ' ধারাগুলি ইসলামীয় সংস্কৃতির প্রভাবে নিমজ্জিত ছিল। এছাড়া 'দেশি' ধারাগুলির প্রতিস্পর্ধী গোষ্ঠীতন্ত্রের আক্রমণে পরাভূত হয়েছিল। কিন্তু ব্রিটিশ ঔপনিবেশিক শাসনের গোড়ার পর্বে 'মার্গ' পরম্পরাগুলি ইউরোপীয় ভারততত্ত্ববিদদের অতি উৎসাহে এক নবজীবন লাভ করেছিল। 'মার্গ' পরম্পরাগুলির রাজনৈতিক গুরুত্ব এবং ভারত ভিত্তিক সাংস্কৃতিক ইতিহাসের রাজনৈতিক মূল্যের মধ্যে স্বাভাবিকভাবেই একটি সাযুজ্য ছিল। সাহিত্যমূল্যের স্তরীকৃত গঠন উভয় জ্ঞানচর্চার ক্ষেত্রে বেশ মানানসই ছিল। কারণ এখানে আত্মমর্যাদাসম্পন্ন ও প্রতিস্পর্ধী আঞ্চলিক ভাষাগুলিকে স্তরবিন্যাসে নীচে রাখা হয়েছিল। অন্যদিকে 'দেশি' ধারাগুলি ও আঞ্চলিক ভাষা সাহিত্য পরম্পরাগুলি ক্রমাগতভাবে স্বাধীন হওয়ার আন্দোলন চালিয়ে যাচ্ছিল। কিন্তু

অদৃষ্টের পরিহাস হল, এই আন্দোলন আরো বৃহত্তর আঞ্চলিকতাবাদের সৃষ্টি করেছিল। এই সংকীর্ণ আঞ্চলিকতাবাদ বিজ্ঞানমনস্কতা বা যুক্তিবাদী আত্ম-বিশ্লেষণের পরম্পরাকে বাদ দিয়েই বেড়ে উঠেছিল। সেই কারণে 'মার্গ' থেকে 'দেশি' তে রূপান্তরের প্রক্রিয়াটি সাহিত্য সমালোচনার জগতে অসম্পূর্ণ রয়ে গিয়েছিল।

ভক্তিবাদ ও তত্ত্বায়ন

ভক্তি আন্দোলনের নন্দনতাত্ত্বিক কাঠামো এক অনন্য রণনীতি হিসেবে ব্যবহৃত হয়েছিল আঞ্চলিক ভাষা-সাহিত্যের অগ্রণী সেনানীদের দ্বারা। এর ফলে সংস্কৃত কাব্যের অনমনীয় প্রথাসমূহ ও অতি শৈলীকৃত ধারাগুলিকে ওলটপালট করার সুবিধে হয়েছিল। একই সঙ্গে ব্রাহ্মণ্যবাদের অধিবিদ্যা ও নীতিবিদ্যা বিষয়ে একচেটিয়া আধিপত্যকে চ্যালেঞ্জ জানানো সম্ভব হয়েছিল। এমনকি আঞ্চলিক আশা আকাঙ্ক্ষার সমীকরণটিকেও একটি সুস্পষ্ট পরিচয় প্রদান করা সম্ভব হয়েছিল। ভক্তি কাব্যধারায় এক বৈপ্লবিক সমাজদর্শন এবং নতুন অধিবাদ ও কলাশাস্ত্রের জন্ম হয়েছিল। বহু আঞ্চলিক ভাষায় ভক্তিকাব্য রচিত হয়েছিল। এই কাব্যধারায় অসাধারণ স্বতঃস্ফূর্ততা পরিলক্ষিত হয়েছিল। অবশ্য এটি একটি আন্দোলন ছিল, কোনো কাব্যধারা নয়। এর একটি নিজস্ব নৈতিক শক্তি ছিল। কিন্তু এটি কখনোই এর মূল্যবোধগুলিকে প্রথাগত তত্ত্বায়নের চেষ্টা করেনি। ভারতীয় সাহিত্যের ইতিহাসে অন্য কোনো যুগে সাহিত্য সমাজজীবনের সাথে এত ওতপ্রোতভাবে জড়িত ছিল না। এমনকি ভক্তিসাহিত্য সমাজজীবনকে যেভাবে প্রভাবিত করেছিল তা আর কোনো যুগে ঘটেনি। 'মার্গ' ও 'দেশি' পরম্পরার প্রচলিত সামাজিক স্তরবিন্যাসের সম্পর্কটিকে ভক্তিসাহিত্য একেবারে ওলটপালট করে দিয়েছিল। এর ফলে ভক্তি আন্দোলন একটি কঙ্কালসার সমাজব্যবস্থার হাড়ে কাঁপুনি ধরিয়ে দিয়েছিল।

দুই মহান আধুনিক ভারতীয় চিন্তাবিদ আনন্দ কে. কুমারস্বামী এবং শ্রী অরবিন্দ সওয়াল করেছেন যে ভারতীয় সভ্যতার হৃদয়ে একটি নান্দনিক নীতি রয়েছে।[৪৮] তাঁদের রচিত গ্রন্থাবলী এই মূল নান্দনিক নীতির অনুসন্ধানে ব্রতী হয়েছিল। কুমারস্বামী ভারতীয় কলাবিদ্যা ও কারুশিল্পের পাঠের মাধ্যমে এই অনুসন্ধান চালান আর অরবিন্দ অতীন্দ্রিয়বাদের সাধনায় এই অনুসন্ধান বজায় রাখেন। ওঁদের যুক্তি ধরে বলা যায় যে বৈদিক সমাজের মূল ভিত্তি ছিল 'বাক্'-

এর ধারণা (অর্থাৎ বাক্‌প্রণালী একটি ক্রিয়া এবং একটি বিমূর্ত ধারণা)। এই বাক্ জাগতিক মহাবিশ্বকে নিয়ন্ত্রণ করত বলে ধরে নেওয়া হত। একইভাবে ধ্রুপদী সাহিত্যোত্তর যুগে শঙ্করাচার্যের (জন্ম ৭৮৮ খ্রি.) *ব্রহ্মসূত্রভাষ্য* গ্রন্থে অদ্বৈত বেদান্ত দর্শনের ধারণাকে সংহত করা হয়েছিল 'স্ফোট' ও 'ধ্বনি' (অর্থাৎ অর্থের বিস্ফোরণ এবং অভিভাবন), এই দুটি মুখ্য ধারণার উপর ভিত্তি করে। অসংখ্য বেদান্ত পণ্ডিত শঙ্করাচার্যের বিখ্যাত উক্তি 'বাকারম্ভানম্ বিকারো'-র (সৃষ্টিশীলতা হল বাক্ প্রণালীর দ্বারা আয়ত্ত করা)[৪৯] উপর মন্তব্য করেছেন। শঙ্করাচার্যের নিজের মন্তব্য এখানে উদ্ধৃত করা প্রয়োজন :

> সেই 'শব্দের' প্রকৃতি কেমন, যেখান থেকে এই বিশ্ব সৃষ্টি হয়েছে বলে ধারণা করা হয় ? পূর্বপক্ষের মতে এই শব্দ হল 'স্ফোট'। বেদের অবিনশ্বর শব্দাবলী থেকে পৃথক পৃথক দেবতার সৃষ্টি হয়েছিল এই ধারণা কোনোভাবে প্রমাণ করা যাবে না কারণ শব্দের উচ্চারণের সাথে সাথেই অক্ষরগুলির বিনাশ হয়। ... সবশেষে এটা দেখা যায় যে 'স্ফোট'ই হল সেই শব্দ। বুদ্ধি যখন শব্দের বিভিন্ন অক্ষরগুলিকে উপলব্ধি করতে পারে তখন সে একেবারে প্রাথমিক ধারণা লাভ করে। আর এই ধারণাগুলি যখন সর্বশেষ অক্ষরের উপলব্ধির মাধ্যমে পরিণত ধারণার জন্ম দেয় তখন 'স্ফোট' 'বুদ্ধি'র নিকট একটি অখণ্ড মানসিক উপলব্ধি প্রক্রিয়াজাত বস্তু হিসেবে ধরা দেয়। এই 'স্ফোট' হল চিরন্তন। এইভাবে জাত শাশ্বত শব্দ 'স্ফোট' প্রকৃতির হয়। এই শব্দের অর্থসূচক শক্তি রয়েছে। যার ফলে সূচিত বস্তুর সৃজন প্রক্রিয়া সম্পূর্ণ হয়। এই সূচিত বস্তু হল এই মহাবিশ্ব, যা বিবিধ ক্রিয়া, ক্রিয়ার মাধ্যম ও ক্রিয়াফলের সমন্বয়ে গঠিত হয়।[৫০]

শঙ্করাচার্যের দর্শনের অন্যতম গুরুত্বপূর্ণ ধারণা হল 'স্ফোট'। এটিই ছিল সনাতন ভারতবর্ষের সবচেয়ে উল্লেখযোগ্য বৌদ্ধিক উপলব্ধি। পূর্বতন সহস্রাব্দের 'বাক্' ও 'স্ফোটে'র মতো 'ভক্তি' প্রায় পাঁচশ বছর ভারতীয় সংস্কৃতির কেন্দ্রবিন্দুতে অবস্থান করেছিল। চতুর্দশ থেকে অষ্টাদশ শতক অবধি ভক্তি আন্দোলনের বিশেষ প্রভাব ছিল। অবশ্য 'বাক্' ও 'স্ফোট' উভয়েই 'মার্গ' পরম্পরাজাত ধারণা ছিল। সেই জায়গায় 'ভক্তি' আঞ্চলিক ভাষা সাহিত্যের 'দেশি' পরম্পরা থেকে সৃষ্টি হয়েছিল। ভক্তি আন্দোলনের মাধ্যমে প্রতিষ্ঠিত সাংস্কৃতিক স্তরবিন্যাস একেবারে ওলট পালট হয়ে গিয়েছিল।

এক ফরাসি পণ্ডিত লুই রেনো (১৮৯৬-১৯৬৬) মম্মতের কাব্যতত্ত্বের আলোচনা করতে গিয়ে যে অন্তর্দৃষ্টির পরিচয় রেখেছেন তা আমাদের ভক্তি আন্দোলনজাত পরিবর্তনের মাত্রা ও তীব্রতাকে সম্যকরূপে উপলব্ধি করতে সাহায্য করবে। রেনো মম্মতের বিখ্যাত গ্রন্থ *কাব্যপ্রকাশ*-এর নিবিড় পাঠ করেছিলেন। এটি ছিল একাদশ শতকে রচিত একটি উল্লেখযোগ্য কাব্য সমালোচনা গ্রন্থ। রেনো এটা প্রমাণ করতে চেয়েছেন যে মাম্মাটের ব্যাকরণ কাঠামো এবং তাঁর কাব্য সমালোচনা কাঠামোর নির্যাসের মধ্যে একটি নিবিড় যোগ রয়েছে।[৫১] এই যুক্তিকে আরো একটু বাড়িয়ে নিয়ে বলা যায় যে ভারতীয় প্রেক্ষিতে নিরন্তর ভাষাতাত্ত্বিক পরিবর্তন ও তার সাথে তাল মিলিয়ে বিভিন্ন ভারতীয় ভাষার উত্থান ও পতন এক কঠোর বাস্তব ছিল। এর থেকে বোঝা যায় যে ভারতীয় বিশ্ববীক্ষার ধারাতেও এই পরিবর্তনের প্রতিফলন দেখা গিয়েছিল। তাই ভক্তি কাব্যরীতির উন্মেষের সঙ্গে অনেকগুলি নতুন ভারতীয় ভাষার আবির্ভাব ঘটেছিল। এই প্রক্রিয়াটি ভারতীয় উপমহাদেশে কিছু মৌলিক পরিবর্তন এনেছিল। সময়, ভাষা ও সত্তার মতো মৌলিক ধারণাগুলির সামাজিক, নান্দনিক ও দার্শনিক দ্যোতনাগুলির মধ্যে বৈপ্লবিক পরিবর্তন এসেছিল।

আঞ্চলিক ভাষা-সাহিত্যের উন্মেষের আগে ভারতীয় পরম্পরায় সময়ের ধারণাটিকে দুভাবে ব্যাখ্যা করা হত।—একটি ছিল দার্শনিক, অন্যটি গাণিতিক। দার্শনিক ধারণাটি অসংখ্য সৃষ্টি সংক্রান্ত পুরাণ ও জীবনের অগ্রগতির কাহিনির মধ্যে খুঁজে পাওয়া যায়। এছাড়াও বিভিন্ন দার্শনিক নিবন্ধের মধ্যেও এই ধারণা নিহিত ছিল। এর মধ্যে বিশেষ উল্লেখ্য ছিল চতুর্থ শতকে জৈন চিন্তাবিদ কুন্দকুন্দের লেখা *প্রবচনসার*। তিনি বিশেষ চাতুর্যের সাথে সময়কে সংজ্ঞায়িত করেন একটি আপেক্ষিক ঘটনা হিসেবে:

> যেমন স্থানের বিভিন্ন মাত্রিক বিন্দু থাকে তেমনই অন্যান্য বস্তু সমূহের (সময় ব্যতীত) মাত্রিক বিন্দু বিদ্যমান। পরমাণুর কোনো মাত্রিক বিন্দু থাকে না। কিন্তু এর মাধ্যমেই মাত্রিক বিন্দুগুলির বিকাশ ব্যাখ্যা করা যায়। আবার একটি মুহূর্তের কোনো মাত্রিক বিন্দু থাকে না। এটি তখনই ঘটে যখন একমাত্রিক বিন্দুযুক্ত একটি বস্তু একটি স্থানের মাত্রিক বিন্দুকে অতিক্রম করে।[৫২]

গাণিতিক হিসেবে সময়কে দেখানো হয়েছে দু'ভাবে। একদিকে চক্রাকার

অগ্রগতির স্থূল কবিত্বময়তার দ্যোতক হিসেবে (দুর্ভাগ্যজনকভাবে এই রূপকটিকেই ভারতবর্ষে সময়ের একমাত্র ধারণা হিসেবে প্রচার করা হত)। অন্যদিকে সময়কে পরিকল্পিত ও বিজ্ঞানসম্মত একটি সরলরৈখিক অগ্রগতি হিসেবে ব্যাখ্যা করা হত। সম্ভবত এইসব ধারণার সবচেয়ে ভালো বিবরণ পাওয়া যায় একাদশ শতকের আরবি চিন্তাবিদ আল বিরুনির স্মৃতিকথার মধ্যে। তিনি ১০৩০ খ্রিস্টাব্দ নাগাদ ভারতবর্ষের বৌদ্ধিক অগ্রগতির বিবরণ অদ্ভুত নৈপুণ্যের সঙ্গে সঠিকভাবে লিপিবদ্ধ করেছিলেন। তাঁর বিশেষ আগ্রহের বিষয় ছিল গণিত ও জ্যোতির্বিদ্যা। তাঁর বইয়ের একটি অধ্যায়ের শীর্ষক ছিল—'On the Dominants of the Different Measures of Time both Religious and Astronomical Relations and on Connected Subjects.'

এই অধ্যায়ে তিনি তদানীন্তন ভারতবর্ষে সময়ের পরিমাপের জন্য বিদ্যমান বিভিন্ন প্রকল্পগুলির উল্লেখ করেছেন :

> স্থিতিকাল বা সাধারণ সময়ের ধারণা কেবলমাত্র জগৎ স্রষ্টার ক্ষেত্রে প্রযোজ্য, তাঁর বয়সের মানদণ্ড হিসেবে। এই ধারণা কোনো শুরু বা শেষের গণ্ডীতে সীমাবদ্ধ নয়। বাস্তবিক, এটি ঈশ্বরের অনন্ত অবিনশ্বরতা। অনেকে প্রায়শই একে আত্মা বলে, অর্থাৎ 'পুরুষ'। কিন্তু সাধারণ সময় সম্বন্ধে বলা যায় যে এটি বাহ্যিক গতির দ্বারা নির্ধারিত হয়। এই সময়ের একক অংশগুলি আত্মা ভিন্ন অন্য জীবিত সত্তার ক্ষেত্রে প্রযোজ্য হতে পারে। এইভাবে 'কল্প' সর্বদাই 'ব্রহ্মের নিরিখে ব্যবহৃত হয় কারণ একে তাঁর দিন ও রাত্রি হিসেবে মান্য করা হয়। এই 'ব্রহ্ম' এর জীবন এর দ্বারা নির্ধারিত হয়। প্রতিটি 'মানবান্তর' এর একটি বিশেষ প্রকাশ থাকে যাকে 'মনু' বলা হয়। এই মনুকে কতকগুলি বিশেষ গুণের আধার হিসেবে বর্ণনা করা হয়েছে। এ বিষয়ে পূর্ববর্তী একটি অধ্যায়ে বিশদ আলোচনা করা হয়েছে। অন্যদিকে আমি চতুর্যুগ বা যুগ সম্বন্ধে কোনো বিশেষ প্রকাশের ব্যাপারে কখনো কিছু শুনিনি।[৫৩]

আল বিরুণির লেখার শেষ উদ্ধৃতিটি সাংখ্য দর্শনকে সূচিত করে। এখানে মানব বিবর্তনের প্রক্রিয়াটি 'উল্টো করে' ব্যাখ্যা করা হয়েছে। সত্যযুগ থেকে কলিযুগ একটি আলোকময় যুগ থেকে অন্ধকারাচ্ছন্ন যুগে প্রবেশের কথা বলা হয়েছে। একথা উল্লেখ করা দরকার যে একাদশ শতকের পরে *সাংখ্য* দর্শনের

কিছু সংশোধন করা হয়। এর ফলে সময়ের আদি ধারণাটিকে বর্জন করা হয়।[৫৪] অন্যদিকে, আঞ্চলিক ভাষা-সাহিত্যের উন্মেষের ফলে সময়ের ধারণায় একটি নতুন দৃষ্টিভঙ্গি যুক্ত হয়। *জ্ঞানেশ্বরীর* শেষ অংশ *পাসায়দান* প্রতিটি মানুষের ক্ষেত্রে এক উজ্জ্বল ভবিষ্যতের জোরালো আশা ব্যক্ত করে। নতুন ভাষাগুলির ক্ষেত্রে ধীরে ধীরে বর্তমান কালের পাশাপাশি স্বতন্ত্রভাবে অতীত ও ভবিষ্যৎ কালের জোরালো ধারণা গড়ে উঠতে থাকে। ঐতিহাসিকদের লেখা থেকে জানতে পারি এই সন্ধিক্ষণে নতুন ধরনের ঐতিহাসিক লেখা প্রকাশ হতে থাকে। অনেক ছোট ভৌগোলিক অঞ্চল থেকেও লেখা প্রকাশিত হয় — যেমন, কাশ্মীর ও নেপাল।[৫৫] কলহনের *রাজতরঙ্গিনী* (দ্বাদশ শতক, সংস্কৃত ভাষা) ও হেমচন্দ্রের *পরিশিষ্টপার্বন* (দ্বাদশ শতক, সংস্কৃত ভাষা) ইতিহাসাশ্রয়ী কাহিনীর দুটি উজ্জ্বল দৃষ্টান্ত। ভারতে ইসলামীয় সংস্কৃতির প্রবেশের সাথে সাথে ইতিহাস চর্চার ভিত সুদৃঢ় হয়। এই সময় চতুর্দশ শতকে জিয়াউদ্দিন বারণীর লেখা অনন্য ঐতিহাসিক গ্রন্থ *তারিখ-ই-ফিরোজশাহী* (১৩৫৭) প্রকাশিত হয়েছিল।

ইতিহাস চর্চায় এই নতুন উৎসাহের বিষয়টি আঞ্চলিক ভাষা সংস্কৃতির একটি নতুন দিক্ নির্দেশ করে। বিশেষ করে সময় ও ঐতিহ্যের ধারণাগুলির সঙ্গে একটি প্রায়োগিক সম্পর্কের ভিত রচিত হয়েছিল। একইভাবে ভক্তি আন্দোলনের যুগে ভাষা ও মানবসত্তার ধারণাগুলি আমূল পরিবর্তিত হয়েছিল। আঞ্চলিক ভাষা-সংস্কৃতির মূল অভিঘাত ছিল এইসব ধারণাগুলির একটি মানবিক মুখ তৈরি করার। সংস্কৃত 'দেবভাষা'কে বর্জন করে মাতৃভাষায় সাহিত্যসৃষ্টির কাজ শুরু হয়। শংকরাচার্য প্রণীত 'ব্রহ্মণ' এবং 'আত্মন' এর নৈর্ব্যক্তিক দার্শনিক ধারণাগুলি বাতিল করা হয়। সেই জায়গায় ভগবান ও ভক্তের মধ্যে একটি নিবিড় সম্পর্কের কথা কল্পনা করা হয়। এইভাবে এক সন্ত-কবি মীরাবাঈ তাঁর গোপালক ঈশ্বর কৃষ্ণকে জীবনসঙ্গী হিসেবে কল্পনা করে ভজন রচনা করেছেন (মেরে তো গিরিধর গোপাল / দুস্‌রো না কোঈ)। এমনকি মানুষের আধ্যাত্মিক জীবনকেও একটি পারিবারিক সম্পর্কের আদলে দেখা শুরু হল। কৃষ্ণ সেখানে পতি বা দয়িত, ভিত্তল বা জ্ঞানদেব সেখানে জননী (মৌলি) আর ভক্তরা কখনো সন্তান আবার কখনো কৃষ্ণের সখা।

সাম্প্রতিককালে প্রকাশিত একটি মনস্তাত্ত্বিক সমীক্ষায় ভারতীয় সমাজে ভক্তির ধারণাটিকে খুব গভীরভাবে বিশ্লেষণ করা হয়েছে। ভারতীয় শৈশব নিয়ে আলোচনা করতে গিয়ে সুধীর কক্কর কৃষ্ণভক্তির উপর অনেক মন্তব্য করেছেন।

মানুষের মনোজগতের বিশৃঙ্খল প্রবৃত্তিগুলির অপসারণের ক্ষেত্রে ভক্তি একটি গুরুত্বপূর্ণ মাধ্যম বলে তিনি ব্যাখ্যা করেছেন।

> ভক্তির মনোসামাজিক অর্থ হল এটি 'গণতান্ত্রিক' কল্পনাপ্রবাহকে কাজে লাগানোর একটি গুরুত্বপূর্ণ মাধ্যম। এর ফলে কঠিন শৃঙ্খলাপাশে আবদ্ধ ও অত্যন্ত স্তরীকৃত সমাজব্যবস্থার বাহ্যিক ও অভ্যন্তরীণ দমনপীড়নের ধারাগুলি থেকে মুক্তি সম্ভব ছিল। কৃষ্ণ উপাসনার মাধ্যমে সনাতন ব্যবহারবিধির পাশ থেকে বিভিন্ন গোষ্ঠীর মধ্যে সম্পর্ক, বিভিন্ন প্রজন্মের মধ্যে সম্পর্ক ও নরনারীর সম্পর্কের মুক্তি ঘটানো সম্ভব হয়েছিল।[৫৬]

কক্কর কৃষ্ণ প্রতীকতাকে একটি কার্যকরী মাধ্যম হিসেবে দেখাতে চেয়েছেন। মনের মধ্যে জমে থাকা বিশৃঙ্খল ও প্রবৃত্তিজাত শক্তিগুলিকে অপসারণের এক গুরুত্বপূর্ণ মাধ্যম ছিল কৃষ্ণনাম। কক্করের ব্যাখ্যা থেকে বোঝা যায় জনপ্রিয় ভক্তিকাব্যের এই কেন্দ্রীয় প্রতীকতার নির্বাচন কোনো বিচ্ছিন্ন ঘটনা ছিল না। এই নির্বাচন আধিপত্যবাদী ও অতিরক্ষণশীল মার্গ পরম্পরার বিরুদ্ধে উল্লম্ব, আঞ্চলিক দেশীয় সংস্কৃতির প্রতিষ্ঠাকেই মান্যতা দিয়েছিল। অবশ্য কৃষ্ণভক্তিই এই সময়ের একমাত্র ভক্তিরীতি ছিল না। হিন্দীভাষার কবি তুলসীদাস ও মারাঠী কবি রামদাস রামচন্দ্রকে ভক্তিভাবে উপাসনা করেছিলেন। সুফি কবিরা এক আদর্শ স্ত্রী-সুলভ আদর্শের কথা লিখেছিলেন। আর মারাঠিতে দত্ত-অর্চনা সাহিত্যের এক শক্তিশালীপরম্পরার উন্মেষ ঘটে। অবশ্য এ কথা অনস্বীকার্য যে শিশু দেবতা কৃষ্ণের সহজাত আকর্ষণ ভক্তিবাদের মুখ্য দৃষ্টান্ত হয়ে উঠেছিল।

ভক্তিযুগে ভারতের বিভিন্ন অঞ্চলে কৃষ্ণভক্তির অনেক আঞ্চলিক বৈচিত্র্য বিপুল জনপ্রিয়তা অর্জন করেছিল। মথুরা ও বৃন্দাবনের পরিমণ্ডলে কৃষ্ণের জীবনকেন্দ্রিক অনেক পৌরাণিক কথা ছড়িয়ে পড়েছিল। মহারাষ্ট্রে কৃষ্ণের আঞ্চলিক রূপ ভিট্‌ঠল বা ভিঠোবা-র উপাসনা হত। পান্ধারপুরের দেবতা ভিঠোবাকে ঘিরে 'ভারাকারি' সম্প্রদায় সৃষ্টি হয়েছিল। এই সম্প্রদায়ের ধর্মগ্রন্থের মধ্যে জ্ঞানদেব, নামদেব, একনাথ ও তুকারামের মতো শ্রেষ্ঠ মারাঠি কবিদের কবিতা অন্তর্ভুক্ত হয়েছিল। বেশির ভাগ আঞ্চলিক ভাষা-সাহিত্যে কৃষ্ণের জীবনকাহিনী কবিদের প্রেরণার উৎসস্থল হিসেবে বিবেচিত হত। বিশেষত কৃষ্ণজীবনের যে সব ঘটনা কামনা বাসনা ও অবচেতনের অনুভূতিগুলো তুলে

ধরত সেগুলো কাব্যের উপাদান হিসেবে সাদরে গৃহীত হত। কৃষ্ণের সাথে রুক্মিনির আবেগমদির পরিণয় পর্ব নিয়ে অজস্র কবিতা লেখা হয়েছিল। এই ভক্তিসাহিত্যের ব্যাপক প্রচার ও প্রসারের ফলে ভারতীয় সমাজে ইসলামীয় শাসনকালের মধ্যগগনে এক জটিল কিন্তু মৌলিক পরিবর্তন সূচিত হয়েছিল। ভক্তি আন্দোলন সমাজ জীবনের কোনো একটি বিষয়ে সীমাবদ্ধ ছিল না। এটি ছিল এক বিমিশ্র ধারণা এবং সর্বব্যাপী আন্দোলন যা মার্গ পরম্পরার বিকল্প হিসেবে মধ্যযুগীয় ভারতবর্ষে উদ্ভুত হয়েছিল। সংস্কৃত কাব্যতত্ত্বের অত্যধিক আড়ম্বরপূর্ণ ব্যবস্থার বিরুদ্ধে এ ছিল এক মূর্তিমান প্রতিবাদ।

ভাষা-সাহিত্যের উন্মেষের এক স্বাভাবিক ফলশ্রুতি হল ভক্তি কাব্যধারার পরিপুষ্টি। ভক্তি এক ধরনের ভাবপ্রবণতার অর্গল মুক্ত করে দেয় যা ধ্রুপদী ভারতীয় সাহিত্যে প্রথাসর্বস্বতার চাপে বোতলবন্দী ছিল। এই শ্বাসরোধী ব্যবস্থার বিরুদ্ধে বিদ্রোহ ঘোষণা করে ভক্তিসাহিত্য। এইভাবে ভক্তিসাহিত্য নিজেই এমন বৌদ্ধিক কাঠামো নির্মাণ করে যা যুক্তিবাদী ধ্যানধারণার ভিত্তির উপর প্রতিষ্ঠিত।

এই আন্দোলনের একটি বৈপ্লবিক সামাজিক ও সাহিত্যিক অভিমুখ ছিল। কিন্তু এই মনোভাবটি পল্লবিত হয়েছিল প্রতীকীবাদ ও অতীন্দ্রিয়বাদের পথ অনুসরণ করে। একটি বৌদ্ধিক প্রকরণ নির্মাণ করার জন্য যে যুক্তিবাদী কাঠামো প্রয়োজন ছিল তা এই আন্দোলনে পাওয়া যায়নি। স্বভাবত ভক্তি কাব্যধারায় সেভাবে তাত্ত্বিক সমালোচকদের উল্লেখ পাওয়া যায়না যাঁরা এর কাব্যতাত্ত্বিক কাঠামো সুবিন্যস্ত করেছিলেন। মাঝে মাঝে ভক্তি আন্দোলনের সঙ্গে চতুর্থ শতকে বিরচিত ভরতের 'রস' ধারার যোগসূত্র স্থাপন করার কিছু দুর্বল উদ্যোগ নেওয়া হয়েছিল। এটা এমন এক সময় যখন ভারতবর্ষে বারুদ, কাগজ ও ইসলামের অনুপ্রবেশ ঘটেনি। ভরতের 'নাট্যশাস্ত্রে' আট রকমের 'রস'-এর উল্লেখ আছে, নাটক ও কবিতার সঙ্গে সম্পৃক্ত ভাবরাশিকে চিহ্নিত করার জন্য। পরবর্তী সংস্কৃত তাত্ত্বিকরা এই তালিকায় নবম রস সংযোজন শুরু করেন। এই রসের নাম 'শান্তরস'। এই রসটিকে অন্যসব রসের উৎসমুখ হিসেবে বর্ণনা করা হয় যা *মহাভারত*-এর মতো একটি মহাকাব্য উদ্রেক করতে পারে। অবশ্য ভক্তি কাব্যধারার সংস্কৃতায়নের প্রক্রিয়াটিও শুরু হয়ে গেছিল। প্রাচীন বৃহৎ পরম্পরার সমর্থক লেখক ও অতীন্দ্রিয়বাদীরা এই প্রয়াস শুরু করেন। এই প্রয়াসধারার সবচেয়ে উল্লেখযোগ্য নাম রূপ গোস্বামী (১৪৭০-১৫৫৪)। তাঁর *ভক্তিসামৃত* গ্রন্থে রূপ গোস্বামী ভক্তিকে এক নান্দনিক আনন্দ হিসেবে অভিহিত করেন। এটি

অর্জন করা যায় 'মধুর রতি'র মাধ্যমে যা আদতে কৃষ্ণপ্রেম মিলনরাগের তূরীয় আনন্দপ্রাপ্ত দশা। এই নতুন রস বর্ণনা করতে গিয়ে তিনি ভরত কৃত তাত্ত্বিক কাঠামোর উল্লেখ ও অভিনবগুপ্ত কৃত ব্যাখ্যানের বিশদ বিবরণ দেন। তাই কোনো নতুন তত্ত্ব খাড়া করা হয়নি। বরং একটি পুরনো তত্ত্বকে সম্প্রসারিত করা হয়েছে যা রূপ গোস্বামীর জীবদ্দশায় অন্তত বারোশ বছর আগে প্রণয়ন করা হয়েছিল। এই সুদীর্ঘ ব্যবধানে অধিকাংশ মৌলিক ধারণার জগতে অনেক পরিবর্তন হয়েছিল। উদাহরণ স্বরূপ, ভরতের নাট্যশাস্ত্রে একটি গুরুত্বপূর্ণ নান্দনিক অনুভূতি হল 'শৃঙ্গার' (নরনারীর সম্পর্ক)। তাঁর সময়ে 'শৃঙ্গার'-এর একটি বৈধ রূপ ছিল গান্ধর্বমতে বিবাহ। 'রাক্ষসবিবাহ'—বলপূর্বক বিবাহ-'শৃঙ্গার'-এর একটি গ্রহণযোগ্য রূপ ছিল। কিন্তু আলাউদ্দিন খিলজির মৃত্যুর পরে (১৩১৬ খ্রি.) বহিরাগত শত্রুর হাতে স্ত্রীলোকের সম্মানহানির ফলে 'শৃঙ্গার'-এর ধারণা পাল্টে 'করুণ' রসে পরিবর্তিত হয়। এমনকি 'শোক' রস হিসেবেও তা পরিচিত লাভ করে। যখন 'শৃঙ্গার' রসের ধারণা করা হয়েছিল তখন সমাজে নরনারীর সম্পর্কের মধ্যে অনেক স্বাধীনতা ছিল। কিন্তু ইসলামীয় যুগের গোড়ার দিকে এই স্বাধীনতা একেবারে বিলুপ্ত হয়। এর কারণ এই সময়ে নারী নির্যাতনের ঘটনা অনেক বেড়ে যায়। পূর্বে রাক্ষসবিবাহ, গান্ধর্ববিবাহ প্রভৃতি 'শৃঙ্গার' কাব্যের বিষয়বস্তু ছিল। কিন্তু এখন এই ধরনের বিবাহ খুব হিংস্র বা মর্মন্তুদ অভিজ্ঞতা হিসেবে পরিগণিত হতে শুরু করে। তাই এই ধরনের আমূল পরিবর্তিত সাংস্কৃতিক প্রেক্ষিতে রসতত্ত্বের ব্যবহার এক নিরর্থক প্রক্রিয়ায় পর্যবসিত হয়েছিল। একথা বলা নিষ্প্রয়োজন, রূপ গোস্বামীর তত্ত্ব আদতে ভক্তি সাহিত্যধারাকে সংস্কৃত সম্পৃক্ত মান্যতা দেওয়ার ক্ষেত্রে একটি উল্লেখযোগ্য পদক্ষেপ ছিল। পি. ভি. কানের মত অনুসারে, "রূপ গোস্বামী তাঁর তাত্ত্বিক কাঠামোর উপাদান হিসেবে কৃষ্ণাশ্রয়ী ভক্তি মতবাদকে সংস্কৃত রসতত্ত্বের সজ্জা ও বাগ্‌বৈশিষ্ট্যে সমৃদ্ধ করে তুলতে প্রাণিত হয়েছিলেন।"[৫৭] অবশ্য তাঁর রসতত্ত্বের আলোচনার পরিধি যথেষ্ট সংকীর্ণ ছিল এবং সংস্কৃত কাব্যতত্ত্বের পূর্বতন 'রস' ও 'ধ্বনি'র তত্ত্বগুলিকে বাদ দিয়ে বিকল্প মতবাদ গড়ে তোলার মতো শক্তিশালী ছিলনা।

যেহেতু ভক্তিকাব্যের একমাত্র লক্ষ্য ছিল মার্গ পরম্পরাকে চ্যালেঞ্জ করা তাই সাধারণভাবে যেকোনো তাত্ত্বিক কাঠামোর প্রতি এর এক সহজাত উদাসীনতা ছিল। ভক্তিকাব্য শৈলী এবং শব্দ নির্বাচনের ক্ষেত্রে বহু পরীক্ষা নিরীক্ষা চালিয়েছিল এবং প্রায় প্রতিটি প্রতিষ্ঠিত কাব্যরীতিকে অন্য রীতি দিয়ে

প্রতিস্থাপিত করেছিল। কিন্তু এটি কখনোই একটি সর্বৈব নতুন কাব্যরীতির উদ্ভাবন করেনি। যদি কখনো বা সংস্কৃত বৌদ্ধিক পরম্পরায় লালিত পণ্ডিতরা নতুন কিছু করার প্রয়াস নিতেন তা খুব বেশি পরিমাণে পরিব্যাপ্ত ও তাত্ত্বিকভাবে দুর্বল হয়ে পড়ত। মধুসূদন সরস্বতী রচিত *ভক্তি রসায়ন* ছিল এই ধরনের এক প্রয়াস। এই গ্রন্থ সম্বন্ধে বলতে গিয়ে আর. বি. পতঙ্কর বলেছেন যে সাধারণীকরণের ধারণাকে ভক্তিবাদী তাত্ত্বিকরা বিভ্রান্ত করে দিয়েছেন। ধ্রুপদী সংস্কৃত কাব্যতত্ত্বে যেভাবে একে সংজ্ঞায়িত করা হয়েছে তার থেকে ভক্তিবাদী ধারণা অনেকখানি বিচ্যুত হয়েছিল।

> প্রাত্যহিক জীবনে দুষ্মন্তকে আমরা এক ব্যক্তি হিসেবে দেখি। নাটকের অভিজ্ঞতায় আমরা দেখি এক বিশ্বজনীন দুষ্মন্তকে। এই দুষ্মন্ত মনুষ্যজাতির প্রতিনিধি। কিন্তু কৃষ্ণের ক্ষেত্রে আমরা কি ধরনের বিশ্বজনীনতার কথা ভাবব ? তিনি তো কবিতা ও নাটকে অনেক আগে থেকেই সর্বজনীন হয়ে আছেন। কৃষ্ণকে বিধেয় করে যে ভক্তিভাবের প্রকাশ তা সহজাতভাবেই 'ভক্তি-রস' হিসেবে অভিহিত। এক 'ভক্ত' স্বয়ংক্রিয়ভাবে এক 'রসিক' হয়ে ওঠেন। যদি সাহিত্য পাঠের অভিজ্ঞতার সবচেয়ে উল্লেখযোগ্য বৈশিষ্ট্য হয় 'আনন্দ' তাহলে 'ভক্তিরস' হল সর্বোত্তম 'রস' কারণ কৃষ্ণের স্বভাব হল অবিমিশ্র আনন্দ। তিনি হলেন এই বিশ্বব্রহ্মাণ্ডের পরম অন্তঃস্বর।[৫৮]

তাই ভক্তিকাব্যের প্রেক্ষিতে ভক্তিরস একটি টেকসই সাহিত্যতত্ত্ব হয়ে উঠতে পারত। অবশ্যই যদি ভরতের মতো এই মতবাদও 'সর্বজনীনতার' সমস্যার সমাধান করতে পারত। আসলে ভক্তিকাব্যের তাত্ত্বিকদের মধ্যে এই ধরনের দার্শনিক প্রজ্ঞার অভাব ছিল। তাঁদের লক্ষ্য ছিল সব ধরনের নতুন অভিজ্ঞতাকে এক প্রাচীন কাঠামোর আদলে মুড়ে ফেলা। এক বিদ্যমান পরম্পরার সম্প্রসারণ, এক প্রাচীন পরম্পরার অনুবর্তন।

ভক্তিসাহিত্যের এই তাত্ত্বিক অ-দক্ষতার ফলশ্রুতি হিসেবে ভারতীয় সাহিত্য সমালোচনার পরম্পরায় কোন ঐক্যবদ্ধ বৌদ্ধিক প্রকরণ গড়ে ওঠেনি। বিশেষত ভাষা সাহিত্যের উন্মেষের পর থেকে এই ধরনের কোনো মেলবন্ধন লক্ষিত হয়নি। এক্ষেত্রে অবশ্য 'discourse' বা 'প্রকরণ' শব্দটির সংজ্ঞা পাওয়া যায় পাণিনি রচিত গ্রন্থ *সূত্রপথ* (চতুর্থ শতক খ্রিস্টপূর্ব)-এ। নিম্নোক্ত বিতর্কের মধ্যে এই সংজ্ঞাটি নিহিত আছে:

পূর্বপক্ষিন: 'উপদিষ্ট শব্দের অর্থ কী ?
সিদ্ধপক্ষিন: উচ্চারিত।

পূ: এর এই অর্থ কিভাবে হল ? কার দ্বারা উচ্চারিত ?

সি: শিষ্টগণ দ্বারা।

পূ: শিষ্ট কারা ?

সি: ব্যাকরণবিদ্‌গণ।

পূ: কিভাবে ?

সি: 'শিষ্ট'র চরিত্র কোন ব্যক্তির উপর আরোপিত হয় যখন তার শাস্ত্রজ্ঞান লাভ হয়। আর ব্যাকরণবিদেরা ব্যাকরণের বিজ্ঞান জানেন।

পূ: যদি কোনো ব্যক্তি ব্যাকরণ দ্বারা 'শিষ্ট' হয় এবং ঐ ব্যাকরণ যদি মানুষটির শিষ্ট হওয়ার উপর নির্ভর করে, এটা একটা চক্রবৎ যুক্তিজাল। বৃত্তস্থ কোনো তর্ক ধারণ করেনা ...

সি: ঠিক আছে। এখন এটা বলা যায় যে 'শিষ্ট' ব্যক্তির চরিত্র কারোর উপর আরোপিত হয় যদি যে দেশে সে বাস করে সেই দেশ তা অনুমোদন করে।[৫৯]

এখানে পাণিনি বলতে চেয়েছেন যে সামাজিক স্বীকৃতি ছাড়া জ্ঞান কখনো প্রকৃত জ্ঞানের মর্যাদা লাভ করেনা। বৌদ্ধিক প্রকরণগুলি সবই সমাজ স্বীকৃতি কাঠামো। এগুলি অবশ্যই 'উপদিষ্ট' বা সুশৃঙ্খল। পাণিনির আলোচনা ছিল ভাষাজ্ঞানের প্রণালী সম্বন্ধীয়। তিনি যেকোনো প্রকরণের তিনটি ন্যূনতম শর্তাবলীর উল্লেখ করেছেন। এটি অবশ্যই বাহ্যিক কোন কিছুর বিষয়ে জ্ঞান অর্জন করবে। এটি অবশ্যই একটি জ্ঞানঋদ্ধ প্রণালী হিসেবে সামাজিক বৈধতা অর্জন করবে। 'প্রকরণ'-এর এই সংজ্ঞাকে যথেষ্ট মনে করে এটা বলা যেতে পারে যে, সাহিত্য সমালোচনার ধারা তখনই এক বৌদ্ধিক প্রকরণের মর্যাদা অর্জন করে যখন তা এক বিদ্যমান সাহিত্যকীর্তির সম্ভার, একটি সুবিন্যস্ত তাত্ত্বিক কাঠামো এবং এই দুইয়ের সামাজিক স্বীকৃতির প্রতিচ্ছেদ বিন্দুতে অবস্থান করে।

ভক্তি আন্দোলনের ফলে এক সমৃদ্ধ সাহিত্যভাণ্ডার তৈরি হয়েছিল। এই সাহিত্যের মধ্যে তীব্র ভক্তিভাবের প্রকাশ ছিল। কিন্তু সেভাবে কোনো সচেতন সমালোচনার ধারা তৈরি হয়নি। এই আন্দোলন সাহিত্যে কোনো নতুন তত্ত্বের

জন্ম দিতে পারেনি। এর একটা মুখ্য কারণ ছিল 'দেশি' ও 'মার্গ' পরম্পরাগুলির জটিল সমন্বয় ব্যবস্থার ভাঙ্গন। সমাজতাত্ত্বিক দৃষ্টিভঙ্গী থেকে দেখলে ভক্তিকাব্য ব্রাহ্মণ্যবাদের একচেটিয়া প্রভুত্বকে চ্যালেঞ্জ জানিয়েছিল। এর মাধ্যমে শোষিত শ্রেণীর মানুষ ব্রাহ্মণ্যবাদের সাংস্কৃতিক ও শাস্ত্রীয় জ্ঞানগরিমাকে প্রশ্নের মুখে দাঁড় করিয়েছিল। এই চ্যালেঞ্জ অবশ্য সাধারণ জ্ঞান বিতরণ প্রক্রিয়াকে সেভাবে খর্ব করতে পারেনি।

ভারতীয় ইতিহাসের মধ্য শতকগুলিতে বিদ্যালয় ও উচ্চশিক্ষার প্রতিষ্ঠানগুলিতে প্রথাগত শিক্ষাদানের ব্যবস্থাটি ধ্রুপদী যুগের মতোই ব্রাহ্মণ্য শ্রেণীর নিয়ন্ত্রণে ছিল। ভক্তি আন্দোলনের উত্থানের সাথে সাথে এই নিয়ন্ত্রণ আরো কঠোর হয়। পূর্ববর্তী যুগগুলিতে ভারতীয় দর্শন ও বৌদ্ধিক আন্দোলনগুলি একটি সম্মানজনক বিদ্যাচর্চার আসন দখল করেছিল। যেমন, পাণিনি ও শংকর তাঁদের শিক্ষাবিজ্ঞানগত পদ্ধতিগুলি যত্নসহকারে উল্লেখ করেছিলেন। তাঁরা চেয়েছিলেন এইসব চিন্তারীতি যেন পরবর্তী প্রজন্মের মধ্যে সঞ্চারিত হয়। এই ধরনের যথাযথ বিদ্যাচর্চা ধারার প্রতিস্পর্ধী ধারণা হিসেবে ভক্তি-কবিরা নিজেদের দর্শন প্রতিষ্ঠা করেন। জীবনের সত্য উপলব্ধির লক্ষ্যে প্রথাগত জ্ঞানচর্চার অনুশীলনকে তাঁরা প্রতিবন্ধকতা হিসেবে মনে করতেন। জীবনের নতুন উপলব্ধিগুলিকে হৃদয়ঙ্গম করার জন্য এইসব অপরিবর্তনীয় পুরনো রূপগুলিকে তাঁরা প্রত্যাখান করেছিলেন। রামদাসের লেখা *দাসবোধ* এই ধরনের জীবনবোধের এক উজ্জ্বল দৃষ্টান্ত। এখানে প্রথাগত শিক্ষার প্রতি এক অশ্রদ্ধ মনোভাবের প্রকাশ ঘটেছে। তাঁর গ্রন্থের দ্বিতীয় খণ্ডের দশম অধ্যায়ে মোট একচল্লিশটি অতীব সুন্দর কবিতামালা রয়েছে। এখানে এই সপ্তদশ শতকের মারাঠি সাধক-কবি 'পঢ়তমূর্খ' ব্যক্তির গুণাবলী ব্যাখ্যা করেছেন। ইনি এমন এক ব্যক্তি যাঁর ব্যবহারিক জ্ঞান আছে কিন্তু প্রজ্ঞা নেই। তাঁর বর্ণনা এইরূপ: "নাহি ভক্তিচে সাধন, নাহি বৈরাগ্য না, ভজন, ক্রিয়াবিনা বোলে ব্রহ্মগণনা, তো একা পঢ়তমূর্খ" (এক গ্রন্থকীট মূর্খ হল সেই ব্যক্তি যে সমস্ত বিধৃত জ্ঞানকে আয়ত্ত্ব করেছে অথচ বিন্দুমাত্র ভক্তি, বৈরাগ্য, ভজন ও সৎকর্ম সম্পাদন করতে পারেনি)।[৬০]

সাহিত্যের মধ্যে এই শ্রেণীসংগ্রাম শুরু হয়েছিল তদানীন্তন পৃষ্ঠপোষকতার বিন্যাসের উপর ভিত্তি করে। ভক্তি আন্দোলনের শতকগুলিতে রাজনৈতিক কাঠামোগুলি একেবারেই সামন্ততান্ত্রিক ধাঁচে গড়ে উঠেছিল। যদিও উপমহাদেশের কেন্দ্রীয় শাসন কাঠামোয় অনেক অনৈক্যের সুর ছিল, তবুও সব শাসকেরাই

জনগণের মতানৈক্যের পরিস্থিতিকে সবসময়েই ভয় পেতেন। যে শ্রেণী তদানীন্তন সাহিত্য সৃষ্টির পৃষ্ঠপোষকতা করত সেই শ্রেণী ভক্তিসাহিত্যকে গ্রহণ করতে চায়নি। ভক্তি সাহিত্যের প্রতি এই তীব্র রাজনৈতিক বিরোধিতার একটি চরম দৃষ্টান্ত হল নানকের পরে শিখদের সম্পূর্ণ উন্মূলন। অন্য দৃষ্টান্তটি পাওয়া যায় আরো পাঁচ শতক আগে। কন্নড় বীরশৈব ভক্তি সম্প্রদায়ের উপর নিষ্ঠুর সামন্ততান্ত্রিক আঘাত নেমে আসে। এই সম্প্রদায়ের উল্লেখযোগ্য নেতা ছিলেন আল্লামা প্রভু ও বাসবান্না।

বাসবান্নার অনেক কবিতায় এই অত্যাচারের নিদর্শন পাওয়া যায়।

আমি ব্যভিচারে লিপ্ত হতে গিয়েছিলাম
কিন্তু আমি পেলাম শুধু কৃত্রিমতা
আমি একটি ভাঙ্গা দেয়ালের পেছনে গিয়েছিলাম
কিন্তু বৃশ্চিক আমায় দংশন করেছিল।
যে প্রহরী আমার আর্তনাদ শুনেছিল।
সে শুধুমাত্র আমার পোশাক খুলে নিয়েছিল।
আমি লজ্জায় বাড়ি ফিরেছিলাম
আমার স্বামী আমার পেছনে মঙ্গলের বোঝা চাপাল।
আর সবকিছু, হে নদীসঙ্গমের ঈশ্বর
রাজা জরিমানা হিসেবে কেড়ে নিল।[৬১]

মার্গ পরম্পরা ভক্তি আন্দোলনের ধর্মীয় বার্তাটিই গ্রহণ করেছিল। এর প্রতিস্পর্ধী আধ্যাত্মিকতাকে উপেক্ষা করা হয়েছিল। তাই মধ্য শতকগুলি জুড়ে সংস্কৃতনির্ভর প্রথাগত শিক্ষাকেই শাসক শ্রেণী নিরবচ্ছিন্নভাবে পৃষ্ঠপোষকতা প্রদান করেছিল। যখন মুসলমান শাসনকাল শুরু হল তখন সংস্কৃতের সঙ্গে ফারসি ও আরবি ভাষাকেও যুক্ত করা হল। অন্যভাবে বললে, প্রথাগত শিক্ষা মার্গ পরম্পরার অন্তর্ভুক্ত ছিল। অন্যদিকে জীবনের জটিলতার অভিজ্ঞতার উপলব্ধি ও উচ্চারণ শুধুমাত্র দেশি পরম্পরার নিজস্ব ভাষারীতির মধ্যে দিয়েই প্রকাশিত হয়েছিল।

ভক্তি সাহিত্যে সমালোচনার ধারার উন্মেষ ঘটেনি। এর মূল কারণ ছিল জীবনযাপনের অভিজ্ঞতা ও প্রথাগত জ্ঞানের মধ্যে বিস্তর ফারাক। আঞ্চলিক ভাষায় সাহিত্য সৃষ্টি হচ্ছিল অথচ সাহিত্য সমালোচনার ধারা সংস্কৃত ভাষাতেই

বেঁচে ছিল। সাহিত্য ইতিহাসের পাশ্চাত্য ধারণায় লালিত হওয়া কোনো আধুনিক মননের মানুষের কাছে এ এক কঠিন ধারণা। এই অদ্ভুত পরিস্থিতির সাধারণভাবে গ্রহণযোগ্য বর্ণনায় বলা হয় যে এটি একটি ব্যর্থতা, অসুস্থতা, শূন্যতা এবং অপারগতা। অবশ্য এইসব মূল্যায়নের নিরিখে এটা বলা ঠিক হবে না যে প্রায় পাঁচশ বছর ধরে ভারতীয় সাহিত্যে কোনো সমালোচনার ধারা গড়ে ওঠেনি। আঞ্চলিক ভাষা-সাহিত্যে প্রথম শ্রেণীর রচনা প্রকাশিত হয়েছে। আর এইসব সৃষ্টি সমালোচনার মানদণ্ডকে অস্বীকার করেনি। বরং এ ব্যাপারে যথেষ্ট অবহিত ছিল। বস্তুতপক্ষে এটা বলা যথার্থ হবে যে, সাহিত্য সমালোচনা কখনো একটি বিশেষ প্রকরণে আবদ্ধ ছিলনা। সাহিত্যরস আস্বাদনের বৌদ্ধিক কাঠামোর একটি একভাষিক পদ্ধতি হিসেবে কখনোই সমালোচনার পরম্পরাকে সীমায়িত করা হয়নি। বরং এটি একটি বহুসাংস্কৃতিক ও বহুভাষিক উদ্যোগ হিসেবে পরিচিতি লাভ করেছিল। বহুসংস্কৃতিবাদ ও বহুভাষিকতাকে কখনো সাংস্কৃতিক বিপর্যয় ও রুগ্নতার লক্ষণ হিসেবে দেখা উচিত নয়। পাশ্চাত্য সাহিত্য ইতিহাসে এই ধরনের কোনো নজির না থাকাকেই এই সংস্কৃতির ব্যর্থতা হিসেবে তুলে ধরা ঠিক নয়। প্রাথমিকভাবে এগুলি ছিল রাজনৈতিক ও সামাজিক দায়বদ্ধতা। ভক্তিবাদ এগুলিকে বৈধতা ও ব্যবহারিক উপযোগিতার দৃষ্টিকোণ থেকে তুলে ধরেছিল। সত্যি কথা বলতে কি এটি ছিল ভারতীয় সাহিত্য চেতনায় ভক্তিযুগের এক অনন্য সংযোজন। ভক্তিসাহিত্য এই ধরনের বহুভাষিকতার সঙ্গে সম্পূর্ণভাবে একাত্ম হয়ে গিয়েছিল। ব্রিটিশ ঔপনিবেশিক শাসনকালে ভারতবর্ষে ইংরাজী শিক্ষা চালু হবার পর ভারতীয় মননে বহুভাষিকতার ব্যবহার নিয়ে একধরনের অপরাধবোধ পরিকল্পিতভাবে প্রবেশ করানো হয়েছিল। অবশ্য ব্রিটিশ শাসনের গোড়ার দিকে ভারতীয় মনন বহুসংস্কৃতি ও বহুভাষিকতাকে মানব অস্তিত্বের স্বাভাবিক শর্ত হিসেবেই গ্রহণ করেছিল। এমনকি জাতীয়তাবাদী আন্দোলনের স্বর্ণযুগেও এই সাংস্কৃতিক ধারাকে বজায় রাখার ব্যাপারে সচেতনতা ছিল। যদিও এই জাতীয়তাবাদ ইউরোপের একভাষিক ও একসংস্কৃতির জাতীয়তাবাদের দ্বারা বিশেষভাবে উদ্বুদ্ধ হয়েছিল। আমরা এখন দেখব কিভাবে ভারতীয় জনগণ ব্রিটিশ শাসকের সঙ্গে যৌথভাবে বহুসংস্কৃতি ও বহুভাষিকতার দেশজ পরম্পরাকে সংরক্ষণ করতে উদ্যোগী হয়েছিল।

ঔপনিবেশিক কাঠামো: শহর ও সেনানিবাস

ভারতে ব্রিটিশ ঔপনিবেশিক শাসনের একটি উল্লেখযোগ্য বৈশিষ্ট্য ছিল ভারতীয় ভূখণ্ড ও সমাজের একেবারে অভ্যন্তরে প্রবেশের এক সহজাত অনাগ্রহ। ঔপনিবেশিক শাসকেরা নিজেদের সাংস্কৃতিক পরিচয় অটুট রাখার ব্যাপারে অনেক সচেতন ছিল। ভারতীয় সংস্কৃতির পরিসরকে দখল করে নেওয়ার আদর্শগত বাধ্যবাধকতার বিষয়টি তাদের কাছে অতখানি গুরুত্বপূর্ণ ছিল না। সাংস্কৃতিক প্রভাব যখন সচেতনভাবে প্রয়োগ করা হত তখন তার কারণ সবসময়েই ছিল বাস্তবমুখী। অন্যদিকে, ভারতীয়রা নিজেদের বস্তুগত প্রাপ্তির কথা মাথায় রেখে বৈদেশিক প্রভাব গ্রহণ করার ব্যাপারে একধরণের ছলনাপূর্ণ ও ধ্বংসাত্মক পদ্ধতির আশ্রয় নিয়েছিল। তাই প্রাচ্য ও পাশ্চাত্য সংস্কৃতির এই দ্বৈরথের মধ্যে সহযোগিতা ও সংঘর্ষের একটি বিস্তৃত বিন্যাস বিদ্যমান ছিল। অ্যাংলো-ইন্ডিয়ান ঔপনিবেশিক কাঠামোর সবচেয়ে মৌলিক বৈশিষ্ট্য ছিল যাবতীয় দ্বন্দ্বমূলক ধারণাসমূহের প্রতি সহনশীলতা ও সেইসঙ্গে একেবারে চরম নির্বাচনের বিষয়ে অনীহা।

ইস্ট ইন্ডিয়া কোম্পানির সাম্রাজ্য বিস্তারের গোড়ার দিকে (১৬১৬—১৭৫৭) ব্রিটিশ বসতি মূলত উপকূলীয় বাণিজ্যকেন্দ্রগুলিতে সীমাবদ্ধ ছিল। সুরাত, বম্বে, কোচিন, মাদ্রাজ ও কলকাতায় তারা মূলত ঘাঁটি গেড়েছিল। ১৭৫৭ সালের পলাশীর যুদ্ধে লর্ড ক্লাইভের সাফল্যের সঙ্গে সঙ্গে বঙ্গদেশ ইস্ট ইন্ডিয়া কোম্পানির পরোক্ষ শাসনের আওতায় চলে আসে। ঔপনিবেশিক সংস্কৃতির ছাত্রদের কাছে একটি আকর্ষণীয় বিষয় হতে পারে লর্ড ক্লাইভ প্রবর্তিত দ্বৈত শাসন ব্যবস্থা। এই ব্যবস্থায় শাসনতন্ত্র ছিল বাংলার নবাবের হাতে আর সামরিক ও মুক্ত বাণিজ্যের ক্ষমতা ছিল কোম্পানির হাতে। সমগ্র ঔপনিবেশিক কাল জুড়েই এই দ্বৈত ব্যবস্থার প্রবণতা বহু ক্ষেত্রে লক্ষ্য করা যায়। ১৮১৮ সাল নাগাদ ভারতে ব্রিটিশ শাসন পাকাপোক্তভাবে প্রতিষ্ঠিত হয়। এই বছরেই ব্রিটিশ রাজের বিরুদ্ধে মারাঠা প্রতিরোধেরও অবসান ঘটে। তথাপি ভারতবর্ষের মানচিত্র জুড়ে বিশাল সংখ্যক রাজাধীন রাজ্যের অস্তিত্ব ছিল। এগুলি পরোক্ষভাবে ব্রিটিশ শাসিত ছিল। ১৮৫৮ সালের বিদ্রোহ থেকে ১৯৪৭ এর স্বাধীনতা লাভের অন্তর্বর্তী নব্বই বছর ধরে ব্রিটিশ শাসককুল এই রাজনৈতিক বিভাজন বজায় রেখেছিল। এই সময়ে ভারতবর্ষের ভূখণ্ড দু'ভাগে বিভক্ত ছিল। একদিকে ছিল ব্রিটিশ ভারত যা সরাসরি ব্রিটিশ প্রশাসন নিয়ন্ত্রণ করত। অন্যদিকে ছিল ৩৬২ টি রাজাধীন রাজ্য যাদের

সাথে ব্রিটিশ শাসকেরা বিভিন্ন ধরনের রাজনৈতিক চুক্তি করেছিল। যদিও ১৯৪৭-এর পরে এইসব রাজাধীন রাজ্যগুলি ভারত রাষ্ট্রের সঙ্গে সংযুক্ত হয়ে গেছে তবু লর্ড ক্লাইভের দ্বৈত শাসনব্যবস্থার প্রভাব ভালোভাবে রয়ে গেছে। কেন্দ্র ও রাজ্য সরকারের মধ্যে ক্ষমতার বিভাজন ও বণ্টনের মাধ্যমে এই দ্বৈত শাসনব্যবস্থার ধারা বজায় রাখা হয়েছে। বঙ্গদেশে যখন প্রথম দ্বৈত শাসনব্যবস্থা চালু হয় তখন তা কোনো প্রতিষ্ঠিত পাশ্চাত্য ধারণা ছিল না। এই ধারণা কোনো রাজনৈতিক অর্থনীতির ইউরোপীয় পাঠ্যপুস্তকে পাওয়া যায় না। এই ধারণাটিকে ঔপনিবেশিক বঙ্গদেশের কষ্টিপাথরে দেশীয় পদ্ধতিতে যাচাই করা হয়েছিল। এটি ছিল ঔপনিবেশিক ভারতবাসী ও ব্রিটিশ শাসককুলের এক যৌথ প্রয়াস। সেভাবে দেখলে এটি ছিল একটি ভারতীয় ধারণা। অন্য কোন ব্রিটিশ উপনিবেশ এই ধারণাকে বাস্তবায়িত করেনি। ভারতীয়দের স্বতঃস্ফূর্ত সহযোগিতায় এই শাসনব্যবস্থার ধারণাটি একটি আন্তর্জাতিক গ্রহণযোগ্যতা লাভের সম্ভাবনা তৈরি করে।

এই সহযোগিতামূলক সম্পর্কের অবসান হয় ১৮৫৭ সালের বিদ্রোহের ফলে। এইসময় থেকেই সহযোগিতার সঙ্গে সঙ্গে সংঘর্ষের সম্পর্কও তৈরি হয়। এর আগে ব্রিটিশ শাসক ও ভারতীয় শাসকগোষ্ঠীর মধ্যে বাণিজ্য ও লুণ্ঠন উভয় ক্ষেত্রেই সমতার সম্পর্ক ছিল। উভয় পক্ষই পরস্পরের স্বার্থ ক্ষুণ্ণ না করার ব্যাপারে প্রতিশ্রুতিবদ্ধ ছিল। অবশ্য এই ধারণা করা ভুল হবে যে ঔপনিবেশিক প্রেক্ষিতে সৃষ্ট এই সহাবস্থানের ফলে উভয়ের মধ্যে কোন চাপা সাংস্কৃতিক উত্তেজনা ছিল না। প্রকৃতপক্ষে, পরস্পরের প্রতি প্রবল অবিশ্বাসের বাতাবরণ তৈরি ছিল। একজন খাঁটি ব্রিটিশ ঔপনিবেশিক শাসক কখনো ভারতীয়দের বিশ্বাস করত না। এমনকি যেসব ব্রিটিশ ভারতীয়দের বিশ্বাস করত তাদের প্রতিও এদের ছিল প্রগাঢ় অবিশ্বাস। যেমন জেমস মিল ভাবতেন উইলিয়াম জোন্‌সের সংস্কৃতে কোনো ব্যুৎপত্তি ছিল না। তিনি কখনো রামায়ণ না পড়েই এর ভূয়সী প্রশংসা করেছিলেন।[৬২] অন্যদিকে ভারতীয়রাও ব্রিটিশ শাসককে বাইরের লোক বলেই মনে করতেন। ভারতে কোম্পানির প্রথম দূত উইলিয়াম হকিন্স সুরাতে ঘাঁটি গেড়েছিলেন। স্থানীয় লোকজন তাঁকে ঘোর অপছন্দ করত। এক এক সময় তিনি নিজেকে গৃহবন্দী করে রাখতেন মুঘল সৈন্যদের হাত থেকে নিজেকে রক্ষা করার জন্য।[৬৩]

ব্রিটিশ ও ভারতীয় উভয়েই নিজেদের স্বার্থসিদ্ধির জন্য একটি সম্পর্ক গড়ে

তোলার সিদ্ধান্ত নিয়েছিল। এর মধ্যে ছিল একধরনের উদাসীনতা ও অবিশ্বাসের মিশ্রণ। যদিও সামরিক ও অর্থনৈতিক লাভের বাইরে অন্য কোনো বিষয়ে তাদের আগ্রহ ছিল না। এই সম্পর্কের মধ্যে একধরনের আত্মসচেতনতা ছিল। এর ফলে এমন এক সাংস্কৃতিক সম্পর্ক তৈরি হয়েছিল যাকে প্রবচনের ঢঙে বলা যেতে পারে 'নগর ও সেনানিবাস কাঠামো'। ইংরেজি অভিধানে 'ক্যান্টনমেন্ট' শব্দটিকে ভারতীয় শব্দ হিসাবে বর্ণনা করা হয়েছে।[৬৪] ভারতে ব্রিটিশ ঔনিবেশিক শাসনের একটি উল্লেখযোগ্য বৈশিষ্ট্য ছিল ক্যান্টনমেন্টের আদলে নগরায়ণের পরিকল্পনা। দ্বৈত শাসনব্যবস্থার মতই এটি একটি মুখ্য বৈশিষ্ট্য ছিল।

ঔপনিবেশিক শাসনের একেবারে শুরুর সময় থেকে এটা বোঝা গিয়েছিল যে ভারতীয় শিল্প ও স্থাপত্যের প্রতি ব্রিটিশ শাসকের তেমন সহানুভূতি ছিল না।

ক্যান্টারবেরির আর্চবিশপকে লেখা স্যার টমাস রো-র চিঠি থেকে এই মনোভাবটি স্পষ্ট হয়ে যায়:

> ঘরগুলো সবই একতলা মাটির তৈরি কাঠামো। একমাত্র সুরাতে কিছু পাথরের কাঠামো রয়েছে। সম্রাটের নিজের বাড়িগুলি পাথরের নির্মাণ, সুদর্শন ও সুগঠিত। মহাপুরুষেরা কোনো গৃহ নির্মাণ করেন না কারণ তাঁদের কোনো উত্তরাধিকারের সমস্যা থাকে না। আমি দেখেছি তাঁরা তাঁবুতে থাকেন, এমনকি কুটিরের চেয়েও নিকৃষ্ট ঘরে বসবাস করেন।[৬৫]

যদি উনি একটু কম সহানুভূতিহীন হতেন তাহলে তিনি রাজপ্রাসাদগুলিতে ফ্লোরেন্স শহরের সর্বোত্তম কাঠামোগুলির আদলে তৈরি 'পিয়েত্রে দুরি' স্থাপত্যকীর্তির অনবদ্য নিদর্শন খুঁজে পেতেন। কয়েক দশক পরে বিখ্যাত ফরাসি ভূপর্যটক বার্নিয়ের ভারতীয় স্থাপত্যের অনন্য নিদর্শন হিসেবে ব্যবহৃত মূল্যবান মণিমাণিক্য দেখে অভিভূত হয়েছিলেন—জ্যাসপার, জাচেন, জেড ও অন্যান্য রত্নসমূহ।[৬৬] ভারতীয় গৃহ নির্মাণশৈলীর প্রতি ব্রিটিশ শাসকের নেতিবাচক মনোভাব জেমস্ মিল ও জন রাস্কিনের সময় অবধি বেশ সক্রিয় ছিল। জেমস্ মিলের লেখা *হিস্ট্রি অব্ ব্রিটিশ ইন্ডিয়া* (*History of British India*) (ব্রিটিশ ভারতের ইতিহাস) (১৮২৬)-এর প্রথম পাতায় স্যার টমাস রো-র চিঠিটি ছাপানো হয়েছিল।[৬৭] ভারতীয় শিল্পকলার সূক্ষ্ম কারুকার্যের নৈপুণ্য রাসকিনকে প্রভাবিত করতে পারেনি।[৬৮] এর ফলে ব্রিটিশ রাজ তাদের নিজস্ব স্থাপত্যের ধারা প্রবর্তন করে। এর মধ্যে ক্যাণ্টনমেণ্ট নির্মাণশৈলী ছিল সবচেয়ে বাস্তবসম্মত নিদর্শন।

চিত্রকলা এবং সাহিত্যের সঙ্গে স্থাপত্যশৈলী এমন একটি ক্ষেত্র ছিল যেখানে ব্রিটিশ সংস্কৃতির ধারা ভারতে যথেষ্ট উল্লেখযোগ্য অবদান রেখেছিল। কিন্তু ঔপনিবেশিক স্থাপত্যকীর্তি এই শৈলীর প্রতি নিখাদ ভালোবাসা থেকে সৃষ্টি হয়নি। মুঘলরা ছিল অসাধারণ স্থপতি। ব্রিটিশ ভারতে আসার সময়ে এই স্থাপত্যরীতি যথেষ্ট উন্নত ছিল। অবশ্য অধিকাংশ প্রাসাদ, সরকারি অট্টালিকা ও জেলাস্তরের দুর্গসম প্রশাসনিক ভবনগুলি ব্রিটিশ শাসকরা ব্যবহার করেননি। দিল্লীতে সপ্তদশ শতকে তৈরি লালকেল্লা ব্রিটিশ দখল করেনি। শুধুমাত্র কিছু প্রতীকী প্রশাসনিক কাজকর্ম এখানে সম্পন্ন হত। পুরনো ভারতীয় প্রশাসনিক ভবনগুলি ব্যবহারের পরিবর্তে ব্রিটিশ শাসক নতুন ক্যান্টনমেন্ট এলাকা তৈরি করেছিল। ব্রিটিশরা নিজেদের 'নব্য মুঘল' হিসেবে দেখতে চায়নি। যদিও কিছু আড়ম্বরপূর্ণ রীতি রেওয়াজ তারা অনুকরণ করত ও মাঝে মাঝে 'দরবার' বসাত। ভারতীয় সমাজ ও সংস্কৃতিকে সম্পূর্ণরূপে কব্জা করার কোনো অভিপ্রায় তাদের ছিল না। এইভাবে ব্রিটিশ স্থাপত্য ও নগর পরিকল্পনা তাদের রাজনৈতিক উদ্দেশ্যের বিশেষ অনুসারী ছিল।

যৌন সম্পর্কের ক্ষেত্রেও ব্রিটিশ শাসককুল তাদের জাতিগত পরিচয় রক্ষা করার ব্যাপারে খুব যত্নশীল ছিল। ইসলামীয় শাসককুল ভারতে যতগুলি সম্ভব বিবাহ করতেন। অন্যদিকে ব্রিটিশরা যতখানি সম্ভব ভারতীয়দের সঙ্গে যৌন সংসর্গ নিষিদ্ধ করেছিল। এজন্য তারা বিশেষ আইন প্রণয়ন করেছিল ও তা বলবৎ করার বিশেষ চেষ্টা করেছিল। উপনিবেশবাদ ব্যাখ্যা করতে গিয়ে আশিষ নন্দী যে যৌন রাজনীতির রূপকল্প তৈরি করেছিলেন তা যদি আমরা যৌনতার ব্যাপারে ব্রিটিশদের প্রকৃত আচরণের সঙ্গে মেশাই তাহলে দেখব ভারতীয়দের সঙ্গে সাংস্কৃতিক সম্পর্কের বিষয়ে সম্পূর্ণ অনুৎপাদক দৃষ্টিভঙ্গীই ছিল ব্রিটিশ শাসককুলের একমাত্র আগ্রহের বিষয়।

ব্রিটিশ রাজের সামাজিক ইতিহাসের একটি অত্যন্ত বিড়ম্বনাপূর্ণ ঘটনা ছিল ফ্যানি এপস্টাইনের[৬৯] ঘটনা। ১৮৯১ সালের এই ঘটনা তৎকালীন জনমানসে যথেষ্ট আলোড়ন তুলেছিল। লন্ডনে নিজের চিন্তাগ্রস্ত পিতাকে ছেড়ে ফ্যানি একা বম্বে চলে এসেছিল অনেকটা রূপকথার গল্পের মতো। বম্বের কামাথিপুরা এলাকায় একজন সাধারণ যৌনকর্মী হিসেবে সে জীবনযাপন শুরু করেছিল। সাদা চামড়ার সাহেবদের প্রয়োজনের কথা মাথায় রেখে ঐ সময়ে ইউরোপীয় মেয়েদের এই পেশা বেছে নেওয়ার জন্য উৎসাহিত করা হত। কিন্তু ফ্যানি বম্বের ভারতীয়

পুরুষদের জন্যও নিজের দরজা খুলে দিয়েছিল। এই ঘটনা বম্বের ব্রিটিশ সরকারকে এতটাই বিচলিত করেছিল যে তারা পত্রপাঠ ফ্যানিকে দেশে ফেরানোর উদ্যোগ নিয়েছিল। ভারতীয়দের সঙ্গে যৌনসম্পর্ক স্থাপনের এই ভীতি শুধুমাত্র ব্রিটিশ রমণী ও ভারতীয় পুরুষের ক্ষেত্রেই ছিলনা। ব্রিটিশ পুরুষ ও ভারতীয় রমণীর সম্পর্কেও একই ভীতি কাজ করত। সমগ্র 'অ্যাংলো ইন্ডিয়ান' (১৮৯১ সালের জনগণনার আগে এদের 'ইউরেশিয়ান' বলে অভিহিত করা হত) জনসংখ্যা ছিল অতি নগণ্য। বিশেষত আমরা যদি, ভারত স্বাধীন হওয়ার সময় অবধি ব্রিটিশ ও ভারতীয়দের সংযোগের সুদীর্ঘ সময়কে বিবেচনার মধ্যে নিয়ে আসি। ব্রিটিশদের মধ্যে ভারতীয়দের সঙ্গে যৌন সংসর্গ গড়ে তোলার ব্যাপারে ভীতির কারণেই ঔপনিবেশিক শাসনকালে ভারতীয়দের সাংস্কৃতিক জীবনে অংশগ্রহণে ব্রিটিশদের অনীহা ছিল।

কেনেথ বালহ্যাচেট ঔপনিবেশিক শাসনকালে জাতিগত ও যৌনতাগত সম্পর্কের হালহকিকত নিয়ে একটি অনুসন্ধানী গ্রন্থ রচনা করেছেন। তিনি এই বইয়ে লিখেছেন,

> ব্রিটিশ ক্যান্টনমেন্টগুলি ইংরেজ সৈন্যদের এক শৃঙ্খলাবদ্ধ পরিবেশ উপহার দিয়েছিল যাতে করে বাইরের সমাজের কোনো অনভিপ্রেত সংসর্গ থেকে তারা সুরক্ষিত থাকতে পারে। অধিকাংশ সৈন্য এই অবস্থা মেনে নিয়েছিল এবং নিজেদের মহান ব্রিটিশ জাতির সদস্য হিসেবে শৃঙ্খলাপরায়ণ করে তুলেছিল। তারা ভারতীয় ভৃত্যদের নিযুক্ত করেছিল এবং একই সাথে প্রভাবশালী গোষ্ঠীর পুরুষকুলের যৌন অসূয়ারও অনুভব করেছিল। যেসব গণিকালয়ে ব্রিটিশ সৈন্যরা নিয়মিতভাবে যাতায়াত করত সেখান থেকে মিলিটারি পুলিশ ভারতীয় পুরুষদের হটিয়ে দিয়েছিল। কিছু সৈন্য অবশ্য এইসব বিধিনিষেধের তোয়াক্কা না করে ভারতীয় বা ইউরেশিয়ান মহিলাদের বিয়ে করার ইচ্ছা প্রকাশ করেছিল। কিন্তু ব্রিটিশ শাসনকালের শেষ অবধি শাসককুল এই ধরনের বিবাহের অনুমোদন করেনি। শাসককুলের সমস্ত সদস্যকে একটি নির্দিষ্ট দূরত্ব বজায় রেখে চলতে বলা হয়েছিল।[৭০]

ভারতীয় স্ত্রী গ্রহণ না করা, ভারতীয় ভবনগুলির দখল না নেওয়া, পৃথকভাবে অবস্থান করা এবং ক্যান্টনমেন্ট কাঠামো নির্মাণ করা—এই সবের মধ্য দিয়ে ব্রিটিশ শাসকের একটি বিশেষ মনোভাব প্রকাশ পেয়েছিল। এটি এমন একটি নৈতিক

চেতনাবর্জিত, মানবিক সম্পর্কের চেতনারহিত এবং বস্তুনিষ্ঠ মনোভাব ছিল যেখানে নিরন্তর অর্থনৈতিক লাভই ছিল ভারতীয় উপনিবেশে ব্রিটিশ উপনিবেশবাদের একমাত্র কর্তব্য। পূর্ববর্তী বহু শতক ধরে গড়ে ওঠা বহুসাংস্কৃতিক পরিবেশে অভিস্নাত ভারতীয় মনন এই রাজনীতি পরিষ্কারভাবে বুঝতে পেরেছিল এবং একই সাথে এই খেলাটাই যথেষ্ট বিচক্ষণতার সঙ্গে পাল্টা খেলতে শুরু করেছিল।

এটা সাধারণভাবে বিশ্বাস করা হয় যে ভারতে ইংরেজি শিক্ষা প্রবর্তনের দাবী রামমোহন রায়ের মতো ভারতীয় নেতাদের কাছ থেকে এসেছিল। ফলত এটাও জানা যায় যে উনিশ শতক জুড়ে ভারতীয় ঐতিহ্য ও পাশ্চাত্য ভাবধারার মধ্যে প্রবল বিতর্ক চলেছিল। কিন্তু এই দ্বন্দ্বের কোনো সমাজতাত্ত্বিক ও মনস্তাত্ত্বিক কারণ বিশ্লেষণ করে গভীর গবেষণা করা হয়নি। এটা নিশ্চিত যে ভারতীয়রা ইংরেজি শিক্ষার প্রবর্তন চেয়েছিলেন। কিন্তু এর মাধ্যমে তাঁরা কখনোই সম্পূর্ণ পাশ্চাত্যধর্মিতার আধিপত্য চাননি। এই ইংরেজি শিক্ষার মাধ্যমে ব্রিটিশ ক্যান্টনরেন্ট জীবনে তাঁরা একটা প্রবেশাধিকার চেয়েছিলেন। ভারতীয় শিক্ষা ও সংস্কৃতি নিয়ে মন্তব্য করতে গিয়ে ভারতীয় মনস্তত্ত্বের এক গভীর বিশ্লেষক আর্থার মেহিউ এইভাবে তাঁর মনোভাব ব্যক্ত করেছেন :

> আমরা যখন ভাবি আমাদের নির্দেশনামা অনুসারে একজন ভারতীয় কিভাবে জীবন নির্বাহ করবে তখন আমাদের মনে কতকগুলি ক্ষেত্রের ছবি ভেসে ওঠে। আমরা তাকে সরকারি বা বাণিজ্যিক সংস্থার দপ্তরে, বিচারালয়ের অভ্যন্তরে কর্মরত অবস্থায়, হাসপাতালে পরিষেবা প্রদানে এবং এমনকি, কার্যনির্বাহী পরিষদে বা মন্ত্রালয়ে কর্মরত অবস্থায় ভেবে থাকি। অবশ্য শেষোক্ত কাজ প্রায় একশতক ধরে 'স্বর্গজাত' সরকারি আমলাদের জন্য সংরক্ষিত ছিল। এইখানে তিনি পশ্চিমি ও আমাদের স্বজাতি ... আমরা যদি এক কেরানীর অফিস থেকে বাড়ি ফেরা লক্ষ্য করি অথবা সদ্য সাক্ষর এক কৃষিজীবীর বাড়ি ফেরা লক্ষ্য করি ... আমরা দেখব এক প্রাচ্যের মানুষকে, প্রতীচ্যের নয়। এটা কিন্তু শুধুমাত্র পেশাগত পোশাক-পরিচ্ছদ পরিবর্তন করে গার্হস্থ্য জীবনের কটিবস্ত্র ধারণ করা নয়। বাস্তবিক, বিদ্যালয় ও মহাবিদ্যালয়ে প্রাপ্ত শিক্ষা ও পশ্চিমের সংসর্গে লাভ করা যাবতীয় জীবনশৈলী এককথায় বিসর্জন দেওয়া হয় ... আপনি একজন শিক্ষিত হিন্দুর সাথে তার দপ্তর বিষয়ক বা পেশাগত বিষয় নিয়ে সৌহার্দ্যপূর্ণভাবে

আলোচনা করতে পারেন ... কিন্তু একজন সাধারণ ইউরোপীয় তার দৈনন্দিন জীবনের প্রাসঙ্গিকতা অনুধাবনে ব্যর্থ হতে পারে। তার জীবনকে অর্থপূর্ণ করে তুলতে কী কী জিনিস প্রয়োজনীয় তা বুঝে উঠতেই তার সময় চলে যেতে পারে। তার প্রকৃত সত্তার উপাদান কী সে ব্যাপারে সে একেবারেই অজ্ঞ হতে পারে ... একজন ইংরেজির অধ্যাপক সেই সাহিত্যের প্রতি তাঁর ব্যক্তিগত ও নিভৃত ঋণের কথা কখনো বলবেন না। এর কারণ এই সাহিত্য তাঁর ব্যক্তিগত ও পারিবারিক জীবনের চৌহদ্দির মধ্যে বলপূর্বক প্রবেশ করে না।[৭১]

মেহিউর মন্তব্য থেকে এটা পরিষ্কার যে, ঔপনিবেশিক সংস্কৃতির ফসল হিসেবে নির্মিত নগর ক্যান্টনমেন্ট কাঠামো ব্রিটিশ শাসকের সঙ্গে সঙ্গে হিন্দু ভারতীয়দের পক্ষেও বেশ সুবিধাজনক ব্যবস্থা হিসেবে বিদ্যমান ছিল। এই দুই পক্ষের সহযোগিতায় ক্যান্টনমেন্ট কাঠামোর বিকাশ ও সংরক্ষণ সুনিশ্চিত হয়েছিল। ঔপনিবেশিক ভারতে এই বিষয় নিয়ে অনেক উপন্যাস লেখা হয়েছিল। ই.এম. ফর্স্টারের কথায় বলা যায়, এই নগর ও ক্যান্টনমেন্টকে সংযুক্ত করেছিল শুধুমাত্র 'দিগন্তবিস্তৃত আকাশ'।[৭২] ক্যান্টনমেণ্ট মানসিকতা ব্রিটিশদের কোনো খামখেয়ালিপনার নিদর্শন ছিল না। এটা ছিল একটি বিশাল দেশকে ন্যূনতম প্রশাসনিক ব্যয়ের মাধ্যমে চালনা করার একটি সুপরিকল্পিত পদক্ষেপ। সমগ্র ঔপনিবেশিক শাসনকাল ধরে ভারতে ব্রিটিশদের উপস্থিতি ছিল অতি নগণ্য। হকিন্স সুরাতে অবতরণের প্রায় একশো বছর পরে মাদ্রাজের মতো একটি গুরুত্বপূর্ণ বাণিজ্য-নগরীতে মাত্র ১১৪ জন ব্রিটিশ প্রশাসক ও তিনশো ব্রিটিশ সৈন্য মোতায়েন করা ছিল। অষ্টাদশ শতকের মাঝামাঝি সময়ে এটি একটি "ঘোষিত নীতি ছিল যে কোনোরকম প্রশাসনিক যোগসূত্র না থাকলে ভারতবর্ষে ব্রিটিশ নাগরিকদের প্রবেশাধিকার থাকবে না।"[৭৩] ১৭৬৬ সালের পর জন্মসূত্রে ব্রিটিশ নাগরিকদের ভারতে জমির মালিকানা নিষিদ্ধ করে দেওয়া হয়। এমনকি ব্রিটিশ সংসদে স্বীকৃতি পাওয়া একটি আইন অনুসারে ১৭৮৩ সালের পরে ব্রিটিশ নাগরিকদের ভারত যাত্রার জন্য একটি লাইসেন্স যোগাড় করতে হত। ১৮৩৩ সালে, ভারতে মোট ব্রিটিশ সৈন্যসংখ্যা ছিল ৩৬,৪২২। সরকারি আমলা ছিল ১,০৫৫ জন আর বেসরকারি ব্রিটিশ নাগরিক ছিল ২,৬৮৭ জন। ১৯৩১ সালে যখন একটি বিশাল জন-আন্দোলন ব্রিটিশ সাম্রাজ্যকে কঠিন মোকাবিলার সম্মুখীন করেছিল তখন ভারতে ১ লক্ষ ব্রিটিশ ছিল যার মধ্যে সৈন্যসংখ্যা ছিল ৭০,০০০

ও সাধারণ নাগরিক ছিল ৩০,০০০।[৭৪] এত অল্পসংখ্যক ব্রিটিশ নাগরিক নিয়ে এত বড় দেশ ভারতবর্ষকে শাসন করা যে খুব কঠিন কাজ এটা উপলব্ধি করে ব্রিটিশ শাসকেরা ভারতীয় মানসে এক ভীতিপ্রদ পুরুষালি ভাবমূর্তি গড়ে তুলেছিল। ব্রিটিশ ছাউনিগুলো সামরিক ছাউনির মতো ছিল। এখানে শুধু বয়সে নবীন ও যুদ্ধযোগ্য সৈন্যদেরই পাঠানো হত। এডমন্ড বার্ক একবার মন্তব্য করেছিলেন "ভারতবর্ষে একটি দৃশ্য কখনো দেখা যায়না। সেটা হল এক ইংরেজ পুরুষের ধুসর কেশ সম্বলিত মাথা।"[৭৫]

এইভাবে ক্যান্টনমেন্ট হয়ে উঠেছিল তারুণ্য, উচ্ছলতা, পৌরুষ ও ক্ষমতার প্রতীক। এটি ছিল অত্যাচারী পুরুষের অহংবোধের ঔপনিবেশিক প্রতীক। কিন্তু ক্যান্টনমেন্ট সেই অর্থে কোনো 'বাসগৃহ' ছিল না। ওখানে মানুষের মৃত্যু যুদ্ধক্ষেত্রে হত, কোনো শয়নকক্ষের শয্যায় নয়। আর তাই ক্যান্টনমেন্ট জীবন যাপনের জন্য কোনো গভীর সম্পর্কের শিকড় ছড়িয়ে দেওয়ার প্রয়োজন ছিল না। ভারতীয় নাগরিক জীবন ছিল এর ঠিক বিপরীতে। সেটি ছিল পরাজয়, উদ্যমহীনতা, দুর্বলতা ও অবলা নারীসত্তার প্রতীক। নাগরিক জীবন এই ক্যান্টনমেন্ট জীবনের চ্যালেঞ্জ মোকাবিলার জন্য এক নিজস্ব যাপনরীতি নির্মাণ করেছিল। আশিস নন্দী এই ঔপনিবেশিক মনস্তত্ত্ব বিশ্লেষণের জন্য যৌন রাজনীতির রূপকের ব্যবহার করেছেন। তিনি দেখিয়েছেন কিভাবে ব্রিটিশ শাসক জীববিজ্ঞানসম্মত বহুস্তরীয় সম্পর্ক কাঠামোর জ্ঞানবীক্ষাকে মান্য করে চলত। ভারতীয়রাও এই ধরনের সম্পর্কের দ্বিমেরুতাকে পরিবর্তন করেনি। কিন্তু বহুস্তরীয়তাকে স্বীকার করেনি। নন্দীর মতে :

> এই অর্থে বলা যায়, গান্ধীজী যেমন ভারতীয়দের মুক্তি চেয়েছিলেন তেমনই ব্রিটিশ মানসিকতারও মুক্তি ঘটাতে চেয়েছিলেন। তিনি প্রথমেই এই জীববিজ্ঞান নির্ভর বহুস্তরীয়তার মতবাদকে চ্যালেঞ্জ করেন। কারণ এই মতবাদ ছিল রাজনৈতিক অসাম্য ও অন্যায্যতাকে বহন করে চলার এক কৌশল। ঔপনিবেশিক সংস্কৃতি কৌশলগত ভাবে যৌন পরিচয়কে এক সাধারণ বিন্যাসের রূপ দিয়েছিল। ওরা বলতে চেয়েছিল পুরুষসুলভতা নারীসুলভতার চেয়ে উৎকৃষ্ট আর নারীসুলভতা পুরুষের মেয়েলিপনার চেয়ে উৎকৃষ্ট। গান্ধী দুটি বিন্যাস রচনা করেছিলেন। পরিস্থিতি অনুযায়ী এর যে কোনো একটি ব্যবহার করা যেতে পারে। প্রথমটি ছিল ভারতীয় সন্ত মহাত্মাদের বৃহৎ ও ক্ষুদ্র ঐতিহ্যগুলি থেকে ধার নেওয়া। এই মতবাদ

> বলে পুরুষসুলভতা ও নারীসুলভতা সমান ও এক প্রকারের। কিন্তু নারী পুরুষের এই বিভাজন অতিক্রম করে যাওয়াই সবচেয়ে উৎকৃষ্ট পন্থা। গান্ধীর দ্বিতীয় বিন্যাস ছিল সাম্রাজ্যবাদ বিরোধী আন্দোলনের স্বপক্ষে এক প্রক্রিয়াগত অনুমোদন। নারীসুলভতার নির্যাস পুরুষসুলভতার চেয়ে উৎকৃষ্ট। আর পুরুষসুলভতা কাপুরুষতার চেয়ে শ্রেয়।[৭৬]

ঔপনিবেশিক ভারতের সাংস্কৃতিক সম্পর্ক কাঠামোর মূল সাংকেতিক ব্যবস্থাটি নগর ও ক্যান্টনমেন্ট গঠনের যাবতীয় অনুষঙ্গ নিয়ে গড়ে উঠেছিল। এখানে যৌনতা, জাতিবাদ ও সংস্কৃতি কেন্দ্রিক রাজনীতি মুখ্য ভূমিকা পালন করেছিল। ভারতীয়রা তদের পূর্বেকার বহুসাংস্কৃতিকতার অভিজ্ঞতার নিরিখে এই ঔপনিবেশিক পরিস্থিতির মোকাবিলায় যথেষ্ট পরিণত মনস্কতার পরিচয় রেখেছিল। নগর ও ক্যান্টনমেন্টের এই দ্বৈত নীতিব্যবস্থা ভারতীয়দের কাছে এক অস্ত্র হয়ে উঠেছিল, উপনিবেশবাদের বিরুদ্ধে লড়াই করতে। সংস্কৃতি, বিশেষত সাহিত্য সমালোচনাতেও এই অভিজ্ঞতা কাজে লেগেছিল।

দ্বৈত আইন ব্যবস্থা

এই স্তরীকৃত দ্বৈত নির্মাণব্যবস্থাকে ভারতীয়রা কিভাবে নিজেদের অনুকূলে ব্যবহার করত তা জানার জন্য একটি বিশেষ উদাহরণ দেওয়া যায় যা সাহিত্য সমালোচনার ক্ষেত্রেও প্রাসঙ্গিক। আমি বিচার ব্যবস্থার উদাহরণ দিতে চাই যা কিনা সমালোচনার ধারার পরিপূরক হিসেবে গণ্য হতে পারে। কারণ সমালোচনার ধারা সাহিত্যকে কতকগুলি শর্তসাপেক্ষ ব্যবস্থার নিরিখে বিশ্লেষণ করতে পারে। বাংলার নবাবের হাত থেকে শাসনব্যবস্থা কেড়ে নেওয়ার পর ইস্ট ইন্ডিয়া কোম্পানির প্রাথমিক সমস্যা ছিল, কী ধরনের বিচারব্যবস্থা প্রণয়ন করা হবে। এইজন্য ওয়ারেন হেস্টিংস, ন্যাথানিয়েল হ্যালহেডকে হিন্দু আইনবিধির একটি বিশেষ ইংরেজি ভাষ্য রচনা করতে বলেন। হ্যালহেড প্রণীত ভাষ্য ১৭৭৬ সালে প্রকাশিত হয়। এর শীর্ষক ছিল *এ কোড অফ জেন্টুল*।[৭৭] আর ওয়ারেন হেস্টিংস নিজেই কলকাতায় দায়িত্বভার গ্রহণের চার মাসের মধ্যে একটি খসড়া তৈরি করেন যা ১৭৭২ সালের বিচার বিভাগীয় পরিকল্পনা হিসেবে খ্যাত ছিল। এই ঘোষণায় বলা হয় "উত্তরাধিকার, বিবাহ, জাতপাত ও অন্যান্য ধর্মীয় আচরণ বা প্রতিষ্ঠান সংক্রান্ত সমস্ত মামলার ক্ষেত্রে মুসলিমদের জন্য কোরাণের আইন ও হিন্দুর জন্য শাস্ত্রবিধি

কঠোরভাবে মেনে চলা হবে।"[৭৮] এটি ছিল এক বাস্তবসম্মত আইনি ব্যবস্থা। কিন্তু জমি সংক্রান্ত বিবাদে এই নীতি অনুসৃত হলে তা আর্থিকভাবে অলাভজনক হত। তাই জমি ও সম্পত্তিজনিত বিবাদে কোম্পানি তৎকালীন ব্রিটিশ আইনের আদলে নতুন আইন প্রণয়ন করতে চেয়েছিল।

ভারতবর্ষে খুব সুপ্রতিষ্ঠিত প্রশাসনিক ও আর্থিক আইন কাঠামো ছিল। এইজন্য ভারতে নিজেদের শাসন কায়েম করার পরে ব্রিটিশ শাসকদের উভয় সংকটের মধ্যে পড়তে হয়েছিল। সংকট ছিল ভারতীয় বিচার ব্যবস্থা ও ব্রিটিশ বিচার ব্যবস্থার মধ্যে কোন্‌টিকে অনুসরণ করা হবে তাই নিয়ে। একজন ভাষ্যকারের মতে :

> ডব্লিউ. এ. রবসন বলেছেন "ইস্ট ইন্ডিয়া কোম্পানির কর্মকর্তাদের মাধ্যমে হিন্দু ও মুসলমান সম্প্রদায়ের প্রাচীন ও ঈশ্বরনির্ভর আইন ব্যবস্থার উপর যে পশ্চিমি সভ্যতার প্রভাব বিস্তৃত হয়েছিল তা আধুনিক পৃথিবীর ইতিহাসে সবচেয়ে নাটকীয় বিচার বিভাগীয় সংঘাতের জন্ম দিয়েছিল।" অবশ্যই এটি ছিল পলাশীর যুদ্ধের একটি পরবর্তী যুক্তিগ্রাহ্য ঘটনা পরম্পরা। এর ফলে ব্রিটিশ রাজনৈতিক আধিপত্যের প্রয়োগ চূড়ান্ত হয় এবং ব্রিটিশ বিচার ব্যবস্থা প্রণয়নের পথ সুগম হয়।[৭৯]

উপরোক্ত বর্ণনা অনুসারে কোম্পানির সরকার একটি দ্বৈত আইন ব্যবস্থা প্রণয়ন করে। স্বাধীন ভারতের আইন ব্যবস্থার উৎস ছিল অষ্টাদশ শতকের শেষভাগে বাংলায় প্রণীত এই দ্বৈত আইন ব্যবস্থা।

সাম্প্রতিককালে সমাজতাত্ত্বিক দৃষ্টিকোণ থেকে ভারতীয় আইন ব্যবস্থার যে কটি সমীক্ষা করা হয়েছে তার মধ্যে অলিভার মেন্ডেলসনের অবদান[৮০] আমাদের আলোচনার ক্ষেত্রে বিশেষ প্রাসঙ্গিক। মেন্ডেলসন আবার তাঁর আলোচনা দুই পূর্বসুরী বার্নার্ড কন[৮১] এবং রবার্ট কিডার[৮২]-এর বিশ্লেষণের উপর ভিত্তি করে সম্পন্ন করেছেন। কন যুক্তি দিয়েছেন যে ভারতীয় আদালতগুলিতে ব্রিটিশ পদ্ধতিগত আইন প্রণালী প্রচলন করার চেষ্টা করতে গিয়ে ব্রিটিশ সরকার ভারতীয়দের জন্য এমন এক পরিস্থিতি সৃষ্টি করে যাতে করে দুই বিপরীতধর্মী সমাজের মূল্যবোধ কাঠামোর মধ্যে একটি প্রত্যক্ষ সংঘাত বেধে যায়। আর ভারতীয়রা এর প্রত্যুত্তরে নতুন পরিস্থিতিকে নিজেদের মতো করে ব্যবহার করার

চেষ্টা করে। তারা আদালতগুলিকে বিবাদ মেটানোর জায়গা হিসেবে ব্যবহার না করে বিবাদ দীর্ঘয়িত করার উদ্যোগ নেয়। অন্যদিকে কিডারের অভিমত হল ব্রিটিশ পরম্পরা থেকে গৃহীত আইন ব্যবস্থা ভারতীয় মূল্যবোধকে যথাযথভাবে প্রতিফলিত করতে পারেনি। আর তাই এই ব্যবস্থা বিশেষ কার্যকরী হতে পারেনি। মেন্ডেলসন আবার এই দুই মতবাদ থেকে সরে এসে অধিকাংশ আইনি বিবাদের জন্য জমির বিষয়টিকে বিশেষ গুরুত্ব দিয়েছেন। তাঁর মতে "ভারতীয় গ্রাম সমাজের জমিকেন্দ্রিক চরিত্রটি পাশ্চাত্য আদলে গড়ে ওঠা আদালতগুলির মাধ্যমে বিবাদ নিষ্পত্তি করার ক্ষেত্রে প্রবল প্রতিবন্ধকতা তৈরি করেছিল।"[৮৩] একটি ক্ষেত্র সমীক্ষা করে তিনি এই মতবাদ প্রতিষ্ঠা করতে চেয়েছেন যে ভারতীয় কৃষক মামলার দ্রুত নিষ্পত্তি চাইলে হিন্দু আইনের শরণাপন্ন হয়। অথচ একই কৃষক যখন সহজে ফয়সালা করতে চায় না তখন পশ্চিমি আদলে গড়ে ওঠা আদালতের দ্বারস্থ হয়।

> অ্যাংলো-ইন্ডিয়ান বিচার বিভাগীয় ব্যবস্থার মুখ্য চরিত্রটি ব্রিটিশ আইন ব্যবস্থার ভিত্তির ওপর দাঁড়িয়ে বিকশিত হয়েছিল। এই কঠিন পদ্ধতিমালা ন্যায়বিচার প্রদান করার লক্ষ্যে তৈরি করা হয়েছিল। ব্রিটিশ তথা সমস্ত পশ্চিমি দুনিয়ার আদালতগুলি সহজাতভাবেই সতর্ক প্রতিষ্ঠান। কোনো এক পক্ষে বিচার প্রদানের লক্ষ্যে তাদের ক্ষমতায়ন করা হয়েছে। সেখানে কোনো গোপন রফার প্রশ্নই ছিল না। অন্ততপক্ষে যতক্ষণ না প্রতিটি পক্ষ নিজেদের বক্তব্য পেশ করতে পারে। কিন্তু ভারতীয় বিচারব্যবস্থায় এইসব পদ্ধতি ও অধিকারগুলিকে সচেতনভাবে বিকৃত করা হয়েছে।[৮৪]

একজন সমাজতাত্ত্বিকের পর্যবেক্ষণ থেকে এটা বোঝা গেল যে এমন এক ভারতীয় কৃষিজীবীর উদ্ভব ঘটতে চলেছে যে, আইনি ক্ষেত্রকে নিজের ব্যক্তিগত প্রয়োজনে ব্যবহার করতে পারে। সে সফলভাবে নগর ও ক্যান্টনমেন্টে মূল্যবোধকে নিজের খুশিমতো ব্যবহার করতে পারে।

দুটি সম্পূর্ণ পৃথক আইনি কাঠামোকে ভারতীয়রা যেভাবে নিজেদের প্রয়োজনে বদল করে নিতে পেরেছিল, তাতে বোঝা যায় যে, তারা এই সাংস্কৃতিক দ্বিমেরু ব্যবস্থাকেও আত্মীকরণ করে নেওয়ার ক্ষমতা ধারণ করে। এছাড়া এর যোগ্য ব্যবহারবিধিও তাদের জানা আছে। এই ধরনের সাংস্কৃতিক দ্বিমেরুতাকে

গ্রহণ করার সনাতন ঐতিহ্য ঔপনিবেশিক অভিজ্ঞতার ফলে আরো ধারালো হয়ে উঠেছিল। এখান থেকে এটাও বোঝা যায় যে ভারতীয় সমালোচনার ধারায় যে ত্রস্ত মনোব্যাধি অন্তর্লীন হয়েছিল আর 'পাশ্চাত্যায়ন' ও 'সংস্কৃতায়নে'র দুই ধারার মাঝে দীর্ণ হওয়ার দরুন যে উদ্বেগ তৈরি হয়েছিল সে সবই তত্ত্বের কচকচি। এগুলি কখনোই ভারতীয় সমালোচনা ধারার প্রেক্ষিতে গড়ে ওঠা সত্তাতাত্ত্বিক বৈশিষ্ট্য হিসেবে বিবেচিত হয় না।

উত্তর-বিস্মরণ

ত্রিপাক্ষিক সম্পর্ক

আধুনিক ভারতীয় সাহিত্য সমালোচনার ক্ষেত্রে গুরুত্বপূর্ণ শব্দগুলি হল 'উপনিবেশবাদ', 'নবজাগরণ', 'আধুনিকতা' ও 'পাশ্চাত্যায়ন'। এইসব শব্দ ব্যবহারের যুক্তি হল, উপনিবেশবাদ ভারতীয় নবজাগরণের সূচনা করেছিল। আর পাশ্চাত্যায়নের ফলে সাহিত্যের উপর একটি বিশেষ প্রভাব পড়েছিল। সাহিত্য আধুনিকতায় উন্নীত হয়েছিল। এটা ধরে নেওয়া হয় যে ঔপনিবেশিক প্রভাবেই প্রাচ্য ও পাশ্চাত্যের মহামিলনের প্রক্রিয়াটি ভারতীয় উপমহাদেশে শুরু হয়েছিল। এটাও বলা হয় যে পাশ্চাত্য সাহিত্য রূপ ও সমালোচনার ধারাগুলির আত্তীকরণের মধ্য দিয়েই ভারতীয় সাহিত্যের আত্মপরিচয় ও আধুনিক চেতনার প্রকাশ ঘটে। এইসব ধারণার যাথার্থ্য পরীক্ষা করার জন্য পশ্চিমি প্রভাবের ক্ষেত্র হিসেবে সৃজনশীল সাহিত্য থেকে সমালোচনামূলক সাহিত্যকে পৃথক করা প্রয়োজন। এই পৃথকীকরণের মূল কারণ হল ভারতীয় প্রেক্ষিতে, যেখানে সৃজনশীল সাহিত্যের ক্রমবিকাশ ঘটেছে এবং উত্তরোত্তর শ্রীবৃদ্ধি সাধন হয়েছে, সেখানে সাহিত্য সমালোচনার বিকাশ অত্যন্ত শ্লথ গতিতে হয়েছে। আঞ্চলিক ভাষা-সাহিত্যের জন্মলগ্ন থেকেই এই প্রবণতা পরিলক্ষিত হয়েছে। সাহিত্য সমালোচনার পরিপ্রক্ষিতে কিছু দীর্ঘলালিত ধারণাকে চ্যালেঞ্জ জানানোর প্রয়োজন আছে। এর মধ্যে উল্লেখযোগ্য হল উপনিবেশবাদ ও নবজাগরণের সম্পর্ক এবং পাশ্চাত্যবাদ ও আধুনিকতার সম্পর্ক। নবজাগরণ যদি সত্যিই কোনো রূপান্তর ঘটিয়ে থাকত এবং একটি প্রাণবন্ত সংশ্লেষ রচনায় সক্ষম হত তাহলে আধুনিক ভারতীয় সমালোচকেরা সাহিত্য সমালোচনার জগতে একটি আধুনিক ভারতীয় ঐতিহ্যের কথা ভাবতে পারতেন। প্রকৃতপক্ষে এই সংশ্লেষ ছিল সাংস্কৃতিক ও সময়ানুগ কিছু আকর ধারার জগাখিচুড়ি। ঔপনিবেশিক প্রেক্ষিতে এইসব ভাবরাশির এলোমেলো সংমিশ্রণের একটি অর্জিত মূল্য ছিল। এই অর্থে উপনিবেশবাদ ও নবজাগরণ এর পারস্পরিক সম্বন্ধ ছিল।

আধুনিক ভারতীয় নন্দনতত্ত্বের একটি আলোচনায় এস. কে. নন্দী[১] রবীন্দ্রনাথ ঠাকুর, ব্রজেন্দ্রনাথ শীল, শ্রী অরবিন্দ এবং অবনীন্দ্রনাথ ঠাকুরের সাহিত্যকর্মের নন্দনতত্ত্ব নিয়ে আলোচনা করেছেন। চারজন লেখকের সমালোচনার ধারাতেই নন্দী 'শিল্প ও সুন্দরের বিষয়ে প্রাচীন ভারতীয় ধারণারাজির' সমান প্রতিফলন লক্ষ্য করেছেন। এমনকি এই চার দিকপালের সঙ্গে স্পিনোজা, ক্রোচে ও অন্যান্য পাশ্চাত্য নন্দনতাত্ত্বিকদের সাথেও তিনি অনেক মিল খুঁজে পেয়েছেন। তাঁর বইয়ের উপসংহারে তিনি লিখেছেন :

> এইভাবে দেখা যায় যে দুই ঠাকুর, ব্রজেন্দ্রনাথ ও অরবিন্দের শিল্প ও সুন্দরের দর্শনচিন্তার মধ্যে মূলগত বহু সাদৃশ্য পরিলক্ষিত হয়। এর কারণ এঁরা সকলেই ভারতীয় সভ্যতা ও সংস্কৃতির এক ও অদ্বিতীয় রত্নভাণ্ডার থেকে তাঁদের লেখার রসদ ধার করেছিলেন ... এইসব ভারতীয় চিন্তাবিদদের পাশ্চাত্যের শ্রেষ্ঠ যুক্তিনিষ্ঠ বুদ্ধিজীবীদের সাথে এক পংক্তিতে রাখা যায়।[২]

নন্দী আলোচিত এই চার সমালোচক ভারতীয় নবজাগরণের কালে রচনা করেছিলেন। অবশ্য এই নবজাগরণের ঐতিহাসিক সীমারেখা নিয়ে এখনো সেভাবে কোনো বিতর্ক হয়নি বা সংজ্ঞায়িত করার প্রয়াস নেওয়া হয়নি। তাঁদের সমালোচনামূলক রচনায় যে শাণিত বুদ্ধির পরিচয় পাওয়া যায় তার প্রশংসা না করে পারা যায়না। তবে প্রশ্ন একটাই—তাঁদের ব্যক্তিগত প্রতিভার অসামান্য বিচ্ছুরণ সত্ত্বেও তাঁরা কেন এক অলীক সমন্বয়ের ভাবনায় মগ্ন হয়েছিলেন যার অবধারিত পরিণতি ছিল ব্যর্থতা ? এই প্রশ্নের সদুত্তর দিতে হলে তাঁদের রচনার মধ্যে মূল্যবোধ অর্জনের প্রক্রিয়াটি বিশদে বিশ্লেষণ করা দরকার। শুধুমাত্র সন্নিহিত ভাবরাশির পাঠ যথেষ্ট নয়। এটা দেখা প্রয়োজন, কেন তাঁরা এই সমন্বয়ের প্রয়াস চালিয়েছিলেন অথবা সমালোচনার কোনো বিশেষ সাংস্কৃতিক অবয়ব নির্বাচন করেছিলেন।

সাংস্কৃতিক নৃবিজ্ঞান ও অর্থনীতিতে একটি সর্বজনগ্রাহ্য নীতি হল, যা কিছুর প্রয়োজনীয়তা আছে তার একটি মূল্য ধার্য করা যায়। ইংরেজ সমালোচক ম্যাথু আর্নল্ড ও এফ. আর. লিভিস একটি জাতির সামগ্রিক সাংস্কৃতিক পরিমণ্ডলে সাহিত্য সমালোচনার বিশেষ তাৎপর্যের কথা উল্লেখ করেছিলেন। তাঁদের এই পর্যবেক্ষণের পেছনে ইংরেজ সমাজে সমালোচনামূলক লেখার উপযোগিতার

একটি সুদীর্ঘ ঐতিহ্য বিদ্যমান ছিল। ইংরেজি শিক্ষার সামাজিক উৎসগুলির বিশ্লেষণ করতে গিয়ে জোয়ান সাইমন সাতটি 'উদারতাপূর্ণ' শিল্পকে চিহ্নিত করেছেন—ব্যাকরণ, অলঙ্কার, যুক্তিবিজ্ঞান, পাটিগণিত, জ্যামিতি, সংগীত ও জ্যোতির্বিদ্যা। এই সাতটি শিল্প মধ্যযুগীয় ইংরেজ সমাজে এক আত্ম-রূপান্তরের প্রক্রিয়ার মূল মাধ্যম ছিল।[৩] যদিও মধ্যযুগের ইংল্যান্ডে বিশ্ববিদ্যালয় স্তরে ব্যাকরণ ও ধ্রুপদী সাহিত্য পড়ানো হত তবু সাহিত্য সমালোচনার ধারাকে পাঠ্যক্রমের মধ্যে অনেক পরে অন্তর্ভুক্ত করা হয়। এটা এমন একটা সময় যখন গুরুত্বপূর্ণ জমির উর্ধ্বসীমা আইনগুলি সামাজিক ভারসাম্যকে বিঘ্নিত করতে শুরু করে এবং শ্রেণীবিভক্ত সামাজিক কাঠামোর জন্ম দেয়। অষ্টাদশ শতকের মাঝামাঝি সময়ে সাহিত্য সমালোচনার ধারা ইংল্যান্ডে একটি মূল্যবান সাংস্কৃতিক অবয়ব হিসেবে স্বীকৃতি লাভ করে। ইংরেজি সমালোচনার ধারার এক বৈপ্লবিক পুনর্ভাষ্যের মধ্যে দিয়ে টেরি ইগ্‌লটন দেখিয়েছেন কিভাবে অষ্টাদশ শতকে সমালোচনার ধারা ছিল সামাজিক প্রতিবাদের হাতিয়ার। আর কিভাবে এই সমালোচনা রীতি একটি শ্রেণী 'হাতিয়ার'[৪] হয়ে উঠেছিল। টেরি ইগলটনের সাথে আমরাও বলতে পারি যে আর্নল্ড ও লিভিসের কাছে সমালোচনার ধারা অত্যন্ত গুরুত্বপূর্ণ ছিল কারণ এর উপযোগিতা ও তাত্ত্বিক অবস্থান একে অন্য মাত্রা প্রদান করেছিল। ভারতীয় প্রেক্ষিতে এর সঙ্গে আর একটি বিষয় যোগ করা যায়। ইগল্‌টন একটি কেতাবি জ্ঞানসংস্থান হিসেবে 'ইংরেজি'র উত্থানের কথা আলোচনা করেছেন :

> একটি কেতাবি জ্ঞানসংস্থান হিসেবে 'ইংরেজি'র প্রথম প্রাতিষ্ঠানিক আত্মপ্রকাশ বিশ্ববিদ্যালয়ের আঙ্গিনায় হয়নি। এটি ঘটেছিল কারিগরদের প্রতিষ্ঠানে, শ্রমিক শ্রেণীর মহাবিদ্যালয়ে ও সংযোজিত বক্তৃতামালার ভ্রমণ ভুবনে। ইংরেজি ছিল আক্ষরিক অর্থে গরিব মানুষের ধ্রুপদী সম্পদ ... এখানে অনেক বেশি জোর দেওয়া হয়েছিল বিভিন্ন সামাজিক শ্রেণীর মধ্যে সম্পর্কের সংহতিসাধন, বৃহত্তর সহানুভূতি শৃঙ্খলার নিরন্তর বিকাশ, জাতীয় অহংবোধের পরিপোষণ ও 'নৈতিক' মূল্যবোধের সঞ্চারণের উপর ... বস্তুত, 'ইংরেজি'র উন্মেষের সাথে 'নৈতিক' শব্দটির অর্থের ক্ষেত্রে একটি সহগামী ঐতিহাসিক বদল পরিলক্ষিত হয়। এই ব্যাপারে অগ্রগণ্য তাত্ত্বিক উদ্গাতা ছিলেন আর্নল্ড, হেনরি জেম্‌স ও এফ. আর. লিভিস।[৫]

প্রকৃতপক্ষে 'ইংরেজি'র জাতে ওঠার ঘটনার পিছনে ব্রিটিশ ঔপনিবেশিক

শক্তির বিস্তার যেমন একটি গুরুত্বপূর্ণ কারণ ছিল ঠিক সেভাবেই ব্রিটিশ-শ্রেণীকাঠামোর মধ্যে অন্তর্লীন সামাজিক দ্বন্দ্বও একটি মুখ্য ভূমিকা নিয়েছিল। ইংরেজি সাহিত্য সমালোচনার কাঠামোটি ঊনবিংশ শতাব্দীর সূচনালগ্ন অবধি ইংরেজি সাহিত্যের একটি দুর্বল শাখা হিসেবে বিবেচিত হত। পরবর্তীকালে এই দুর্বল শাখা অত্যন্ত গুরুত্বপূর্ণ হয়ে ওঠে কারণ উপনিবেশগুলিতে এইসব সমালোচনামূলক গ্রন্থের একটি সুবিশাল ও আগ্রহী বাজার গড়ে উঠেছিল। 'ইংরেজি' ছিল সাম্রাজ্যবাদী প্রকল্পের একটি মূল উপজীব্য বিষয়। এটি অবশ্য ভিক্টোরীয় যুগের শ্রেণীসংঘাতের মধ্যেও প্রতিভাত হয়। ইংরেজি সাহিত্যের সূক্ষ্ম উৎকর্ষের জায়গাগুলি উপনিবেশের শিক্ষার্থীদের মননে প্রবেশ করানোর জন্য ইংরেজি লেখকদের রচিত ভাষ্যগুলি প্রভূত পরিমাণে রপ্তানি করার প্রয়োজন দেখা দিয়েছিল। ইংরেজি সমালোচনার অবয়বে দার্শনিক সারবত্তার অবক্ষয় ধীরে ধীরে পরিলক্ষিত হয়। শেলীর 'ডিফেন্স' থেকে আর্নল্ডের 'স্টাডি' হয়ে লিভিসের পাঠ / লেখক নির্ভর মূল্যায়ন—একটি পরিবর্তনেরঅভিমুখ সূচিত হয়েছিল যা উপনিবেশগুলির সমালোচনামূলক ভাষ্যের প্রতি বর্ধিত চাহিদার বাস্তবকেই প্রতিফলিত করে। ঐতিহাসিক প্রেক্ষিতে দেখলে বোঝা যায় যে ইংরেজি সাহিত্য সমালোচনার ধারা ও সেইসঙ্গে ইউরোপীয় সাহিত্য সমালোচনার ধারা মূলত তাদের উপযোগিতার নিরিখেই মূল্যবান হয়ে উঠেছিল। ঔপনিবেশিক শাসনকালে এটি একটি মহার্ঘ বিক্রয়যোগ্য বস্তুতে পরিণত হয়েছিল।

যখন 'ইংরেজি' ভারতীয় শিক্ষাব্যবস্থায় চালু করা হয়েছিল তখন ইংল্যান্ডের নিরিখে সাহিত্য সমালোচনার যে 'মূল্য' নির্ধারিত ছিল তাতে একটি ব্যাপক পরিবর্তন ঘটেছিল। একটি মহার্ঘ বস্তু থেকে এটি একটি মূল্য প্রদানকারী স্বোপার্জন হিসেবে আত্মপ্রকাশ করে। যে ব্যক্তি ইংরেজি সাহিত্যে শিক্ষালাভ করেছে সে ঐ বিশেষ মূল্য অর্জন করে। এইসঙ্গে ঐ ব্যক্তি নিজেই চাকরি বাজারে এক মহার্ঘ বস্তু হয়ে ওঠে। ঔপনিবেশিক শাসক এই ধরনের চাকরির বাজার তৈরি করেছিল। যেসব ভারতীয় নেতা ইংরেজি শিক্ষার পক্ষে ছিলেন তাঁদের উদ্দেশ্য ছিল ইংরেজ মননের একটা আন্দাজ পাওয়া। অন্যদিকে ব্রিটিশ শাসকের ইংরেজি চালু করার উদ্দেশ্য ছিল ঔপনিবেশিক শাসিত শ্রেণীর আনুগত্য আদায় করা। কোনো পক্ষই নিজেদের লক্ষ্যপূরণে সম্পূর্ণ সফল হয়নি। কিন্তু এই ধরনের যৌথ উদ্যোগের ফলে ইংরেজি সাহিত্য শিক্ষার মান যথেষ্ট উন্নত হয়েছিল। একইসঙ্গে সাহিত্য সমালোচনার ধারাও যথেষ্ট পুষ্ট হয়েছিল। যেহেতু এই শিক্ষার প্রণালী বেয়ে পরাধীন

ভারতীয়রা ঔপনিবেশিক বাজার ব্যবস্থার সংস্পর্শে আসতে পারত তাই এই ধরনের আত্মসংস্কৃতি-বিস্মৃত একশ্রেণীর শিক্ষিত ভারতীয় তৈরি করা ব্রিটিশ রাজের কাছে জরুরি ছিল। আর্নল্ড, লিভিস প্রমুখের অনুকরণপ্রিয় এই শিক্ষিত গোষ্ঠী সাহিত্য সমালোচনার চর্চাকে একটি সুস্থ সংস্কৃতির প্রতীক বলে প্রচার করা শুরু করে দিল। এইভাবে ভারতবর্ষে পাশ্চাত্যরীতির সাহিত্য সমালোচনা চর্চার বলপূর্বক প্রচার ও প্রসার ঘটে থাকে।

পাশ্চাত্য তত্ত্ব ও প্রবণতাসমূহ তাদের বিশেষ স্থানীয় প্রেক্ষিতে জন্ম নেয়। ঔপনিবেশিক শিক্ষাব্যবস্থার সুযোগ নিয়ে এই তত্ত্বগুলির প্রসার ঘটে। এর ফলে ভারতীয় তাত্ত্বিক পরিমণ্ডলের নিরিখে তারা অবাস্তব ধারণা হয়ে দাঁড়ায়। উদাহরণ স্বরূপ, রোম্যান্টিক গদ্যকারেরা তাদের সমকালীন বোদ্ধাদের কাছ থেকে মধ্যম মাত্রার প্রশংসা অর্জন করেছিলেন। তাঁদের গদ্যশৈলীর স্বকীয়তার জন্যই এই প্রশংসা জুটেছিল। কিন্তু তাঁদের জনপ্রিয় কিছু কবিতার বাইরে প্রকৃতপক্ষে ইংরেজি সাহিত্যের ঐতিহ্যময়তার নিরিখে তাঁদের সেভাবে কোনো অবদান ছিল না। তাঁরা কোনো নতুন শব্দভাণ্ডার বা বাক্যগঠন রীতি বা সাহিত্যিক ভাষার স্বরূপ নিয়ে কোনো নতুন ধারণা দিয়ে যাননি। কিন্তু এঁদের মধ্যে বিশেষত টমাস কার্লাইল ও চার্লস ল্যাম্বের লেখা ভারতবর্ষে ব্যাপকভাবে পড়ানো হত আদর্শ গদ্যরীতির নমুনা হিসেবে। ঔপনিবেশিক জ্ঞানচর্চা কাঠামোর সুরক্ষিত অংশে অবস্থান করে এইসব 'জনপ্রিয়' লেখককুল ধীরে ধীরে তাৎপর্যের বিচারে বিশ্বজনীন ও সমাদৃত ভালো গদ্যকার হিসেবে প্রতিষ্ঠা পেতে শুরু করেন। কার্লাইল ও স্কটের ধারায় প্রাণিত ভারতীয় ভাষা-সাহিত্যের লেখকরাও ঐ পশ্চিমি গদ্যশৈলী অবলম্বন করে লেখালেখি শুরু করে দেন। অবশ্য এই পদ্ধতিতে উদ্ভুত গদ্যরচনাগুলি একেবারেই পাঠযোগ্য ছিল না। এইভাবে ইংরেজি গদ্যের শৈলী চেতনার অপরিপক্ক ধারণাগুলি আকর্ষণীয় মোড়কে পুরে ঔপনিবেশিক সাহিত্য বাজারে অত্যন্ত মহার্ঘ বস্তু বলে চালানো হয়েছিল। এই মধ্যমানের বাড়বাড়ন্ত রাশিয়ান ফর্ম্যালিজম ও ফরাসি স্ট্রাকচারালিজম্ এর সময় অবধি চলেছিল।

ঔপনিবেশিক কাঠামো আরো একটি অবাস্তব ধারণার জন্ম দেয়। সমালোচনা অভ্যাস পরম্পরায় একটি অর্থহীন কালবৈষম্যের সৃষ্টি করে। এম. এইচ. আব্রামসের বিবরণ অনুসারে পাশ্চাত্য সমালোচনার ধারা চারটি মুখ্য দশার মাধ্যমে অগ্রগতি লাভ করেছিল: (১) মাইমেটিক – এখানে সাহিত্য ও মহাবিশ্বের সম্পর্কের বিন্যাসের উপর নির্ভরশীল তাত্ত্বিক কাঠামো গড়ে তোলা হত; (২)

প্র্যাগম্যাটিক—এখানে সাহিত্য ও শ্রোতার সম্পর্ক বিন্যাসটি তত্ত্ব নির্মাণের মূল আকর; (৩) এক্সপ্রেসিভ — এখানে তত্ত্বগুলি সাহিত্যকীর্তি ও সাহিত্য স্রষ্টার মধ্যেকার সম্পর্কে আলো ফেলে থাকে; (৪) স্বয়ংক্রিয় / স্বশাসিত — এখানে সাহিত্যকে একেবারে সার্বভৌম তত্ত্ববিদ্যার উপাদান হিসেবে কল্পনা করে তত্ত্ব নির্মাণের কাজ চলে।[৬] প্রায় দু'হাজার বছর ধরে এই পাশ্চাত্য সাহিত্যরীতি চর্চার প্রেক্ষিত তৈরি হয়েছে। যেহেতু ঔপনিবেশিক দৃষ্টিকোণ থেকে যেকোনো পাশ্চাত্যজাত ধারণাকে ভালো বলে প্রতিপন্ন করা হত তাই ভারতীয় সাহিত্য সমালোচনার প্রক্রিয়াতেও অ্যাব্রাম্‌স প্রণীত চার প্রকার সাহিত্যতত্ত্বকে একপ্রকার জোর করে ঢুকিয়ে দেওয়া হয়েছিল। ঐসব তত্ত্বের উৎসমুখের সাথে ভারতীয় ধারার পার্থক্যের বিন্দুমাত্র বিচার না করেই এই কাজ করা হয়েছিল।

ঔপনিবেশিক শাসনকালে আঞ্চলিক ভাষা সমালোচনার ক্ষেত্রে আমরা যুগপৎ চারটি ধারার অবস্থান লক্ষ্য করি। এখানে সাহিত্য নির্মাণের ক্ষেত্রে মাইমেটিক (অনুকরণবাদী) ধারণা, সাহিত্যশৈলীর ক্ষেত্রে প্র্যাগমাটিক (প্রয়োগতাত্ত্বিক) ধারণা, কাব্যসাহিত্য বিন্যাসের প্রেক্ষিতে স্বয়ংশাসিত ধারণার প্রয়োগ পরিলক্ষিত হয়। যেহেতু এইসব ধারণার জন্ম পাশ্চাত্যে হয়েছিল তাই মনে করা হত এগুলির বিশ্বজনীন উপযোগিতা ও মূল্য রয়েছে। বস্তুত, এইসব ধারণা বিবিধ আধিবিদ্যক ও সামাজিক উপলব্ধির মাধ্যমে সৃষ্টি হয়েছিল। মাইমেটিক ধারণাগুলি প্লেটোনিজম্-এর কাঠামোর অধীনে নির্মাণ করা হয়েছিল। এর উপদেশাত্মক ধারণাগুলি টলেমিক সৃষ্টিতত্ত্বের উপর নির্ভর করে গড়ে উঠেছিল। অভিব্যক্তিবাদী নন্দনতত্ত্ব নিউটনের পদার্থবিদ্যা ও বেকনের যুক্তিবাদের[৭] পরমোন্নতি এমনকি প্রতিবাদ হিসেবে অবতীর্ণ হয়েছিল। আর স্বয়ংক্রিয় কাব্যতত্ত্বের ধারণা মূলত পদার্থবিদ্যার জগতে ঘটতে থাকা আপেক্ষিকতা ও দর্শনের ভুবনে ঘটে চলা বহুত্ববাদের সংমিশ্রণে গড়ে উঠেছিল। এই সহজাত ভিন্নতার ধারণাটি ঔপনিবেশিক ভারতীয় সমালোচকের দৃষ্টি এড়িয়ে গিয়েছিল। এটা এজন্য নয় যে তাঁদের বৌদ্ধিক দৈন্য ছিল। বরং ভারতীয় সাহিত্যের তত্ত্বায়নের প্রক্রিয়াটিকে তখন সাংস্কৃতিক প্রাণময়তার সূচক হিসেবে মান্য করা হত।

অধিকাংশ ভারতীয় সমালোচক তাঁদের মেধা, পাশ্চাত্যতত্ত্বের অনুকরণ করতে গিয়েই নষ্ট করে ফেলেছিলেন। এর একটা বড় অংশ ভারতীয় সাহিত্যের নিরিখে অপ্রাসঙ্গিক ছিল। এই তত্ত্বসমূহের মূল্য আসলে ছিল 'প্রতিফলিত মূল্য'। এর কারণ সাহিত্যতত্ত্বকে তার প্রকৃত উপযোগিতার ক্ষেত্রে ব্যবহার না করে তার

'সাংস্কৃতিক তাৎপর্য'-র নিরিখে বিচার করা হয়েছিল। উপনিবেশবাদের মনস্তাত্ত্বিক দৃষ্টিকোণ থেকে বলা যায় যে তত্ত্বায়নের বিশেষ অধিকার শুধু শাসকের জন্য সংরক্ষিত আর তার অনুকরণের ভার বহন করে চলা শাসিত মানুষের বিচিত্র নিয়তি। তত্ত্বায়নের অর্থ ছিল সাহিত্যের ভুবনকে বিশেষ কাঠামোয় আবদ্ধ করা, একটি কাঙ্ক্ষিত শৃঙ্খলা রচনা করা, ইতিহাসকে নিয়ন্ত্রণ করা, এক আগ্রাসী পুরুষের ভূমিকা পালন করা ও সর্বার্থে এক স্বৈরাচারী পিতার ধারণা প্রতিষ্ঠা করা। ঔপনিবেশিক সাফল্য ও সাম্রাজ্যবাদী সৌভাগ্যের যুগলবন্দি পাশ্চাত্যে তাত্ত্বিক সমালোচনার এক বিশেষ ভূমিকা তৈরি করেছিল। আর শাসিত ভারতীয় সমালোচককে অবধারিতভাবেই সংস্কৃতির ক্ষমতা বিন্যাসের নিরিখে 'অবলা নারী', শিশু, ইতিহাসবিস্মৃত এক মানুষ, এক 'সভ্যকৃত' ও 'অনুশাসিত' সত্তা হিসেবে পশ্চিমি ধারার সাহিত্যতত্ত্বের অনুকরণে নিমগ্ন হতে হয়েছিল। তাঁর প্রয়োজনটি ছিল একেবারেই আরোপিত আর যাবতীয় বৌদ্ধিক লেনদেন ছিল 'প্রতিফলিত মূল্যবাদের' সূত্র মেনে।

এই লেনদেনের সবচেয়ে গুরুত্বপূর্ণ বিষয় ছিল পাশ্চাত্য সমালোচনা রীতিতে 'ভিন্নস্বর'-এর ধারণা অনুসারে ভারতীয় সমালোচনার 'সত্তা'কে সংজ্ঞায়িত করা। এটা শুধুমাত্র একটি তুলনামূলক প্রয়াস ছিল না। বস্তুত, সাম্প্রতিককালে পাশ্চাত্য সাহিত্যকর্ম / প্রবণতার সাথে ভারতীয় সাহিত্য কর্ম / প্রবণতার অর্থবহ তুলনার সম্ভাবনা নিয়ে অনেক প্রশ্ন তোলা হয়েছে।[৮] ভারতীয় সমালোচনার স্ব-সংজ্ঞায়নের প্রক্রিয়ায় 'ভিন্নস্বর'-এর নিরন্তর উল্লেখ একটি মুখ্য বৈশিষ্ট্য হয়ে উঠেছিল। বিংশ শতকের ভারতীয় সমালোচনার ধারা থেকে এমন কিছু উদাহরণ দেওয়া যায়। জি. এস. আমুর সংস্কৃত কাব্যতত্ত্বের হাস্যরসের ভূমিকা সংক্রান্ত তাঁর পাণ্ডিত্যপূর্ণ প্রবন্ধের প্রথম বাক্যে লিখেছেন — "পাশ্চাত্যের মতো প্রতীচ্যের সাহিত্যে কৌতুকধারার কোনো ধারণা নেই বলে মেরিডিথের তত্ত্ব সামগ্রিকভাবে সংস্কৃত সাহিত্য ও সাহিত্যতত্ত্বের প্রতি একেবারেই সুবিচার করে না...।"[৯] 'রস' তত্ত্ব ও অবজেক্টিভ কোরিলেটিভ নিয়ে লিখতে গিয়ে কৃষ্ণ রায়ান টি. এস. এলিয়ট প্রণীত 'হ্যামলেট' প্রবন্ধ থেকে উদ্ধৃতি দেন ও মন্তব্য করেন — "এই নিবন্ধ পড়ে মনে হয় যেন, নবম শতাব্দীর ভারতীয় সমালোচক আনন্দবর্ধন কোনো নাটক বা কবিতার বিচার করছেন রস-ধ্বনি তত্ত্বের নিরিখে।"[১০] কাব্যের উপর লেখা ভি. কে. গোকাক-এর 'ইন্ডিয়ান পারস্‌পেক্টিভ'-এর শুরুতে লেখা হয়েছে — "কার্লাইল কবিতার সংজ্ঞায় বলেছেন এটি হল এক সংগীতময়

ধারণা...।"[১১] নন্দনতাত্ত্বিক বিচারধারায় প্রকৃতি নিয়ে রচিত নিবন্ধের প্রারম্ভে বি. এস. মারধেকর লিখেছেন :

> এমন কিছু সাহিত্যকর্ম রয়েছে যেগুলি প্রত্যক্ষ বা পরোক্ষভাবে আমাদের সমস্যার উপর আলোকপাত করতে পারে। দার্শনিক দিক থেকে দেখলে আমরা প্লেটোকে দিয়ে শুরু করতে পারি ও আলোচনাকে অধ্যাপক কলিংউড অবধি প্রসারিত করতে পারি। অবশ্যই কান্ট এবং ক্রোচে তাঁদের অবদানের নিরিখে শ্রেষ্ঠ বলেই বিবেচিত হবেন। মনস্তাত্ত্বিক বিশ্লেষণের ধারা গত শতকে ফেশনারকে নিয়ে পরীক্ষামূলকভাবে শুরু হয়েছিল। পরবর্তী ক্ষেত্রে একঝাঁক মনস্তত্ত্ববিদ—লেগোস্কি, ইয়োকোয়ামা, ভন অ্যালেস, ওয়েবার, বুহলার, ওয়ার্দাইমার ও অন্যান্যরা – এই ধারাকে বহন করে চলেছিলেন।[১২]

এই পাশ্চাত্য পণ্ডিতদের প্রতিনিয়ত উল্লেখ করা, পাশ্চাত্য 'ভিন্নস্বর'-এর ধারণায় আপন সত্তার সংজ্ঞা নির্ণয়ের চেষ্টা করা, নান্দনিক অভিজ্ঞতার ভুবনকে পাশ্চাত্য জ্ঞান-পরম্পরায় রচিত গ্রন্থসমূহের মধ্যস্থতায় বোঝার চেষ্টা করা—সবকিছুই ছিল ঔপনিবেশিক প্রভাবের বৈশিষ্ট্য। ভারতীয় স্ব-সংজ্ঞায়নের প্রক্রিয়ার প্রতিরূপ পাওয়া যায় ভারতীয় পরিচয়ের পাশ্চাত্য সংজ্ঞা থেকে। সাহিত্যের ক্ষেত্রে এই সংজ্ঞা প্রদান করেছিল ভারততত্ত্ব। এই ভারততত্ত্ব কোনো বিচ্ছিন্ন ধারণা হিসেবে গড়ে ওঠেনি। এটি ছিল পশ্চিমি সাম্রাজ্যবাদের সহায়ক এক বিশ্বব্যাপী সাহিত্য শৃঙ্খলায়নের প্রক্রিয়ার অচ্ছেদ্য অংশ। এই বিশ্ববীক্ষায় সাহিত্যের শ্রেণীগুলির একটি উল্লম্ব কাঠামো নির্মাণ করা হয়েছিল। এই স্তরবিন্যাস অনুসারে সর্বোচ্চ স্থানে ছিল ইউরোপ। এর পরবর্তী অবস্থানগুলিতে পরপর ছিল সাদা চামড়ার মানুষের উপনিবেশগুলি, প্রাচ্যের দেশগুলি এবং আফ্রিকা। প্রত্যেক শ্রেণীর জন্য সাহিত্যপাঠের ভিন্ন পদ্ধতি সংরক্ষিত ছিল। এই পদ্ধতিতে ইউরোপীয় সাহিত্যপাঠের যথাযথ পদ্ধতি ছিল তুলনামূলক সাহিত্য ও সাহিত্যতত্ত্ব। প্রাচ্যের অনুকূল রীতি ছিল প্রাচ্যবাদ (ওরিয়েন্টালিজম্) বা ভারততত্ত্ব (ইন্ডোলজি) আর আফ্রিকান সাহিত্যপাঠের পদ্ধতি ছিল নৃতত্ত্ব (অ্যানথ্রোপলজি)। আমরা ইতিমধ্যে উইলিয়াম জোন্‌সের ভারততাত্ত্বিক প্রকল্পের উল্লেখ করেছি। এখানে আমি এক নৃতত্ত্ববিদের লেখা থেকে উদ্ধৃতি দেব। এর মাধ্যমে এই জ্ঞানচর্চার ধারার উদ্ভব ও বিকাশের সম্বন্ধে আলোচনা করা হয়েছে। 'স্কেলিটনস্ ইন্ দ্য

অ্যানথ্রোপলজিক্যাল ক্লোজেট' শীর্ষক বিতর্কিত প্রবন্ধে উইলিয়াম এস. উইলিস মন্তব্য করেছেন :

> নৃতত্ত্বের উদ্ভব ও বিকাশ সম্পন্ন হয়েছিল বর্ণ-বৈষম্যজনিত সামাজিক অসাম্যের প্রেক্ষিতে। সাদা চামড়ার শাসনের প্রেক্ষিতে নৃতত্ত্ব ক্রমান্বয়ে পুষ্টি লাভ করেছে। ঊনবিংশ শতকে নৃতত্ত্ব চর্চার আনুষ্ঠানিক স্বীকৃতিলাভের সঙ্গে সঙ্গেই মুনাফাসর্বস্ব উপনিবেশবাদ থেকে সাম্রাজ্যবাদে রূপান্তরের প্রক্রিয়াটিও সংঘটিত হয়েছিল। এই নয়া ব্যবস্থায় রঙিন চামড়ার শ্রমিক ও উপভোক্তাদের নিয়ন্ত্রণ, শোষণ ও সংরক্ষণের মাধ্যমে সর্বাধিক লাভ সুনিশ্চিত করাই লক্ষ্য ছিল। 'প্রিমিটিভ' (আদিম) ও 'সিভিলাইজড্' (সভ্য)-এর মধ্যে নিরন্তর প্রভেদ সৃষ্টির প্রক্রিয়াটি ইচ্ছাকৃতভাবে চালু রাখা হয়েছিল এক সর্বগ্রাসী বর্ণ বৈষম্যবাদকে বাঁচিয়ে রাখার জন্য। এই প্রভেদের আইন অনুযায়ী যে সব ব্যক্তি ও সমাজ সভ্যতার মাপকাঠিতে উত্তীর্ণ হয়েছিল তাদের বৈষম্য তালিকা থেকে বাদ দেওয়া হয়েছিল। অন্যদিকে, যেসব শ্বেত চামড়ার মানুষ ও সমাজ এই মাপকাঠিতে উত্তীর্ণ হয়নি তাদেরকেও বৈষম্য তালিকার বাইরে রাখা হয়েছিল। এইভাবে দেখলে নৃতত্ত্ব ছিল এমন ধরনের সমাজবিজ্ঞান যেটা শোষিত রঙিন চামড়ার মানুষ ও তাদের পূর্বপুরুষদের বিষয়ে গবেষণা করত। অবশ্যই এই জনগোষ্ঠী আধুনিক সাদা চামড়ার মানুষের সমাজের সীমারেখার অনেক বাইরে অবস্থান করত।[১৩]

নৃতত্ত্ব ছিল সাহিত্যপাঠের এক পদ্ধতি। একইসাথে এটি ছিল এমন এক জনগোষ্ঠীর সাংস্কৃতিক মূল্যায়ন যাদের পাকাপাকিভাবে 'প্রিমিটিভ' বা আদিম জনগোষ্ঠীর তক্মা দিয়ে সংরক্ষণ করা হয়েছিল। অন্যদিকে ভারততত্ত্ব ছিল একটি জাতির সাংস্কৃতিক বৈশিষ্ট্যের পাঠ। জনগোষ্ঠীর মতো জাতিটিকেও স্থায়ীভাবে অধঃপতিত ও ভাষাগতভাবে নিকৃষ্ট, এই তক্মা দিয়ে প্রচার করা হয়েছিল। যেহেতু সাংস্কৃতিক অবক্ষয়ের সূত্রটি ভারততত্ত্বের মধ্যেই প্রোথিত ছিল তাই এই বিষয় নিয়ে চর্চার ক্ষেত্রেও ইউরোপীয় পণ্ডিতবর্গ শুধুমাত্র সংস্কৃত কাব্যতত্ত্বকেই মূল্যবান বলে বিবেচনা করতেন। তাঁরা ভাষা-সমালোচনার ধারাকে নতুন তত্ত্ব সংযোজন করার ক্ষেত্রে উপযুক্ত বলে মনে করতেন না। ভারতীয় পণ্ডিতবর্গ ভারততত্ত্বকে সাদরে গ্রহণ করেছিলেন। সেইসঙ্গে চার বা পাঁচ শতক আগে যে কাব্যতত্ত্ব তার

উপযোগিতা হারিয়ে ফেলেছিল তারও পুনর্বাসন ঘটেছিল। কুমারস্বামী, হিরিয়ান্ন এবং আরো কিছু ভারতীয় সমালোচক সংস্কৃত কাব্যতত্ত্বের বিষয়ে অগাধ উৎসাহ ও শ্রদ্ধা নিয়ে লেখালেখি করেছিলেন। এইসব সমালোচকেরাই সাহিত্য সমালোচনার ক্ষেত্রে ভারততাত্ত্বিক মূল্যবোধ পরম্পরার সমর্থনে এগিয়ে এসেছিলেন। ভারততত্ত্বের ধারণার মধ্যে যে অবনতির কথা বারংবার বলা হয়েছিল তা ছিল প্রকৃতপক্ষে ভারতীয় সমাজের সম্পূর্ণ ও বর্তমান পরিচয়কে স্বীকার করার ব্যাপারে পশ্চিমি শাসকের এক প্রবল অনীহা। ভারততত্ত্বের উত্থানের সঙ্গে সঙ্গে ইউরোপে এক প্রবল ইতিহাসচেতনার সৃষ্টি হয়েছিল। এই ইতিহাস ছিল অতীত, মৃত। তাই ভারততত্ত্ব, ভারতীয় সংস্কৃতিকে একটি জীবন্ত শক্তি হিসেবে উপলব্ধি করতে ব্যর্থ হয়েছিল।

ভারতীয় নবজাগরণের নেতৃবৃন্দ ভারতীয় সংস্কৃতিকে সম্পূর্ণ স্বীকৃতিদানের ব্যাপারে ভারততাত্ত্বিক অনীহার প্রতিবাদ ও প্রতিরোধ করেছিলেন। কিন্তু তাঁদের প্রতিরোধের ধরন ছিল ভিন্ন। তাঁরা দেখাতে চেয়েছিলেন যে ভারতীয় সমাজ ও সংস্কৃতিতে সমস্ত ইউরোপীয় গুণাবলী বিদ্যমান। ভারততত্ত্বের অনীহার উত্তরে নবজাগরণের পথিকৃৎ লেখকবর্গ বিপুল সংখ্যায় সমালোচনামূলক প্রবন্ধ রচনা করেছিলেন। এর মধ্যে উল্লেখযোগ্য হল 'প্রতিভা অ্যান্ড ইমাজিনেশন', 'রস অ্যান্ড অবজেক্টিভ কোরিলেটিভ', 'অ্যারিস্টটল অ্যান্ড ভারত' এবং আরো অনেক এই জাতীয় নিবন্ধ। এইভাবে ভারতীয় ধারার সংজ্ঞা নির্ধারণ ও একটি ভারতীয় পরিচয় প্রতিষ্ঠার প্রক্রিয়াটি সাহিত্য সমালোচনার ক্ষেত্রে দু'ভাবে প্রকাশ পেয়েছিল। এখানে একদিকে ছিল পাশ্চাত্যের অন্ধ অনুকরণ। আর অন্যদিকে ছিল সাহিত্য সমালোচনার জগতে সৃষ্ট সমস্যাগুলির চরম উত্তর প্রদানের এক অলিখিত প্রতিযোগিতা।

এই পাশ্চাত্যায়নের প্রক্রিয়াটি সাহিত্য সমালোচনার ক্ষেত্রে কোনো একক এবং একীভূত প্রক্রিয়া ছিল না। এখানে পাশ্চাত্যায়ন বলতে ভারতীয় ধারার সংজ্ঞা নির্ধারণের জন্য পশ্চিমের জানালা খুলে দেওয়ার কথা বোঝানো হয়েছে। এর মধ্যে অসংখ্য বিষয় ও বিভাজন ছিল। বহু কারণে এই পাশ্চাত্যায়ন দ্রুততার সঙ্গে সম্পন্ন হয়েছিল। খ্রিস্টান মিশনারিরা তাঁদের সাথে মুদ্রণ প্রযুক্তি নিয়ে এসেছিলেন। এমনকি ধর্মশাস্ত্রের আভিধানিক ঐতিহ্য, ইউরোপীয় ওষুধপত্র, প্রাথমিক বিদ্যালয়সমূহ, যেখানে আঞ্চলিক ভাষার মাধ্যমে শিক্ষাদান করা হয় এবং বলপূর্বক ধর্মান্তরকরণ — এই সবকিছুই খ্রিস্টান মিশনারীরা (ধর্মপ্রচারকেরা)

সম্পন্ন করেছিলেন। তাঁদের আবেদন ছিল মূলত হিন্দু সমাজের নীচু জাতি ও দরিদ্র অংশের জনগণ এর প্রতি। ভারততাত্ত্বিকরা ঐতিহাসিক গবেষণা চালিয়ে যাচ্ছিলেন। সেইসঙ্গে ভাষাতাত্ত্বিক যোগসূত্রগুলি খোঁজার চেষ্টা করছিলেন। তাঁরা সংস্কৃত গ্রন্থগুলির অনুবাদ ও তার ভাষ্যরচনার কাজেও নিয়োজিত ছিলেন। তাঁরা পণ্ডিত ও মোল্লা শ্রেণীর মানুষদের কাছে আকর্ষণীয় হয়ে উঠেছিলেন। এঁরা ছিলেন ক্ষমতার কেন্দ্র থেকে অনেক দূরে। ভারততত্ত্বই প্রথম ভারতীয় সংস্কৃতির নির্যাস হিসেবে আধ্যাত্মিকতার তত্ত্ব প্রচার করেছিল। ঔপনিবেশিক প্রশাসন জমি বিভাজন ও কর কাঠামোকে প্রভাবিত করেছিল। একই সঙ্গে 'পশ্চিমি' ধাঁচে বিশ্ববিদ্যালয় শিক্ষা প্রবর্তন করা হয় এবং ভারতীয় শিক্ষাব্যবস্থায় 'ইংরেজি'র অনুপ্রবেশ ঘটে। এই পাশ্চাত্য সাহিত্যের প্রভাব মধ্যবিত্ত ব্রাহ্মণ জনগোষ্ঠীর উপর সবচেয়ে বেশি পড়েছিল। জাতীয়তাবাদ ছিল ভারততত্ত্ববিদ, ধর্মযাজক শ্রেণী ও ব্রিটিশ প্রশাসনের কার্যকলাপের সুসংহত প্রত্যুত্তর। এই সম্মিলিত প্রত্যুত্তরের মধ্যে যথেচ্ছ পরিমাণে মুক্ত মূল্যবোধ, রক্ষণশীলতা ও সাংস্কৃতিক উগ্র জাতীয়তাবাদের মিশেল ছিল। তাই সাহিত্য সমালোচনার ক্ষেত্রেও জাতীয়তাবাদ মুক্তমনা পাশ্চাত্য ধ্যানধারণা গ্রহণ করেছিল ও সংস্কৃত কাব্যতত্ত্বের পুনরুজ্জীবনেও সহায়তা করেছিল। এক্ষেত্রে ভারতীয় সমালোচনার ধারাকে ভাষা-সাহিত্যের বিষয়ে অবহিত করে তোলাই আদর্শ পথ ছিল। কিন্তু উপনিবেশবাদ অযৌক্তিকভাবে তত্ত্বায়নকে গুরুত্ব দিয়েছিল আর আত্মবিশ্বাস নষ্ট করে দিয়েছিল। সাহিত্য সমালোচনার ক্ষেত্রে পাশ্চাত্যায়ন ছিল উপনিবেশবাদের শক্তিগুলির কাছে এক নিঃশর্ত আত্মসমর্পণ। তাই ভারতীয় সংস্কৃতির আধুনিক যুগে সাহিত্য সমালোচনার ক্ষেত্রে 'মার্গ' ও 'দেশি' ঐতিহ্যের দ্বিপাক্ষিক সম্পর্কটি 'মার্গ', 'দেশি' ও 'ঔপনিবেশিক'—এই ত্রিপাক্ষিক সম্পর্কে রূপান্তরিত হয়েছিল।

আধুনিক ভারতীয় সাহিত্যের ইতিহাসকারেরা সাধারণ ভাবে বিশ্বাস করেন যে 'পাশ্চাত্যায়ন / আধুনিকীকরণ' ভারতীয় সমালোচনার 'ঐতিহ্য' থেকে একটি চরম বিচ্ছিন্নতাকে সূচিত করে। পূর্ববর্তী অধ্যায়ে পশ্চিমি ধাঁচে চুক্তিভিত্তিক আইনের ভবিষ্যৎ নিয়ে আলোচনা থেকে বোঝা যায় যে ভারতীয় সমালোচকেরা এই পরিস্থিতিকে নিজেদের সুবিধার জন্য নিপুণভাবে পরিচালনা করতে পারত। আধুনিক ভারতীয় সমাজের সমাজতাত্ত্বিক বিশ্লেষণ থেকেও একই সিদ্ধান্তে উপনীত হওয়া যায়। ভারতবর্ষে আধুনিকীকরণের প্রক্রিয়া নিয়ে লেখা একটি সাম্প্রতিক সমাজতাত্ত্বিক গ্রন্থ থেকে জানা যায়:

ভারতীয় ঐতিহ্যের ক্ষুদ্র ও বৃহৎ সংস্করণগুলির স্বদেশি কেন্দ্র ও যোগাযোগ ব্যবস্থাগুলি কখনো কখনো স্বাধীনভাবে কার্যসম্পাদন করে। আবার কখনো আধুনিকীকরণের ক্ষুদ্র ও বৃহৎ ঐতিহ্যের ধারক হিসেবেও ভূমিকা পালন করে। ভারতবর্ষে সংস্কৃতিক পরিবর্তনের সাম্প্রতিক প্রক্রিয়াগুলির দিকে দৃষ্টি দিলে ঐতিহ্য ও আধুনিকতার প্রথাভাঙা ও পৃথক অস্তিত্ব লক্ষ্য করা যায়। এগুলি অনেকের কাছেই দুর্বোধ্য মনে হলেও, এই প্রক্রিয়াগুলির সাহায্যে এদের ব্যাখ্যা করা যায়। তাই সাংস্কৃতিকভাবে ভারতে আমরা তিনটি গুরুত্বপূর্ণ শাখাবিন্যাস খুঁজে পাই—ঐতিহ্যবাহী, আধুনিক ও ঐতিহ্যবাহী আধুনিক।[১৪]

এই সাংস্কৃতিক ঐতিহ্যবাহী আধুনিক বৈশিষ্ট্যকে অন্য এক সমাজতাত্ত্বিক, ফ্রেড রিগ্‌স 'প্রিজমতুল্য'[১৫] বলে বর্ণনা করেছেন। অথবা একে 'পরিবর্তনশীল' বলেও অভিহিত করা যায়। এটা সত্য যে উপনিবেশবাদ সাহিত্যে পাশ্চাত্যায়ন বয়ে এনেছিলো। আর সাহিত্য সমালোচনার ক্ষেত্রে ঔপনিবেশিক প্রবণতাগুলি যথেষ্ট গুরুত্বপূর্ণ ভূমিকা পালন করে। তবে এটা ঠিক নয় যে উপনিবেশবাদ পূর্বতন প্রক্রিয়ার অসম্পূর্ণ 'পরিবর্তনকে' কে নিয়ন্ত্রণ করেছিল। এটা কেবলমাত্র ভাষা সমালোচনার ক্ষেত্রে আরো একটি অতি শক্তিশালী উপাদানকে প্রাসঙ্গিক করে তুলেছিল। এটি একেবারে নতুন তত্ত্ব খাড়া করার পরিবর্তে সাহিত্য সমালোচনার সম্যক উপলব্ধির বৃত্তে একটি নতুন ও আরো বেশি শক্তিশালী প্রতিবন্ধকতা নিয়ে এসেছিল। গত একশো ত্রিশ বছর ধরে ভারতীয় সাহিত্য সমালোচনার বপু এই তৃতীয় উপাদানটি আত্মীকরণের প্রয়াস চালিয়ে যাচ্ছে। আর এই ভাবেই সমালোচনার দেহ 'মার্গ', 'দেশি' ও উপনিবেশের ত্রিপাক্ষিক সম্পর্কের প্রকাশ হিসেবে পরিগণিত হয়েছে। এই সম্পর্ক তিনটি ভিন্ন ঐতিহ্যের মধ্যে সহযোগিতা ও সংঘর্ষের বিভিন্ন বিন্যাস সমন্বয়ে গড়ে উঠেছে। ঔপনিবেশিক অভিজ্ঞতা সাহিত্য সমালোচনার একটি মতবাদেরও জন্ম দিয়েছে। এর ফলে সমালোচনার অভিমুখ কী হওয়া উচিত বা উচিত নয় সে ব্যাপারে নির্দেশিকা মিলেছে। সাহিত্য সমালোচনার তাৎপর্য অনুধাবনের ভারতীয় সংস্করণটি এর দ্বারা প্রভাবিত হয়েছে। ঔপনিবেশিক অভিজ্ঞতা, এমনকি সমালোচনা ধারারও একটি অর্থনৈতিক ভিত্তি প্রদান করেছে।

আমরা ইতিমধ্যে ইংল্যান্ডে ইংরেজি কিভাবে একটি জ্ঞানচর্চার শাখা হয়ে উঠেছিল সে বিষয়ে ইগল্টনের বর্ণনার উল্লেখ করেছি। ওখানে এর উদ্দেশ্য ছিল

নিম্নতর আর্থিক শ্রেণীর মানুষজনকে নিজেদের অবস্থানে বহাল রাখা। ভারতেও ওই একই উদ্দেশ্য ছিল—বিশেষ করে ঔপনিবেশিক শাসক ও শাসিতের সম্পর্কের প্রেক্ষিতে। কিন্তু একেবারে ভারতীয় প্রেক্ষাপটে বিচার করলে দেখা যায় ইংরেজি শিক্ষা ও ইংরেজি সাহিত্যের জ্ঞান সরকারি চাকুরিতে উচ্চপদে আসীন হওয়ার নিশ্চিত উপায় ছিল। ইংরেজি সাহিত্যের বিষয়ে সামান্য জ্ঞান আহরণ করা সমাজে মান মর্যাদার শিখরে আরোহণ করার এক মোক্ষম পদ্ধতি ছিল। আজকের আধুনিক ভারতীয় বিশ্ববিদ্যালয়গুলি সাহিত্য সমালোচনার ধারায় পাশ্চাত্য প্রবণতাগুলি গ্রহণ ও অনুকরণের কেন্দ্র হিসেবে গড়ে উঠেছে। এগুলি জাগতিক উন্নতিলাভের ক্ষেত্রেও গুরুত্বপূর্ণ কেন্দ্র হয়ে উঠেছে। যে শ্রেণীর মানুষ এই পাশ্চাত্য ধারার জ্ঞানচর্চায় লাভবান হয়েছিল তারাই পরবর্তীকালে শিক্ষাব্যবস্থা, প্রকাশনা শিল্প ও জ্ঞানচর্চার প্রশাসনিক স্তরবিন্যাসকে নিয়ন্ত্রণ করত। স্বভাবত সাহিত্যসমালোচনার পাশ্চাত্যায়ন এই শ্রেণীর মানুষজনের কাছে বিশেষ উদ্দেশ্য চরিতার্থ করার বিষয় ছিল।

বিংশ শতকের ভারতীয় সমালোচকরা সাহিত্য সমালোচনার ক্ষেত্রে সীমাহীন সংকটের ভয় পেতেন। এর মূল কারণ ছিল সমালোচনার কার্যকলাপের বিষয়ে শ্রেণীভিত্তিক ও 'পশ্চিমি' ধ্যানধারণা। একদিকে এই ক্ষেত্রটি ছিল ত্রিপাক্ষিক সম্পর্কের জটিলতায় বিভক্ত; অন্যদিকে সমালোচনার ধারার পাশ্চাত্যায়নের বিষয়ে ক্রমবর্ধমান চাপ বজায় ছিল। আমাদের যুক্তি অনুসারে ভারতীয় বৌদ্ধিক উপাদানগুলির পাশ্চাত্যায়নের ফলে আসলে ঔপনিবেশিকতার ধারাটিকেই পুষ্ট করা হয়েছিল। আধুনিকতার সূচনা এর ফলে বিলম্বিত হয়েছিল। সাহিত্য সমালোচনাকে আধুনিক করে তোলার একমাত্র উপায় ছিল ঔপনিবেশিক শাসনের পূর্বের শতকগুলিতে আঞ্চলিক ভাষা-সাহিত্যগুলির যুগে সমালোচনার জগতে যে রূপান্তর অসমাপ্ত ছিল তা পূর্ণ করা। ঔপনিবেশিক শাসনকালে এই প্রক্রিয়া সম্পন্ন করা আরো অনেক কঠিন ছিল। এটা এক অলীক কল্পনা যে ভারতবর্ষে সাহিত্য সমালোচনা রীতি পাশ্চাত্যায়নের ফলে এক নতুন জীবন পেয়েছে। বরং বলা যায় ভারতীয় সমালোচকদের নিরর্থক তত্ত্বায়নের অনুকরণমূলক কার্যকলাপের মধ্যে ব্যস্ত করে রাখা হয়েছে। এর ফলে এমন এক ধরনের সাহিত্যিক পূর্বানুমানগুচ্ছ ও সমালোচনামূলক কাঠামোরাজির সৃষ্টি হয় যার মধ্যে আঞ্চলিক ভাষাসাহিত্যগুলিকে জোর করে খাপ খাওয়ানোর চেষ্টা করা হয়। আঞ্চলিক ভাষা-সাহিত্যের ইতিহাস বিষয়ে ঔপনিবেশিক ধারণা

এবং পরবর্তী সাংস্কৃতিক বিস্মরণের কারণে আধুনিক ভারতীয় সমালোচকরা ভাষা-সাহিত্যের অন্তর্নিহিত প্রায়োগিক জ্ঞান উপলব্ধি করতে ব্যর্থ হয়েছিল। কিভাবে ভাষা-সাহিত্য 'মার্গ' সমালোচনার কাছে নতিস্বীকার করেনি তা সমালোচকরা বুঝতে পারেনি। আমরা এবারে বিংশ শতকের সবচেয়ে বিখ্যাত কিছু ভারতীয় সমালোচকের লেখা সাহিত্যতত্ত্বের কিছু গ্রন্থ নিয়ে আলোচনা করব এবং এই গ্রন্থগুলিতে বিস্মরণের কাঠামোটি কিভাবে রচিত হয়েছিল তা বোঝার চেষ্টা করব।

ভারতীয় নবজারণের তিন সবচেয়ে প্রভাবশালী সাহিত্য সমালোচক হলেন শ্রী অরবিন্দ, রবীন্দ্রনাথ ঠাকুর ও আনন্দ কেন্টিস কুমারস্বামী। তিনজনেরই প্রাচ্য ও পাশ্চাত্যের সাহিত্য ও সংস্কৃতির ধারাগুলির বিষয়ে অগাধ জ্ঞান ছিল। তিনজনই বহুভাষাবিদ ছিলেন এবং তাঁদের মধ্যে একটি সচেতন জাতীয়তাবাদী চেতনা ছিল। কুমারস্বামী ও শ্রীঅরবিন্দ শ্রেষ্ঠ বিশ্ববিদ্যালয়গুলিতে পড়াশোনা করেছিলেন। রবীন্দ্রনাথ ও কুমারস্বামী সাহিত্য ছাড়াও চারুকলায় পারদর্শী ছিলেন। আর শ্রী অরবিন্দ ও রবীন্দ্রনাথ ছিলেন অতি উচ্চমানের কবি। এই তিনজনেই তত্ত্বায়নের কাজে নিজেদের নিয়োজিত করেছিলেন। রবীন্দ্রনাথের সাহিত্যতত্ত্ব মূলত: তাঁর ভাষণ ও নিবন্ধের মাধ্যমে উপস্থাপিত হয়েছিল। আর তাঁর সাহিত্বতত্ত্ব ছিল মূলত তুলনামূলক। কুমারস্বামী সংস্কৃত কাব্যতত্ত্বে মনোযোগ দেন এবং শিল্প-সাহিত্যের একটি চিরন্তন দর্শনের কথা বলেন। তুলনামূলকভাবে শ্রী অরবিন্দ ছিলেন বেশি দৃঢ় ও মৌলিক ভাবনার অধিকারী। কারণ তিনি আধুনিক কবিতার একটি সামঞ্জস্যপূর্ণ তত্ত্ব খাড়া করার চেষ্টা করেছিলেন। আমরা এখানে শ্রী অরবিন্দের কিছু তাত্ত্বিক ধারণাকে ভারতীয় নবজাগরণের প্রতিনিধিত্বমূলক ধারণা হিসেবে আলোচনা করব।[১৬]

সাত বছর বয়সের পর শ্রী অরবিন্দ (১৮৭২—১৯৫০) তাঁর যাবতীয় শিক্ষা ইংল্যান্ডে গ্রহণ করেন। ওখানে তিনি ইউরোপীয় ধ্রুপদী ভাষা ও সাহিত্য অত্যন্ত আগ্রহ সহকারে অধ্যায়ন করেন। শ্রী অরবিন্দ যখন কেমব্রিজে পড়াশোনা করতেন সেই সময় ম্যাথু আর্নল্ড ও অস্কার ওয়াইল্ড ছিলেন সাহিত্য জগতের নায়ক আর 'সাহিত্য পাঠের মধ্য দিয়ে সভ্যতার প্রেরণা লাভ করা যায়' এই তত্ত্বই ছিল শক্তিশালী। এর ফলে ১৮৯১ সালে তিনি যখন ভারতে ফেরেন তখন ভারতীয় সংস্কৃতি ও সাহিত্যের ঐতিহ্য সম্বন্ধে একেবারেই অন্ধকারে ছিলেন। প্রারম্ভিকভাবে তিনি ইংরেজি বা ইউরোপীয় মডেলে নিজের কবিতা

ও কাব্যতত্ত্বের নির্মাণের চেষ্টা করতেন। যে কেউ দেখতে পাবে কিভাবে তাঁর প্রথম দিকের লেখায় উল্লেখিত নন্দনতাত্ত্বিক ধারণাগুলি সরাসরি প্লেটো ও শেলী থেকে নেওয়া হয়েছিল। কিন্তু তাঁর গৃহে প্রত্যাবর্তনের পর শ্রী অরবিন্দ ঔপনিবেশিক প্রভাবের ব্যাপারে আত্মসচেতন হয়ে পড়েছিলেন। খুব শীঘ্রই তিনি বরোদায় শিক্ষকতার চাকরি নিয়ে বসবাস শুরু করেন। এরপর ভারতীয় অতীন্দ্রিয়বাদের সঙ্গে তাঁর পরিচয় ঘটে। তিনি ভারতীয় পৌরাণিক কথার উপর ভিত্তি করে কবিতা লেখা শুরু করেন। এছাড়া জাতীয়তাবাদী রাজনীতিতেও অংশগ্রহণ করেন। ভারতীয় শিল্প, সাহিত্য ও ভাষা নিয়ে তিনি গভীরভাবে চিন্তাভাবনা শুরু করেন। এমনকি নিজের লেখার সাহিত্যিক মূল্যের পুনর্মূল্যায়ণও শুরু করেন। মাত্র তিরিশ বছর বয়সে লেখা তাঁর প্রবন্ধ 'দ্য সোর্সেস অফ পোয়েট্রি'[১৭] অরবিন্দের সাহিত্য সমালোচনায় এক পরিবর্তন সূচিত করে। তিনি ইউরোপীয় ধারণা অনুযায়ী কবি একজন স্রষ্টা—এই ধারণাকে বর্জন করেন। এই নিবন্ধে তিনি ঘোষণা করেন কবিতা হল চিরকালীন সত্তার মধুর প্রকাশ। এই প্রসঙ্গে তিনি 'সাত্ত্বিক', 'তামসিক' ও 'রাজসিক' এই তিনটি সংস্কৃত শব্দ ব্যবহার করেন, কাব্যিক প্রেরণার বিভিন্ন স্তর সঠিকভাবে নির্দেশ করার জন্য। এই নিবন্ধ থেকে যেমন ভারতবর্ষের অতীতকে পুনরুদ্ধার করার স্বদেশি প্রবণতা লক্ষ্য করা যায় তেমনই তত্ত্বায়নের ঔপনিবেশিক বাধ্যবাধকতারও দৃষ্টান্ত মেলে। এই নিবন্ধটি প্রথম দলিল[১৮] হিসেবে বিবেচিত হতে পারে। এটিকে স্মৃতিভ্রষ্ট আধুনিক ভারতীয় সমালোচনার ধারার দলিল হিসেবে দেখা যায়। এই নিবন্ধে ভক্তি কাব্যের বিভিন্ন ধারণাকে যুগপৎ পুনর্জাগরণবাদী চেতনা ও ঔপনিবেশিক প্রভাবের সাথে যুঝতে হয়েছিল।

শ্রী অরবিন্দের প্রবন্ধে কবিতার প্রকৃতিও রূপবৈচিত্র্য অনুধাবন করার জন্য একটি মৌলিক ধারণাগত কাঠামো প্রস্তাব করা হয়েছিল। এই ধারণা অনুসারে কবিতা জন্মগত ভাবেই একটি বিশেষ উন্মোচন। এটি কবির চেতনার মধ্য দিয়ে প্রেরণা হিসেবে বহমান থাকে। অবশেষে এর জন্ম হয় একটি পৃথক কবিতা হিসেবে। এই মন্তব্যের অর্থ হল পূর্ণতা লাভের জন্য কবিতাকে একটি বিশেষ প্রকাশের দশায় উন্নীত হওয়ার জন্য সদাই সচেষ্ট থাকতে হবে। এই বিশেষ উন্মোচনের দশা কবির ব্যক্তিগত পছন্দের উর্ধ্বে উঠে অর্জন করতে হয়। এখানে তার ব্যক্তিত্বের ভূমিকাকে যথাসম্ভব খাটো করে দেখাতে হয়। পূর্ণতাপ্রাপ্ত কবিতা কবির স্বজ্ঞালব্ধ বিচারধারা ও স্বজ্ঞালব্ধ বুদ্ধির পরিচয় দেয়। এগুলি কবি মনের

উচ্চমার্গের ক্রিয়া। কিছু নিম্নতর ক্রিয়াও আছে—উপলব্ধিকারী মন এবং দর্শনরত ও যুক্তিরত বুদ্ধি, যাদের সাথে রয়েছে সহায়ক ধারণা, কল্পনা ও স্মৃতি।

স্বজ্ঞানলব্ধ বুদ্ধি কাব্য/দৈববাণীকে গ্রহণ করে। এরপর স্বজ্ঞালব্ধ যুক্তি ও বিচার উন্মোচনকে একটি ছাঁচে তৈরি করে। দৈববাণী-প্রেরণা-অভিব্যক্তি এটি ছিল এক নিরবিচ্ছিন্ন প্রক্রিয়া। দৈববাণী চেতনার সেই অংশে বাস করে যার সাথে এক অবিভক্ত, কাঠামোহীন বাস্তবের যোগ রয়েছে। এই বাস্তব বিমূর্ত এবং বুদ্ধি ও আবেগের নাগালের বাইরে। যখন এই নিরন্তন পরিবর্তনের মধ্য দিয়ে দৈববাণী কবির চেতনা ও ভাষার স্তরে প্রবেশ করে তখন এটি যুক্তি ও বিচারের ক্রিয়ার অধীনে চলে আসে। এইসব মানসিক ক্ষমতাগুলি তখন এর পুনর্নির্মাণ করে। শ্রী অরবিন্দ কবিতাকে তিনভাগে ভাগ করেছিলেন- 'তামসিক', 'রাজসিক', ও 'সাত্ত্বিক'। এই বিভাজন দৈববানী ও সচেতন মনের মধ্যে আদান প্রদানের তত্ত্বের উপর ভিত্তি করে গড়ে উঠেছিল। পরিবর্তনশীল বাস্তবের সাথে কবি মনের কথোপকথনের এক নিবিড় যোগের মাধ্যমে কবিতা মহান হয়। এই তীব্র ও সমন্বিত কবিমনের উত্তরকে সন্তভাবের প্রকাশ বলে উল্লেখ করা যায়। এই সন্তভাব ব্যক্তিত্বকে নীরব রাখে ও ভবিষ্যদ্বানীর ক্ষমতা অর্জন করে। সব মহান কবিতায় এই সন্তভাবের প্রকাশ অবধারিতভাবে পাওয়া যায়।

এই নিবন্ধে শ্রী অরবিন্দ তাঁর যুক্তির স্বপক্ষে সব উদাহরণগুলি ইংরেজি কবিতা থেকে উদ্ধৃত করেছেন। যে সব পরিভাষা ব্যবহার করা হয়েছে তা সাংখ্য জ্ঞানতত্ত্ব থেকে আহরণ করা হয়েছে। তবে এই কাব্যিক গুণাবলী অবিলম্বে আঞ্চলিক ভাষা-সাহিত্যের এক ঝাঁক তরুণ কবির কথা মনে করিয়ে দেয়। ১৯০৭ সালে লেখা অন্য একটি প্রবন্ধে শ্রী অরবিন্দ একগুচ্ছ সংস্কৃত শব্দ ব্যবহার করেন কাব্যিক আনন্দের প্রকৃতি বর্ণনা করার জন্য—'রস', 'ভোগ', ও 'আনন্দ'। জাতীয়তাবাদী নিবন্ধটির শীর্ষক ছিল 'দ্য ন্যাশনাল ভ্যালু অফ্ আর্ট'।[১৯] এটি ছিল ভারতীয় সভ্যতার কেন্দ্রে অবস্থিত নান্দনিক নীতিগুলি বর্ণনা করার এক সাধু প্রয়াস। এই বিষয়ে অরবিন্দের সাথে কুমারস্বামীর যথেষ্ট মিল খুঁজে পাওয়া যায়। তাঁর ইংরেজি সংস্কৃতিস্নাত সহোদর ভ্রাতা মনমোহন ঘোষকে[২০] লেখা একটি বিখ্যাত চিঠিতে শ্রী অরবিন্দ ভারতীয় শিল্পকলা ও শিল্প মূল্যবোধের আবেগপূর্ণ সমর্থন করার প্রয়াস করেছেন। তিনি যুক্তি দিয়ে দেখিয়েছেন যে ভারতীয় সাহিত্য শুধুমাত্র একঝাঁক অদ্ভুত ও অপরিণত লোককথার সমাহার নয়। যদি কেউ যথাযথ সহানুভূতি নিয়ে এই সাহিত্য পাঠ করেন তাহলে এর

অন্তর্লীন ঐকতান ও আনন্দের সুরটি তিনি অবশ্যই খুঁজে পাবেন। এখানে তিনি স্পষ্টতই ভারতীয় সাহিত্য বিষয়ে ভারততাত্ত্বিক ধারণাগুলির বিরোধিতা করেছেন। তাঁর প্রথম দিককার সমালোচনার ভাষা থেকে বোঝা যায় তিনি কতখানি আন্তরিকভাবে নিজেকে 'ভারতীয়' হিসেবে প্রতিপন্ন করার চেষ্টা করেছেন। এমনকি তাঁর সমালোচনার শব্দচয়ন কাঠামোকেও তিনি ঔপনিবেশিক প্রভাবমুক্ত করার ব্যাপারে যথাসাধ্য চেষ্টা করেছিলেন। তবে একই সঙ্গে তাঁর প্রথম দিকের নন্দনতাত্ত্বিক আলোচনাগুলি খুঁটিয়ে দেখলে বোঝা যায় যে ইংরেজ প্রভাবমুক্ত হওয়ার ব্যাপারে তাঁর সংগ্রাম যথেষ্ট কঠিন ছিল। বিশেষত যেসব নন্দনতাত্ত্বিক ধারণাগুলি তিনি ইংরেজ সমালোচকদের কাছ থেকে পেয়েছিলেন সেগুলো তাঁকে আদতে এক ঔপনিবেশিক চেতনায় অনুপ্রাণিত সাহিত্য সমালোচক হিসেবে গড়ে তুলেছিল।

আর্য পত্রিকায় ১৯১৭ থেকে ১৯২০[২১] খ্রিস্টাব্দ অবধি তাঁর প্রবন্ধসমূহের সংকলন ধারাবাহিক ভাবে প্রকাশিত হয়েছিল। এর শীর্ষক ছিল *দ্য ফিউচার পোয়েট্রি*। এখানে তিনি ইংরেজি কবিতার পর্যালোচনা করে দেখিয়েছেন যে কবিতার প্রকৃত আদর্শের কাছাকাছি ইংরেজি কবিতা কখনো পৌঁছাতে পারেনি। তাঁর মতে এই আদর্শ ছিল 'পরম বাস্তবের মহামন্ত্র'। ইংরেজি কবিতার কৃতিত্বের বিষয়টির মূল্যায়ন করতে গিয়ে তিনি তিনটি মানদণ্ডের উল্লেখ করেছেন। এগুলি হল – 'আধ্যাত্মিক বাস্তবের অভিব্যক্তি', 'স্বজ্ঞালব্ধ বুদ্ধি' ও 'স্বজ্ঞালব্ধ দূরদৃষ্টি'। তিনি ইংরেজি কবিতার ধারাকে অভিযুক্ত করেছেন, এর মধ্যে কোনো আধ্যাত্মিকতা নেই বলে। এইভাবে তিনি পরোক্ষে ইংরেজি কবিতার পরম্পরা ও বেদ ও উপনিষদের মতো ভারতীয় কাব্যধারার মধ্যে একটি তুলনামূলক আলোচনা করেছেন। তাঁর মূল প্রয়াস ছিল ভারততত্ত্ব প্রণীত স্তরবিন্যাসকে ওলটপালট করে দেওয়া। তবে বহুস্তরীয় মূল কাঠামোটি রেখে দেওয়া হয়েছিল। তিনি *দ্য ফিউচার পোয়েট্রি* নামক নিবন্ধে এমন কিছু নীতি প্রণয়ন করেছিলেন যা ইংরেজি ভাষায় লেখা ভবিষ্যতের কবিতা ও প্রাচীন ভারতীয় কবিতার মধ্যে সমতা বিধান করবে। এই নীতিগুলি শ্রী অরবিন্দের কাছে বিশেষ গুরুত্বপূর্ণ ছিল কারণ তিনি নিজেই ইংরেজি রোমান্টিক কাব্যধারার ভারতীয়করণের প্রকল্পে নিজেকে নিয়োজিত রেখেছিলেন এবং পরীক্ষা-নিরীক্ষা চালিয়েছিলেন। তাঁর বক্তব্যের শুরুতে তিনি কবিতার প্রকৃতি বিষয়ে একটি মূলগত প্রশ্ন রেখেছিলেন :

> পরবর্তীকালে আমরা যাতে লাভজনক কাব্যচর্চা চালিয়ে যেতে পারি সে

ব্যাপারে একটি নির্দিষ্ট সূত্র খুঁজতে চেষ্টা করব। এইজন্য আমরা অনুসন্ধান করে দেখব আমরা কবিতার কাছ থেকে সবচেয়ে বড়ো কোন বস্তু দাবী করে থাকি। অথবা এই বিষয়টিকে আমরা বৃহত্তর প্রেক্ষাপটে ও বিষয়ের মূলগত নিরিখে দেখতে পারি। কবিতার প্রকৃতি কী হতে পারে, এর মূল শর্ত কী এবং এর থেকে কিভাবে এর পরম প্রয়োগের পথ তৈরি হতে পারে। পরম বাস্তবের 'মন্ত্র' হিসেবে কবিতা কিভাবে ব্যবহৃত হতে পারে।[২২]

এই প্রশ্নের উত্তরে শ্রী অরবিন্দ যে কাব্যতত্ত্বের প্রস্তাব করেছিলেন তা অত্যন্ত সোজাসাপ্টাভাবে বলা যায়: কবিতা মানবাত্মার প্রকাশ ঘটায় এবং শব্দের মাধ্যমে কবি সুন্দরের যে শক্তি অবলোকন করেন তার মহিমা ধারণ করে। এই মহান ক্ষণে সৃষ্টি হয় 'আদর্শ' এবং কবির সত্তা ও প্রকৃতির মধ্যে আধ্যাত্মিক অন্তর্দৃষ্টি নিপুণভাবে প্রোথিত হয়। কবিতা তখনই মহান হয়ে ওঠে যখন ছন্দোবদ্ধ চলনের সর্বোচ্চ তীব্রতার সাথে বাচিক রূপ ও ভাবনির্যাসের সর্বোচ্চ তীব্রতা এবং আত্মলোকে সত্যবীক্ষার চূড়ান্ত তীব্রতার কার্যকারী সম্মিলন সংঘটিত হয়।

এই তিনটি তীব্রতার বলে বলীয়ান হয়ে কবিতা পাঁচটি চিরন্তন ক্ষমতার পরম সমন্বয়ের বার্তা উচ্চারণ করে। এই পাঁচটি শক্তি হল - সত্য, সুন্দর, আনন্দ, জীবন ও আত্মা। এদের কবিতার 'পঞ্চসূর্য' বলা হয়।

কাব্যের স্বপ্নদর্শী গুণের উপর সর্বাধিক গুরুত্ব আরোপ করে শ্রী অরবিন্দ সনাতন ভারতীয় কাব্যধারার 'মার্গ' ঐতিহ্যের প্রতি তাঁর সমর্থন ব্যক্ত করেছিলেন। কিন্তু এটি তাঁর উচ্চ রোম্যান্টিক উত্তরাধিকারপ্রসূত ধারণা ছিল। কবিতার আধ্যাত্মিক চেতনাটিতে আলোকপাত করার জন্য শ্রীঅরবিন্দ সংস্কৃত কবিতার পরিভাষাগুলিকে নিজের প্রয়োজনে বাঁকিয়ে-চুরিয়ে নিয়েছেন। তাঁর এই ধরনের ব্যবহারের সবচেয়ে আকর্ষণীয় দৃষ্টান্ত ছিল 'রস' শব্দটি। তিনি এটি মূল বৈদিক অর্থে ব্যবহার করেছেন। এর মানে হল 'একটি তরল পদার্থ', 'একটি স্বর্গীয় খাদ্যবস্তু', 'একটি চলমান বস্তু' ও 'একটি উদ্ভিদের রসধারা'। তিনি সৃষ্টি প্রক্রিয়াকে বর্ণনার করার জন্য এই শব্দটি প্রয়োগ করেন। শ্রোতার কাছে এই শিল্পমাধ্যমের অভিজ্ঞতার ধরন এই শব্দের মাধ্যমে সেভাবে ব্যক্ত করতে চাননি। তাই শব্দটিকে জোর করে ব্যবহার করা হয়েছে তাঁর শিল্পীনির্ভর, অভিব্যক্তিবাদী কাব্যতত্ত্বকে প্রতিষ্ঠা করার জন্য। অন্য দৃষ্টান্ত হল 'আনন্দ' শব্দের বর্ণনা। সংস্কৃত কাব্যতত্ত্বের 'ব্রহ্মানন্দ'-র ব্যবহার ছিল অনুরূপ, অতুলনীয় রীতিতে। নান্দনিক অভিজ্ঞতাকে

প্রকাশ করার একটি রূপক হিসেবে তা ব্যবহৃত হত। শ্রী অরবিন্দ রূপকটিকে অত্যন্ত গুরুত্বের সাথে গ্রহণ করেন এবং 'ব্রহ্মানন্দ' ও 'কাব্যানন্দ'-কে আক্ষরিক অর্থে সমতুল্য হিসেবে তুলে ধরেন। এইভাবে কাব্যিক আনন্দ ও আধ্যাত্মিক আনন্দের মধ্যে প্রভেদ না করে তিনি যে বিভ্রান্তির সৃষ্টি করেছিলেন তা আসলে জাতীয়তাবাদের সাথে ভারততত্ত্বের সহাবস্থানের একটি দৃষ্টান্ত। একপক্ষ যেখানে ভারতবর্ষের অতীত থেকে ভালো কিছু খুঁজে পেতে সচেষ্ট ছিল অপরপক্ষ সেখানে দাবী করেছিল যে, অতীতের যা কিছু ভালো তা আধ্যাত্মিকতার মধ্যেই সীমাবদ্ধ ছিল। কিন্তু এই বিভ্রান্তি উচ্চ রোমান্টিক ধারার কবিদের নন্দনতত্ত্বের মধ্যেও পাওয়া যায়। কীট্‌স, ব্লেক এবং শেলী কবিতাকে সত্য মঙ্গলময় ও সুন্দরের বিশ্লেষণ হিসেবে দেখেছিলেন। বাস্তবিক, শ্রী অরবিন্দ যদিও ঔপনিবেশিক সংস্কৃতির ক্রমবিন্যাসটিকে ওলটপালট করে দিয়েছিলেন, তবু তাঁর প্রবন্ধ *দ্য ফিউচার পোয়েট্রি*-র সমগ্র কাঠামোটি শেলীর *আ ডিফেন্স অফ্ পোয়েট্রি*-র আদলে নির্মিত হয়েছিল। দুটি নিবন্ধেরই প্রারম্ভিক অধ্যায়গুলিতে কবিতার সংজ্ঞা নির্ধারণের চেষ্টা করা হয়েছে এবং বিজ্ঞানের সঙ্গে এর প্রভেদের উপর আলোকপাত করা হয়েছে। একে দর্শন ও যুক্তিবিদ্যা থেকেও আলাদা করে দেখানো হয়েছে। দুটি বইয়েরই মধ্যভাগে কবিতার এক উদ্দেশ্যমূলক পর্যালোচনা করা হয়েছে। শেলীর ক্ষেত্রে ইউরোপীয় কবিতা ও শ্রী অরবিন্দের ক্ষেত্রে ইংরেজি কবিতার আলোচনা রয়েছে। আর দুই নিবন্ধের অন্তিম ভাগে আদর্শ পরিস্থিতিতে কবিতা কি ধরনের সম্ভাবনার দরজা খুলে দিতে পারে তার আলোচনা রয়েছে। এমন হতে পারে যে শ্রী অরবিন্দ তাঁর ব্যক্তিগত পছন্দ অনুযায়ী উচ্চ রোম্যান্টিক নন্দনতত্ত্বকে প্রাচীন ভারতীয় কাব্য ও রসশাস্ত্রের সঙ্গে একাসনে বসিয়েছিলেন। তিনি ভেবেছিলেন এই দুই ধারাকে একটি সাধারণ কাব্যতাত্ত্বিক ধারায় অন্তর্ভুক্ত করে আলোচনা করা যেতে পারে। *দ্য ফিউচার পোয়েট্রি* নিবন্ধে সেই আলোচনা করা হয়েছে। এই সমন্বয়ের প্রয়াসকে একপক্ষে সাংস্কৃতিক স্ব-সংজ্ঞায়নের প্রয়াস হিসেবেও দেখা যেতে পারে। এই কাজের মূল প্রেরণা ছিল এক আবেগমথিত জাতীয়তাবাদী চেতনা। সংস্কৃত ভাষার উপর শ্রী অরবিন্দের অসাধারণ দখল ছিল। যদিও তাঁর লেখায় কোনো প্রমাণ মেলেনা যে তিনি সংস্কৃত কাব্যতত্ত্ব অধ্যয়ন করেছিলেন তবু তাঁর সংস্কৃত সাহিত্যের প্রত্যক্ষ জ্ঞান ছিল। তিনি অনেক ভারতীয় ভাষাতেও পারদর্শী ছিলেন আর আঞ্চলিক ভাষা-সাহিত্যের সাথেও তাঁর যোগ ছিল। তথাপি, তিনি যখন সাহিত্য সমালোচনার একটি নতুন আঙ্গিক তৈরির কথা ভাবলেন

তখন নিজেকে ভারতীয় সাহিত্য পরিস্থিতি থেকে বিচ্ছিন্ন করে ফেললেন। সমালোচনার ধারায় ঐতিহাসিক পরিবর্তনগুলিকেও বিবেচনার মধ্যে রাখলেন না। তাঁর কিছু কবিতার মধ্যে যেমন, 'অহনা'-তে[২৩] তিনি ভক্তিরসের জয়গান গেয়েছেন। তাহলে তাঁর কাব্য সমালোচনায় আঞ্চলিক ভাষারীতির কোনো প্রতিফলন পাওয়া গেলনা কেন ? এই প্রশ্নের উত্তর খুঁজতে গেলে শ্রী অরবিন্দকে একজন ঔপনিবেশিক সমালোচক হিসেবে বিচার করতে হবে। তিনি ছিলেন এক উদ্যমী বুদ্ধিজীবী যিনি একটি হতোদ্যম, আত্মবিস্মৃত সমাজের অংশ ছিলেন। এ ছিল এমন এক সমাজ যা মরিয়া হয়ে নিজেদের হৃত সংস্কৃতি পুনরুদ্ধারের চেষ্টা করছিল। তাঁর সমন্বয়ের চেষ্টার মধ্যে ব্যর্থতার বীজ নিহিত ছিল। তিনি এক সহযোগিতার তত্ত্ব খাড়া করতে চেয়েছিলেন যেখানে সংঘাত অনেক কার্যকরী হত। তিনি এমন এক জাতীয়তাবাদের কাঠামোকে গ্রহণ করেছিলেন যা আদতে ছিল ঔপনিবেশিক। আর যেখানে ঐতিহাসিক দৃষ্টিভঙ্গীর প্রয়োজন ছিল সেখানে তিনি তত্ত্বায়নে বেশি মনোযোগী হয়ে পড়েছিলেন।

শ্রী অরবিন্দ ভারতীয় রোমান্টিকদের প্রজন্মের অন্তর্ভুক্ত ছিলেন। আমরা অবশ্য এঁদের সাহিত্য সম্বন্ধীয় ধারণাগুলিকে আমাদের 'উন্নত', 'আধুনিক' দৃষ্টিকোণ থেকে বর্জন করে থাকি। ভারতীয় উপমহাদেশে আধুনিকতার আগমনের ফলে সাহিত্য সমালোচনার জগতে কী ধরনের পরিবর্তন সূচিত হয়েছিল তার নিবিড় পাঠ এক শিক্ষণীয় অভিজ্ঞতা। 'মডার্নিজম' ইউরোপে এক খাঁটি সামাজিক অভ্যুত্থান ও সাংস্কৃতিক অবক্ষয়ের ফসল ছিল। অবশ্য ভারতে এর আগমন ঘটেছিল কিছু সাহিত্যিক ধারার ও গ্রন্থের মধ্য দিয়ে - অর্থনৈতিক উন্নয়ন ও সামাজিক সংকটের প্রেক্ষিতে নয়। ১৮৪৮-এর বিপ্লবের মধ্য দিয়ে ইউরোপে আধুনিকতার প্রথম পর্যায়ের সূচনা হয়। দ্বিতীয় এবং আরো আত্মসচেতন পর্যায়ের শুরু হয় প্রথম বিশ্বযুদ্ধের সময়ে। ভারতীয় 'মডার্নিজম' এর সূচনা হয় ১৯৩০-এর দশকে। এই সময়ে বিভিন্ন অভিমুখে অনেকগুলি ঘটনা ঘটে। বাম চেতনাসমৃদ্ধ লেখককুল 'প্রোগ্রেসিভ মুভমেন্ট'-এর সূচনা করেন। কল্পনা ও ইতিহাসের মিশেলে গড়ে ওঠে জাতীয়তাবাদী সাহিত্য। আদর্শবাদী আঙ্গিকে রচিত হয় গান্ধিবাদী সাহিত্য। এমনকি প্রকরণবাদী রচনাধারার উদ্ভব হয় যা লেখনশৈলীর উপর সর্বাধিক গুরুত্ব আরোপ করে। এই দশকের কবিতায় সুর্‌রিয়্যালিজম্, সিম্বলিজম, ইমেজিসম প্রভৃতি বিভিন্ন আঙ্গিকে পরীক্ষা-নিরীক্ষা চলে। সবশেষে, উপন্যাসের জগতে কাহিনী চিত্রের কাঠামোকে অনুসরণ করা হয়। কখনো ইউরোপীয়

উপন্যাসের 'অ্যাঁভ-গার্ড' ধারার শৈলীর ব্যবহারও হয়ে থাকে। এই সব ধারা ভারতীয় সাহিত্যের মূলস্রোতে শামিল হওয়ার লড়াই চালিয়ে যায়। এক অর্থে, ভারতীয় 'রোমান্টিসিজম্' এর তুলনায় ভারতীয় 'মডার্নিজম' অনেক কৌশলী উপায়ে পাশ্চাত্য রীতির অনুকরণ করেছিল। সমালোচনার ক্ষেত্রে আধুনিকতা এক ছদ্ম-তত্ত্বায়নের প্রবণতা সৃষ্টি করেছিল। কারণ এইসব তত্ত্বের সিংহভাগই বহির্বিশ্বের প্রভাবে সৃষ্টি হয়েছিল। এর সাথে ভারতীয় পরম্পরার কোনো যোগ ছিল না।

ভারতীয় আধুনিকতার সবচেয়ে উল্লেখযোগ্য সমালোচকদের মধ্যে বাল সীতারাম মারধেকার (১৯০৪)-এর নাম বিশেষ উল্লেখযোগ্য। তিনি ছিলেন মারাঠি সাহিত্যে প্রথম 'আধুনিকতাপন্থী' লেখক। তিনি ইংরেজি ও মারাঠিতে তাঁর সমালোচনামূলক গ্রন্থগুলি রচনা করেন। তাঁর প্রথম গ্রন্থ *আর্টস এ্যান্ড ম্যান* ১৯৩৮ সালে ইংল্যান্ডে প্রকাশিত হয়। এর পরে তিনি মারাঠিতে একটি গ্রন্থ লেখেন — *ভঙ্গমায়িঁ মহাত্মতা*। ১৯৪৪ সালে *ট্যু লেকচারস্ অন অ্যান এসথেটিক্স অফ্ লিটারেচার* শীর্ষক একটি ইংরেজি গ্রন্থও রচনা করেন। ইংল্যান্ড থেকে ফেরার পর মারধেকার সাহিত্যের নন্দনতত্ত্ব নিয়ে ব্যপকভাবে লেখালেখি ও বক্তৃতা করেন। তাঁর মৃত্যুর পর, ১৯৬০ সালে সমস্ত ইংরেজি সমালোচনামূলক লেখাকে একত্রিত করে *আর্টস অ্যান্ড ম্যান* নামে একটি গ্রন্থ প্রকাশ করা হয়। আর সব মারাঠি লেখাকে একত্রিত করে ১৯৫৬[২৪] *সালে সৌন্দর্য আনি সাহিত্য* নামে একটি বই বার করা হয়।

মারধেকরের সাহিত্যতত্ত্বে সুন্দরের ধারণা মূল বিচারের স্থান দখল করে আছে। এ সৌন্দর্য চেতনা কোন সৃষ্ট সাহিত্যের নৈর্ব্যক্তিক বিচারের পাশাপাশি মূল্যবোধের বিচারধারার একটি ব্যক্তি নির্ভর মূল্যায়ন ধারার সংযোগ সাধন করে। তিনি ক্লাইভ বেলের তাৎপর্য তত্ত্ব এবং রাসেলের দার্শনিক অনুসন্ধানের যুক্তিগ্রাহ্য পদ্ধতির দ্বারা বিশেষভাবে অনুপ্রাণিত হন। তিনি দুই ধারাকে মেলাতে চেয়েছিলেন। যেহেতু তাঁর উদ্দেশ্য ছিল নন্দনতত্ত্বের একটি সামগ্রিক ও সাধারণ তত্ত্ব নির্মাণ করা, তাই তিনি কিছু মৌলিক বিষয় নিয়ে বিচার বিশ্লেষণ শুরু করেছিলেন। এর মধ্যে উল্লেখযোগ্য হল নান্দনিক বিচার পদ্ধতির প্রকৃতি, নান্দনিক আবেগ ও নান্দনিক গঠনসূত্র। তাঁর তত্ত্বের মূল উপজীব্য হল নান্দনিক অভিজ্ঞতা এক প্রত্যক্ষ, মধ্যস্থতাহীন জ্ঞান যা একগুচ্ছ চরম ও গুণঋদ্ধ অনুভূতি সমাহারে উপলব্ধ হয়। তিনি আরো বলেন যে সুন্দর তার অবলোকনকারীর অভিজ্ঞতা নিরপেক্ষ একটি ধারণা। আর এই 'সুন্দর' হল ঐকতান - প্রভেদ -

ভারসাম্য—এই তিনটি ধারণার এক ছন্দোবদ্ধ বিন্যাস। নান্দনিক বিচার প্রকৃতপক্ষে নান্দনিক আবেগেরই ফসল। এই আবেগ দ্রষ্টার মনে জন্ম নেয় এক ছন্দোবদ্ধ রূপে। যতক্ষণ না এটি একটি প্রত্যক্ষ অভিজ্ঞতা থেকে জন্ম নেয় ততক্ষণ কোনো নান্দনিক বিচার পূর্ণতা পায় না। মারধেকর তাঁর তত্ত্বের এই দিকটি ব্যাখ্যা করতে গিয়ে একটি তর্ক প্রস্তাব গ্রহণ করেন, "অজন্তার গুহাচিত্রগুলি সুন্দর"। এই বাক্যটির উচ্চারণ কখনোই নান্দনিক বিচার সম্পূর্ণ করেনা যতক্ষণ না আমরা প্রেক্ষিতটি সম্বন্ধে নিঃসংশয় হতে পারি। যে-প্রেক্ষিতে বলা হয়েছে যে, এটি এক ব্যক্তির প্রত্যক্ষ অভিজ্ঞতার বিবরণ। মারধেকারের যুক্তি অনুযায়ী, যে মুহূর্তে এই বক্তব্যটি অন্য কেউ প্রকাশ করে সেই মুহূর্তে এটি আর নান্দনিক বিচার হিসেবে পরিগণিত হয় না। শিল্পী তাঁর বিশেষ মাধ্যমে ঐকতান, প্রভেদ, ভারসাম্য এই তিনের সার্বিক ছন্দ নির্মাণ করেন।

তাঁর কেন্দ্রীয় তত্ত্বের অনুসিদ্ধান্ত হিসেবে মারধেকার শিল্পের মাধ্যম ও নিমিত্তের মধ্যে পার্থক্য নিরূপণ করেন। তাঁর মতে দুটির মধ্যে মূলগত প্রভেদ বিদ্যমান। চিত্রকলায় রঞ্জক পদার্থ হল 'নিমিত্ত' আর রঙগুলি হল 'মাধ্যম'। একইভাবে কবিতায় শব্দ হল সামগ্রিক সজ্জার নিমিত্ত আর অর্থ হল মাধ্যম। আই.এ.রিচার্ডস-এর জ্ঞানাত্মক অর্থ ও আবেগজাত অর্থের প্রভেদ বিষয়ে আলোচনা করতে গিয়ে মারধেকার আবেগজাত অর্থকে আরো দুটি উপশাখায় বিভক্ত করেন-'নান্দনিক' ও 'কাব্যিক'। নান্দনিক অর্থ চূড়ান্তভাবে আবেগজাত আর কাব্যিক অর্থ কেবলমাত্র প্রেক্ষিত ভিত্তিক আবেগজাত। সে কারণে মারধেকর কৃত চারুকলার স্তরবিন্যাসে কবিতা অপেক্ষাকৃতভাবে নীচু স্থানে অবস্থান করেছে।

মারধেকারের তত্ত্ব নিরন্তর আলোচিত, সমালোচিত ও পরিশোধিত হয়েছে। প্রথম প্রকাশ[২৫] থেকেই এটি মারাঠি সমালোচকদের ব্যস্ত রেখেছে। প্রকৃতপক্ষে, এই তত্ত্ব মারাঠি সাহিত্যে আধুনিকতার ধারায় সবচেয়ে গুরুত্বপূর্ণ সমালোচনামূলক গ্রন্থ হিসেবে বিবেচিত হয়েছে। অবশ্য বিগত চল্লিশ বছর ধরে বহু মারাঠি সমালোচক বলে এসেছেন যে মারধেকরের তত্ত্ব যুক্তিগ্রাহ্যভাবে, দার্শনিকভাবে, অতিন্দ্রীয়ভাবে যথেষ্ট নয়। অন্যদিকে এটাও দেখানো সম্ভব যে তিনি ছিলেন এক মৌলিক সাহিত্য সমালোচক যিনি শিল্প ও সাহিত্যের মূলগত বিষয়গুলি নিয়ে গভীরভাবে চিন্তা করেছিলেন। অবশ্য আমাদের কাছে মারধেকরের তত্ত্বের গ্রহণযোগ্যতা থেকে তার অস্তিত্বের বিষয়টি বেশি গুরুত্বপূর্ণ। কারণ তিনি যদি তাঁর তত্ত্বের কিছু দিক বিবেচনা করতেন তাহলে তার ত্রুটিগুলিও দেখতে

পেতেন। নান্দনিক বিচার ধারাকে তিনি মধ্যস্থতাহীন অভিজ্ঞতা হিসেবে ব্যক্ত করেছিলেন। কিন্তু একটু খুঁটিয়ে দেখলে তিনি দুধরনের মধ্যস্থতার অন্তরসারশূন্যতাও উপলব্ধি করতে পারতেন। একটি হল তত্ত্ববিষয়ক এবং অন্যটি হল বৈদেশিক বৌদ্ধিক পরম্পরা ও ধারণা বিষয়ক। তাঁর তত্ত্বের আলোকে এই দুই বিষয় একেবারে অপ্রয়োজনীয়তায় পর্যবসিত হয়। তিনি যে সব পাশ্চাত্য সমালোচকদের উদ্ধৃতি দিয়েছেন তাঁদের তালিকা বেশ দীর্ঘ—ক্লাইভ বেল, কলিংউড রাসেল, অ্যারিস্টটল, কান্ট, ক্রোচে, ফ্রয়েড, এলিয়ট, কোলরিজ, অ্যাবারক্রম্বি, টি.ই.হিউম, বসানকুয়ে, হাবার্ট রিড ও অন্যান্য। অজন্তা গুহাচিত্র দেখলে উপরিউক্ত যেকোনো সমালোচক কোনো নান্দনিক বিচার প্রদানে অস্বীকৃত হতেন। কারণ অজন্তা গুহাশিল্প এমন সব নান্দনিক ধারণা ও শৈল্পিক দর্শন ধারায় লালিত যা পাশ্চাত্য সমালোচনার জগৎ থেকে মূলগত ভাবে পৃথক। তাই কোন বিচার সম্ভব নয়। তবু মারধেকর একধরনের শিশুসুলভ বিশ্বাসে তত্ত্ব নির্মাণ করে ফেললেন। তাঁর বিশ্বাস শিল্পতত্ত্বগুলি তাদের অর্থ ও উপযোগিতায় বিশ্বজনীন। তিনি এও বিশ্বাস করতেন যে ইউরোপীয় তাত্ত্বিক কাঠামো দিয়ে ভারতীয় প্রেক্ষিতে সুন্দরের ধারণাকেও ব্যাখ্যা করা যাবে। মারধেকরের তত্ত্ব সংস্কৃত কাব্যতত্ত্বের কোন অংশের প্রতি দিকনির্দেশ করেনি। কিন্তু তাঁর তত্ত্বের সর্বজনীনতা বিষয়ে তাঁর বদ্ধমূল ধারণা থেকে বোঝা যায় যে তিনি প্রাচ্য ও পাশ্চাত্যের মেলবন্ধনে সচেষ্ট ছিলেন।

মারধেকর মারাঠিতে প্রথম কবি যিনি এক উত্তর-রোম্যান্টিক সজীবতা প্রদান করেছিলেন। তাঁর সময়ে ভাষা চেতনা, শব্দব্যবহারে সতর্কতা ও ছন্দোজ্ঞান বিকশিত হয়েছিল যা রোম্যান্টিক যুগে ভোঁতা হয়ে গিয়েছিল। তাঁর কাব্যিক বাগ্‌ধারা ছিল মারাঠি এবং এটি একটি সজীব লোকায়ত ধারায় প্রযুক্ত হয়েছিল। তিনি আধুনিক বিষয়ের উপর লিখেছিলেন কিন্তু তাঁর কাব্যচেতনা 'ভক্তি' ধারা থেকে আহরণ করা হয়েছিল। মারধেকরের কবিতা এইজন্য প্রতিবাদী চেতনায় উদ্বুদ্ধ ছিল। যতই পাণ্ডিত্যপূর্ণ ও সুনির্মিত হোক না কেন মারধেকরের সাহিত্য সমালোচনায় পরম্পরার কোনো প্রেক্ষিত ছিল না। এতে কোন বৈপ্লবিক চেতনাও ছিল না। অ্যারিস্টটলের কাব্যদর্শনে ভুলত্রুটিগুলি ধরিয়ে দেওয়ার চেষ্টা করলেও মারধেকর কখনো পাশ্চাত্য সমালোচনার অনুশাসনের বাইরে বেরোনোর কথা ভাবেননি। মারধেকর ও শ্রী অরবিন্দের সাহিত্য সমালোচনায় রক্ষণশীলতা ও কর্তৃত্বপরায়ণতার বিরুদ্ধে আঞ্চলিক ভাষা পরম্পরার ধারাটি তত্ত্বায়নের

ঔপনিবেশিক প্রবণতার চাপে হারিয়ে গিয়েছিল। শ্রী অরবিন্দ ঔপনিবেশিক দৃষ্টান্তগুলি থেকে সরে গিয়ে প্রাচীন ভারতীয় কাব্যজগতে প্রবেশের চেষ্টা করেছিলেন। মারধেকর 'মার্গ' পরম্পরাকে পরিত্যাগ করে ঔপনিবেশিক ঐতিহ্যের সঙ্গে বৌদ্ধিক মিলন ঘটিয়েছিলেন। দুজনের ক্ষেত্রেই নতুন কিছু সৃষ্টি করার তাগিদ ছিল। ভারতীয় প্রেক্ষিতে পুনরুজ্জীবনের লক্ষ্য ছিল। এই প্রেরণা তাঁরা 'ভাষা' পরম্পরা থেকে গ্রহণ করেছিলেন। শ্রী অরবিন্দ ও বি.এস.মারধেকর আধুনিক ভারতীয় সমালোচকদের প্রথম দুই প্রতিনিধি। ভারতীয় সাহিত্য সমালোচনার ধারা 'ভাষা', 'মার্গ' ও ঔপনিবেশিক পরম্পরাগুলির মধ্যে একটি ত্রিপাক্ষিক সম্পর্কের বিন্যাস রচনা করেছিল এবং এই বিন্যাস এক সাংস্কৃতিক বিস্মরণের বিপুল প্রভাবে এখনো একটি বিচ্ছিন্ন প্রকরণ হিসেবে রয়ে গেছে।

দেশীয়বাদ

দেশীয়বাদ হল মারাঠি ভাষার এক সাম্প্রতিকতম সমালোচনামূলক দিক এবং এটা হল মারাঠি ভাষার সংবেদনশীলতা এবং সমালোচনাকে উপরোক্ত ত্রিপাক্ষিক সম্পর্কের কারাগার থেকে মুক্ত করার প্রচেষ্টা। এর মাধ্যমে ভাষাকে দেখা হয় একটি নির্দিষ্ট ভাষার, যেমন মারাঠি অথবা গুজরাতির, বিশেষ সক্রিয়তারূপে এবং দেশীয় নিবন্ধের নীতিসমূহ দ্বারা আবদ্ধ মূল ভাষার উৎসের মধ্যে। এটা সাহিত্যসৃষ্টিকে ব্যাখ্যা করে একটি সামাজিক কর্মকাণ্ডরূপে এবং এর মধ্যে দিয়ে এর সৃষ্টিকর্তা সমাজের প্রতি একটি নীতিগত দায়বদ্ধতার আশা করে। এটি সাহিত্য ইতিহাসের ঔপনিবেশিক ভূমিকাকে ইতিহাস হিসেবে অস্বীকার করে মূল সাহিত্য প্রবাহকেই মার্গ রীতি অনুসারে একমাত্র প্রামাণ্য সাহিত্য হিসাবে গ্রহণ করে। দেশীয়বাদ হল সাহিত্যের প্রতি এক ভাষাভিত্তিক দৃষ্টিপাত। এটি ধারণাভিত্তিক সার্বজনীন সমালোচনা সাহিত্যকে অস্বীকার করে। সেইহেতু এটি একটি নির্দিষ্ট পরীক্ষিত ভাষার মধ্যে থেকে মূল সমালোচনাযোগ্য বিষয়সমূহ ও ধারণাসমূহ সংগ্রহ করে সাহিত্যের ঐতিহ্য থেকে উত্তম ও অধম সাহিত্যের পূর্বসঞ্চিত ধারণাকে উপেক্ষা করে। একই সঙ্গে এই দেশীয়বাদ ইতিহাস এবং ঐতিহ্যের ধারা ও মূল্যবোধকে সম্মান দিতে অস্বীকার করে। মারাঠি ভাষায় দেশীয়বাদের প্রধান পৃষ্ঠপোষক হলেন বালচন্দ্র নেমাড়ে। এছাড়াও মারাঠিতে অন্যসব ধারাও আছে। সেগুলি হল আঞ্চলিক অনুভূতিপ্রবণ সাহিত্য, জাতপাতভিত্তিক সাহিত্য এবং কথ্য ভাষাভিত্তিক সাহিত্য যা সম্মিলিত হয় দেশীয়বাদে।

বালচন্দ্রনেমাডে (জন্ম ১৯৩৮ খ্রি.) তাঁর প্রথম উপন্যাস *কোসালা* (১৯৬৩)-র মাধ্যমে খ্যাতি অর্জন করেছিলেন। এই উপন্যাস মারাঠি উপন্যাসে এক নতুন আঙ্গিক ও বাস্তববাদের সূচনা করেছিল। তাঁর অন্যান্য উপন্যাস যেমন *বিধার*, *জরিলা* এবং *ঝুল* প্রভূত প্রশংসা অর্জন করেছিলো। সাহিত্য, সংস্কৃতি, গঠন ও ভাষা, অনুবাদ এবং এর প্রভাব বিষয়ে তিনি প্রভূত রচনা করেছেন। মারাঠি গদ্যের গঠনের উপর ইংরেজির প্রভাবের সমস্যার উপরেও তিনি অনেক কাজ করেছেন। ১৯৮০ খ্রিস্টাব্দে মারাঠি সাহিত্যের উপর ইংরেজির প্রভাব এবং মারাঠি গদ্যের গঠনের উপর তাঁর জ্ঞানকে অবলম্বন করে তিনি মারাঠি উপন্যাসের উপর দীর্ঘ প্রবন্ধ রচনা করেছিলেন। মারাঠি ভাষার উপর সমালোচনামূলক নথি হিসাবে এটাকে দেখা যেতে পারে। ১৯৮৬ খ্রিস্টাব্দে ইংরেজি অনুবাদের মাধ্যমে এটি প্রকাশিত হয়েছিলো।[২৬] শুরুতেই নেমাডে দেশীয়বাদের বিভিন্ন রূপের বিবরণ দিয়েছেন নিম্নোক্তভাবে:

> বর্তমান প্রজন্মের এই রকম একটি দেশীয়বাদমূলক সচেতনতা থাকা আবশ্যক যে, মারাঠি উপন্যাসের সৃষ্টি হয়েছে মারাঠি লেখকদের হাতে যারা হলেন মারাঠি সমাজের ফসল। এছাড়া, সাম্প্রতিককালে মারাঠি সাহিত্য সমালোচনার ক্ষেত্রে এমন একটি প্রবণতা সৃষ্টি হয়েছে যা পরিহার করা একান্ত প্রয়োজন। এটি হল মারাঠি ভাষায় রচিত নিজস্ব সাহিত্য কীর্তিগুলির তুলনামূলক মূল্যায়নের জন্য পৃথিবীর বিভিন্ন ভাষায় রচিত সাহিত্য কর্মের বিক্ষিপ্ত নির্বাচনের এক প্রকরণ সর্বস্ব ও বুদ্ধিহীন প্রক্রিয়া। উভয় ভাষা সম্পর্কে গভীর অধ্যয়ন ব্যতিরেকে ভাষার তুলনামূলক সমালোচনাকার্যে প্রবেশ করা একটি বিপজ্জনক প্রবণতা। সংস্কৃতি একটি অবরুদ্ধ উষ্ণ কক্ষ নয় বরং একটি মাটির কাছাকাছি অবস্থিত পদ্ধতি। সাহিত্য একটি তাত্ত্বিক গঠন নয় বরং একটি সজীব প্রক্রিয়া।[২৭]

সাহিত্যকে তার নিজ ভাষা কর্তৃক সৃষ্ট ঘটনা বলে উপলব্ধি করার ফলে, দেশীয়বাদ পাশ্চাত্যের 'অন্য' ধারার উল্লেখের মাধ্যমে স্ব-সংজ্ঞায়িত হওয়া থেকে বিরত থাকে ।

নেমাডের প্রবন্ধ মারাঠি ভাষার উপন্যাসের একটি বিবরণ প্রদান করে। মারাঠি উপন্যাসগুলির বিভিন্ন দিক প্রকাশ করার জন্য তিনি তিনটি

সমালোচনামূলক ভাগের সৃষ্টি করেছিলেন, যেগুলি সবই বর্ণনামূলক যথা — 'রীতি', 'কৃতি' এবং 'প্রতিকৃতি'। গঠনমূলক ধারণাকে বোঝানোর জন্য রীতি। এটি হল একটি প্রথাসর্বস্ব কৃত্রিম শৈলী। ঔপন্যাসিক কাজকর্ম বোঝাতে 'কৃতি' এবং অলীক ধারণা বোঝাতে 'প্রতিকৃতি'। নেমাডে এইসব প্রতিশব্দগুলির তাত্ত্বিক ব্যাখ্যা দেওয়ার ঔপনিবেশিক বাধ্যবাধকতাকে অস্বীকার করেছেন। এগুলিকে বিস্তারিতভাবে ব্যবহার করে তিনি মারাঠি কাহিনীতে প্রভূত উদাহরণের সৃষ্টি করেছেন। এইভাবে তিনি ঊনবিংশ শতকের মারাঠি উপন্যাসের তিনটি প্রভাবশালী প্রবণতার ধারণা দিয়েছেন: লক্ষ্মণশাস্ত্রী মোরেশ্বরশাস্ত্রী হালবের *মুক্তামালা* (১৮৬১), যেটি হল প্রথম 'রীতি'-মূলক উপন্যাস যা *মুক্তামালা*-র ধারাকে তুলে ধরে। বাবা পদমানজির *যমুনাপর্যটন* যেটি হল 'কৃতি'-মূলক উপন্যাস (এবং এটি মারাঠি ভাষার প্রথম উপন্যাস) যা *যমুনাপর্যটন* ধারাকে ব্যক্ত করে এবং আর. বি. গুনজিকরের *মোচানগড়* (১৮৭১) যেটি হল 'প্রতিকৃতি'-মূলক উপন্যাস, যা *মোচানগড়* ধারাকে তুলে ধরে। নেমাডে এই তিনটি ধারাকে মারাঠি উপন্যাসের প্রধান ধারা হিসেবে ব্যক্ত করলেন। তাঁর মতে যমুনাপর্যটন মারাঠি সমাজের প্রধান শক্তি। এটি বাস্তবতার এবং সামাজিক নৈতিকতার প্রতি বিশেষভাবে অনুরক্ত। অন্যদিকে *মুক্তামালা* রচনাশৈলী ও বিষয়বস্তুর মাধ্যমে ঔপনিবেশিক প্রভাবকে প্রকাশ করে এবং *মোচানগড়* প্রণয়বাদ ও কল্পনার ধারণা প্রকাশ করে যা পাণ্ডিত্যপূর্ণ মার্গ ঐতিহ্যের বৈশিষ্ট্য। এইভাবে নেমাডের দ্বারা মারাঠি উপন্যাসের শ্রেণীবিভাগ সেই ত্রিপাক্ষিক সম্পর্কের স্বচ্ছ সচেতনতা প্রকাশ করছে যা আধুনিক ভারতীয় সাহিত্য নিবন্ধের একটি প্রধান অংশ। স্বাভাবিকভাবেই তাঁর আনুগত্য রয়েছে সামাজিক বাস্তবতা এবং 'কৃতির' প্রতি। তিনটি মূল ধারার পারস্পরিক আদান-প্রদানের ওপর নির্ভর করে তিনি মারাঠি উপন্যাসের ইতিহাস বর্ণনা করেছেন এবং এই ঐতিহাসিকতার উপর নির্ভর করে তিনি ১৯৫০ খ্রিস্টাব্দের পরে মারাঠি উপন্যাসের একটি তালিকা প্রস্তুত করেছেন।

নেমাডে কৃত এই তালিকাটি এখানে ছকরূপে প্রকাশ করা হল (১৪৬ পৃঃ দ্রষ্টব্য)।

এই প্রবন্ধটি অসংখ্য মারাঠি উপন্যাসের একটি গঠনমূলক বিশ্লেষণ করে যেটা নেমাডের শ্রেণীবিভাগকে উদাহরণ দিয়ে বুঝিয়ে দেয়। কিন্তু তিনি যার উপর সর্বাধিক গুরুত্ব আরোপ করেছেন সেটি হল মারাঠি উপন্যাসের দেশীয়বাদ সম্পর্কে সচেতনতা—যেটা প্রকাশ করে যে, উপন্যাস হল একটি সামাজিক,

ভাষাগত এবং শৈল্পিক কর্ম এবং সেইহেতু এটির মারাঠি সমাজের প্রতি একটি নৈতিক দায়িত্ব বিদ্যমান। দেশীয়বাদপূর্ণ এবং নীতিগত উপন্যাস সম্পর্কে উনি লিখেছেন :

> *যমুনাপর্যটনে* যে নতুন উপন্যাসের সৃষ্টি হয়েছিলো, বাস্তবতার সঙ্গে তার একটি গভীর সম্পর্ক বিদ্যমান। এটি 'কৃতিকে' সৃষ্টির একটি অবিচ্ছেদ্য অংশ হিসেবে গণ্য করে এবং জীবনে মানুষের নতুন মূল্যবোধের উপস্থাপনা করে। সেইহেতু অন্যান্য ধারা থেকে নিজেকে পৃথক করে নব্য নৈতিকতার মানদণ্ডে। সমসাময়িক জীবন ও পৃথিবী থেকে বিষয়বস্তু চয়ন ও গঠনশৈলীর তাত্ত্বিক দিক নির্ণয়ে এটি বিশ্বাস করে।[২৮]

নেমাডের প্রবন্ধ মারাঠি উপন্যাসের সমালোচনায় এক নতুন দিগন্তের সন্ধান দিয়েছে। সমালোচনা শুধুমাত্র ধারণা ও পদ্ধতির সার্বজনীন ক্রীড়ামাত্র নয়, বরং দেশীয় সাহিত্য ঐতিহ্যের গভীর অনুসন্ধান। এই নেমাডের প্রবন্ধ এই সাধারণ সচেতনতা সৃষ্টি করেছে।

উপন্যাসের বর্ণচ্ছটা

অলীকতা

<table>
<tr><td rowspan="4">প্রতিকৃতি সম্বন্ধীয় মোচানগড় ধারা</td><td>১</td><td>ঐতিহাসিক</td></tr>
<tr><td>২</td><td>পৌরাণিক</td></tr>
<tr><td>৩</td><td>জীবনীমূলক</td></tr>
<tr><td>৪</td><td>কল্পনামূলক</td></tr>
<tr><td>রীতি সম্বন্ধীয় মুক্তামালা ধারা</td><td>৫</td><td>যৌনতা সম্বন্ধীয়</td></tr>
<tr><td>আঞ্চলিক</td><td>৬</td><td>আঞ্চলিক</td></tr>
<tr><td rowspan="3">কৃতি সম্বন্ধীয় যমুনাপর্যটন ধারা</td><td>৭</td><td>উপসম্প্রদায়গত -
উপকৃষ্টিগত</td></tr>
<tr><td>৮</td><td>সমস্যা সম্বন্ধীয়</td></tr>
<tr><td>৯</td><td>নব্য নৈতিকতামূলক</td></tr>
</table>

বাস্তবমূলক কাহিনী নিয়ে সুশৃঙ্খলাবদ্ধ তত্ত্ব নেমাডের প্রবন্ধ উপস্থাপন করে না।

এটি সমালোচনামূলক চিন্তার একটি নতুন ধারা উন্মোচন করে। যাইহোক, এটি সন্দেহের বিষয় যে মারাঠি সাহিত্যসমালোচনা এই নতুন চিন্তাধারাকে কতটা গ্রহণ করবে। ইতিমধ্যেই এটিকে কাহিনীর নতুন 'তত্ত্ব' রূপে দেখা হচ্ছে এবং দেশীয়বাদ নিয়ে নতুন তাত্ত্বিক বিবৃতি দেওয়ার একটি প্রচেষ্টা চলছে। কতিপয় ভাষ্যকার জাতীয়বাদ পুনর্জাগরণের বিবৃতি হিসেবে এটিকে দেখছেন।[২৯] নেমাডে নিজেও এটি মনে করতেন যে, শুধুমাত্র সমালোচনা কোনো জরুরী জিনিস নয়। কিন্তু সাহিত্য-সংস্কৃতির উন্নয়নে এর মূল্য অনস্বীকার্য। তাঁর প্রবন্ধের উপসংহারে তিনি পাঠকদের মনে করিয়ে দিয়েছেন যে মারাঠি সাহিত্য সমালোচনাকে উৎসর্গ করতে হবে মারাঠি সাহিত্যকীর্তির অনুধ্যানের ব্যাপারে।

> ... গঠনমূলক সাহিত্যের সঠিক পরিবেশ তৈরি করার কাজে মারাঠি সমালোচনাকে উৎসর্গ করার প্রয়োজন হয়েছে। নতুবা এই ধরনের সমীক্ষা একটি ভালো গ্রন্থপঞ্জীতেও স্থান পাবে না। ... কেবলমাত্র কী ঘটেছে বা কী সৃষ্টি হয়েছে তা আলোচনা করলেই আমাদের সাংস্কৃতিক দায়িত্ব শেষ হয় না। সঠিক বপন, লালন-পালন এবং ধ্বংসাত্মক প্রবণতাকে ধ্বংস করা হল বৃহত্তর সাংস্কৃতিক মূল্যবোধের কার্যাবলী। আলোচনার জন্য সেগুলিই বেশি সঠিক বিষয়। যদি আগামী প্রজন্ম সমালোচনার বিপ্লবাত্মক পরিবর্তন সাধন না করে এবং মারাঠিকে তার বর্তমান রুচির দারিদ্র্য থেকে মুক্তি না দেয় তাহলে পরিবর্তনের সুযোগ নেই বললেই চলে।[৩০]

নেমাডের প্রবন্ধ হল সাহিত্য সমালোচনায় দেশীয়বাদের একটি অসাধারণ, যদিও একমাত্র, উদাহরণ। এটি ভাষা-ঐতিহ্যের মধ্যে সমালোচনা সাহিত্যকে গ্রথিত করার সম্ভাবনাকে উন্মোচন করে। এটি একটি ত্রিপাক্ষিক সম্পর্ক থেকে বেরিয়ে আসার পথ খুলে দেয় যা ভারতীয় সাহিত্য সমালোচনাকে বিভক্ত ও বিমূর্ত করে রেখেছে। এখনি হয়তো ভবিষ্যৎবাণী করা যাবে না যে দেশীয়বাদ মারাঠি সমালোচনার প্রধান শক্তিতে পরিণত হবে কিনা এবং হাজার বছর পূর্বে রাজশেখর কর্তৃক যে বিবর্তন সূচিত হয়েছিল তার সমাপ্তি ঘোষণা করবে কিনা, কিন্তু এটি নিশ্চিত যে, সাহিত্য সমালোচনা দারুণ উপকৃত হবে যদি এটি সাহিত্য ঘরানায় দেশীয়বাদের চেতনা লালন করে।

ভারতবর্ষ একটি বিশাল রাষ্ট্র, যার ভাষাগত সংস্কৃতি অসংখ্য। এইসব

ভাষাগত সংস্কৃতির সাহিত্যিক সৃজনশীলতাকে ব্যাখ্যা করার পৃথক পৃথক নিজস্ব পথ আছে। ইউরোপীয় সমাজতাত্ত্বিক সাহিত্য যা কাজ করে তার থেকে ভারতের সাহিত্যের কাজ পৃথক। ভারতে সাহিত্যিক আদান প্রদানও ব্যাপক। এই আদানপ্রদানকে পাশ্চাত্য স্বীকৃত শ্রেণীবিভাগ যথা—মূলধারা, জনপ্রিয় এবং লোকগাথায় বিভক্ত করা যাবে না। ভাষা-সাহিত্যের প্রতি মনোযোগ এটিকে স্পষ্ট করে যে, ভারতীয় ভাষায় রচিত সাহিত্য আনুগত্য ও আধিপত্যবাদের শিকার হওয়া অপেক্ষা একটি বৈপ্লবিক ও দুরন্ত বিষয়। অন্তত এইটুকু বলা যায় যে, ভারতীয় সাহিত্য তার নিজের মধ্যে বহুভাষাতত্ত্ব ও বহুসাংস্কৃতিক তত্ত্বাবলী আত্তীকরণ করেছে। ইউরোপের ক্ষুদ্র, একভাষী, এক-সাংস্কৃতিক রাষ্ট্রগুলির ঔপনিবেশিক সম্প্রসারণ ঘটেছিল 'আদিম' জাতিগুলিকে 'সভ্য' সমাজে রূপান্তরিত করতে। সেখানে ভাষার ব্যাপারে খুবই সীমাবদ্ধ উপযোগিতা বর্তমান ছিল।

সমালোচনা কোনো বিচ্ছিন্ন এবং স্বয়ংসম্পূর্ণ কার্য নয়। এর প্রয়োজন জীবন, ভাষা, অর্থাবলী এবং সমাজ বিষয়ে বৃহত্তর ধারণা সম্পর্কে সক্রিয় সমর্থন ও নির্ভরতা। একটি দৃশ্যমান সমালোচনা তত্ত্ব অথবা বিবরণ একটি সমাজের অদৃশ্য গঠনের উর্ধ্বে বিরাজ করে — যা আবার নির্দিষ্ট ভৌগোলিক, ঐতিহাসিক ও ভাষাগত সীমানার দ্বারা নিয়ন্ত্রিত হয়। অর্থবহ হওয়ার জন্য সমালোচনাকে আলোচ্য সাহিত্যের মূল ধারণাগুলিকেই অবলম্বন করতে হয়।বর্তমানে ভারতীয় সমালোচনার পরিস্থিতি এই প্রবন্ধের অন্তভাগে উপস্থাপিত অবস্থার সাথে বিশেষভাবে সাদৃশ্যযুক্ত। এখানে আমাদের সমালোচকবৃন্দ কর্তৃক তিনটি বিভিন্ন রাগ গীত হচ্ছে — সেগুলি হল 'মার্গ', 'দেশি' এবং ঔপনিবেশিক। সমালোচনার ক্ষেত্রে এই অবাঞ্ছিত বিচ্ছিন্নতা দূর করতে ঔপনিবেশিক কাল ভারতীয় সমালোচনা সাহিত্যে একটি স্মৃতিভ্রংশের সূচনা করেছে যেটা ভাষা-সাহিত্য ঐতিহ্যের স্মৃতিকে নষ্ট করেছে। এই স্মৃতিভ্রংশ, আত্মবিশ্বাসের অভাব, নতুন তত্ত্বের প্রয়োগ এবং সমালোচনার ধারার খণ্ডিতকরণ ইত্যাদির ফলে ভারতীয় সমালোচককুল সমালোচনার ক্ষেত্রে এক সংকটের ভীতিতে আক্রান্ত হয়ে পড়েছেন । প্রকৃতপক্ষে এই আতঙ্কই হল আসল সমস্যা। ভারতীয় সমালোচনাকে এই আতঙ্কের বাইরে বের হতে হবে এবং সেটা কেবলমাত্র সম্ভব দেশীয়বাদযুক্ত আত্মসচেতনতার মাধ্যমে। দেশীয় সাহিত্য ঐতিহ্যের পুনরুদ্ধার সমালোচনামূলক তত্ত্বের অভাবজনিত উদ্বেগহ্রাস করে। আজকে

ভারতীয় সমালোচনার যা দরকার তা হল বাস্তবমুখী ইতিহাস নির্মাণ । তত্ত্বগত আলোচনা অতটা জরুরি নয়। যদি এই প্রবন্ধ ভারতীয় সমালোচনায় সাংস্কৃতিক স্মৃতিভ্রংশের সমস্যাকে প্রধান সমস্যা হিসেবে তুলে ধরতে সফল হয়ে থাকে, তাহলে এটিও প্রযোজ্য হয় যে দেশীয়তাবাদমূলক ইতিহাসের পুনর্গঠন হওয়া প্রয়োজন।

উপসংহার

সমালোচনার কাজ

পূর্ববর্তী অংশটি লেখার দেড় বছর পরে আমি পুনরায় যখন এই প্রবন্ধটি পড়লাম, আমার মনে হল আরেকটি সংক্ষিপ্ত অংশ এর সাথে সংযোজন করা দরকার। এর শিরোনাম হিসেবে স্থির করলাম 'সমালোচনার কাজ'। পাশ্চাত্যের সমালোচনামূলক কাজগুলির সমৃদ্ধ অংশ এই ধরনের শিরোনামে পরিপূর্ণ। আমি সেই সমস্ত কাজগুলি নিয়ে এখানে আলোচনা করতে চাইনি। এখানে আমার লক্ষ্য হল ভারতের সমকালীন সাহিত্যচর্চার ক্ষেত্রে সমালোচনার উদ্দেশ্য নিয়ে একটি অকপট স্বীকরোক্তি করা।

সামাজিক বিকাশ এবং উক্ত সমাজের সাহিত্য সমালোচনার মধ্যে কোনো নির্দিষ্ট সম্পর্ক নেই। কোনো সংস্কৃতিই সমালোচনামূলক সাহিত্যের অভাবে বিনষ্ট হবে না—ঠিক একইভাবে, কোনো সমাজে কোনো গুরুত্বপূর্ণ সমালোচনামূলক গ্রন্থের উদ্ভাবন করলেই মহৎ মানবিক গুণাবলীর স্ফুরণ ঘটবে না ।প্রগতিশীল সংস্কৃতি এবং প্রগতিশীল সাহিত্য সমালোচনার মধ্যে সম্পর্কটি যৌক্তিকভাবে সঙ্গত নয়। ঘটনাটি হল, ঐ সম্পর্ক জনপ্রিয়তা অর্জন করেছে উত্তর-ঔপনিবেশিক সমাজে এবং সেটা তাদের রাজনৈতিক ইতিহাসের পরিপ্রেক্ষিতে বিচার করতে হবে। ইউরোপীয় সমাজের যে দমন-পীড়নের ইতিহাস সাহিত্যিক সমালোচনাকে সাংস্কৃতিক প্রচারের মাধ্যম হিসেবে ব্যবহার করেছে সে ব্যাপারে ওয়াকিবহাল হতে হবে।

সৃজনশীল সাহিত্য এবং সাহিত্য সমালোচনার মধ্যে কোনো নির্দিষ্ট সম্পর্ক নেই। সাহিত্যের সৃজনশীলতা ভাষার মানবিক গুণাবলীর একটি অনস্বীকার্য পরিণাম। মনুষ্য সম্প্রদায় যতদিন পর্যন্ত ভাষাকে তার ভাবের আদানপ্রদানের মাধ্যম হিসেবে ব্যবহার করবে, ততদিন সৃজনশীলভাবে ভাষার পরিবর্তন করতে পারবে। সাহিত্যের সৃষ্টি হয়েছিল এমন একটা সময়ে, যখন সাহিত্য সমালোচনা বর্তমান সময়ের মর্যাদা লাভ করেনি। যেকোনো সাহিত্যের ইতিহাস আমাদের এই তথ্যই

প্রদান করে যে সমালোচনামূলক কাজকর্মের আকস্মিক বিকাশ সৃজনশীল সাহিত্যের বিকাশকে ত্বরাণ্বিত করে না। সেইহেতু এটা বলা যায় যে, সৃজনশীল সাহিত্য এবং তার সমালোচনার পারস্পরিক সম্পর্ক ও তাদের তাত্ত্বিক নির্ভরশীলতা যুক্তিগতভাবে বৈধ নয়। এই সমস্ত তত্ত্বগুলি বহাল থাকে এবং সম্মানের অধিকারী হয় সাহিত্য সংক্রান্ত রাজনীতির জন্য।

এ বিষয়ে ভারতের সাহিত্যের ইতিহাস ভীষণভাবে শিক্ষামূলক। এটি দেখিয়েছে যে উচ্চস্তরের সমালোচনা সৃষ্টি করা সম্ভব, যেমনটি হয়েছে একাদশ শতকের পরে সংস্কৃত সাহিত্যের ক্ষেত্রে, যদিও তার কোনও সচল সাহিত্য ছিল না। এটি আরো প্রমাণ করেছে যে মহৎ সাহিত্যসৃষ্টি সম্ভব, যেমনটি হয়েছে ভক্তিমূলক সাহিত্যের ক্ষেত্রে, তার পরিপূরক সমালোচনামূলক সাহিত্য ব্যতীতই। সমালোচনার কাজ প্রসঙ্গে ইতিহাসের এই পাঠটি আমাদের অবশ্যই স্মরণে রাখা উচিত।

সাহিত্য হল একপ্রকার জ্ঞান, যে জ্ঞান বা প্রজ্ঞা বিশ্বব্রহ্মাণ্ডে, প্রকৃতি, সমাজ এবং মানুষের অন্তর্নিহিত মানসিক প্রক্রিয়ার সঙ্গে মানুষের অস্তিত্ব বিষয়ক জ্ঞানকে তুলে ধরে। এছাড়াও, এটিকে উপস্থাপন করা হয় এমনভাবে, যা নান্দনিকভাবে উল্লেখ্য। কিন্তু সাহিত্য 'ক্ষমতা'য় পরিণত হওয়ার শক্তি রাখে, যেহেতু এটি জ্ঞানের একটি রূপ। যখন এটিকে 'জাদু' হিসাবে পরিগণিত করা হয়, ঠিক যেমনটি হত আদিম সমাজে অথবা শ্রেণীবিভক্ত সমাজে শ্রেণীকুক্ষিগত করার জন্য, তখন এটি ক্ষমতায় পর্যবসিত হয়। এই জ্ঞানকে, যা কিনা ক্ষমতাও, প্রজন্ম থেকে প্রজন্মে সঞ্চারিত করার প্রয়োজনীয়তা থেকেই সৃষ্টি হয় বিভিন্ন প্রকারের সমালোচনামূলক নিবন্ধ। সুতরাং, সমালোচনার প্রধান কাজ হল শিক্ষার গুরুত্বপূর্ণ হাতিয়ার হয়ে ওঠা। সাহিত্য সমালোচনার মূল নির্যাস হল শ্রেণীকক্ষে আলোচ্য চিন্তাসমূহ, যা অপরিণত পাঠককে শক্তিশালী ও পরিণত সাহিত্যরসিকে রূপান্তরিত করে। সমালোচনামূলক পর্যালোচনা, প্রবন্ধ, পুস্তক ও পত্রিকা, সাহিত্যক্ষেত্রে জ্ঞানগর্ভ গবেষণা, উচ্চস্তরের সাহিত্য কল্পনা এবং তাত্ত্বিক আলোচনা—এগুলি হল শ্রেণীকক্ষের শিক্ষার মাধ্যম এবং এগুলি সবই শ্রেণীকক্ষের শিক্ষাকে আরও পরিণত ও শক্তিশালী করে। সেইহেতু, যেসব সমাজব্যবস্থা তাদের প্রথাগত ও অপ্রথাগত শিক্ষার মাধ্যমে সাহিত্যচর্চা করে না, তারা সমালোচনামূলক ক্ষেত্রের উন্মেষেও উৎসাহী হয়ে ওঠে না। তার মানে এই নয় যে, সেই সমাজব্যবস্থায় উক্ত ক্ষেত্রসমূহ নেই—কিন্তু সেইগুলি সাহিত্য উপভোগ্যতা থেকে পৃথক নয়। সাহিত্য

উপভোগ্যতার আগে বা পরে সেগুলি ভাষা ও বোধ আকারে সংগৃহীত হয়নি।

সাহিত্য সৃষ্টির আনন্দ প্রেমিক-প্রেমিকার মিলন অথবা ঈশ্বর এবং ঈশ্বর সন্ধানীর মিলনের আনন্দের সঙ্গে তুলনীয়। কারণ এইসব ক্রিয়া আনন্দের উৎসমুখে প্রবেশের এবং অপরকে প্রবেশের সুযোগ করে দেওয়ার কিছু অনন্য পদ্ধতি। এইসব ঘটনা নিস্ক্রিয়তা ও সক্রিয়তার দ্বন্দ্বের উর্দ্ধে অবস্থান করে। সেই সমাজ, যা মহিলাদের ওপর এমনভাবে কর্তৃত্ব ফলায় যেন তারা কোনো বস্তু এবং যে-সমাজ সন্তানের জন্ম দেয় অধিক বস্তুগত সমৃদ্ধির জন্য, ভালোবাসার ব্যাকরণ সেখানে সম্পর্কহীনভাবে উচ্চারিত। এই মনোভাবেরই উদাহরণ হল 'কামশাস্ত্র'। ঠিক একইভাবে যেসব সমাজ ভগবানের সাথে সংযোগস্থাপন বা ভগবানকে আবিষ্কার করাকে সামাজিক মর্যাদারূপে দেখে, তাদের ক্ষেত্রেও এই একই কথা প্রযোজ্য। ধার্মিক গোঁড়ামি এবং রক্ষণশীল ধর্মশাস্ত্র সাময়িকভাবে বিশুদ্ধ আধ্যাত্মিক অভিজ্ঞতার রূপ হিসাবে দেখা যেতে পারে। সেই সমাজ যা সাহিত্য কৃষ্টিকে জাতি ও শ্রেণী দমনের মাধ্যম হিসেবে দেখে, সাহিত্য সমালোচনা সেখানে প্রাধান্য পায়। সাহিত্য সমালোচনার সৃষ্টি নির্ভর করে সেই শক্তির উপর যা পাঠকের সাহিত্য জগতে বা সাহিত্যের পাঠকের জগতে প্রবেশের পূর্বে বা পরে অবস্থান করে।

সাহিত্য সমালোচনা চিন্তার মাধ্যম অথবা চিন্তার ধরন হিসাবে চিত্তাকর্ষকরূপে পরিশীলিত। কিন্তু এর বৈধতার মূল্যায়ন নিরূপিত হয় এর অন্তর্গত যুক্তিগ্রাহ্য ও দার্শনিক প্রয়োগের প্রকাশ রীতির সাযুজ্য রক্ষার মাধ্যমেই। সেই হিসেবে দেখতে গেলে, সাহিত্য সমালোচনা দর্শনের একটি শাখা। সেখানে এটি জ্ঞান এবং অজ্ঞানের সীমারেখার উর্ধ্বে চলে যায়। দর্শনের শাখা হিসাবে এর প্রধান প্রয়োজনীয়তা হল যৌক্তিকতা, প্রাসঙ্গিকতা এবং সামাজিক রীতিনীতির পরিসীমার মধ্যে অবস্থান করা। এর মূল লক্ষ্য ও কার্য হল শ্রেণীকক্ষে সাহিত্যের শিক্ষকের হাতে সাহিত্য শিক্ষার হাতিয়ার তুলে দেওয়া এবং এই হাতিয়ারগুলো হল সাহিত্যশিক্ষার এক বৃহৎ অংশ। এই বৌদ্ধিক মাধ্যমগুলি এবং তাদের সম্পর্কে সচেতনতা পাঠককে নির্দিষ্ট দক্ষ কর্তৃত্বের শ্রেণিতে প্রবেশাধিকার দেয়।

যদি সাহিত্য সমালোচনা, যেমনটি এখানে আলোচিত হয়েছে, শিক্ষার সহায়ক হিসেবে পরিগণিত হয়, এবং যদি এটি সমাজস্বীকৃত শিক্ষণপদ্ধতি হিসেবে সৃষ্টি হয়, তাহলে সম্ভবত সমালোচনার অনেক সমস্যা সাহিত্য শিক্ষার সমস্যা হিসেবে গণ্য হবে। ভারতবর্ষে বাস্তবিক সেরকমই হয়। একভাষী ও একসাংস্কৃতিক সমাজে, সজীব সাহিত্য হিসেবে কেবলমাত্র একটি ভাষার সাহিত্য পড়ানো হয়।

উদাহরণস্বরূপ বলা যেতে পারে, ইংল্যান্ড এবং ফ্রান্সে, যথাক্রমে ইংরেজি এবং ফরাসি সাহিত্য পড়ানো হয় সচল সাহিত্য হিসেবে। এছাড়া অন্যান্য সাহিত্যকে শেখানো হয় 'বিদেশি' বা 'প্রাচীন' সাহিত্যরূপে। এই একমুখী সাহিত্য শিক্ষার ফল হল এই যে, এইসব দেশের সাহিত্য সম্পর্কে চিন্তাধারা একটি সাধারণ ধারা, প্রভাবশালী তাত্ত্বিক পরম্পরা হিসেবে যার গ্রহণযোগ্যতা অনেক বেশি। এর বিরুদ্ধাচারণ অথবা অন্তর্নিহিত উদ্বেগের সৃষ্টি হয় একটি শক্তিশালী বৌদ্ধিক পরম্পরার পরিপ্রেক্ষিতে। স্থায়ী এবং সর্বজনস্বীকৃত ও প্রভাবশালী ধারণাসমূহ সময়ের সঙ্গে সঙ্গে মূল্যবোধ এবং আত্মবিশ্বাসের অধিকারী হয় এবং এটি প্রধান তত্ত্বসমূহে পরিণত হয়।

ভারতবর্ষে যেকোনো বিশ্ববিদ্যালয়ে, বিভিন্ন সাহিত্য পড়ানো হয় সজীব সাহিত্য হিসেবে। বেশ কিছু 'বিদেশি' ও 'প্রাচীন' সাহিত্যও পড়ানো হয় এই আনুষাঙ্গিক সচেতনতা ছাড়াই যে তারা বিদেশি ও প্রাচীন। ইংরেজি ও বিশ্বসাহিত্যের শিক্ষকরা ইংরেজি সাহিত্য এবং বিশ্ব-সাহিত্যের নিয়মাবলী মেনে চলার চেষ্টা করেন। সংস্কৃত সাহিত্যের শিক্ষকরা সংস্কৃত কাব্যতত্ত্ব মেনে চলেন। প্রাদেশিক ভাষার শিক্ষকরা অনুরক্ত হন তাদের নিজস্ব তাত্ত্বিক বিশ্বাসের প্রতি। কিন্তু এই সমস্ত শিক্ষক, ব্যাপকভাবে বলতে গেলে সমস্ত পর্যালোচনাকারীরা, প্রাবন্ধিকরা, বিদ্বজ্জন, দার্শনিকরা যাঁরা শিক্ষণে তাঁদের জ্ঞানের স্ফুরণ ঘটান তাঁরাই 'সাহিত্য সমালোচক'বৃন্দের ভারতীয় সম্প্রদায় গঠন করেন। স্বাভাবিকভাবেই, কোনো একটি নির্দিষ্ট জটিল তত্ত্বই সমাজে প্রভাবশালী স্থান নিতে পারে না। ফলে এই সমাজের বৌদ্ধিক লেনদেনের মধ্যে বর্তমান থাকে বিভেদমূলক সম্পর্ক, অবিশ্বাস, ভীতি, উদ্বেগ এবং দ্বন্দ্ব। এগুলি একভাষী ও একক সাংস্কৃতিক ভাবাপন্ন সাহিত্য সম্প্রদায়ের সম্পূর্ণ বিরোধী। ভারতবর্ষের সাহিত্য বিদ্বজ্জনেরা যদি তাদের আনুগত্য কেবল একটি ভাষার প্রতি প্রদর্শন করতেন—সেটি সংস্কৃত, হিন্দী, ইংরেজি বা অন্য ভাষা-সাহিত্য যাই হোক না কেন—তাহলে তা সাহিত্যের তাত্ত্বিক ও দার্শনিক ক্ষেত্রে কিছু অবদান রাখতে পারতো। অন্যদিকে যদি ভারতীয় বিশ্ববিদ্যালয়গুলি 'ভারতীয় সাহিত্য' নামে একটি কাল্পনিক পাঠক্রম শুরু করে, এবং আঞ্চলিক ভাষা-সাহিত্যের পৃথক পাঠ বন্ধ করে, তাহলে সম্ভবত নতুন তত্ত্বের সূচনা হবে। কারণ সেক্ষেত্রে সর্বজনস্বীকৃত প্রভাবশালী তাত্ত্বিক আলোচনার প্রয়োজন হবে। কিন্তু হতাশ হওয়ার কিছু নেই। ভারতীয় সমাজে ত্রি-ভাষা নীতি এবং বহুভাষী সাহিত্যশিক্ষা ভারতীয় সমাজের সচেতন সিদ্ধান্ত। এগুলি প্রকৃতপক্ষে

ভারতের জাতীয় ইতিহাসের সাথে সাযুজ্য রেখে সৃষ্টি হয়েছে। সাহিত্য সমালোচনায় আপাত দ্বিধা নয়, আত্মবিশ্বাসের অভাব এবং সাংস্কৃতিক স্মৃতিভ্রংশের বিরুদ্ধেই সংগ্রাম চালিয়ে যেতে হবে।

বর্তমানে ভারতীয় বুদ্ধিজীবীরা যে সমস্ত অসুবিধাগুলির সম্মুখীন হচ্ছেন তা কেবল ভারতের নিজস্ব সমস্যা নয়। একই ধরনের অসুবিধাগুলির সম্মুখীন হচ্ছে অন্যান্য অনেক উত্তর-ঔপনিবেশিক সমাজও। ল্যাটিন আমেরিকান লেখক এডুয়ার্ডো গ্যালিয়ানোর *Memory of Fire*-এর পর্যালোচনায় শ্যামলাল লিখেছেন :

> মানবজাতিকে তার হৃতস্মৃতি ফিরিয়ে দেওয়ার আশা নিয়ে গ্যালিয়ানো অতীতের পুনর্নির্মাণ করেছেন তার সৃজনশীল উন্মাদনা, অপরিসীম লোভ, পাশবিক নিষ্ঠুরতা, আপাত ধার্মিক মিথ্যাচার, ভয়ানক কুসংস্কার এবং হৃদয় বিদারক উদ্বেগরাশির সহযোগে।[১]

অন্যান্য ল্যাটিন আমেরিকান লেখকরাও স্মৃতিভ্রংশের সমস্যা বিষয়ে আলোকপাত করেছেন। এ ব্যাপারে সবথেকে বিখ্যাত উদাহরণটি হল গ্যাব্রিয়েল গার্সিয়া মার্কেজের *One Hundred Years of Solitude.* এখানে মার্কেজ ভাষাগত স্মৃতিভ্রংশ নিয়ে আলোচনা করেছেন—যেখানে হাস্যকরভাবে লোকেরা মনে রাখার জন্য সমস্ত জিনিসের নাম লিখে রাখত—এটি একটি ল্যাটিন আমেরিকান সাংস্কৃতিক সমস্যা, যেটি ঔপনিবেশিক অভিজ্ঞতাপ্রসূত।

আমেরিকান চিন্তাবিদ ভেলিকভস্কি তাঁর বই *Mankind in Amnesia*[২]-তে সাংস্কৃতিক স্মৃতিভ্রংশ নিয়ে আলোচনা করেছেন। তিনি স্মৃতিভ্রংশকে তুলে ধরেছেন সমষ্টিগত স্মৃতিভ্রংশ রূপে, যা হল অতীত সংক্রান্ত অপরাধবোধের ফল। তিনি লিখেছেন :

> যিনি স্মৃতিভ্রংশের শিকার, তিনি এমন প্রতিবেশীদের সাথে বসবাস করতে পারেন যারা তাঁর অবস্থা সম্পর্কে অজ্ঞ। তিনি চাকুরীরত হতে পারেন, তিনি বিবাহিত হতে পারেন, তিনি সাধারণ মানুষের মতো ব্যবহার করতে পারেন। কিন্তু তিনি একটি নির্দিষ্ট দিনের আগেকার সবকিছু ভুলে গেছেন। তাঁর নিজের নাম তিনি জানেন না এবং তিনি নিজের বিমূঢ়তা লুকোনোর জন্য অন্য নাম ব্যবহার করেন। ঐ নির্দিষ্ট দিনের আগে তাঁর শৈশবদশা ও

> বয়ঃসন্ধিকালীন বা পরিণত অবস্থার কথা কিছুই তাঁর মনে পড়ে না। তিনি কোন্ শহর অথবা শহরতলি থেকে এসেছেন এবং কিভাবে তিনি তাঁর নতুন বাসস্থানে এলেন কিছুই তিনি জানেন না। তিনি জানেন না তিনি বিবাহিত কিনা বা তাঁর কোনো সন্তানাদি আছে কিনা। যদি তিনি আইনের সাথে দ্বন্দ্বে জড়িয়ে পড়েন, হয়তো দুবার বিবাহের জন্য, তাহলে তিনি হয়তো মানসিক ব্যাধি কেন্দ্রে উপস্থিত হবেন ...।[৩]

তিনি যদি বহুবিবাহের দায়ে অভিযুক্ত হন, তাহলে কী হবে তাঁর পরিণতি ? ভারতের জটিল সমাজে, প্রত্যেক সমালোচক তাঁর আনুগত্য জ্ঞাপন করেন ভারতে পঠিত এক বা একাধিক সাহিত্যের প্রতি। তিনি আসলে বহুবিধ সাহিত্যের সাথে 'বৈবাহিক' সম্পর্কে আবদ্ধ। এই অবস্থাকে পাশ্চাত্যের দেশগুলির সাথে তুলনা করা ঠিক হবে না। প্রকৃতপক্ষে বর্তমানে বহুভাষী এবং বহু-সাহিত্য শিক্ষাই হল ভারতীয় সংস্কৃতির সবচেয়ে বড় শক্তি। দ্বাদশ শতক থেকেই ভারতীয় সমাজে বহুবিধ সংস্কৃতি ও বহুভাষী ঐতিহ্য তার শক্তিরূপে পরিগণিত। এই বহুবিধতা অতীতে অবনমন হিসেবে দেখা হয়েছে এবং বর্তমানে সেটা দুর্বলতা হিসেবে দেখা হয়। আধুনিক ভারতীয় তাত্ত্বিক আলোচনা গড়ে তুলতে আমাদের ঐ অপরাধবোধের আবহ থেকে বেরিয়ে আসতে হবে। একই সঙ্গে ইতিহাসের প্রতি এক স্বচ্ছ দৃষ্টিভঙ্গী গড়ে তুলতে হবে।

স্মৃতি-উত্তর কল্পনা

"সবকিছু বদলে গেল, বদলে গেল সম্পূর্ণরূপে"

আজ থেকে এক শতাব্দী আগে ১৯১৬ খ্রিস্টাব্দে সংঘটিত ইস্টার অভ্যুত্থানের ফলশ্রুতিতে হিংসা, রক্তপাত ও বহু যুবকের মৃত্যুর অভিঘাতে আইরিশ কবি উইলিয়াম বাটলার ইয়েটস "ইস্টার ১৯১৬" শীর্ষক একটি কবিতা রচনা করেন, সেখানে স্মরণীয় এই পঙ্‌ক্তিগুলি অন্তর্ভূত ছিল—"সবকিছু বদলে গেল, বদলে গেল সম্পূর্ণরূপে", এই ঘটনার ঠিক সত্তর বছর পরে ১৯৮৬ সালের গ্রীষ্মে আমি পূর্ববর্তী তিনটি অধ্যায়ের প্রাথমিক খসড়া রচনার জন্য সূত্রগুলি লিপিবদ্ধ করতে শুরু করেছিলাম, ১৯৮৬ খ্রিস্টাব্দ আজকের নিরিখে কেবল একটি অন্য শতাব্দী ছিল না, ছিল অন্য এক জগৎ, পরের বছর ১৯৮৭ সালের এপ্রিল-মে মাস নাগাদ Leeds বিশ্ববিদ্যালয়ে অবস্থানকলে আমি ঐ সূত্রগুলি বিকশিত করে একটি দীর্ঘ প্রবন্ধ রচনায় প্রয়াসী হই, ঐ প্রবন্ধটি অগোছালোভাবে প্রায় দেড় বছর আমার কাগজপত্রের মধ্যে ফাইলবন্দী অবস্থায় পড়ে ছিল, অনেকটা অপ্রত্যাশিতভবেই এটির পূর্ণতাপ্রাপ্তি ঘটে। ১৯৮৮ সালের শীতকালে আমি বরোদা বিশ্ববিদ্যালয়ের তৎকালীন উপাচার্য মহাশয়ের সাথে অবাঞ্ছিত বিতর্কে জড়িয়ে পড়ি, নিজের অধিকার রক্ষার্থে আমাকে বিচারব্যবস্থার শরণাপন্ন হতে হয় ও ঐ সময় আমাকে প্রায়ই বরোদা শহরের দেওয়ানি আদালতের অলিন্দে ঘোরাঘুরি করতে হত, আদালত চত্বর সর্বদাই টাইপরাইটারের খটখট শব্দে মুখরিত থাকতো, ঘণ্টার পর ঘণ্টা সেখানে অবস্থানকালে টাইপিস্টদের পাতার পর পাতা আইনি নথি প্রস্তুত করার কাজ দেখতে দেখতে, আমার মনে পড়ে যায় যে দীর্ঘদিন আমি আমার বহনযোগ্য অলিভোট্টি টাইপরাইটারটি ব্যবহার করিনি। সুতরাং আমার মনে হলো যে ধুলো ঝাড়াঝাড়ি করে ঐ টাইপরাইটারটি আবার ব্যবহার করা দরকার, একরকমভাবে

দেখতে গেলে আমি নিজের সঙ্গে কথোপকথন লিপিবদ্ধ করতে শুরু করে দিলাম। যেহেতু আমি কবি নই তাই আমার পক্ষে কবিতা রচনার কোন সম্ভাবনা ছিল না, এই প্রক্রিয়ায় যা সৃষ্ট হল তা একটি ছোট রচনা এবং সেটিকে আমি *আফটার অ্যামনেশিয়া* (স্মৃতি বিলুপ্তির পরে)-র উপসংহার হিসাবে যুক্ত করতে মনস্থ করলাম, প্রায় এক বছর পরে ১৯৯০-এর শুরুতে আমি সমগ্র পাণ্ডুলিপিটি অধ্যাপক সুজিত মুখার্জির কাছে পাঠিয়ে দিই, অধ্যাপক মুখার্জী তখন ওরিয়েন্ট লংম্যান নামক প্রকাশনা সংস্থার সাথে যুক্ত ছিলেন। তিনি আমাকে বলেন যে সমস্ত পাণ্ডুলিপিটি একটি গ্রন্থ হিসাবে মুদ্রিত হতে পারে, ১৯৯২ সালের গ্রীষ্মে এই সমগ্র পাণ্ডুলিপিটি *After Amnesia* নামে প্রকাশিত হয়।

১৯৮৬ থেকে ১৯৯২ ছিল এমন এক সময় যখন ভারতে ও বিশ্বের অন্যত্র অত্যন্ত দ্রুতগতিতে সবকিছু বদলে যাচ্ছিল। যখন প্রথম খসড়ার জন্য আমি সূত্রগুলি লেখা শুরু করি, তখন আমাদের নিজস্ব কোনো টেলিভিশন সেট ছিল না, আমার ও আমার স্ত্রীর বিনোদনের একমাত্র উপায় ছিল কোনো হলে সিনেমা দেখা বা মাসে একবার কোন মঞ্চে গিয়ে নাটক দেখা, বাড়িতে থাকাকালীন দিনের অধিকাংশ সময় আমরা রেডিও শুনতাম, প্রতিবেশী হিসেবে আমরা পেয়েছিলাম এক সহৃদয় বয়স্ক দম্পতিকে। আমাদের স্কুল পড়ুয়া মেয়ে টিভিতে সাপ্তাহিক রামায়ণ, নাকি মহাভারত, দেখা জন্য ওনার বাড়িতে নিয়মিত যেত, বস্তুতপক্ষে ১৯৮৬-৮৭-তে রবিবার সকালে সমগ্র ভারত টেলিভিশনের সামনে জড়ো হত অতি নাটকীয় সেই ধারাবাহিকের পর্ব দেখার জন্য। মন্থরগতি সেই ধারাবাহিকের পর্ব তখন জাতীয় জীবনে এক নতুন অধ্যায়ের সূচনা করেছিল, এক নতুন কল্পনা এবং সমগ্র জাতি সেই নবকাল্পনিক নির্মাণকে অভূতপূর্ব অনুমোদন দিয়েছিল।

আমাদের যেমন টেলিভিশন সেট ছিল না, তেমনই সেই সময় আমাদের নিজস্ব টেলিফোনও ছিল না। তখন স্থানীয় যোগাযোগের প্রয়োজনে মানুষ অফিসের টেলিফোন ব্যবহার করতেন। অবশ্য ঊর্ধ্বতন কর্তৃপক্ষ যাতে রেগে না যান তা খেয়াল রাখতে হত, দূরবর্তী কোনো টেলিফোনের ডাকের জন্য মানুষকে সহৃদয় প্রতিবেশীর সাহায্য নিতে হত। এইরকম টেলিফোন এলে সেই প্রতিবেশী প্রথমে তা গ্রহণ করে সংশ্লিষ্ট ব্যক্তিকে ডেকে দেওয়ার প্রতিশ্রুতি দিয়ে টেলিফোন

যথাস্থানে নামিয়ে রাখতেন, তার খানিকক্ষণ পর টেলিফোন আবার বেজে উঠতো ও সংশ্লিষ্ট ব্যক্তি কথা বলতে পারতেন। এই সবক্ষেত্রে কথাবার্তার সময় নির্দিষ্ট রাখতে হত কারণ মিনিটে মিনিটে শুল্ক বেড়ে উঠত। বহুদূরবর্তী কোনো স্থানে যোগাযোগের জন্য একজন ব্যক্তিকে নিকটবর্তী ডাকঘরে যেতে হত। সেখানে 'কল' সংরক্ষণ করে ঘণ্টাখানেক অপেক্ষার পরে একজন কথা বলার সুযোগ পেতেন। মুম্বাই বা দিল্লীর মতো বৃহৎ নগরীর কথা বাদ দিলে নিজের টেলিফোন সংযোগ পাওয়া ছিল দুষ্কর। এই সংযোগের জন্য দুই থেকে পাঁচ বছর অবধি লেগে যেত। সেটা ছিল ১৯৮৬ সালের বাস্তবতা, যখন আমি এই বইটির জন্য সূত্রগুলি সন্নিবিষ্ট করছি। কিন্তু বইটি যখন প্রকাশিত হল তখন ডাবলিউ. বি. ইয়েট্সের ভাষায় বলতে গেলে বলতে হয়—"সবকিছু বদলে গেল, বদলে গেল সমপূর্ণরূপে।"

বস্তুতপক্ষে ১৯৯২ সালে ভারতবর্ষের ছোট বড় সব শহরে প্রত্যেকটি মধ্যবিত্ত পরিবার, এমনকি অনেক নিম্ন মধ্যবিত্ত পরিবারও নিজস্ব টেলিভিশন যন্ত্রের মালিক হয়ে গেলেন। শুধুমাত্র এই যন্ত্রটির অধিকারী হওয়া নয় অধিকাংশ ক্ষেত্রেই এগুলিতে রঙিন ছবি দেখার সুযোগ পাওয়া যেত। টেলিভিশন এবং অন্যান্য বড় বড় হোর্ডিং-এতে টেলিভিশনের বিজ্ঞাপন ক্রমাগত অপ্রতিরোধ্যভাবে চিত্তাকর্ষক হয়ে উঠতে থাকল, পত্রপত্রিকাতেও এই বিজ্ঞাপনগুলি ক্রমশ রঙিন ও আকর্ষভাবে প্রকাশিত হতে শুরু করল। এমনকি সাপ্তাহিক পত্রিকাগুলির পাতাও সাদা কালোর পরিবর্তে দ্রুত রঙিন ও উজ্জ্বল হয়ে উঠতে থাকল। তাদের বিক্রীও অভূতপূর্বভাবে বেড়ে গেল। কেবলমাত্র টেলিভিশন নয়, রেফ্রিজারেটর এবং এয়ার কন্ডিশনিং যন্ত্রও প্রায় প্রত্যেক মধ্যবিত্ত পরিবারের ব্যবহৃত সামগ্রী হয়ে উঠল। অধিকন্তু দেখা গেল যে শহরে শহরে মধ্যবিত্ত পরিবারগুলি নিজেদের বাড়ি তৈরি করতে বা কিনে নিতে শুরু করল। এই সমস্ত বাড়ি বা ফ্ল্যাটগুলিতে কেবল তারযুক্ত টেলিফোন নয়, তারহীন টেলিফোন ও প্রাত্যহিক ব্যবহারের সামগ্রী হয়ে উঠল। দ্রুত পরিবর্তনের যে ছবি আমি স্মৃতি থেকে তুলে আনছি তাকে কিন্তু জাতীয় জীবনের আকস্মিক স্বাচ্ছল্য বা জাতীয় সম্পদের প্রভূত বৃদ্ধি হিসাবে গণ্য করলে ভুল হবে। সম্ভবত উল্টোটা বোধ হয় সত্যের কাছাকাছি হবে। গ্রাম থেকে শহরে আগমনের মাত্রা

অভূতপূর্বভাবে বেড়ে গেল। কৃষিকাজ চিরন্তন লোকসানের পেশা হিসেবে প্রতিষ্ঠিত হল কিন্তু শহর কেন্দ্রগুলিতে লাগামছাড়া উপভোগের আকাঙ্ক্ষার স্ফুরণ শুরু হল। বসতবাড়ি এবং বিলাসদ্রব্য বিক্রয়ের ক্ষেত্রে বিভ্রান্তিমূলক সমৃদ্ধির অভাবনীয় বৃদ্ধি সত্ত্বেও ব্যবসা, শিল্প ও জীবন-জীবিকার ক্ষেত্রে সামাজিক সুরক্ষার যে বলয় ভারত সরকার বিস্তৃত রেখেছিল তা তুলে নেওয়ার জন্য সরকারের ওপর প্রভূত চাপ সৃষ্টি করা হচ্ছিল। ১৯৯২ সালে যে সময় *After Amnesia* গ্রন্থটি প্রথম প্রকাশিত হল তখন ভারত সরকার বিশ্বব্যাঙ্ক ও আন্তর্জাতিক অর্থভাণ্ডারের নির্ধারিত শর্তে ভারতের বাজারকে বিশ্বের সামনে উন্মুক্ত করে দিয়েছেন। সরকার তখন 'উদারিকরণ' করতে মনস্থ করে ফেলেছে। অবশ্য এমন নয় যে, ভারতবর্ষ একাই এই অর্থনৈতিক রূপান্তরের মধ্য দিয়ে যাচ্ছিল। ব্রাজিল, স্পেন, আয়র্ল্যান্ড এবং নাইজেরিয়াতে ও একই জিনিস ঘটছিল। আমি যে সময় আমার প্রবন্ধের উপসংহার টাইপ করছি তখনই পশ্চিমি উদারনৈতিক গণতন্ত্র ও কমিউনিষ্ট রাষ্ট্রগুলির মধ্যে আদানপ্রদানের নিষেধাজ্ঞার প্রতীকস্বরূপ দাঁড়িয়ে থাকা বর্লিনের প্রাচীর ভেঙে ফেলা হল, এবং ইউরোপের ক্ষুদ্র জাতীয়তাবাদের ধারণার পরিবর্তে এক বৃহৎ ইউরোপের ধারণা গড়ে উঠেছিল। সমস্ত ইউরোপীয় দেশগুলির সম্মিলিত বাজার ও জীবিকা ক্ষেত্র বা ইউরোপের যেকোন নাগরিক সহজেই নিজ প্রয়োজনে ব্যবহার করতে পারবেন, মনে হচ্ছিল এক নতুন পৃথিবী জন্ম নেওয়ার আগে প্রসব যন্ত্রণার মধ্য দিয়ে যাচ্ছে। সাম্য, সুরক্ষা, ন্যায়ের মতো শব্দগুলিকে অতি ব্যবহার জীর্ণ বলে মনে হচ্ছিল। পরিবর্তে, সাস্টেনেবিলিটি, স্বচ্ছতা এবং উদ্ভাবনী ক্ষমতার মতো নতুন শব্দ আমাদের প্রাত্যহিক যোগাযোগে দ্রুত জেঁকে বসছিল। সামাজিক 'কল্যাণ'-এর ধারণা নতুনভাবে প্রকাশ পাচ্ছিল। কোন সমাজের আর্থিক স্বাস্থ্যের মাপকাঠি হিসাবে সেই দেশের বিলগ্নীকরণের ক্ষমতাকে চিহ্নিত করা হচ্ছিল। এতাবৎকাল ঘৃণিত আন্তর্জাতিক পুঁজির ব্যাপক বিস্তার ও সমাজ-অর্থনীতিতে তার চূড়ান্ত নিয়ন্ত্রণ—এসবই হল এই নতুন যুগের জন্মচিহ্ন। একভাবে দেখতে গেলে ১৯৮০-র দশকে যে প্রবন্ধ আমি লিখেছিলাম তা ১৯৯২ সালে যখন প্রকাশিত হয় তখনই প্রাসঙ্গিকতা হারিয়ে ফেলেছিল। কেননা ১৯৯২-তে একটি সম্পূর্ণভাবে নতুন পৃথিবীর সব লক্ষণই পরিস্ফুট হয়ে উঠেছিল।

আমার প্রবন্ধে আমি জ্ঞানের বিষয়ে আলোচনা করেছি। বিশেষত সেই পদ্ধতির বিষয়ে যা জ্ঞানকে এক তাত্ত্বিক কাঠামোতে উন্নীত করে। আমার দৃষ্টি ছিল ঔপনিবেশিক সময়ের উপর এবং ঔপনিবেশিকতার দ্বারা সৃষ্ট সাংস্কৃতিক পদ্ধতিগুলির উপর যা ভারতবর্ষে নতুন ধারণা ও জ্ঞানের নির্মাণ করেছিল। এর ফলশ্রুতিতে কিছু বিষয়কে জ্ঞানের স্তরে রেখে অনেক বিষয়কে জ্ঞান বহির্ভূত বাজে বিষয়ের ঝুড়িতে ফেলে দিচ্ছিল। এতদ্‌সত্ত্বেও আমার প্রবন্ধে একটি স্থির পূর্বানুমান স্বীকৃত ছিল সে জ্ঞানকে জ্ঞান হিসাবে চিহ্নিত করা সম্ভব। এবং যুক্তিগ্রাহ্য সত্যতা হল জ্ঞানের সর্বাপেক্ষা নির্ণায়ক চিহ্ন, যদিও এই সত্যতা বিচরের মানদণ্ডগুলি বিশেষ ইতিহাস ও সংস্কৃতির সীমাবদ্ধতা নির্ধারিত। ঐ প্রবন্ধে আমি যুক্তি দিয়ে প্রতিষ্ঠা করার চেষ্টা করেছি যে স্মৃতি, সমাজের ব্যক্তি-অবক্ষেপ যৌথ স্মৃতি, 'প্রকৃত' সত্তায় বর্তমান যদিও ইতিহাসের কোন কোন পর্যায়ে সেই স্মৃতির বিস্মরণ ঘটে।

যে সময় নাগাদ এই প্রবন্ধ প্রকাশিত হয় তখন উপরে উল্লিখিত দুটি ধারণাই গভীর প্রশ্নের সম্মুখীন। দর্শনের ক্ষেত্রে এই প্রতিরোধ এতটা প্রবল না হলেও দৈনন্দিন বাস্তবতার ক্ষেত্রে তা অবশ্যই যথেষ্ট প্রবল ছিল। সাধারণত এই ঘটনার কৃতিত্ব বা দায় প্রযুক্তি ও বিশ্বায়িত অর্থনীতির উপরেই চাপানো হয়। এই বহুল প্রচারিত সাধারণ কাণ্ডজ্ঞানের যুক্তিকে খণ্ডন না করেও আমি এখানে নতুন জাগতিক বিন্যাসে স্মৃতির স্থান তথা জ্ঞানের স্থান নিয়ে আলোচনা করব। একইভাবে যেখানে মনকে ছুরির দ্বারা নিয়ন্ত্রিত করা হয় সেই নতুন ক্ষমতা বিন্যাসে জ্ঞান ও জ্ঞানলভের প্রাত্যহিক পদ্ধতি প্রকরণ ও আমার আলোচনায় থাকবে। সেই বিশাল ও ব্যাপক পরিবর্তনের মুহূর্তে আমার প্রবন্ধ প্রকাশ করার 'প্রায়শ্চিত্ত' স্বরূপ আমি এখানে স্মৃতি-উত্তর কল্পনা ও তার প্রতি সমকালীন প্রতিক্রিয়া বিষয়ে আলোচনা করব। যাই হোক, এই আলোচনায় অগ্রসর হওয়ার আগে পৃথিবীব্যাপী এই প্রবল পরিবর্তনের কিছু দিক নিয়ে পর্যালোচনার প্রয়োজন আছে। এগুলরি মধ্যে উল্লেখযোগ্য হল আলো নিঃসরণকারী Diode-এর উদ্ভাবন। অ্যান্টি-ম্যাটার সম্পর্কিত স্বীকৃতি ও সাইবার স্পেস নামক এক নতুন জগৎ। এগুলি আমাদের পার্থিব সংস্কৃতিকে সম্পূর্ণ বদলে দিয়েছে এবং সেগুলিকে আমি বিদেশি ঘেঁষা

সংস্কৃতি বলে অভিহিত করি। কারণটি একটু পরেই উল্লিখিত হবে। এছাড়াও আছে এক প্রবল অহংবাদের উত্থান যাকে বলা যায় 'বেপরোয়া ব্যক্তিস্বাতন্ত্র্যবাদ', এক ধরনের লিঙ্গ বিপ্লব এবং নকসার অধিবিদ্যা। এই সমস্ত বিষয় নিয়ে অতীতে ভারতবর্ষে সাহিত্য সমালোচনার কোন আগ্রহ ছিল না। সম্ভবত পঁচিশ বছর আগে যখন আমি প্রথম তিনটি অধ্যায় রচনা করি তখনও এই বিষয়গুলি যে সাহিত্য আলোচনার অন্তর্গত হতে পারে তার ধারণা ছিল না। তথাপি এই সমস্ত বিষয়গুলি আমাদের অস্তিত্ব ও চিন্তায় যে ব্যাপক পরিবর্তনের সূচনা ঘটিয়েছে তাতে সমালোচনা সাহিত্যে এগুলির তাৎপর্য অবহেলা করাটা একপ্রকার শিশুসুলভ সরলতা বলেই গণ্য হবে। বাস্তবিক, একবিংশ শতকের দ্বিতীয় বা তৃতীয় চতুর্থাংশে সমালোচনার ধারা অবশ্যই গত শতাব্দীর শেষ চতুর্থাংশের বাস্তবতার নিরিখে চালিত হতে পারে না।

আয়না ও বাতি

স্মৃতি-উত্তর আত্মবাদিতা এবং আলো নিঃসরণকারী Diode : *দি মিরর অ্যান্ড দি ল্যাম্প* হল প্রখ্যাত আমেরিকান সমালোচক এম.এইচ. অ্যাব্রাম্‌সের লেখা একটি উজ্জ্বল গ্রন্থ। সহজভাবে বলতে গেলে এর মূল্য বক্তব্য হল যে ধ্রুপদী ইংরেজি সাহিত্য অনেকটা আয়নার মতো; আর রোম্যান্টিক সাহিত্য বাতির মতো নিজের 'অন্তর্নিহিত আলোতে' সবকিছুই আলোকিত করার দায়িত্ব নেয়। আয়না ও বাতির ক্ষেত্রে কী ঘটেছে তা এই অংশে আমি আলোচনা করব।

যখন আমি এই বইয়ের প্রাথমিক খসড়া তৈরি করছিলাম তখন আমার থেকে বয়সে চার বছরের ছোট একজন জাপানি ইঞ্জিনিয়ার ইলেকট্রিসিটিকে আলোতে রূপান্তরিত করার এক নতুন পদ্ধতি উদ্ভাবনে রত ছিলেন। শুজি নাকুমারার নতুন ইলেকট্রিক বাল্ব ১৯৯২ সালে প্রস্তুত হল। গ্যালিয়ম নাইট্রাইড-এর সহায্যে নতুন পদ্ধতিটি গড়ে উঠেছিল এবং প্রযুক্তিগত উন্নতির কয়েকটি ধাপের পরে পৃথিবী জুড়ে এটি এখন এলইডি (LED) নামে পরিচিত। নাকুমারা ও তাঁর দুই সহযোগী ২০১৪ খ্রি. পদার্থবিদ্যায় নোবেল পুরস্কার লাভ করেন। ফ্রাঙ্ক ডেভির সময় থেকে প্রচলিত ফ্লুরোসেন্ট বাতির চেয়ে LED বাল্বে অনেক কম বিদ্যুৎ

খরচ হয়। বিদ্যুৎ সংরক্ষণ ও উল্লেখযোগ্য উপযোগ মূল্যের বৃদ্ধির জন্য পৃথিবীর দাবি পূরণের সঠিক দিশা দেখাতে সক্ষম হল LED আলো।

বিদ্যুৎ সাশ্রয়ের আকাঙক্ষা নিবৃত্তির এক মূর্ত প্রকাশ হল LED আলো, সমগ্র মোটরগাড়ি শিল্প ও প্রযুক্তিগত উদ্ভাবনের মাধ্যমে জ্বালানি সাশ্রয়কারি গাড়ি তৈরি করে একই দিকে অগ্রসর হচ্ছে। এই অভিমুখীকরণ কেবলমাত্র গভীর পেট্রোলিয়াম সংকটের ফসল নয়। এটি একই মাত্রায় 'উন্নয়ন' এর নতুন ধারণার সাথে যুক্ত, ১৯৬০ সালে প্রস্তাবিত এই ধারণায় 'শক্তির ব্যবহারে সামর্থ্য'-কে উন্নয়নের সাথে যোগ করা হয় এবং ১৯৮০-র দশকের শেষাশেষি এই ধারণা সমস্ত আন্তজার্তিক সংস্থার স্বীকৃতি লাভ করে। উন্নয়নের এই ধারণার সাথে সাযুজ্য রেখে শক্তির ব্যবহার এর মাত্রাকে মানব উন্নয়নের চূড়ান্ত মাপকাঠি হিসাবে গণ্য করার চেষ্টা হতে থাকে। পৃথিবীতে প্রাপ্ত সমস্ত আলোকে একটি কাল্পনিক খোলসের মধ্যে আবদ্ধ করতে পারলে মানুষের জন্য কত শক্তি পাওয়া যাবে গাণিতিক নকশার সাহায্যে তা নিরূপণ করা সম্ভব। ওলাফ স্টেপল ডন রচিত *স্টার মেকার্স* (Star Makers, ১৯৩৭) শীর্ষক একটি কল্পবিজ্ঞান কাহিনীর দ্বারা অনুপ্রাণিত হয়ে ফ্রীম্যান ডাইসন ১৯৬০ খ্রি. বিখ্যাত *সায়েন্স* (Science) পত্রিকায় "সার্চ ফর আরটিফিসিয়াল স্টেলার সোর্সেস অব ইনফ্রারেড রেডিয়েশন" (Search for Artificial Stellar Sources of Infra-Red Radiation) নামে একটি গবেষণাপত্র প্রকাশ করেন। এই গবেষণাপত্রে প্রথমে শক্তিকে আবদ্ধ করার উপযোগী কোন সেলস বা জায়গার ধারণার কথা ব্যক্ত হয়। ডাইসনের প্রস্তাবিত সেলের মাধ্যমে ব্যবহারযোগ্য শক্তিতে মানুষের প্রবেশাধিকার কয়েক কোটি গুণ বেড়ে যাবে বলে আশা করা যায়। যদিও ধারণাটি এখনও কল্পবিজ্ঞানের স্তরেই সীমিত তবুও একথা বলা সম্ভব নয় যে কয়েক শতাব্দী যাবৎ এটি কল্পনাই থেকে যাবে, বাস্তবে উপলব্ধ হবে না। তবে প্রকৃত জাগতিক প্রয়োজনে শক্তির জন্য মানুষের আকাঙক্ষার নির্দেশক হল এই কল্পনাতত্ত্ব। এই আকঙক্ষা আবার ক্রমঘনায়মান স্বরূপসন্ধানের সংকটের দিকেও নির্দেশ করে। বিংশ শতাব্দীতে অস্তিত্বের স্বরূপের প্রশ্নটি জাতি, ধর্ম, বর্ণ, লিঙ্গ, ভাষা ইত্যাদির সঙ্গে সম্পৃক্ত ছিল। একবিংশ শতাব্দীর সমাজে স্বরূপের প্রশ্নটি প্রযুক্তির সাথে যুক্ত হওয়ার

ক্রমবর্ধমান প্রবণতা লক্ষ করা যায়। ডোনা হারাওয়ে "মানুষ ও প্রযুক্তির এই ক্রমবর্ধমান পারস্পরিক মিথস্ক্রিয়ার প্রেক্ষিতে আত্মবাদিতার ধারণাকে এক মৌলিক অথচ নৈতিকভাবে দায়িত্বশীল উপায়ে পুনর্নির্মাণ"-এর কথা বলেছেন, (ডোনাল্ড.ই. হল, *সাবজেক্টিভিটি, নিউ ক্রিটিক্যাল ইডিয়ম,* সিরিজ সম্পাদক জন ড্রেকাকিস, ২০০৪, রাউটলেজ, নিউইয়র্ক)। হারাওয়ে বলেন, "বিংশ শতকের শেষভাগ আমাদের এক পৌরাণিক সময়, আমরা সকলেই পৌরাণিক দানববিশেষ, যন্ত্র ও জীবনের তত্ত্বগতভাবে নির্মিত এক সংকর, সংক্ষেপে বলতে গেলে, আমরা হলাম সাইবর্গ (cyborgs) সাইবর্গ হল আমাদের তত্ত্ববিদ্যা, এটি আমাদের রাজনীতি দর্শন (হারাওয়ে, ১৫০) জার্মানি, ফ্রান্স ও ইংল্যান্ডে ঊনবিংশ শতাব্দীর রোম্যান্টিক লেখকরা মানবজগতে প্রযুক্তির অনুপ্রবেশের বিরুদ্ধে সরব হয়েছিলেন, অ্যাব্রাম্স যাকে 'আলোক' (light) বলেছেন—স্বজ্ঞা, অনুপ্রেরণা এবং কল্পনা—এগুলি ছিল তাদের অস্ত্র। এর সাহায্যে পাশ্চাত্যে শিল্পনির্ভর নগরজীবনের কুফলের বিরুদ্ধে তাঁরা লড়াই করেছেন। মেরি শেলীর *ফ্র্যাঙ্কেনস্টাইন* সোচ্চারভাবে মনে করিয়ে দেয় যে বিজ্ঞান ও যুক্তিবাদ নির্ভরতা মানুষকে ঐশ্বরিক ও মানবিক—দুই জগতেরই ধ্বংসের দিকে ঠেলে দেয়। কিন্তু শিল্প বিপ্লবের প্রারম্ভে রোম্যান্টিকদের কাছে যা ছিল একটা বিরক্তিকর ভাবনা, দুই শতাব্দী পরে তাই হয়ে উঠল জগত ও সময়ের নিয়ম। হারাওয়ে নির্মিত শব্দ 'সাইবর্গ', এমন এক সমাজের কথা বলে যার স্বরূপ প্রকৃতি ও যন্ত্রের সঙ্গে সমানভাবে সম্পর্কযুক্ত :

> "একটি পরিপ্রেক্ষিত থেকে দেখলে, সাইবর্স জগৎ হল পৃথিবীতে এক নিয়ন্ত্রণ জালের চূড়ান্ত আরোপ সংক্রান্ত...অন্য দৃষ্টিকোণ থেকে দেখলে সাইবর্গ জগৎ হল সেই সামাজিক ও দৈহিক বাস্তবতা যেখানে মানুষ প্রাণী ও যন্ত্রের সাথে যুগ্ম সম্পর্কের বিরুদ্ধে আতঙ্কগ্রস্ত নয়, চিরকালীন খণ্ডিত সত্তা বা পরস্পরবিরোধী মতবাদ নিয়েও আতঙ্কিত নয়। রাজনৈতিক সংগ্রাম হল একই সঙ্গে ভিন্ন দৃষ্টিকোণ থেকে দেখা কেননা প্রতিটি দৃষ্টিকোণ একই আধিপত্য ও অকল্পনীয় সম্ভবনার প্রথম দেখায় ভিন্ন ভিন্ন প্রেক্ষিতে।" (Haraway, ৫৪)।

ঔপনিবেশিক যুগে ইউরোপে একটি সাহিত্য আন্দোলনের আবির্ভাব ও ভারতবর্ষে তার সমতুল্য সাহিত্য আন্দোলনের মধ্যে উল্লেখযোগ্য সময়ের কথা ভাবা অসম্ভব ছিল না। আধুনিকতা ইউরোপ থেকে ভারতে আসতে কয়েক দশক লেগেছিল। কিন্তু গত শতকের শেষ চতুর্থাংশ থেকে এই সময়ের ব্যবধান দ্রুত অদৃশ্য হতে শুরু হয়েছে।

ইউরোপে আবির্ভাবের কয়েক বছরের মধ্যেই রঙিন টেলিভিশন ভারতে পৌঁছে যায় এবং চলমান দূরভাষ বা সেলফোনের ক্ষেত্রে তো বছর নয়, কয়েক মাস মাত্র লেগেছিল পাশ্চাত্য থেকে ভারতে আসতে। প্যানকার্ড ও ইউআইডির (UID) সৌজন্যে ইতিমধ্যে ভারতীয় নাগরিকরা গাণিতিক সত্তার যুগে প্রবেশ করেছে, যদিও মন্ডল কমিশনের ভারতীয় জনগোষ্ঠীর স্বরূপ নিরূপণের চেষ্টা খুব বেশি দিন আগের কথা নয়, এটাও সত্য যে আজকের দিনে ব্যক্তির স্বরূপ নির্ধারণের ধারণায় এক মৌলিক পরিবর্তন ঘটে গেছে। জাগতিক ব্যক্তির স্বরূপের সঙ্গে সঙ্গেই তার সংখ্যাগত ও গাণিতিক স্বরূপের ধারণাও আজ একইরকমভাবে প্রাসঙ্গিক হয়ে উঠেছে। জাগতিক ও গাণিতিক সত্তার এই সর্বব্যাপী যুগ্মতা ভারতকে, বলা যেতে পারে, সত্য-উত্তর যুগের দোরগোড়ায় পৌঁছে দিয়েছে। সেই কারণে ভারতীয় সমাজে প্রচলিত প্রতীকগুলির তাৎপর্য নিরূপণের ক্ষেত্রে নতুন নতুন প্রশ্নের উদয় হয়েছে। বড্রিলার্ড 'অব্যাহতির গতি' নামে একধরনের ধারণার কথা বলেছেন। এটি হল কোন গ্রহের মধ্যাকর্ষণ শক্তিকে অতিক্রম করার জন্য প্রয়োজনীয় গতি। বড্রিলার্ড এই ধারণার কথা বলেছেন সমাজ পরিবর্তনের এক ঐতিহাসিক মুহূর্তকে নির্দেশ করার জন্য। আধুনিকতা, প্রযুক্তি, ঘটনা ও প্রচারমাধ্যম এবং সমস্ত প্রকার বিনিময়ের—আর্থিক, রাজনৈতিক ও গৌণ—ত্বরিতকরণ আমাদের এক অব্যাহতির গতির দিকে ধাবিত করেছে। ফলশ্রুতিস্বরূপ আমরা ইতিহাস ও বাস্তবের বস্তুনিষ্ঠ ক্ষেত্র থেকে মুক্ত হয়ে গিয়েছি (বড্রিলার্ড, ১৯৯৪, খ্রিস্টাব্দ) বড্রিলার্ডের বক্তব্য সম্পর্কে মন্তব্য করতে গিয়ে রিচার্ড লেন বলেন :

> "প্রযুক্তি হল প্রতীকি মাত্রা থেকে বঞ্চিত এক জগতের ক্ষতিপূরণের উপায়। মানব অস্তিত্বের চেয়ে পৃথিবীতে বস্তুর অস্তিত্ব গুরুত্বপূর্ণ হয়ে উঠেছে এবং

ব্যক্তি মানুষ জগতের এক অলস দর্শক মাত্র। আরো খারাপ ব্যাপার হল যে, প্রতীক বিনিময়ের মুহূর্তে জাগতিক জটিলতা ঘটছে না...বরং জটিলতা দেখা দিচ্ছে প্রযুক্তিগত বস্তুসমূহের জীবনের প্রাত্যহিকতায়।" (লেন, ২০০৩, পৃষ্ঠা ৩৫)।

এইরূপ মৌলিক পরিবর্তন ঘটার জন্য পঁচিশ বছর খুব দীর্ঘ সময় নয়। তথাপি, ভারতীয় সমাজে যে পরিবর্তন ঘটছে, ভারতের নিজ চিত্র ও কল্পনায়—তা থেকে একটা বিষয় স্পষ্ট যে আমাদের চোখের সামনে এক অভূতপূর্ব পরিবর্তন সংঘটিত হচ্ছে। মনে হচ্ছে, ভারতবর্ষ ভবিষ্যতের দিকে এক যাত্রা শুরু করেছে, যার সমতুল্য কোন যাত্রা অতীতে ঘটেনি। বড্রিলার্ডকে পুনরায় উদ্ধৃত করে বলা যায় :

> "একবার যখন সময়ের উচ্চতম বিন্দু, বিবর্তনের বক্ররেখার চূড়ান্ত পর্যায়, ইতিহাসের অয়ন অতিক্রান্ত হয় তখন বস্তু ও ঘটনার বিপরীত ও নিম্নাভিমুখী গতি দ্রুততর হতে থাকে। মনে হয় জাগতিক ক্ষেত্রের মতো ঐতিহাসিক স্থান-সময় ও বক্র গতিসম্পন্ন হয়।" (বড্রিলার্ড, ১৯৯৪-১০)।

বড্রিলার্ড এর মন্তব্য ভারতের প্রসঙ্গে করা হয়নি, কিন্তু আমাদের পরিস্থিতি বিশ্লেষণ ও অনুধাবন করার জন্য ঐ মন্তব্য যুক্তিযুক্তভাবে ব্যবহার করা যেতে পারে। এই পরিবর্তনের উপর আরো যথাযথভাবে মন্তব্য করলে বলা যেতে পারে যে দ্বিতীয় সহস্রাব্দের শুরুতে যেমন একটি গভীর পরিবর্তন—যার কথা এই গ্রন্থে প্রথম পাতায় বলা হয়েছে—ঘটতে শুরু করেছিল, তৃতীয় সহস্রাব্দের শুরুতেও ভারতবর্ষে এক সমতুল্য মৌলিক অথবা তার চেয়েও বড়ো আমূল পরিবর্তনের সূচনা হয়েছে।

বিদেশি সাবান (Phoren Soap)

এই পরিবর্তনের প্রকৃতি বর্ণনা করতে গিয়ে, অন্তত বাহ্যিক স্তরে আমি একটি গুজরাতি উপন্যাসের কথা বলতে চাই। গত শতকের আশির দশকের শেষভাবে

গুজরাতি কবি-নাট্যকার ভরত নাইক *গদ্যপর্ব* নামে একটি পত্রিকা প্রতিষ্ঠা করেন। এই পত্রিকার মূল লক্ষ্য ছিল অ-প্রমাণ্য গুজরাতিতে লিখিত রচনাসমূহের একত্রীকরণ ও প্রকাশ। এই ধরণের রচনাশৈলী "টাল-পাডি" (tal-padi) নামে পরিচিত। আনুষঙ্গিক কাজ হিসাবে *গদ্যপর্ব* লেখকদের একটি বার্ষিক শিবিরের আয়োজন করে, এই শিবিরের নাম দেওয়া হয়েছিল *সাহচর্য*, আক্ষরিক অর্থে 'যৌথ অবস্থান'। এই শিবিরের যোগদানকারী সমস্ত লেখককে কিছু না কিছু লিখে শিবিরে অন্যদের তা শোনাতে হতো। যোগদানকারী কিছু কিছু লেখক ছিলেন আদতে চিত্রকর। এদের মধ্যে একজন হলেন ভূপেন খাখার। খাখার সেই সময় পরীক্ষা-নিরীক্ষায় আগ্রহী একজন চিত্রকর হিসাবে যথেষ্ট খ্যাতিলাভ করেছিলেন। নিজস্ব ধরনের এক আধ্যাত্মিকতায় বিশ্বাসী। তিনি ছিলেন প্রচলিত মত ও বিশ্বাসের প্রবল বিরোধী এক ব্যক্তি। ক্যাম্পে যোগদানের আগে অবধি তিনি কোন সাহিত্যকর্ম রচনা করেন নি। নিয়মিত *সাহচর্য্য* শিবিরে যোগদানের ফলে লেখার বিষয়ে জড়তা থেকে তিনি মুক্ত হলেন। *মৌজিলা মণিলাল* নামে একটি অ-প্রথাসিদ্ধ নাটক ও কিছু ছোট গল্প লিখলেন। যদিও আমি কখনো এই ধরনের শিবিরে যোগ দিই নি। কিন্তু একই শহরে থাকার সুবাদে খাখার বক্তব্য শোনার সুযোগ আমার ঘটেছিল। আমরা বন্ধু ছিলাম ও ছোট বন্ধুগোষ্ঠীর মজলিশে আমি খাখারের লেখা থেকে পাঠ করেছি। তাঁর লেখা একটি ছোট গল্প "বিদেশি সাবান" এই অদ্ভুত শীর্ষনামে পরিচিত ছিল। পরবর্তীকালে আমি গল্পটি 'নাট্য পরিচালক নৌশিল মেহতার সঙ্গে যৌথভাবে) ইংরেজিতে অনুবাদ করেছিলাম।

গল্পের বিষয়বস্তু ছিল বিলীয়মান বা ছলনাময় সন্তুষ্টি। এই গল্পে একজন শিল্পী মধ্যবিত্ত পরিসরে একটি সুগন্ধি গায়ে মাখা সাবান নিয়ে আসেন। এই নতুন জিনিসটি শীঘ্রই প্রত্যেকের কামনার বস্তু হয়ে ওঠে। আখ্যানের কেন্দ্রীয় চরিত্র প্রথম এটি ব্যবহার করেন, তারপর এক প্রতিবেশী, তারপর তার স্ত্রী, এমন কি তাঁদের পুত্রের পালিত নেড়ি কুকুরটিও এটি ব্যবহার করে। সাবানের ক্ষেত্রে যা হয়, সাবানটি ক্ষয়ে গিয়ে শেষ হয়ে যায়। সাবানটির খোওয়া যাওয়া দুই পরিবারে প্রবল অস্তিত্ব সংকট ও উদ্বেগের জন্ম দেয় এবং এই উদ্বেগ কাফ্‌কার *মেটামরফসিস* গল্পে নায়কের উদ্বেগের চেয়ে কোনো অংশে কম ছিল না। খাখার সমাজের দুর্বলতার

প্রতি তার তীক্ষ্ণ দৃষ্টির সুবাদে দেখিয়েছেন কিভাবে একটি সাধারণ জনগোষ্ঠী ভোগবাদী শৃঙ্খলে আবদ্ধ হয়ে পড়েছে ও তার রূপান্তর ঘটেছে। গল্পের সময়কাল ভারতে নব্য উদারবাদী অর্থনৈতিক নীতির রূপায়নের সময়। যে নীতির ফলে জাতি সত্তাগত রাজনীতির কবলে থাকা ভারত দ্রুত পরিবর্তিত হচ্ছিল। যা আরো উল্লেখযোগ্য, এই রূপান্তরের পুরোভাগে থাকা গুজরাতি সমাজ লেখক খাখারের কোন খবরই রাখে নি, কিন্তু একই উদ্বেগের প্রকাশ সমন্বিত তাঁর ছবিগুলির প্রভূত চাহিদা ছিল যেহেতু সেগুলি বিনিয়োগকারীদের কাছে আকাঙক্ষার বস্তু হিসাবে পরিগণিত ছিল। ঐ একই সময়ে মারাঠি কবি দিলীপ চিত্রে একগুচ্ছ প্রবন্ধ লেখেন 'চঙ্গলবাদ' ভোগবাদ বিষয়ে। তিনি মন্তব্য করেন যে এই ভোগবাদ মানুষের কাছে এক ছদ্ম-আধ্যাত্মিক অভিজ্ঞতা হিসাবে দেখা দিয়েছে। বিচিত্র ভোগ্যপণ্যের সুলভতা ব্যক্তিকে ভোক্তা এবং ভোগকে এক প্রবল আনন্দে রূপান্তরিত করতে শুরু করেছিল। পূর্বে এই আনন্দ যৌনতা ও আধ্যাত্মিকতার সাথেই যুক্ত ছিল। লরেন্স বার্কিন আমেরিকান সমাজ বিষয়ে যা বলেছিলেন তা ভারতীয় সমাজেও দ্রুত প্রযোজ্য হয়ে উঠেছিল : "অর্থনৈতিক মানুষ যেমন বাজারের নীতির কাছে আত্মসমর্পণ করে তার স্বাধীনতা অনুভব করেছিল সেই রকমই মনস্তাত্বিক পুরুষ ও নারী যৌনবাজারের নীতির কাছে আত্মসমর্পণ করে স্বাধীনতা উপলব্ধি করে।" (বার্কেন, ১৯৮৮ ও ১৯৯৭)

১৯৮০ দশকের ভারত ছিল নানবিধ আপ্রাচুর্যের মোকাবিলায় রত এক দেশ। ঐ সময়ে একজন ব্যক্তি সারাজীবন কাজ করে কর্মজীবনের শেষে পরিবারের জন্য ছোট একটি বাড়ি বানানোর কথা ভাবতে পারত। কিন্তু নব্বই-এর দশকে সদ্য চাকুরীপ্রাপ্ত যুবক যুবতীরা ঋণ ও সমপরিমাণ মাসিক কিস্তির দৌলতে বাড়ি বা ফ্ল্যাটের মালিক হতে শুরু করল। আশির দশক অবধি বর্তমান আমাদের কাছে ছিল অতীতে অর্জিত লাভ বা ক্ষতির যোগফল। কিন্তু নব্বই-এর দশকে বর্তমান হয়ে দাঁড়াল ভবিষ্যতের সমস্ত সম্ভাবনার যোগফল। অতীত, বর্তমান ও ভবিষ্যতের সম্পর্কের এরকম মৌলিক রূপান্তরের বিষয়ে ভোগবাদের বিস্ফোরণের প্রথম পর্যায়ে কেউই অবহিত ছিল না। এই পরিবর্তনের তাৎপর্য অবশ্যই ভাষার ক্ষেত্রে পরিলক্ষিত হবে কারণ ভাষা অতীত কাল, বর্তমান কাল ও ভবিষ্যত কালের

পার্থক্যের ধারণার উপর ভিত্তি করে গড়ে উঠে। প্রায় একদশক পরে ভাষার জগতে এই পরিবর্তনের তাৎপর্য ধরা পড়ল যখন পৃথিবী হঠাৎ সচেতন হয়ে দেখল যে এক ভয়ঙ্কর অথচ নামহীন অবস্থা সমস্ত স্বাভাবিক ভাষার স্বাস্থ্যকে ক্ষতিগ্রস্ত করেছে। আন্তর্জাতিক সংস্থা হিসাবে ইউনেস্কো প্রথম এই বিপদের ঘণ্টা বাজিয়েছিলেন। খ্রিস্টীয় হিসাবে তৃতীয় সহস্রাব্দের প্রথমেই এই উপলব্ধি বিস্তার লাভ করে যে মানুষের অনেক ভাষা সারা পৃথিবী জুড়ে দ্রুত অবলুপ্তির পথে চলেছে। মানুষের জিহ্বা ও মনের সুষমাবৃদ্ধিকারী ভাষার বিদেশি সাবান প্রায় সম্পূর্ণ বিলুপ্ত হওয়ার দোরগড়ায় দাঁড়িয়ে আছে।

সাহিত্য, ধীশক্তি ও আন্তর্জালিক যোগাযোগ

আগেই উল্লেখ করা হয়েছে, *স্মৃতিবিলোপের পরে* রচনাটি একটি বহনযোগ্য ইটালিয়ান টাইপরাইটারে টাইপ করা হয়েছিল। সেই সময় ভারতের সমস্ত বড় বড় অফিসে গোদরেজ কোম্পানির তৈরি বড় টাইপরাইটার ব্যবহৃত হত। ইস্পাতের তালা ও আসবাবপত্র তৈরির ক্ষেত্রে এই কোম্পানির যথেষ্ট সুনাম ছিল। খুব কম শিক্ষক-অধ্যাপকই বহনযোগ্য টাইপরাইটার ব্যবহার করতে পারতেন। এগুলি পাশ্চাত্য দেশে কিনতে হত এবং বিমানবন্দরে জটিল শুল্ক পদ্ধতির ছাড়পত্র পেয়ে তবেই বাড়িতে আনা যেতে পারতো। কিন্তু ১৯৮০-র দশকের শেষাশেষি বহুসংখ্যক ইলেকট্রনিক টাইপরাইটার ধীরে ধীরে ভারতে দেখা দিতে লাগল। প্রায় একই সময় ভারতের বাজারে বহনযোগ্য টেলিফোনেরও আবির্ভাব ঘটতে শুরু করল। ১৯৯০-র দশকের প্রথম ভাগ থেকে কম্পিউটার, টাইপরাইটারের স্থলাভিষিক্ত হতে শুরু হয়ে গেল। এই দশকে প্রায় সমস্ত টাইপরাইটারই কম্পিউটার দ্বারা প্রতিস্থাপিত হয়ে গেল। একবিংশ শতকের ভারতে কম্পিউটার ব্যবহারের সুযোগপ্রাপ্ত মানুষের সংখ্যা উল্লেখযোগ্যভাবে বৃদ্ধি পেয়েছে। এগুলির মালিক প্রতিষ্ঠান, আবার অনেকক্ষেত্রে ব্যক্তিও কম্পিউটারের মালিক। ২০০৫ খ্রিস্টাব্দ নাগাদ ল্যাপটপ নিয়ে কলেজপড়ুয়া ছাত্রছাত্রীর যাতায়াত অত্যন্ত স্বাভাবিক ঘটনা হিসাবে গণ্য হতে থাকে। একইরকম স্বাভাবিক হয়ে ওঠে সমাজের প্রায় সর্বস্তরের ব্যক্তিকে মোবাইল হাতে চলাফেরা করতে দেখা। এই মোবাইলগুলি প্রথমে আকারে

ছোট ছিল কিন্তু ২০১৫ খ্রিস্টাব্দের কাছাকাছি সময়ে তাদের আকৃতি যথেষ্ট বড়ো হতে শুরু করল যাতে তারা ল্যাপটপের বিকল্প হয়ে উঠল। ১৯৮০-র দশকে মেরামতির দোকান ছাড়া অন্যত্র কম্পিউটারের রিবনের প্রস্থ, রং বা কোন কোম্পানির তৈরি এইসব আলোচনা শোনা যেত না। কিন্তু ২০১০ সালের পর থেকে কারও পক্ষেই আর কম্পিউটার অ্যাপ্‌স্‌, ডিজিট্যাল ক্যামেরা টাইপ, স্পেকট্রাম অব ইলেকট্রেম্যাগনেটিক ওয়েভ—টু-জি, থ্রি-জি, ফোর-জি ইত্যাদি—শব্দবন্ধকে এড়িয়ে যাওয়া সম্ভব হচ্ছে না। এর সঙ্গে যুক্ত হয়েছে ব্যক্তির নখদর্পণে কৃত্রিম স্মৃতির লক্ষ কোটি 'বাইট'। ১৯৮০-র দশকে মানুষের স্বাভাবিক স্মৃতি যে কাজ সম্পন্ন করতো তার অনেক কিছুই এখন কৃত্রিম স্মৃতির কাছে স্থানান্তরিত হয়ে যাচ্ছে। মানব সমাজের এই সামগ্রিক স্মৃতির স্থানান্তরকরণ, ভারতবর্ষে এবং সমগ্র বিশ্ব জুড়ে, এতটাই ব্যাপক যে আজকের দিনে স্মৃতির কোন সমাজবিজ্ঞান সম্মত আলোচনা অসম্ভব। ২০০০ খ্রিস্টাব্দের আগে এরকম কাজ সম্ভব ছিল। স্বাভাবিক স্মৃতির ক্ষেত্রে 'স্মৃতিবিলোপ' নিঃসন্দেহে একপ্রকার বিশৃঙ্খলা; 'স্মৃতির পুনরুজ্জীবন' এক বিরল দৈব ঘটনা। এর জন্য মনোবিজ্ঞদের দীর্ঘ সময় অতিবাহিত করতে হত। স্মৃতিভ্রংশ রোগে আক্রান্ত কোন ব্যক্তি সম্ভবত তাঁর স্মৃতিকে পুনরায় কল্পনা করতে পারে কিন্তু যেমন ছিল যেভাবে স্মৃতিকে পুনরুদ্ধার করা অসম্ভব। কিন্তু প্রযুক্তির দ্বারা নিয়ন্ত্রিত স্মৃতিকে সারিয়ে তোলা, বৃদ্ধি করা, সঙ্কুচিত করা, পুনরুজ্জীবিত করা, বিচ্ছিন্ন করা বা নিয়ন্ত্রণ করা সম্ভব। প্রযুক্তির সাহায্য নিয়ে ২০১০-এর দশকে যুবক যুবতীরা সহজেই এই কাজ করতে পারে। সুতরাং ২০১৭ খ্রিস্টাব্দে আমার প্রাথমিক আলোচ্য 'স্মৃতিবিলোপ' নয়। বরং বর্তমানে জাগতিক সময়ের যে সম্পূর্ণ পরিবর্তন ঘটে গেছে তাই আমার প্রধান উপজীব্য। মানুষের স্থানান্তরিত স্মৃতি যা বর্তমানে যন্ত্রের হাতে সঞ্চিত তা বহুলাংশে সময় নিরপেক্ষ। এর সবটাই বর্তমানের সঙ্গে এক স্থির সম্পর্কে স্থিত। মনে হয় যেন ইতিহাস, সঠিকভাবে বললে ইতিহাসের ধারণা, মৃত্যুপুরীতে এসে পৌঁছেছে। সময় ও স্থিরতার এই সঙ্গমে মানুষের বোধ সামনে অগ্রসর না হয়ে পাশের দিকে মানুষ-যন্ত্র-মনের এক নতুন সংস্কৃতির মধ্যে প্রবিষ্ট হচ্ছে। হারাওয়ের ভাষায় সাইবর্গ (Cyborg)। ভৌত পৃথিবী এখনও বিদ্যমান, মানুষের যোগাযোগের প্রসঙ্গ নির্ভর কাঠামো

ক্রমাগত শব্দার্থগত সংস্থানের কাছাকাছি চলে আসছে এবং রচনাশৈলী কৃত্রিম বুদ্ধিবৃত্তির নিরিখে নির্ধারিত হচ্ছে। ভাষা ক্রমশ 'বাইট' ও 'স্পেক্ট্রাম'-এর ব্যাকরণনির্ভর হয়ে পড়েছে এবং জনগোষ্ঠী ভাষানির্ভর গোষ্ঠী থেকে দ্রুত জালিকা চক্র (network) নির্ভর গোষ্ঠীতে রূপান্তরিত হচ্ছে। ঐতিহ্যগতভাবে জ্ঞানের ও কর্মোপযোগী ভাষার গঠনের ক্ষেত্রে স্মৃতির ছিল কেন্দ্রীয় ভূমিকা। সেইজন্যই স্বাভাবিক স্মৃতি থেকে কৃত্রিম স্মৃতিতে সাম্প্রতিক অতিক্রমণ 'জ্ঞান' ও 'ভাষার' ক্ষেত্রে গুরুতর রূপান্তরের প্রক্রিয়া শুরু করে দিয়েছে। বিংশ শতকের শেষভাগ পর্যন্ত সাহিত্য সমালোচনার বৌদ্ধিক ক্ষেত্রে 'জ্ঞান' ও 'ভাষা' ছিল বিশেষ স্থানের অধিকারী। জ্ঞানতত্ত্বের এই স্থানান্তরের কারণে 'ভাষা' ও 'জ্ঞানের' ক্ষেত্রে নতুন প্রশ্ন উত্থাপন করা প্রয়োজন হয়ে পড়েছে। একই সঙ্গে মানুষের বৌদ্ধিক ও কল্পনার জগতে স্মৃতির ভিত্তিগত স্থানের গুরুত্ব সম্পর্কেও নতুন প্রশ্ন জরুরি হয়ে উঠেছে।

এই জাগতিক সময়ের ধারণার আকস্মিক গুরুত্ব হ্রাসকে যদি আমাদের যুগের এক নির্ভরযোগ্য চিত্র হিসাবে ধরি তবে তার দুটি ব্যাখ্যা সম্ভব। প্রথমত প্রযুক্তিগত পরিবর্তন যার ফলে তাৎক্ষণিত সর্বজ্ঞান অনুবাদ এখন বাস্তব; এবং দ্বিতীয়ত স্নায়বিক পরিবর্তন যার ফলে বাচনিক আদান প্রদান অপেক্ষা প্রতিবিম্ব বিশ্লেষণকে মানুষের বোধশক্তির কার্যকর মাধ্যম হিসবে বেশি গুরুত্ব দেওয়া শুরু হয়েছে। আমি উদ্ভূত দুটি বাস্তবতাকেই বর্ণনা করার চেষ্টা করব।

সার্বজনীন অনুবাদ এই প্রত্যাশার উপর ভিত্তি করে গড়ে উঠেছে যে যন্ত্রবুদ্ধি স্বাভাবিক ভাষার অর্থগত বিন্যাসকে প্রায় অবিকলভাবে অনুকরণ করতে সক্ষম। যদিও স্বাভাবিক ভাষার অনুভূতিগত যে ব্যাপ্তি তা এখনও যন্ত্রের বুদ্ধির সম্পূর্ণ আয়ত্তের বাইরে তবু যন্ত্রের বুদ্ধি অনুবাদের ক্ষেত্রে যে সক্ষমতা প্রদর্শন করছে তা থেকে মনে হয় এই বিভাজন দ্রুতগতিতে বিলুপ্তির পথে। প্রাচীন ভারতের ভর্তৃহরি থেকে বিংশ শতাব্দীতে ফ্রান্সের দেরিদা পর্যন্ত ভাষা ও নন্দনতত্ত্বের যে দর্শন প্রতিষ্ঠা করতে চেয়েছেন তা কিন্তু 'পূর্ববর্তী' ও 'পরবর্তী'—সময়ের এই জাগতিক বিভাজনের ধারণাকে গুরুতর প্রশ্নের মুখে ফেলে দিয়েছে। উদাহরণস্বরূপ বলা যায় যে ভর্তৃহরি অর্থের জাগতিক সময়গত বর্ণালির বিশ্লেষণ শুরু করেছেন বৈয়াকরণিক দর্শনের সীমাবদ্ধতা নির্দেশ করে :

বৈয়াকরণগণ মনে করেন যে কার্মিক শব্দের ক্ষেত্রে দুই ধরনের 'শব্দ-সত্তা' আছে; একটি, অর্থাৎ *স্ফোট* হল শব্দের উৎপত্তির কারণ এবং অন্যটি, অর্থাৎ বাচন শব্দ ব্যবহৃত হয় অর্থের সঙ্গে যুক্ত হিসাবে। প্রাচীন শিক্ষকদের মধ্যে কেউ কেউ মনে করেন যে দুই-এর মধ্যে মূলগত পার্থক্য বিদ্যমান। অপর দিকে অন্যেরা এক অভিন্ন সত্তার কথা বলেন যা ভিন্ন ভিন্ন রূপে প্রতীয়মান হয় চিন্তার কারণে। দেশলাই কাঠিতে নিহিত আগুন যেমন আরও আগুনের কারণ হিসাবে কাজ করে সেরকমই মনে অবস্থিত শব্দ অন্য বাচন শব্দের কারণ হিসাবে কাজ করে। শব্দটি মনে পরীক্ষিত হয় তারপর নির্দিষ্ট অর্থে প্রত্যুক্ত হয় এবং তারপরে বাচন-শব্দের যান্ত্রিকতা সাহায্যে নানা কারণের মাধ্যমে উৎপাদিত হয়। শব্দ 'পূর্ববর্তী' বা 'পরবর্তী' নয়, কারণ এটি একযোগে উৎপাদিত বাচন-শব্দ।

ভর্তৃহরির পূর্ববর্তী ভাষাতত্ত্বের দার্শনিকগণ অর্থকে ভাষাগত বোধের প্রাক্-বাচন পর্ব হিসাবে কল্পনা করেছেন এবং বাচক সংকেতের পরীক্ষা থেকে জাত বোধকে একই মূল থেকে উদ্ভূত বলে মনে করেন। এই ধারণাকে খণ্ডন করে ভর্তৃহরি বলেন যে অর্থ আদানপ্রদানের দুটি ক্ষেত্রে এক এবং পরস্পরযুক্ত হিসাবে না দেখাই ভাল। বরং অনেক বেশি দর্শনসম্মত হবে যদি আমরা তাদের অস্তিত্বের দুটি অবস্থাকে একই সময়গত ক্ষেত্রের অধীন বলে মনে করি। অন্যভাবে বলতে গেলে, তাঁর মতে অর্থ উৎপাদনের ক্ষেত্রে 'পুর্ববর্তী' এবং 'পরবর্তী' এই দুই ধারণা প্রযোজ্য হতে পারে না। ঐহিক জগতের ঘটনার ক্ষেত্রে যা প্রযোজ্য তাই এই ক্ষেত্রে প্রযোজন্য নয়। পরিবর্তে, তিনি বলেন যে একটি ভিন্ন কালগত বিন্যাসের কথা ভাবা অনেক বেশি যথার্থ হবে। যে কালগত বিন্যাসে পূর্বেও পরে বলে কিছু নেই; সব হল সবসময় এবং চিরকালীন বর্তমান।

ভর্তৃহরির তত্ত্বে অর্থের কালানুক্রমহীন বিদ্যমানতা 'উৎপাদিত' অর্থের পবিত্রতার দিকে নির্দেশ করে। কোন পূর্বনির্দিষ্ট চূড়ান্তভাবে গৃহীত অর্থের ধারণাকে স্বীকার করে না। বাচন ক্রিয়া অর্থগত-জালিকা থেকে পুষ্টিলাভ করে, তার থেকে বেশি বা কম কিছু নয়। তিনি একগুচ্ছ আকর্ষক রূপকালংকার করে তাঁর ধারণাটিকে

প্রতিষ্ঠিত করেন। উদাহরণ হিসাবে তিনি দেখিয়েছেন যে নদীর জলে কোন বস্তুর প্রতিবিম্ব বস্তুটি নয় কিন্তু একই সময়ে প্রতিবিম্ব ও বস্তু নদীতে অবস্থান করে, একটি অন্যটির আগে নয়। নিমিত্তস্বরূপতা এক ধরনের হতে পারে কিন্তু ভিন্নভাবে কল্পিত সময়ে তা অবান্তর হয়ে যেতে পারে। ভর্তৃহরির ধারণায় স্ফোট হল শ্রোতার এক উপলব্ধি। এই উপলব্ধি যে শ্রুত ও উপলব্ধ শব্দাবলী ও মনে স্থিত শব্দার্থভাণ্ডার যার সাহায্যে শব্দের অর্থ বোধগম্য হয়, সেগুলি সময়ের এক ভিন্ন স্তরে পরস্পরের সঙ্গে যুক্ত হতে সক্ষম। 'চিরকালীন' এরকম কথা বলার জন্য তাড়াহুড়োর দরকারই নেই। ভর্তৃহরি কোন ক্ষণস্থায়ী মুহূর্তের বিপরীতে চিরকালীন সময়ের কথা তাঁর বাক্যপদীয়তে আলোচনা করেন নি। বরং তিনি আপাতভাবে সহজ কোন অধিবিদ্যার জগতে পলায়নের বিরুদ্ধে তাঁর মন্তব্য করেছেন। বরং তিনি অর্থের অভ্যন্তরে 'স্থিরীকৃত সময়'-এর ধারণার কথা বলেছেন। স্ফোট অর্থাৎ যা বোধকে সময়ের বিভিন্ন স্তরে প্রবেশ করতে সহায়তা করে ও তারপর স্বাভাবিক সময়ানুক্রমিতার জগতে পুনরাগমন করতেও সাহায্য করে। এই প্রেক্ষিত থেকে দেখলে একথা বলা অসঙ্গত হবে না যে ভর্তৃহরির শব্দার্থজ্ঞ আমাদের প্রণোদিত করে আরো গভীরে গিয়ে বিশ্লেষণ করতে, ঠিক কোন পদ্ধতিতে মানুষের মনে ভাষার ব্যাখ্যা ঘটে।

"লেখন যদি প্রারম্ভিক হয় তা এই জন্য নয় যে তা সৃষ্টিশীল; বরং এইজন্য যে তা বাচনকে এক ধরনের স্বাধীনতা প্রদান করে। যা ইতিমধ্যেই বিদ্যমান তা তুলে আনার স্বাধীনতা অন্য এক স্বাধীনতার সূচনা ঘটায়। প্রতিক্রিয়া জ্ঞাপনের স্বাধীনতা যা ইতিহাসে এক দিগন্ত হিসাবে স্বীকৃত..." দেরিদা লিখেছেন তাঁর 'ফোর্স অ্যান্ড সিগ্‌নিফিকেশন" শীর্ষক রচনায় যা "*রাইটিং অ্যান্ড ডিফারেন্স* (১৯৬৮, ১৯৭৮, ১২) গ্রন্থের অন্তর্ভুক্ত। দেরিদা বিংশ শতকের পাশ্চাত্য দার্শনিকগণের মধ্যে অন্যতম প্রভাবশালী। ক্রম অপসৃয়মান উদ্ভব মুহূর্তের ধারণার সঙ্গে সঙ্গে মহান লেখক হল বাচনের পূর্ববর্তী তাঁর এই তত্ত্ব আসলে শব্দার্থের এক আধিবিদ্যক মতবাদ।

এই প্রাচীন অথবা সাম্প্রতিক তত্ত্বের এক অন-আধিবিদ্যক সমান্তরাল মত স্নায়ুবিজ্ঞানে পাওয়া যাবে। স্নায়ুবিজ্ঞানে মানব মস্তিষ্কের আবর্তক চরিত্রের কথা

বলা হয়েছে। আবর্তক হওয়ার কারণে এটি বাচন উৎপাদন করতে ও একই সঙ্গে উৎপাদিত বাচন সম্পর্কে চিন্তা করতে বা শ্রুত বাচন থেকে অর্থ পুনরুদ্ধার করতে ও একই সময়ে যা শ্রুত তাকে অর্থ হিসাবে নিরীক্ষণ করতে সক্ষমতা প্রদান করে। মানব মস্তিষ্কের এই বিশেষ ক্ষমতা অন্যান্য জীবিত প্রজাতির মস্তিষ্কের গঠনের থেকে সম্পূর্ণ পৃথক। এই বিশেষ ক্ষমতার ফলে মানুষ ভাষাগত আদানপ্রদানকে দুভাবে দেখতে পারে—"'আদানপ্রদান যেমন যেমন ঘটে' এবং 'আদান প্রদান ঘটমান অবস্থায় যেভাবে তা পর্যবেক্ষণ ও বিশ্লেষণ করা হয়।'

মানব মস্তিষ্কের অভ্যন্তরে ভাষাগত বিনিময়ের সাহায্যকারী সক্রিয় স্নায়ুকোষের এক সুবৃহৎ জালিকাচক্র বিদ্যমান, প্রায় পঁচাশি লক্ষ কোটি। এর প্রভাবে 'কোন' বিষয়ে চিন্তা প্রক্রিয়ার সঙ্গে সঙ্গে যুগপৎ চিন্তা বিষয়ে চিন্তা করার কাজও প্রায় সমানতালে চলতে থাকে। প্রাত্যহিক জীবনের একটি উদাহরণ দিলে বিষয়টি স্পষ্ট হবে। একজন মানুষের পক্ষে অন্য ব্যক্তি একটি বাক্য পূর্ণ উচ্চারণ করার পূর্বেই অনুমান করা সম্ভব হয় যে তিনি কি বলতে যাচ্ছেন। একইভাবে একজন ব্যক্তি নিজে মনের অভ্যন্তরে বাচন গঠনের প্রক্রিয়াটি চলাকালীন বাচনের অনুচ্চারিত অংশটি অনুধাবন করতে পারেন। অন্যভাবে বলতে গেলে, মস্তিষ্কের আবর্তক চরিত্র আমাদের সাধারণভাবে উপলব্ধ 'পূর্ববর্তী' ও 'পরবর্তী'র ধারণাকে তামাশার বস্তুতে পরিণত করে। সমকালীন স্নায়ুবিজ্ঞানের এই ধারণাকে সরলীকরণের জন্য ভর্তৃহরির অন্তর্দৃষ্টিকে ব্যবহার করা যেতে পারে। মানব মনে ভাষাগত বিনিময় 'স্ফোট'-এর মতো কাজ করে। সেখানে শব্দ একই সঙ্গে একটি প্রতীকি চিহ্ন আবার অর্থবাহীও বটে এবং এই দুই কাজ য্যুগপৎ সম্পাদিত হয়, অনুবর্ত প্রক্রিয়ার মাধ্যমে নয়। বাস্তবিক, আমরা সকলেই মানব প্রকাশনার এমন এক পর্বের দিকে দ্রুত অগ্রসর হচ্ছি যেখানে সময়ের প্রতিষ্ঠিত ধারণাগুলি সম্ভবত নমনীয় ও সহগমীকরণিক সময়(গুলি)র দ্বারা প্রতিস্থাপিত হবে। বর্তমানের জন্য এবং যেহেতু এই অবস্থা নির্দেশক কোন শব্দ এখনও প্রস্তুত হয়নি, আমি এটিকে 'অনুবাদ-সময়' বলব।

(টীকা : যেহেতু ২০১৮-তে প্রকাশিত অনুবাদ বিষয়ে একটি সন্দর্ভে আমি বিষয়টি বিশদে আলোচনা করেছি, তাই যুক্তিগুলির এস্থলে পুনরুল্লেখের প্রয়োজন নেই)।

যে অলিভেত্তি টাইপরাইটরে আমি *আফটার অ্যামনেশিয়া* গ্রন্থের পাণ্ডুলিপিটি টাইপ করেছি, কি-বোর্ডে চাপ দিলেই সেটি প্রচুর শব্দ করতো। একবার অক্ষর মুদ্রিত হলে তাকে মুছে ফেলা খুব সহজ বিকল্প ছিল না। মুছে ফেলতে যথেষ্ট পরিশ্রম করতে হত। পদ্ধতিটা অনেকটা বক্তৃতা দেওয়ার মতো। সেখানেও শব্দ জড়িত এবং উচ্চারিত শব্দ বা বাক্য মুছে ফেলা সম্ভব নয়। ক্ষমা চাইতে হয়, নিজেকে সংশোধন করতে হয় অথবা যুক্তিবিন্যাসকে পরিবর্তন করতে হয় এবং সেগুলি প্রকাশ্যে করতে হয়। গত পঁচিশ বছরে ভাষা ক্রমাগত 'নিঃশব্দ' হয়ে চলেছে। রচনা করা অনেক কম শব্দ সৃষ্টিকারী, মুছে ফেলা আগের চেয়ে বহুগুণ সহজতর, যা 'ব্যক্ত' হল তার প্রেরণ বৈদ্যুতিক মাধ্যমের সম্পূর্ণ নিস্তব্ধতায় সম্পাদিত এবং সবকিছুর ছাপা প্রতিবিম্ব তৈরি করা, কবিতা সম্পর্কে জন কিট্‌স্-এর কথা ধার করে বলা যায়, 'গাছে যেভাবে পাতা আসে সেরকমই স্বাভাবিক ভাবে', ঘটে যায়। ভাষা, ঐতিহ্যগতভাবে তার সহযোগী বৈশিষ্ট্য, শব্দের থেকে ক্রমাগত দূরে সরে যাচ্ছে। এটি ক্রমবর্ধমানভাবে নিঃশব্দ হয়ে যাচ্ছে, এমনকি নিস্তব্ধ করে দেওয়া হচ্ছে। স্নায়ুবিজ্ঞানের সাম্প্রতিক গবেষণায় (কোর্বালিস, ২০১১) দেখা যাচ্ছে যে মানুষের মস্তিষ্কে এক ধরনের পরিবর্তন ঘটছে। এর প্রভাবে মস্তিষ্কের বোধক্রিয়াজাত আদানপ্রদানের উপযুক্ত মাধ্যম হিসাবে ভাষাগত নিদর্শনগুলি দৃশ্য প্রতিচ্ছবি দ্বারা ক্রমাগত প্রতিস্থাপিত হচ্ছে। অতীতে প্রতীতিবাদ আমাদের শিখিয়েছিল যে ভাষার মাধ্যমে বস্তুজগতের সাথে মানবচেতনার এক বোঝাপড়া গড়ে ওঠে। আমাদের সময়ে এই আন্ত-আত্মবাদিতা দৃশ্যায়ন ও প্রতিচ্ছবির সাহায্যে উপলব্ধ হতে শুরু করেছে। তাঁর সময়ে ছাপার অক্ষরে মুদ্রিত হওয়া কবিতাকে বোঝানোর জন্য শেলী 'পোয়েজি' (poesy) শব্দটি ব্যবহার করেন। এর দ্বারা তিনি স্রষ্টার দৈবী অনুপ্রেরণায় উদ্বুদ্ধ কল্পনাশক্তিকে নির্দেশ করেছিলেন। তাঁর লেখার প্রসঙ্গে এই কালাসঙ্গতি উপেক্ষিত হয়েছিল। আমরা লেখন (writing) শব্দটি ব্যবহার করছি যদিও আমাদের কল্পনাপ্রবণ আদানপ্রদানের ক্ষেত্রে লেখন ক্রমাগত অপসৃত হয়ে যা বলার তার নিঃশব্দ প্রতিচ্ছবি কেন্দ্রীয় স্থান অধিকার করেছে। সাহিত্য বর্তমানে বহুলাংশে একপ্রকার অপ্রচলিত সমাজবিজ্ঞান হিসাবে বেঁচে আছে; সেই কারণেই সাহিত্য সমালোচনা এক সেকেলে বিজ্ঞান হয়ে উঠছে। এমনকি উত্তর-উপনিবেশ

সংস্কৃতিতেও এটি সত্য কেননা সময়-অনপেক্ষ অস্তিত্বে তাত্ত্বিকভাবে সময়ের ব্যবধানের ধারণা আর প্রযোজ্য নয়।

লেখনের ক্ষেত্রে যেমন, পঠনের ক্ষেত্রেও তেমনই বিশ্ববীক্ষায় বিশ্বাসী গোষ্ঠী যার সুবাদে সাহিত্য হয়ে ওঠে সাহিত্য, তা দ্রুতগতিতে জালিকা চক্রে বিভক্ত হয়ে যচ্ছে। কেন রচনার প্রকাশ সামগ্রিকভাবে পাঠকের দৃষ্টি আকর্ষণ করতে সক্ষম হচ্ছে না। এবং যদি কোন রচনা তা করতে সমর্থ হয় তবে তা অবশ্যই ঘটছে প্রচার মাধ্যমের ব্যাপক সহায়তার সাহায্যে। তা সেটা সেই সহায়তার উপযুক্ত হোক বা না হোক। পরিবর্তে প্রায় সব রচনা ক্ষুদ্র উৎসাহী গোষ্ঠী, উপ-ভাষা বলয়, সামাজিক উদ্যোগে নিয়োজিত গোষ্ঠী বা শিক্ষামূলক সংগঠনের সংকীর্ণ সীমায় আবদ্ধ হয়ে থাকছে। 'পঠন' সম্পর্কে বৈজ্ঞানিক গবেষণায় দেখা গেছে যে 'পাঠক মস্তিষ্ক' এক ব্যাপক ক্লান্তিতে আক্রান্ত (উল্ফ্, ২০০৭)। ফলশ্রুতিতে মানুষের মস্তিষ্ক পঠন পর্ব অতিক্রমকারী এক পর্যায়ে পৌঁছানোর চেষ্টা করছে।

সাহিত্যের সমাজতত্ত্বে এই অভূতপূর্ব দিক্‌বদলের কারণ হতে পারে যোগাযোগ ব্যবস্থার নতুন প্রত্যুক্তি, বা তথ্য-যন্ত্রের ব্যবহার অথবা বিবর্তনবাদী জীববিদ্যা এবং স্নায়বিক পরিবর্তন। কারণ যাই হোক না কেন, পঁচিশ বছর আগে সাহিত্য যা ছিল আজ আর তা নেই। দৃশ্য প্রতিচ্ছবি দ্রুত বাচনিক অভিজ্ঞানের বিকল্প হয়ে উঠছে। এর ফলে আমাদের পক্ষে সৃজনমূলক সৃষ্টির বিভিন্ন রূপ সম্পর্কে একইরকম উপলব্ধি ও প্রত্যাশা একবিংশ শতকের দ্বিতীয় দশকে ধরে রাখা সম্ভব হবে না। যদিও সংখ্যার দিক থেকে দেখলে একথা স্পষ্ট যে আজকের ভারতবর্ষে যত বই মুদ্রিত হচ্ছে তা অতীতে কখনও হতো না। অনেক বেশি মানুষ এখন লিখছেন এবং তাঁদের লেখা প্রকাশ করছেন। কিন্তু এর দ্বারা প্রমাণ হয় না যে সাহিত্যের ক্ষেত্রে সবকিছু ঠিকঠাক আছে। আজকে আগের চেয়ে অনেক কম সংখ্যক মানুষ বই পড়েন এবং যাঁরা পড়ছেন তাঁরা অতীতে যত বই পড়তেন তার চেয়ে কম বই পড়েন। একজন ব্যক্তির জীবনে বর্তমানে গাণিতিক (ডিজিটাল) বার্তা, গাণিতিক চিঠিপত্র, গাণিতিক নেটওয়ার্কে বাক্যালোপ, দৃশ্য শ্রাব্য মনোরঞ্জন, সাইবার জগতের মনোরঞ্জন এবং স্মৃতির স্থানান্তরণ অনেক বেশি গুরুত্বপূর্ণ স্থান

অধিকার করে আছে। এই নতুন প্রবণতার একটি সুস্পষ্ট লক্ষণ হল পৃথিবী জুড়ে স্বাভাবিক ভাষণসমূহের দ্রুত হ্রাস প্রাপ্তি।

জাতি, ভাষা, বাক্‌রোধ

ভাষাবিলুপ্তির ঘটনার ভীতিপ্রদ বৃদ্ধি আজকের পৃথিবীতে এক গভীর দুশ্চিন্তার কারণ। উন্নয়নকামী দেশগুলি যত বেশি নগরকেন্দ্রিক জীবনের এক নতুন পর্বে প্রবেশ করছে ততই দেশীয় ভাষাসমূহের খানিকটা ইচ্ছাকৃত অপসারণ ঘটছে। এটি এখন এক স্বাভাবিক ঘটনা হিসাবে স্বীকৃত। পৃথিবীব্যাপী বিদ্যালয়গুলি ছাত্রদের এক বা অন্য বিশ্বজনীন ভাষায় প্রশিক্ষণ দেওয়ার চেষ্টা করছে। এই বিশ্বজনীন বা বৃহৎ ভাষাগুলি স্থানীয় ভাষাসমূহের কাছে আতঙ্কের কারণ হয়ে উঠেছে বা উঠছে (ল্যুকানোভিচ ২০১০; মেইরকর্ড ২০১২)। একইভাবে জাতিরাষ্ট্রের ধারণার মধ্যেই সুপ্ত আছে জাতীয় ঐক্যের জন্য একটি বা কয়েকটি ভাষার রাষ্ট্রীয় স্বীকৃতি। এর ফলে উপ-জাতীয় ভাষাগুলির উপরে নতুন বিন্যাসে বিন্যস্ত হওয়ার জন্য একপ্রকার চাপ পড়ে। উপ-জাতীয় বা স্থানীয় ভাষাগুলি এই কারণে আশা করে যে উন্নয়নের প্রয়োজনে তার প্রভাব বলয়ের অন্তর্গত ক্ষুদ্র ভাষাভাষী জনগোষ্ঠীগুলি তাদের মধ্যে অতিবাসিত হবে। আবার জাতীয় ভাষা বা বৃহৎ ভাষাসমূহের সামনে এই স্থানীয় ভাষাগুলি নিজেরাই বিপন্ন বোধ করে। এইভাবে জয় ও উদ্বেগের এক ক্রমোচ্চ শ্রেণীবিন্যাসের কবলে পৃথিবীব্যাপী ভাষাগুলি গ্রস্ত।

এই ভয় ও উদ্বেগের হাতে থেকে এমনকি বৃহৎ ভাষাগুলিও রেহাই পাচ্ছে না। এই ভাষাগুলির সুস্পষ্টরূপে ভিন্ন ভিন্ন মহাদেশীয় রূপের উদ্ভব ঘটছে এবং সেগুলি ক্রমাগত পরস্পরের অ-সদৃশ হচ্ছে (বারবার এট্ অন, ১৯৯৩; ব্র্যাগ ২০০৩; উইলিয়াম্‌স্ ২০১০)। যেভাবে ভাষাবিলোপের দুশ্চিন্তা বর্তমানে প্রত্যেক ব্যক্তির মনকে নাড়া দিয়েছে তা মানুষের ইতিহাসে পূর্বে কখনও অনুভূত হয়নি। এরকম বলা হয়ে থাকে যে ভাষার সর্বদাই এক স্বাভাবিক হ্রাসবৃদ্ধির চক্র আছে। কিন্তু বর্তমান সময়ে স্বাভাবিক ভাষাসমূহের দ্রুত অবনতির ঘটনা এক ভীতিপ্রদ মাত্রায় পৌঁছে গিয়েছে (ক্রিস্টাল, ২০০০; নেট্‌ল্ ২০০০; ফ্লোরি ২০১৯)। সাম্প্রতিক কালে ভাষাচর্চা ও ভাষাতত্ত্বের আলোচনায় ভাষার বিপন্নতা ও অবনতি

বিষয়ে দ্রুত ধারাবাহিকতায় যত বই প্রকাশিত হচ্ছে অতীতে তা কখনও হয়নি। ভাষাবিপন্নতা ও বিপন্ন ভাষার সংরক্ষণ বিষয়ক আলোচনা ইউনেস্কো থেকেও অনুমোদন লাভ করেছে (ওয়ার্ন, ২০০০; মোসলে, ২০১০)।

গত দুই দশকে ভাষার জীবন বিষয়ে পূর্বাভাষ দেওয়ার জন্য বিজ্ঞানীরা গাণিতিক নমুনা (মডেল) নিয়ে এসেছেন। এই পূর্বাভাষগুলি দ্ব্যর্থহীনভাবে নির্দেশ করেছে যে মানব জাতি তার ভাষাগত ঐতিহ্যের এক বড় অংশ হারিয়ে ফেলার দিকে দ্রুত অগ্রসর হচ্ছে। এই বিপর্যয়ের সঠিক মাত্রা নিয়ে অবশ্য পূর্বানুমানগুলি একমত নয়; কিন্তু তারা সবাই এই বিষয়ে একমত যে স্বাভাবিক ভাষাগুলির ন্যূনাধিক তিন চতুর্থাংশ ইতিমধ্যে অর্ধমৃত অবস্থায় আছে। আবার অন্য দিকে ভাষাগত বিশ্বায়নের পক্ষেও অনেকে ওকালতি করছেন। বিশ্বায়নের প্রক্রিয়ার পূর্ণ সাফল্যের জন্যও সাংস্কৃতিক সমজাতিকতার ধারণাকে এগিয়ে নেওয়া প্রয়োজন। সমাজের যে শ্রেণী অর্থনৈতিক বিশ্বায়নের সুফল লাভ করেছেন তাঁরা এই ধারণার ঘোর সমর্থক। তাঁরা সারা বিশ্বে একটি বা কয়েকটি ভাষার প্রসারই পছন্দ করবেন যাতে রাষ্ট্রিক সীমার বাইরে যোগাযোগ সহজতম হয়ে ওঠে। স্পষ্টতই যে সমস্ত জাতি বা জনগোষ্ঠী একটি ভাষাসম্পন্ন সংস্কৃতিতে বড় হয়েছেন, যাঁদের আর্থিক স্বাচ্ছল্য মাতৃভাষা ছাড়া অন্য ভাষা জানা বা না জানার ওপর নির্ভর করে না, তাঁরা ভাষাবিলোপের যে চাপ তা অনুভব করবেন না, অন্তত খুব দ্রুত অনুভব করবেন না। অবশ্য পৃথিবীর ভাষাগত ঐতিহ্যের যে সার্বিক ক্ষতি তা মানুষের বুদ্ধিবৃত্তিও সভ্যতার সামগ্রিক ভাণ্ডারটিকে দুর্বল করে দেবে এবং তার অপ্রত্যক্ষ বহুবিধ দুর্বলকারী প্রভাব ঐ সমস্ত ব্যক্তির উপরেও পড়বে। যেহেতু ভাষাই আমাদের মানুষ হিসাবে পরিচিতি দান করে এবং অন্যান্য প্রজাতি ও প্রকৃতির জীবিত অংশের সঙ্গে আমাদের পার্থক্য নির্ধারণ করে (ব্লেক ২০১২, ২০১০) এবং যেহেতু মানুষের চেতনা ভাষাগত প্রকাশ ক্ষমতার মাধ্যমেই কাজ করে সেইজন্য ভাষাকে আমাদের সাংস্কৃতিক মূলধনের সর্বাপেক্ষা গুরুত্বপূর্ণ অংশ হিসাবে স্বীকার করা প্রয়োজন।

প্রায় পাঁচ লক্ষ বছরের নিরবচ্ছিন্ন পরিশ্রমের ফলে মানুষ এই অমূল্য মূলধন সংগ্রহ করতে পেরেছেন (কোরবালিস, ২০১১)। আমাদের এই সময়ে আমরা এই সম্পদের বৃহৎ অংশই হারিয়ে ফেলার খুব কাছাকাছি চলে এসেছি। সভ্যতার

ঐতিহাসিকগণ আমাদের বলেন যে প্রায় সাত বা আট হাজার বছর আগে তুলনীয় এক পরিস্থিতির সৃষ্টি হয়েছিল, যদিও তা সম্পূর্ণ একধরনের ছিল না (ক্রিস্টাল, ২০০০)। এটা ছিল সেই সময় যখন মানুষ প্রকৃতিতে বীজের জাদু অনুধাবণ করতে সক্ষম হলো। যখন সম্পূর্ণভাবে শিকার ও সংগ্রহ নির্ভর অর্থনীতি থেকে মানবজাতি কৃষিনির্ভর অর্থনীতিতে উত্তীর্ণ হচ্ছিল, একথা বলা হয় যে, তখন পৃথিবীর ভাষাবৈচিত্র্য গুরুতরভাবে ক্ষতিগ্রস্ত হয়েছিল (ব্লেঞ্চ ও স্প্রিগ্‌স্ ২০১২;কোরবালিস ২০১১)। একথা অনুমান করা অসংগত হবে না যে মানুষের ভাষার যে বর্তমান সংকট তাও এক মৌলিক অর্থনৈতিক পরিবর্তনের ফলেই সৃষ্ট। এই পরিবর্তন উত্তর-দক্ষিণ, পূর্ব-পশ্চিম, সমস্ত পৃথিবী জুড়েই পরিব্যাপ্ত। কিন্তু বর্তমান সংকটের একটি নতুন দিক আছে যেহেতু আজ মানুষের কাজের একটি বড় অংশই মানব-সৃষ্ট বুদ্ধিশক্তি দ্বারা সম্পাদিত হচ্ছে।

কৃত্রিম ধীশক্তির সাথে বিন্যস্ত প্রযুক্তিগুলি ভাষাগত আদানপ্রদানের মাধ্যমে সম্পাদিত মানবমনের কার্যক্রমকে অনুসরণ করতে চূড়ান্তভাবে নির্ভরশীল। স্নায়বিক বা মনোবিজ্ঞানের পদ্ধতি অনুসরণ করে নির্মিত বুদ্ধিমান যন্ত্র সধারণভাবে ব্যবহৃত হয় না। শব্দার্থ নির্ভর দুনিয়ায় ভাষানির্ভর প্রযুক্তি মানবসভ্যতার অংশীদার হিসাবে দৃঢ়ভাবে প্রতিষ্ঠিত (জিলেস্পি ২০০৭) সুতরাং সেই জগৎ পুনর্গঠিত হচ্ছে। ভাষা আজকের দুনিয়ায় সামাজিক পরিসরে এক ব্যক্তির সঙ্গে অন্য ব্যক্তির যোগাযোগের জন্য যতটা গুরুত্বপূর্ণ সাইবার জগতে এক যন্ত্রের সঙ্গে অন্য যন্ত্রের যোগযোগের ক্ষেত্রেও ততটাই গুরুত্বপূর্ণ। সামাজিক পরিসরে ভাষা যেমন শব্দার্থ নির্ভর এক প্রণালী হিসাবে কাজ করে সাইবার জগতে ও ভাষা সেইভাবে যন্ত্রের সাথে যন্ত্রের সংযোগ ঘটায়।

বিশ্বাস করা হয় যে, এই সহস্রাব্দের প্রারম্ভে প্রায় ৬০০০ স্বাভাবিক ভাষা বিদ্যমান ছিল। পাপুয়া নিউগিনি, ইন্দোনেশিয়া, নাইজেরিয়া ও ভারতে ছিল ভাষার সর্বাধিক ঘনত্ব। যদিও ভারতে কতগুলি জীবিত ভাষা আছে তা নিখুঁতভাবে বলা খুবই শক্ত তাহলে ও তার ভিন্ন ভিন্ন নির্দেশ বিদ্যমান। এদের মধ্যে সর্বাপেক্ষা প্রয়োজনীয় হল ১৯৬১ সালে জনগণনার তথ্য। যে তথ্যে ১৬৪৫টি মাতৃভাষায় এক তালিকা দেওয়া হয়েছিল। একথা ধরে নেওয়া যেতে পরে যে জনগণনায়

'মাতৃভাষা' এক মাত্রাপ্ত ভাষাই প্রকৃত অর্থে ভাষা ছিল না। সেক্ষেত্রে ১৯৬১ সালে বাস্তবে বিদ্যমান ভাষার সংখ্যা অবশ্যই কম ছিল। এক হিসাব অনুসারে এর সংখ্যা ছিল ১১০০। ১৯৭১ সালের জনগণনা থেকে শুরু হল এক নতুন পদ্ধতি। সেখানে ১০,০০০ জনসংখ্যার বেশি ভাষাভাষী মানুষের ভাষা সংক্রান্ত তথ্যই গণপরিসরে প্রদত্ত হতে থাকলো, এবং সেগুলিকেই ভাষা হিসাবে স্বীকার করা হল। ২০০১ সালের জনগণনাতে ১২২টি ভাষা বিদ্যমান বলে দেখানো হয়েছে; এর মধ্যে ২২টি সংবিধানের অষ্টম তপশীলে অন্তর্ভুক্ত ভাষা ও বাকি ১০০-টির তথ্য জনগণনা কর্তৃপক্ষের তরফে জনগণের জন্য উন্মুক্ত করা হয়েছে। বিংশ শতকের প্রথম ভাগে যখন জর্জ অ্যাব্রাহাম গ্রিয়ারসন সমীক্ষা চালান তখন তিনি ১৭৯টি ভাষা ও প্রায় ৪০০টি উপভাষার এক তালিকা প্রস্তুত করেন। দি পিপল্‌স্ লিঙ্গুইস্টিক সার্ভে অব ইন্ডিয়া, এক অ-সরকারী সংস্থা ৭৫০-এর অধিক সংখ্যক ভাষার এক তালিকা তৈরি করেছেন। অবশ্য এই সংখ্যার মধ্যে এমন অনেক ভাষা আছে যেগুলিকে গ্রিয়ারসন স্বচ্ছন্দে উপভাষা হিসাবে অভিহিত করতেন। ভারতবর্ষে জীবিত ভাষার অস্তিত্বের হিসাবে এই বিশাল পার্থক্যের কারণে ভারতবর্ষের ভাষাগত বৈচিত্র্য যে কোন সমীক্ষকের হতাশার উদ্রেক করতে পারে। এতদ্‌সত্ত্বেও একটা বিষয় স্পষ্ট যে যথেষ্ট বড় সংখ্যায় ভাষা মৃত্যুর দিকে এগিয়ে চলেছে। খুব বেশি হলে পিপল্‌স্ লিঙ্গুইস্টিক সার্ভের তালিকার ভিত্তিতে আমরা ৮৫০টি ভাষার কথা বলতে পারি, কারণ প্রায় ৭০/৮০টি ভাষাগোষ্ঠীর মানুষজনের কাছে এই সমীক্ষায় স্বেচ্ছাসেবকরা পৌঁছে উঠতে পারেন নি। এই অপারগতার কারণ দূরত্ব ও দুর্গমতা। তাহলেও ১৯৬১ সালের আদমসুমারির তথ্যের সঙ্গে তুলনা করে আমরা বলতে পারি যে প্রায় ২৫০টি ভাষা চিরতরে হারিয়ে গেছে। পঞ্চাশ বছরের ব্যবধানে প্রায় এক হাজারের এক চতুর্থাংশ ভাষার বিলুপ্তি থেকে ভাষার ক্ষেত্রে মহামারীর ব্যাপকতা আন্দাজ করা অসম্ভব নয়।

প্রাক্-ঔপনিবেশিক ভাষাসংক্রান্ত তত্ত্বে 'প্রামাণ্য' এবং 'উপভাষা' এরকম ক্রমোচ্চ শ্রেণীবিভাগ সুলভ ছিল না। ভাষাবৈচিত্র জীবনের এক স্বীকৃত ঘটনা হিসাবে গৃহীত হত। সাহিত্যকারগণ একই রচনায় ভিন্ন ভিন্ন ভাষা ব্যবহার করতেন এবং তাদের পাঠক/শ্রোতা এটিকে স্বাভাবিক বলেই গ্রহণ করতেন। মহাভারতের

মতো মহৎ সৃষ্টিও নানা তর্জমায় বিভিন্ন ভাষাতে বিদ্যমান ছিল, এমনকি বিংশ শতকের গোড়া অবধি (দেশপাণ্ডে ১৯৭৮)। সাহিত্য সমালোচকরা তত্ত্ব নির্মাণের সময় বিভিন্ন ভাষায় রচিত সাহিত্যের কথা বিবেচনা করতেন। বৃহৎ-দেশি নামে মাতঙ্গের মধ্যযুগীয় শৈলীর সংক্ষিপ্তসার (জিয়ারাজভয় ১৯৭৫) সমালোচনার এক উল্লেখযোগ্য উদাহরণ যেখানে ভাষাবৈচিত্র্যকে স্বাভাবিক হিসাবে গণ্য করা হয়েছে। ঔপনিবেশিক সময়ে ভারতের অনেক ভাষাই ছাপার অক্ষরে আত্মপ্রকাশ করেছিল। এর অর্থ এই নয় যে পূর্বে রচনা অজানা ছিল। লিপির ব্যবহার ইতিমধ্যে প্রচলিত ছিল; লিখিত আকারে রচনা প্রকাশের জন্য কাগজের ব্যবহারও জানা ছিল। যাই হোক, লিখিত অস্তিত্ব থাকা সত্ত্বেও রচনাগুলি মূলত মৌখিকভাবেই প্রচারিত হতো। মুদ্রণপ্রযুক্তি মৌখিক ঐতিহ্যের গুরুত্ব হ্রাস করেছিল। সাহিত্যের নতুন আদর্শ প্রণীত হল, লিখিতরূপকে মৌখিকরূপের ওপরে স্থান দেওয়া হল। এর ফলে এই ধারণা গড়ে উঠল যে সাহিত্যকে অবশ্যই একভাষিক হতে হবে। এই ধারণাগুলি এবং ঔপনিবেশিক যুগে প্রচলিত শক্তি-বিন্যাস ভারতে ভাষার ভাণ্ডারকে ক্ষতিগ্রস্ত করতে শুরু করল। যে সমস্ত ভাষা মুদ্রণ প্রযুক্তির অন্তর্গত হল না সেগুলিকে 'নিকৃষ্ট' হিসাবে গণ্য করার প্রবণতা সৃষ্টি হল।

স্বাধীনতার পরে ভারতে ভাষার ভিত্তিতে রাজ্য গঠিত হল। যে ভাষার নিজস্ব লিপি ছিল ও যে ভাষায় মুদ্রিত গ্রন্থ ছিল ভারতীয় যুক্তরাষ্ট্রে সেই ভাষার জন্য এক নির্দিষ্ট রাজ্যের সৃষ্টি হল। যে সমস্ত ভাষায় অত্যন্ত উচ্চমানের সাহিত্য ঐতিহ্যের অস্তিত্ব সত্ত্বেও মুদ্রিত সাহিত্য ছিল না তাদের দাবী বিবেচনা করা হল না। উপরন্তু, রাজ্যভিত্তিক সরকারি ভাষাগুলি সেই রাজ্যে প্রাথমিক ও মাধ্যমিক শিক্ষার মাধ্যম হিসাবে গৃহীত হয়। ভারতীয় সংবিধানে ভাষার জন্য এক বিশেষ তালিকা (অষ্টম তফশীল) অন্তর্ভুক্ত করা হল। প্রারম্ভিক পর্যায়ে এই তফশীলে ১৪টি ভাষা অন্তর্ভুক্ত হয়। বর্তমানে তালিকাটিতে ২২টি ভাষার নাম উল্লিখিত। শিক্ষা সম্পর্কিত সমস্ত ব্যয় কেবলমাত্র এই ভাষাগুলির জন্য নির্বাহ করা সরকারের পক্ষে বাধ্যতামূলক হয়ে গেল। আদিবাসী ও যাযাবর গোষ্ঠীর মানুষের ভাষাগুলি যা ভারতীয় ভাষা বর্ণালির প্রান্তে অবস্থিত তা ক্রমাগত একধরনের রীতিগত বাক্‌রোধের চাপে দ্রুত প্রান্তিকতার শেষ সীমায় পৌঁছে গেল।

মুদ্রণ প্রযুক্তির অন্তর্গত হওয়ার সুবাদে ক্রমোচ্চ শ্রেণীবিভাগের ধারণা গৃহীত হওয়ার আগে ভারতে কখনও ভাষাভিত্তিক রাজ্য ছিল না। লিখিত কিন্তু মুদ্রিত নয়, কথিত কিন্তু নিজস্ব লিপি নেই এমন অনেক ভাষাই আগে গুরুত্বের সঙ্গে বিবেচিত হত। ভারতের অভ্যন্তরে ভিন্ন ভিন্ন প্রদেশগুলি সর্বদাই ছিল বহুভাষিক। সেই কারণেই যখন জাতীয়তাবাদের মানস ভারতে গড়ে উঠতে লাগলো ভারতের জাতীয়তাবাদী নেতারা কখনও একভাষিক জাতি গঠনের কথা ভাবেন নি। এই নেতাদের আদর্শগত অবস্থান যত ভিন্নই হোক না কেন তাঁরা কেউই একভাষিক ভারতরাষ্ট্রের কল্পনা করেন নি। তাঁদের দৃষ্টিতে যে ভারতের চিত্র ছিল তা একজাতি কিন্তু বহুভাষী এবং সেভাবেই থাকবে এটাই ছিল তাঁদের দর্শন। ১৯৪৬ থেকে ১৯৪৯ পর্যন্ত কনস্টিট্যুয়েন্ট অ্যাসেম্বলিতে পরিচালিত দীর্ঘ, আবেগঘন আলোচনা থেকে একথা স্পষ্ট হয় যে ভারত বহুভাষাভাষী মানুষের এক রাষ্ট্র এই ধারণা সাধারণভাবে গৃহীত হয়েছিল। কিন্তু ভারতে বিপুল সংখ্যক ভাষার উপস্থিতি ও জাতীয়স্তরে যোগাযোগের মাধ্যম হিসাবে পারস্পরিক সম্মতিতে গৃহীত একটি ভাষা—এই দুই পরস্পরবিরোধী অবস্থানের মধ্যে এক সমঝোতাসূত্র বের করা কনস্টিট্যুয়েন্ট অ্যাসেম্বলির সদস্যদের কাছে ছিল একটি বড় সমস্যা। এই বিষয়ে কনস্টিট্যুয়েন্ট এ্যাসেম্বলির বিতর্ক কোন সর্বসম্মত সিদ্ধান্তে উপনীত হতে পারে নি। ফলশ্রুতি হিসাবে একটি বিশেষ ভাষাতালিকা, যা সংবিধানে অষ্টম তফশীল হিসাবে পরিচিত, গ্রহণ করতে হয়েছিল (যড়ঙ্গী ২০০৯)। স্বাধীনতা-উত্তর প্রজন্ম সাধারণভাবে এই কথা বিশ্বাস করে যে অষ্টম তফশীল গ্রহণ করার ফলেই ভারতে ভাষাভিত্তিক রাজ্যগঠনের প্রক্রিয়া শুরু হয়েছিল। অবশ্য ভারতে রাজ্য গঠনের ইতিহাস জনপ্রিয় এই ধারণাকে সমর্থন করে না।

ভারতবর্ষের তৎকালীন স্বরাষ্ট্রসচিব স্যার হার্বার্ট রিজলি ১৯০৩ সালে ভাষাকে এক বিভেদমূলক নীতি হিসাবে নির্দেশ করে বংলার প্রাদেশিক সরকারকে ব্যবস্থা নেওয়ার কথা লিখেছিলেন। ফলশ্রুতিরূপ ১৯০৫ খ্রিস্টাব্দ বাংলাকে পূর্ববঙ্গ ও পশ্চিমবঙ্গ এই দুইভাগে বিভক্ত করার প্রস্তাব করা হয়েছিল। ১৯১৭ খ্রিস্টাব্দে কংগ্রেস অধিবেশনে যখন প্রদেশ নির্ধারণের জন্য ভাষাকে নির্ধারক নীতি হিসাবে গ্রহণ করার প্রস্তাব এল তখন অ্যানি বেসান্ত দৃঢ়ভাবে তার বিরোধিতা করেন। এর

প্রায় এক দশক পরে ১৯২৭ খ্রিস্টাব্দে নাগপুর অধিবেশনে কংগ্রেস ভাষার ভিত্তিতে প্রদেশ নির্ধারণের নীতি গ্রহণ করেছিল। স্বাধীনতার পরে যখন জওহরলাল নেহরু এই নীতি গ্রহণ করলেন এবং লিঙ্গুইস্টিক প্রভিন্সেস কমিশন গঠিত হল ১৯৪৮ খ্রিস্টাব্দে তখন তিনি ভাষাকে জাতীয় সংহতির পক্ষে বড় বিপদস্বরূপ হয়ে ওঠার বিরুদ্ধে সতর্ক করে দিয়েছিলেন। ১৯৫০-এর দশকের প্রথমভাগে হিংসাত্মক জন আন্দোলনের ফলে অন্ধ্রপ্রদেশ রাজ্যের সৃষ্টি হল। ভারতবর্ষে ভাষার ভিত্তিতে গঠিত প্রথম রাজ্য হল অন্ধ্রপ্রদেশ। ১৯৫৩ খ্রিস্টাব্দে রাজ্য পুনর্গঠন কমিশন গঠিত হল। কিন্তু জওহরলাল নেহরু তখনও বোঝার চেষ্টা করছিলেন পূর্বতন ইউ.এস.এস.আর. কিভাবে এই সমস্যার মোকাবিলা করেছে এবং সেই কারণে ১৯৫৫ খ্রিস্টাব্দে এস.জি. বার্ভেকে রাশিয়ার অভিজ্ঞতা জানার জন্য রাশিয়াতে পাঠানো হয়। সেই বছরই, রাশিয়ার অভিজ্ঞতায় আশ্বস্ত হয়ে চোদ্দটি রাজ্য ও ন'টি কেন্দ্র শাসিত অঞ্চলের সৃষ্টি করা হল। ১৯৬০-এর দশকে সন্ত ফতে সিংহ ও মাস্টার তারা সিংহ-র আন্দোলনের ফলে পাঞ্জাব রাজ্যের জন্ম হল এবং ১৯২০-এর দশকে উত্তর পূর্বাঞ্চলের রাজ্যগুলির সৃষ্টি হল। ভাষাকে কেন্দ্রীয় যুক্তি হিসাবে গ্রহণ করে স্বাধীনতার পর থেকে ছোট ছোট নতুন রাজ্য গঠনের প্রক্রিয়া বলবৎ আছে। এই প্রক্রিয়ার সবচেয়ে সাম্প্রতিক উদাহরণ হল আলাদা তেলেঙ্গানা রাজ্যের সৃষ্টি। আলাদা বিদর্ভ রাজ্য এবং উত্তর প্রদেশকে চারটি আলাদা অঞ্চলে ভাগ করার দাবীতে আন্দোলনও চালু আছে। এই সমস্ত প্রক্রিয়া থেকে একটি বিষয় স্পষ্ট যে ভারতবর্ষ ঊনবিংশ শতাব্দীর জীতায়তাবাদের ধারণাকে গ্রহণ করেছিল কিন্তু জাতিতে একক ভাষাভিত্তিক সত্তা হিসাবে গ্রহণ করেনি। যদিও কনস্টিট্যুয়েন্ট অ্যাসেম্বলির বিতর্কে ভাষাগত বহুত্বের ধারণাকে যথেষ্ট শ্রদ্ধা জানানো হয়েছিল, ভাষাভিত্তিক পরিচিতি রাজ্যপুনর্গঠনের পদ্ধতি নিরূপণের ক্ষেত্রে ভারতে সর্বদাই এক গুরুত্বপূর্ণ ভূমিকা পালন করেছিল (শ্যোয়ারট্স্বার্গ, ২০০৯)। এই পদ্ধতির মধ্যে ত্রুটিপূর্ণ এই চুক্তি বিদ্যমান যে, প্রত্যেকটি ভাষা যার নিজস্ব একটি লিপি আছে, যা মুদ্রণ প্রযুক্তির অন্তর্ভুক্ত এবং যার মুদ্রিত সাহিত্য আছে সেই ভাষার নিজস্ব পরিস্থিতির স্বার্থে তার একটি নিজস্ব রাজ্য থাকা প্রয়োজন, যদিও সেই রাজ্যের অধিবাসীরা বহুভাষিক ভারতীয় জাতির পরিচয় বহন করবে।

সহস্রাব্দের কালচক্র

আফটার অ্যামনেসিয়া গ্রন্থের প্রথম অধ্যায়ের প্রথম বাক্যটি হল : "তৃতীয় থেকে দশম শতাব্দী অবধি ভারতবর্ষে সাংস্কৃতিক ক্রিয়াকর্মের যে রূপগুলি গড়ে উঠেছিল বর্তমান সহস্রাব্দের সূচনাতে সেগুলি যুগান্তকারীভাবে পরিবর্তিত হতে শুরু করেছিল। এই পরিবর্তনগুলির মধ্যে সবচেয়ে মৌলিক ছিল সমগ্র ভারতীয় উপমহাদেশ জুড়ে নতুন ভাষার—দেশীয় ভাষাসমূহের—উদ্ভব" (পৃ. ৪)।

আজ আমাদের অন্য একটি মৌলিক পরিবর্তনের কথা বলতে হবে। কিন্তু সেটি বিপরীতমুখী। তৃতীয় সহস্রাব্দের সূচনাতে, আগের বক্তব্যে উল্লিখিত ঐতিহাসিক সময়ের হাজার বছর পরে, একটি নতুন ঘটনা দেশীয় ভাষাগুলির স্বাস্থ্যের হানি ঘটাচ্ছে, তাদের অস্তিত্বকে বিপন্ন করে তুলছে। যদিও হাজার বছরের সময়কালের সঙ্গে ভাষার দীর্ঘজীবনের কোন যুক্তিগ্রাহ্য সম্বন্ধ নেই, মনে হচ্ছে যেন সহস্রাব্দের বৃত্তটি পূর্ণতা লাভ করেছে। দেশীয় ভাষাগুলি কিভাবে সংস্কৃত ভাষার জ্ঞান ঐতিহ্যকে প্রতিস্থাপিত করেছিল তা দেখানোই ছিল ঐ অধ্যায়ের মূল অভিপ্রায়। এর সঙ্গেই দেখানোর চেষ্টা করা হয়েছে কিভাবে ঔপনিবেশিক অভিজ্ঞতা সেই নতুন উদ্ভব ও তার সৃজনমূলক উদ্যমকে প্রভাবিত করেছিল। আজ আমাদের বিশ্লেষণ করতে হবে কিভাবে প্রযুক্তি, বিশ্বায়ন ও স্নায়বিক বিবর্তন ভাষাকে দুর্বল করতে প্রভাব বিস্তার করে। কিন্তু প্রশ্ন হল যে দেশীয় ভাষাগুলির নবজীবন লাভের বা সবল রূপান্তরের কোন সম্ভাবনা কি আছে? যে অদৃশ্য হতে থাকা স্মৃতিকে মানুষ অন্যত্র ব্যবহার হতে দিচ্ছে তার কি কোন বিকল্প আছে, অথবা কল্পনার কি কোন আবক্র পথ আছে যা পূর্বে অজ্ঞাত সৃজনশীলতার কোন নতুন দিগন্ত উন্মোচিত করে দেবে? এইসব উদ্বিগ্ন প্রশ্নের উত্তর ভাষাগত উগ্র প্রেমের মধ্যে পাওয়া যাবে না। বরং এর উত্তরের জন্য এবং এই প্রবণতার বিরুদ্ধে প্রতিরোধ গড়ে তোলার জন্য আমাদের অতীত উপনিবেশবাদের এবং বর্তমান বিশ্বায়নের অভ্যন্তরে আলোকপাত করতে হবে। অবশ্যই একদিকে উপনিবেশবাদ ও অন্যদিকে বিশ্বায়নের অর্থনীতি ও রাজনীতি বিষয়ে নানাধরনের মতামত দেওয়া যেতে পারে। কিন্তু যা তাদের এক ধারাবাহিকতার সম্পর্কে আবদ্ধ করে তা হল তাদের নিয়ন্ত্রণাধীন সংস্কৃতির মধ্যে বিদ্যমান বৈচিত্র্যকে হ্রস্বতম করা বা সম্পূর্ণ উপেক্ষাকরার প্রচেষ্টা।

সাম্রাজ্যবাদী প্রভুরা উপনিবেশের অধিবাসীদের সভ্য করার প্রচেষ্টায় উপনিবেশগুলিকে ইংল্যান্ড বা ফ্রান্সের ক্ষুদ্র সংস্করণে রূপান্তরিত করতে চেয়েছিল। উপনিবেশগুলির বিষয়ে তাদের আগ্রহ বাস্তববাদ দ্বারা চালিত ছিল; আদর্শবাদের দ্বারা নয়। আন্তর্জাতিক পুঁজি যা যৌথ বিশ্বায়নের চালিকাশক্তি তাও একইভাবে, সম্ভবত আরো অনেক ভয়ঙ্করভাবে, উপভোক্তা গোষ্ঠীর ও বাণিজ্যসাথী দেশগুলির সাংস্কৃতিক বৈচিত্র্যের বিরোধী। বিশ্বায়িত উপভোক্তাদের দেখানো একইরকম ও পূর্বানুমানযোগ্য সাংস্কৃতিক নক্‌শাই তারা দেশে দেশে প্রচলনের চেষ্টা করেন। যে কোন ধরনের বৈচিত্র্যই তাদের কাছে অসুবিধেজনক ও উন্নয়নের পরিপন্থী। এইরকম পরিস্থিতিতে তারা যে কোন ধরনের বৈচিত্র্যের গুণগান গায় এই বৈচিত্র্যকে তুলে ধরে যে সৃজনশীলতা তা অত্যন্ত গুরুত্বপূর্ণ। বিংশ শতকে উপনিবেশবাদ-বিরোধী সংগ্রাম যতটা গুরুত্বপূর্ণ ছিল ঠিক ততটাই গুরুত্বপূর্ণ হল সাংস্কৃতিক বহুত্বকে তুলে ধরা। স্পষ্টতই, সাহিত্য, চলচ্চিত্র, নাটক, দৃশ্যকলা, সঙ্গীত, শিল্পকলা, স্থাপত্য, ডিজিটাল মানববিদ্যা এবং শিল্পকলা ও নন্দনতত্ত্বের এই ধরনের বিভিন্ন শাখার ভবিষ্যতে টিকে থাকার সম্ভাবনা দৃঢ় হবে যদি সেগুলি স্বাভাবিক ও সাংস্কৃতিক বহুত্বের ধারণাকে গ্রহণ করে ও প্রসার ঘটায়।

এই গ্রন্থের প্রারম্ভিক প্রবন্ধে বলা হয়েছে যে, ভারতের সাংস্কৃতিক ইতিহাসে বিভিন্ন ভাষা ঐতিহ্যের উদ্ভব ও সৃজনশীল সাহিত্যধারার প্রবহমান ঐতিহ্য ছিল এক যুগান্তকারী ঘটনা। সৃজনশীলতার ইতিহাসের বাইরে থাকা বনবাসী জনগোষ্ঠী। ১৮৭০-এর দশকে ঔপনিবেশিক ব্রিটিশ শাসকরা এইরকম জনগোষ্ঠীগুলিকে আলাদা করে গণনা করেন এবং ভারতীয় 'ট্রাইবগুলির' একটি তালিকা প্রস্তুত করেন। যাযাবর জনগোষ্ঠীগুলির জন্য একটি আলাদা তালিকা প্রস্তুত করা হয় এবং সেটি অপরাধপ্রবণ উপজাতি (ক্রিমিন্যাল ট্রাইব, ১৮৭১) হিসাবে চিহ্নিত হয়। এই সমস্ত উপজাতির জীবনে ব্রিটিশদের আগমনের পূর্বে, সাংস্কৃতিক ক্রিয়াকর্মসৃষ্ট বস্তুগুলির ক্ষেত্রে সমাজের অবশিষ্ট অংশের সঙ্গে এই জনগোষ্ঠীগুলির নিবিড় যোগাযোগ ছিল। ভারতের নৃত্যশৈলীর বৃহৎ অংশই এইসব জনগোষ্ঠীর মধ্যে উদ্ভূত হয়েছিল। এরকমও বিশ্বাস করা হয় যে রামায়ণের মতো এক মহাকাব্য বনবাসী একজন রচনা করেছিলেন এবং ভারতবর্ষে আখ্যান রচনার সূচনা ধরতে

গেলে, এটি একটি ঐতিহাসিক তথ্য যে গুণাঢ্যের গল্পের মহাসমুদ্র বা কথাসরিৎসাগর পৈশাচিক ভাষায় লেখা হয়েছিল। এই ভাষাকে উপনিবেশবাদী ব্রিটিশ অবশ্যই উপজাতীয় ভাষা হিসাবে গণ্য করতেন। উপনিবেশবাদী নৃতাত্ত্বিক যান্ত্রিকতায় এই পারস্পরিক সংলাপধর্মী সাংস্কৃতিক সম্পর্ক চিরতরে ছিন্ন হয়ে গেল। বিংশ শতাব্দীর প্রথমভাগে যখন দলিতরা ভারতীয় সাহিত্যে নিজেদের অস্তিত্ব জাহির করতে শুরু করেছিল, তখনও আদিবাসীরা নিজেদের মহাকাব্য, গল্প ও গানের মৌখিক ঐতিহ্যের মধ্যেই নিজেদের আবদ্ধ রেখেছিল। বস্তুতপক্ষে আদিবাসীদের পক্ষে কথা বলার জন্য ভেরিয়ার এল্যুইনের মতো এক সহৃদয় পর্যবেক্ষকের প্রয়োজন ছিল কারণ তারা নিজেরা ছিলেন বাক্‌রুদ্ধ। এমনকি স্বাধীনতার পরেও আদিবাসীদের আখ্যান গোপীনাথ মহান্তি ও মহাশ্বেতা দেবীর লেখার মাধ্যমেই আমাদের গোচরে আসে। বলা বাহুল্য যে এই দুজন লেখক নিজেরা আদিবাসী ছিলেন না কিন্তু আদিবাসীদের দুঃখ ও যন্ত্রণার পূর্ণ মাত্রার অংশীদার ছিলেন।

এই প্রসঙ্গে নারায়ণের *কোচারেতি* এক প্রবল ঐতিহাসিক তাৎপর্য লাভ করে। ১৯৮৮ সালে রচিত ও ১৯৯৮ সালে মালয়ালম ভাষায় *কোচারেতি* নিঃসন্দেহে ভারতীয় উপজাতিভুক্ত কোন লেখকের লেখা প্রথম উপন্যাস। ইতিহাস ও সাহিত্য—দুই দিক থেকেই এটি অত্যন্ত গুরুত্বপূর্ণ। এটিকে ভারতীয় উপমহাদেশে আদিবাসী কণ্ঠস্বরের উদ্ভবের পথপ্রদর্শক হিসাবে বিবেচনা করলে এর গুরুত্ব আরো বৃদ্ধি পায়। আদিবাসী ভাষাগুলির দৃশ্যমানতার অভাবের জন্য এই ভাষাগুলির সৃজনশীলতার অভাবকে দোষী সাব্যস্ত করা যায় না। এর দায়ভার বর্তায় গৃহীত সেই ধারণার উপরে, যে ধারণাতে বলা হয় যে সাহিত্যকে অবশ্যই লিখিত ও মুদ্রিত হতে হবে। আদিবাসী সাহিত্য ঐতিহ্য চরিত্রে মূলত মৌখিক। ঊনবিংশ শতাব্দীতে মুদ্রণ প্রযুক্তি ভারতীয় ভাষাগুলির উপর প্রভাব বিস্তার করতে শুরু করলে মৌখিক সাহিত্যের ভাষা সংকটাপন্ন হয়ে ওঠে। মুদ্রণ প্রযুক্তির বাইরে থাকা ভাষাগুলিকে এক ব্যাপক সাংস্কৃতিক অবহেলার শিকার হতে হয়। গত ষাট বছরে উপজাতিদের ইতিহাস আসলে বলপূর্বক স্থানচ্যুতি, ভূমি বিচ্ছিন্নতা, বর্ধমান প্রান্তিকীকরণ, হিংসার প্রকোপ ও রাষ্ট্রীয় প্রতিহিংসার ইতিহাস। উন্নয়নের যে

কোন মাপকাঠির নিরিখে দেখলে দেখা যাবে যে আদিবাসীরা সর্বদাই সর্ব নিম্ন ধাপে অবস্থান করেন। বনবাসী বা যাযাবর জনগোষ্ঠীর পরিস্থিতি আরো খারাপ। যে প্রবল প্রতিকূলতার বিরুদ্ধে আদিবাসীদের লড়াই করতে হয়েছে ও হচ্ছে সে কথা মাথায় রাখলে বলতেই হবে যে আদিবাসীরা যে এখনও নিজেদের ভাষা ও সংস্কৃতিকে রক্ষা করতে পেরেছেন সেটি অলৌকিক ঘটনার চেয়ে কম কিছু নয়। এই সংরক্ষণের মধ্য দিয়ে তারা ভারতবর্ষের বিস্ময়কর ভাষাগত বৈচিত্র্যের ক্ষেত্রে নিজেদের অবদান রেখেছেন। যখন আমরা ভারতীয় আদিবাসী সাহিত্যের কথা বলি তখন আমরা এইগুলি সবই মাথায় রাখি। প্রায় কুড়ি বছর আগে আমিকুকনা, ভিল্লি, গোন্ডি, মিজো, গারো, সাঁওতালি, কিন্নৌরি, গাড়োয়ালি, দেহয়ালি, ওয়ার্লি, পাতরি ইত্যাদি ভাষাগুলির বিষয়ে তথ্যসংগ্রহ করতে মনস্থ করি। আমার প্রত্যাশা ছিল ভাষাগুলির প্রত্যেকটিতে হয়তো শতখানেক গান ও গল্প পাওয়া যেতে পরে। আদিবাসীদের কল্পনাপ্রবণ মনেতে প্রকাশ সমন্বিত দশ হাজারের বেশি মুদ্রিত পাতার তথ্য সংগ্রহ করে, এক ডজন পত্রিকা প্রকাশ করে এবং প্রায় পঞ্চাশটি বিভিন্ন ধরনের গ্রন্থ লিপিবদ্ধ করে আমি বহুল পরিমাণে বিনয়ী হয়ে উঠেছি। ভারতে আদিবাসী সাহিত্য লিপিবদ্ধ করার যদি একটি যথাযথ রীতিসম্মত প্রকল্প গ্রহণ করা যায় তাহলে আদিবাসীদের মৌখিক সাহিত্যের প্রকাশের জন্য সহজেই কয়েকশত গ্রন্থ প্রকাশিত হতে পারে। গল্পটি এখানেই শেষ নয়।

আদিবাসীরা এখন লেখায় অভ্যস্ত হয়ে উঠছেন। অনেক আদিবাসী ভাষারই এখন নিজস্ব লিপি আছে, অথবা তাঁরা রাজ্যন্তরের লিপি ব্যবহার করছেন। প্রায় চার দশক আগে যখন দলিত সাহিত্য জাতির দৃষ্টি নিজেদের দিকে আকর্ষণ করেছিল, তখন আদিবাসী সাহিত্যিকদের দলিত আন্দোলনের অন্তর্ভুক্ত হিসাবে দেখাটাই স্বাভাবিক ছিল। মারাঠিতে আত্মারাম রাঠোর, লক্ষণ মানে, লক্ষণ গায়কোয়াড়, যাঁরা সবাইও যাযাবর আদিবাসী জনগোষ্ঠীভুক্ত, তাঁদের সকলকেই দলিত লেখক হিসবে স্বাগত জানানো হয়। সেই সময়ে ভারতের উত্তর পূর্বাঞ্চল অবশিষ্ট ভারতের কাছে প্রায় অচেনা এক ভূখণ্ডের মতো ছিল। কেউ কেউ হয়তো ভেরিয়ার এলুইনের অসাধারণ সংগ্রহাবলীর সঙ্গে পরিচিত ছিলেন, কিন্তু সেখানকার উপজাতীয় সৃজনশীলতার সম্পর্কে কোন ধারণাই ছিল না। গত

কুড়ি বছরে এই অঞ্চলের বিভিন্ন উপজাতীয় কণ্ঠস্বর ও রচনার অস্তিত্ব সম্পর্কে অবশিষ্ট ভারত সচেতন হতে শুরু করেছে। বস্তুতপক্ষে গত দুই দশকে এটা স্পষ্টভাবে প্রতীয়মান হয়েছে যে উপজাতীয় সাহিত্য মানে কেবলমাত্র কিছু লোকগান ও লোককথা নয়। বর্তমানে উপন্যাস এবং নাটকের মতো জটিল সাহিত্যরূপও এইসব ভাষায় তাদের উপস্থিতি জানান দিচ্ছে। সারা দেশ জুড়ে উপজাতীয় সমাজকর্মীদের মধ্যে এই উপলব্ধি ক্রমাগত জাগ্রত হচ্ছে যে উপজাতিগুলির নিজস্ব আত্মপরিচয় ও সংস্কৃতিকে রক্ষা করতে হলে উপজাতীয় ভাষা ও সাহিত্যকে গুরুত্বসহকারে চর্চা করা অপরিহার্য। গত প্রায় চার দশক ধরে মহাশ্বেতা দেবীর মতো একজন মূলধারার লেখিকা আদিবাসীদের পক্ষে নিরবচ্ছিন্নভাবে লিখে যাচ্ছেন। সেই পরিস্থিতির এখন অনেকটা পরিবর্তন হয়েছে। এখন আদিবাসীদের নিজেদের কণ্ঠস্বর শোনা যেতে শুরু হয়েছে।

তস্কর হিসাবে মিথ্যা অভিযুক্ত

আদিবাসী উপজাতি গোষ্ঠীগুলি ছাড়াও ভারতে আর এক ধরনের উপজাতি আছে। তাদের 'অঘোষিত ও যাযাবর উপজাতি' বলা হয়। উপনিবেশবাদী শাসনকালে তাঁদের উপরে অপরাধপ্রবণতার তকমা সেঁটে দেওয়া হয়। প্রথম ক্রিমিন্যাল ট্রাইব্স্ অ্যাক্ট বা অপরাধী উপজাতি আইন বিধিবদ্ধ হয় ১৮৭১ খ্রিস্টাব্দে। ১৮৭১ থেকে ১৯২৪ অবধি যখন এই আইনের শেষ সংস্কার ঘটানো হয় ১৯১টি জনগোষ্ঠীকে এই আইনের আওতায় আনা হয়েছে। উত্তর পশ্চিম সীমান্ত থেকে শুরু করে হায়দ্রাবাদের নিজামের রাজ্য পর্যন্ত এই আইনের বিস্তৃতি ছিল। ১৯৪২ খ্রিস্টাব্দে, ভারত স্বাধীন হওয়ার কয়েক বছর পরে এই জনগোষ্ঠীগুলিকে এই অপমানজনক অভিধা থেকে আইনত মুক্তি দেওয়া হয়। যেহেতু পূর্বেকার বিজ্ঞপ্তিটি বাতিল করতে হবে, তাই এই জনজাতিকে অ-ঘোষিত জনজাতি (de-notified tribe) বলা হয়। এঁদের অধিকাংশই অতীতে ছিলেন যাযাবর স্বভাবের। তাঁরা ছিলেন ভবঘুরে গায়ক, মনোরঞ্জক, সাপুড়ে, ওঝা ও দড়া-বাজিকর। যেহেতু তাঁরা ছিলেন স্বভাবে ভবঘুরে, তাঁরা অ-ঘোষিত ও যাযাবর উপজাতি হিসাবে চিহ্নিত হলেন। আদিবাসীদের থেকে অনেক ভিন্ন হল তাঁদের পরিচিতি। ১৯৫২ খ্রিস্টাব্দে যখন

তাঁরা সাত দশক ও কয়েক প্রজন্ম পরে ঐ কলঙ্কজনক অভিধা থেকে মুক্তি পেলেন, তখন কিন্তু কলঙ্কের দাগ তাদের শরীরের অনপনেয়ভাবে স্থিত হয়ে গেছে। এইসব জনগোষ্ঠীভুক্ত প্রতিটি ব্যক্তি জন্মগতভাবে অপরাধপ্রবণ এমন একটি ভ্রান্ত ধারণার ভিত্তিতে এক বৃহৎ জ্ঞানের ক্ষেত্র নির্মিত হয়েছিল। স্বাধীনতার পরে সাধারণভাবে জনগণ এবং বিশেষভাবে পুলিশ প্রশাসন এইসব জনগোষ্ঠীর দুঃখ দুর্দশা বৃদ্ধিতে সহায়তা করেন। পুরানো অপরাধপ্রবণ জনজাতি আইন বাদ দেওয়া হল বটে কিন্তু তার স্থানে এল নতুন স্বভাবগত অপরাধী আইন (হ্যাবিচুয়াল অফেন্ডার্স অ্যাক্ট)। নতুন আইনটি বর্ণে বর্ণে আগের আইনের মতোই। কেবল এই জনজাতিভুক্ত মানুষেরা জন্মসূত্রে অপরাধপ্রবণ এইটুকু বলা নেই এই আইনে। যেহেতু তাঁদের জমি নেই, এই মানুষদের নানারকম পেশার কাজ শিখতে হত। ভারতে এইরকম মানুষের মোট সংখ্যা প্রায় ছ' কোটি।

কিছু বছর আগে এই সচেতনতা মহাশ্বেতা দেবী গুজরাতে নিয়ে আসেন। পশ্চিমবঙ্গে পুরুলিয়া জেলাতে খেড়িয়া শবর জনজাতিভুক্ত বুধন নামে এক যুবকের পুলিশ হেফাজতে থাকাকালীন মৃত্যু হয়। বুধবারে জন্ম হয়েছিল বলে এই যুবকের নাম হয় বুধন। সে কোন অপরাধী ছিল না কিন্তু তাকে পুলিশ হেফাজতে নেওয়া হয়। প্রচুর পেটানোর পরে তাকে বিচারাধীন বন্দি হিসাবে কয়েকদিন রাখা হয় এবং সেখানেও তার উপর পুনরায় অত্যাচার করা হয়। এর ফলে সে জেলের কুঠরিতেই মারা যায়। পুলিশ ও জেল-কর্তারা এই মৃত্যুকে আত্মহত্যা বলে চালানোর চেষ্টা করে। কিন্তু যে গামছা দিয়ে সে গলায় ফাঁস দিয়েছে বলে দাবী করা হয়, দেখা যায় যে সেটি তার গামছাই নয়। মহাশ্বেতা দেবী কলকাতা হাইকোর্টে একটি মামলা দায়ের করেন। ফলে একটি দ্বিতীয় ময়না তদন্ত (পোস্ট মরটেম) করা হয়। কলকাতা হাইকোর্ট এই মামলায় অত্যন্ত সদর্থক এক রায় দেন। যখন পশ্চিমবঙ্গে এইসব ঘটছিল তখন মহাশ্বেতা দেবী একটি বক্তৃতা দেওয়ার জন্য বরোদাতে আসেন। তিনি অ-ঘোষিত জনজাতিদের সম্পর্কে বলতে গিয়ে বাকরুদ্ধ হয়ে কেঁদে ফেলছিলেন। আমাদের মতো কয়েকজন তাঁর কথা শুনে গভীরভাবে আবেগপ্রবণ হয়ে পড়ি ও স্থির করি যে অ-ঘোষিত ও যাযাবর উপজাতিদের অধিকার রক্ষার জন্য একটি

কর্মীবাহিনী গড়ে তুলবো। কয়েক মাস পরে কলকাতা হাইকোর্টের রায় বেরোয়। অন্তর্বর্তী কয়েক মাসে তিনি এবং আমি আমেদাবাদে ছারানগরে যাই। যদি আপনি কখনো আমেদাবাদে যান ও ছারানগরে যাওয়ার জন্য কাউকে জিজ্ঞাসা করেন তো আপনি অবধারিতভাবে শুনবেন "সেখানে যাবেন না। এইসব লোকজন খুব ভয়ঙ্কর। তারা সব চোর এবং আপনার সেখানে যাওয়া উচিত হবে না।" কেউই আমাদের সেখানে যেতে দিতে চাইছিলেন না কিন্তু আমরা কোনমতে সেখানে গিয়ে পৌঁছাই। আমরা যুবক যুবতীদের একটি ছোট দলকে একত্রে পাই এবং সেখানে একটি ছোট গ্রন্থাগার স্থাপন করি। এইভাবে আরও অনেক শিল্পী ও লেখক ছারানগরে যেতে শুরু করেন। তাঁরা এই যুবক যুবতীদের দলের সঙ্গে কথাবার্তা বলতে শুরু করেন। যখন কলকাতা হাইকোর্টের রায়টি প্রকাশিতহল তখন আমি স্থির করলাম যে সমগ্র রায়টি একটি পত্রিকায় ছাপিয়ে দেব। বস্তুত পক্ষে "বুধন" নামে একটি পত্রিকা আমি ইতিমধ্যে প্রকাশ করতে শুরু করে দিয়েছিলাম এই মামলার দ্বারা প্রভাবিত হয়ে। এই পত্রিকাটি অ-ঘোষিত ও যাযাবর জনজাতিদের পত্রিকা হিসাবে পরিচিতি লাভ করে। কলকাতা হাইকোর্টের রায়টি এই "বুধন" পত্রিকাতে প্রকাশিত হল। ছারানগরের যুবকযুবতীরা এই ঘটনা ও বিচারের রায়ের উপরে ভিত্তি করে একটি নাটক প্রস্তুত করতে মনস্থ করে। তারা কিন্তু অভিনেতা ছিল না এবং অভিনয় বিষয়ে কিছুই জানতো না। মঞ্চনাটক কেমন হয় সে সম্পর্কেও তাদের কোন ধারণা ছিল না। কিন্তু এই ঘটনাটি তাদের জীবনের অভিজ্ঞতার সাথে মিলে গিয়েছিল। তাদের অনেকের বাবা-মাই জেলে ছিলেন অথবা পুলিশ তাঁদের মেরে ফেলেছিল, অথবা তারা মদ তৈরি করতে বাধ্য হয়েছিল। সেই সময়ে ছারানগরে ১৪/১৫ বছর বয়সী প্রতিটি মেয়েই চোলাই মদ তৈরি করার কাজে যুক্ত ছিল এবং প্রতিটি যুবকই, লেখাপড়া জানা হলেও, মদ বিক্রী করার কাজ করতো। যখন ছারানগরের যুবক ছেলেমেয়েরা এই নাটক মঞ্চস্থ করতে মনস্থ করলো, তারা জানতো না যে এটি একটি নাটক। তারা কেবল ভেবেছিল যে ছারানগরে যারা "বুধন" পত্রিকাটি ইংরাজিতে পড়তে পারে নি তাঁদের কাছে এই গল্পটি পৌঁছে দেওয়া প্রয়োজন। "বুধন" পত্রিকাটি ইংরাজিতে মুদ্রিত হতো। তাদের মঞ্চাভিনয়ের

মাধ্যমে নমনীয় রঙ্গমঞ্চের এক নতুন নাট্যধারার জন্ম হল। এটা খুব কার্যকারী হয়েছিল কারণ এটা ছিল দর্শকদের নিজেদের জীবনের গল্প। যারা এই নাটকটি দেখেছিল তাদের প্রত্যেকেই প্রচণ্ড ক্রুদ্ধ হয়েছিল। তারা এত উত্তেজিত হয়েছিল যে তাদের অনেকেই কাঁদতে শুরু করে দিয়েছিল। যখন আমি প্রথমবার এটি দেখি আমি এত অভিভূত হয়ে পড়েছিলাম যে আমি আমেদাবাদ থেকে লেখক ও শিল্পীদের কয়েকজনকে আমন্ত্রণ জানাতে সিদ্ধান্ত নিই। তাঁদের মধ্যে কয়েকজন যথেষ্ট দ্বিধা নিয়ে আসেন এবং নাটকটি দেখে গভীরভাবে অভিভূত হন। তারপর এই নাটকটি ভূপাল, দিল্লী এবং বোম্বেতেও অভিনীত হয়। একজন এটির একটি ভিডিও তৈরি করেন এবং তা আমেরিকা যুক্তরাষ্ট্র প্রেরিত হয়। কয়েকজন আমেরিকান অভিনেতা এটিকে মঞ্চে অভিনয় করান। বোম্বেতে জেভিয়ার্স কলেজের একজন পাঠক এটির ইংরেজি তরজমাটি মঞ্চস্থ করতে সিদ্ধান্ত নেন।

যখন আমি জনজাতি ও অ-ঘোষিত জনগোষ্ঠীর সাহিত্যের একটি সংগ্রহ প্রস্তুত করি তখন আমি ইংরেজি অনুবাদে এই নাটকটিকে সেই সংগ্রহের অন্তর্ভুক্ত করতে সিদ্ধান্ত নিই। এই সংগ্রহটি বিশ্বের বিভিন্ন দেশে বিক্রীত হয় ও নাটকটি সেই সব দেশে মঞ্চস্থ হয়। কয়েকবছর যাবৎ আমি 'চামহটা' পাথর খোদাই বা পাথর ভাঙার কাজে যুক্ত মানুষজন, 'ভাডি', 'বিসপড়া', 'টুরি', 'ডেফার', 'বাজনোইয়া', 'দৌরি গোসাভি' এবং এই জাতীয় অন্যান্য জনগোষ্ঠীর মধ্যে জনগণের কমিটি নির্মাণ করছিলাম। চানি থেকে প্রায় ৪/৫ কিলোমিটার দূরে বরোদাতে ভিখাভাই বাজানি নামে এক ব্যক্তিকে কিছু মানুষ ধরে একটি গাছে বেঁধে রাখে এবং প্রচুর মারধোর করে। মারের চোটে লোকটি প্রায় তালগোল পাকানো মাংসপিণ্ডে পরিণত হয় ও মারা যায়। যখন আমি খবরটি জানতে পারি, আমি পুলিশ প্রশাসনকে প্রশ্ন করি যে বিষয়টি তাঁরা অনুসন্ধান করছেন কিনা। আমি জানতে পারি যে তাঁরা এ বিষয়ে কোন অনুসন্ধান করছেন না। সুতরাং আমাকে গিয়ে পুলিশ কমিশনারের অফিসের বাইরে ধর্ণায় বসতে হয়েছিল। অবশেষে পুলিশ কমিশনার ছদ্মবেশে জায়গাটি দেখতে যেতে সম্মত হন। সাদা পোশাকে তিনি আমার সঙ্গে আসেন। হত্যাকারীরা গ্রেপ্তার হয়। বাজানিয়ারা

ড্রাম বাজিয়ে ও ভজন গেয়ে নিজেদের এই ক্ষুদ্র জয় উদ্‌যাপন করেছিল। বিভিন্ন জনগোষ্ঠীর যে কমিটিগুলি আমি গড়েছিলাম তারা যে কোন শৈল্পিক কার্যক্রমে দ্রুত নিজেদের যুক্ত করে নিতো। তারা স্বতস্ফূর্তভাবে নাচ, গান ও নাটকের মাধ্যমে বা অন্য কোন কার্যক্রমের দ্বারা এরকম পরিস্থিতির সাথে সংযোগ স্থাপন করতো। আমার সহকর্মী, গুজরাটি কবি কাঞ্জি প্যাটেল এবং আমি অনুভব করলাম যে এক অচিরাচরিত 'সাহিত্য' ধারণা সম্মত নতুন সৃজনশীলতার সৃষ্টি হয়েছে। আমরা স্থির করলাম যে এই বিভিন্ন কমিটিগুলিকে পরস্পরের পারদর্শিতা দেখানোর ব্যবস্থা করতে হবে। এই কাজের জন্য আমরা কলেশ্বরী নামে একটি জায়গা নির্বাচন করলাম। জায়গাটি ছিল একটি প্রত্নতাত্ত্বিক ক্ষেত্র এবং এটিকে কলেশ্বরী বলা হতো কারণ 'কলা' অর্থাৎ শিল্পকর্মের নিদর্শন সেখানে ছিল। এবং যেহেতু জায়গাটি কোন ধর্মের মানুষই ধর্মীয় প্রয়োজন ব্যবহার করতেন না আমরা সেখানে সমবেত হতে সিদ্ধান্ত নিই। যেহেতু এই কমিটিগুলির সাথে যুক্ত অধিকাংশ মানুষই প্রতিদিন এর রোজগারের উপর নির্ভরশীল ছিলেন তাই তাঁরা অমাবস্যার দিন একদিনের জন্য ছুটি নিলেন। আমরা দেখলাম যে 'শিবরাত্রি' হল এমন একটি দিন যে দিন তাঁরা, যেখানেই থাকুন না কেন, কাজে বের হন না। ঠিক যেমন আদিবাসী মানুষজন হোলিতে একদিন ছুটি নেন, অ-ঘোষিত জনগোষ্ঠীভুক্ত লোকজনও শিবরাত্রিতে একদিনের ছুটি উপভোগ করেন। সুতরাং আমরা ঐ দিন তাঁদের সেখানে ডাকতে মনস্থ করলাম এবং মুখে মুখে প্রচারের মাধ্যমেই তাঁদের অনেকেই সেখানে হাজির হলেন। বস্তুতপক্ষে হাজারে হাজারে তাঁরা এলেন, তাঁদের মধ্যে কেউ কেউ দড়ির উপরে হাঁটছিলেন, কেউ কেউ ড্রাম বাজাচ্ছিলেন, নাচ করছিলেন এবং আরো নানা ধরনের বাদ্যযন্ত্র বাজাচ্ছিলেন। তাঁরা এলেন এবং ঐ কলেশ্বরী এলাকায় সারাদিন ধরে তাঁদের কলানৈপুণ্য প্রদর্শন করলেন। পরের বছরও তাঁরা আবার সেখানে গেলেন। কুড়ি বছর পরেও মেলাটি এখনও চলছে এবং প্রতিবছর এই মেলার জৌলুষ আরো বাড়ছে। এইভবে যৌথ সৃজনশীলতা প্রকাশের এক নতুন শিল্পরূপের সূচনা হল। কলেশ্বরী মেলা এক উল্লাসদায়ক অভিজ্ঞতা, তা আমাদের কল্পনাকে সর্বদাই আনন্দিত করবে।

স্মৃতি-উত্তর কল্পনা

ফরাসি বিপ্লবের দু'শ বছর পরে একবিংশ শতাব্দীর রাজনৈতিক পরিমণ্ডল গোঁড়ামি ও রক্ষণশীলতাকে চূড়ান্তভাবে দৃঢ়সংবদ্ধ করার প্রচেষ্টায় রত। সারা পৃথিবী জুড়ে গণতন্ত্র আজ এক অপরিমেয় ক্লান্তির শিকার এবং তার লক্ষণগুলি স্পষ্ট। চূড়ান্ত দক্ষিণপন্থী শক্তি এবং তার সহযোগী অ-রাষ্ট্রীয় সৈন্যদল সামাজিক ও প্রাতিষ্ঠানিক পরিসরকে অনেকাংশে দখল করতে সমর্থ হয়েছে। জঘন্য পাশবিক ধরনের হিংসা ও প্রচণ্ড রকমের সন্ত্রাসবাদ আজ দৈনন্দিন আখ্যানে পরিণত হয়েছে। অতন্দ্র রাষ্ট্রীয় নজরদারি এবং নাগরিকদের ব্যক্তিগত পরিসরে হানা আজ দৈনন্দিন বাস্তবতা। এই স্বৈরাচারী উদ্দেশ্যের বাস্তবায়নের ক্ষেত্রে প্রযুক্তি বড় সহায়ক হয়ে উঠেছে। সচল মূলধন ও ক্রমবর্ধমান বাজার এক নবভোগবাদী প্রজন্মের জন্ম দিয়েছে। এই নতুন উপভোক্তা সমাজ বেপরোয়াভাবে ব্যক্তি স্বাতন্ত্রবাদী। কৃত্রিম ধীশক্তি ও মানবিক ধীশক্তির যুগ্ম আলিঙ্গন ও বেপরোয়া ব্যক্তিস্বাতন্ত্র্য মনুষ্য জীবনের মূল উদ্দেশ্যকে বহুলাংশে বদলে দিয়েছে। স্বাভাবিক ভাষসমূহ দ্রুতগতিতে অদৃশ্য হয়ে যাচ্ছে এবং এক যৌথ বাক্শক্তিলোপের অবস্থার দিকে অগ্রসর হচ্ছে। সাহিত্য ক্রমশই প্রচার মাধ্যম কৃত স্বাভাবিক ও সংখ্যাগত নতুন হঠকারী মিশ্রণের কাছাকাছি চলে যাচ্ছে। এই পরিস্থিতিকে আমরা সত্য-উত্তর অবস্থা বলতে পারি। এইরকম এক পরিস্থিতিতে ভাষাগত ও সাংস্কৃতিক বৈচিত্র্যকে রক্ষা করা, প্রান্তভাগে কাজ করা এবং যৌথ শৈল্পিক প্রকাশের অপ্রচলিত রূপের সৃষ্টি করা—মানুষের প্রকাশ ক্ষমতাকে বাঁচিয়ে রাখার জন্য এগুলিই প্রাথমিক কৌশল হতে পারে। যে যুগে স্মৃতি 'নির্গমন গতিবেগ' অর্জন করতে সক্ষম হয়েছে এবং মানুষের চেতনার বাইরে উল্লঙ্ঘন দিয়েছে, তখন ভাষাসংরক্ষণ ও সাংস্কৃতিক বহুত্ব রক্ষার কাজে সক্রিয় যোগদানই অন্তর্ঘাত ও প্রতিরোধের একমাত্র গ্রহণযোগ্য উপায় হতে পারে। স্মৃতি-উত্তর কল্পনাকে হতে হবে সেই কল্পনা যা বৈচিত্র্য, প্রান্তিক কণ্ঠস্বর এবং সক্রিয় কর্মতৎপরতার কাছে দায়বদ্ধ। নৈঃশব্দ্য, বাক্রোধ ও অসহিষ্ণুতার সময়ে সাহিত্য সমালোচনার প্রধান বিবেচ্য বিষয়ে হতে হবে সংহতি, প্রতিবাদ এবং প্রকাশ, অভিব্যক্তি। বিংশ শতাব্দীর শেষ চতুর্থাংশে, উপনিবেশবাদ সাংস্কৃতিক স্মৃতিবিলুপ্তিকে জয় করার জন্য আমি এক প্রকার 'মুক্তমনা দেশীয়তা' (ওপেন-

আইড ন্যাটিভিজম)-র ধারণা প্রস্তাব করেছিলাম। একবিংশ শতাব্দীর প্রথম চতুর্থাংশে, আমাদের মানুষ থেকে সাইবর্গে রূপান্তরিত হওয়ার মোকাবিলা করার উপায় হিসাবে 'বৈচিত্র্য সংরক্ষণের সক্রিয় আন্দোলন'-এর প্রস্তাব করছি।

ধারওয়ার

১৫ই মে, ২০১৭

টীকা ও তথ্যপঞ্জী

ভূমিকা :

১। ভারতীয় ভাষাসমূহে সাহিত্য সমালোচনার বিস্তৃত সমীক্ষার জন্য দেখুন K. M. Geroge সম্পাদিত, *Comparative Indian Literature* (বোম্বে: ম্যাকমিলান, ১৯৮৪-৮৬)।

২। *গুজরাতি সাহিত্যের ইতিহাস*, ৪ খণ্ড, গুজরাত সাহিত্য পরিষদ। সম্পাদনা উমাশংকর জোশী, অনন্তরাই রাভাল ও যশোবন্ত শুক্লা। ৩য় খণ্ড, *দলপত্রমথি কলাপি* (আমেদাবাদ, ১৯৭৮)।

৩। *দলপত্রমথি কলাপি* -র ভূমিকা অংশে যশোবন্ত শুক্লা লিখেছেন — গুজরাতি সাহিত্যে, আধুনিক যুগের সূচনা ও গুজরাতে ব্রিটিশ প্রভুত্ব স্থাপনের সম্পূর্ণতা প্রাপ্তিকে একই সমলয়ে অর্থাৎ ১৮১৮ খ্রিস্টাব্দে দেখার প্রবণতা একটি প্রতিষ্ঠিত সত্য। প্রয়াত গোবিন্দভাই হাতিভাই দেশাই গুজরাতি সাহিত্যের ইতিহাসের উপর একটি গ্রন্থ রচনা করেন। সমকালীন ঐতিহাসিকগণকে অনুসরণ করে তিনি বলার চেষ্টা করেন যে সাহিত্যে আধুনিক যুগ ইসলামি শাসনের কালে সূচিত হয়। কিন্তু বর্তমানে কেউই এই মতকে গ্রহণ করেন না। (পৃ. ১) (G. N. Devy কৃত উদ্ধৃতির অনুবাদ)।

৪। আশিস নন্দীর *Tradition, Tyranny and Utopias: Essays in the Politics of Awareness* (নয়া দিল্লী, ১৯৮৭) দেখুন।

৫। এই বিষয়ে একমাত্র উল্লেখযোগ্য প্রকাশনা হল সুজিত মুখার্জীর *Towards a Literary History of India* (সিমলা, ১৯৭৫)। মারাঠিতে দত্তাত্রেয় পুন্ডে সম্পাদিত একমাত্র গ্রন্থ হল (*Vangmayetihasachi Sankalpana*) ভঙ্গমায়েতিহাসচি সংকল্পনা (পুনে, ১৯৮৬)।

৬। ভারতীয় সাহিত্যের 'ভারততাত্ত্বিক' ইতিহাস সমূহের একটি উৎকৃষ্ট গ্রন্থপঞ্জীর জন্য দেখুন সুজিত মুখার্জী (১৯৭৫), পৃ. ৯২-১০৩।

৭। স্যার উইলিয়াম জোনস্, 'Discourse', *Works of William Jones,* প্রথম খণ্ড

(পৃ. ১৯-৩৪)। Winfred P. Lehman সম্পাদিত *A Reader in Nineteenth Century Historical Indo-European Linguistics* নামক গ্রন্থে পুনর্মুদ্রিত (ব্লুমিংটন ও লন্ডন, ১৯৬৭), পৃ. ৭-২০ (পৃ. ১২)।

ঐতিহ্য ও স্মৃতিবিলোপ :

১। শংকরগোপাল তুলপুলে, *Classical Marathi Literature: A History of Indian Literature,* সম্পাদনা: ইয়ান গোন্ডা, নবম খণ্ড, (উইসবাডেন, ১৯৭৯), পৃ. ৩১২।

২। যদিও এটা নিশ্চিত যে মুকুন্দরাজা ছিলেন জ্ঞানদেবের পূর্বসূরী, তাঁদের সঠিক সময়কাল এখনও নিরূপণ করা সম্ভব হয়নি। তুলপুলে, (১৯৭৯), পৃ. ২৫।

৩। সংস্কৃত নন্দনতত্ত্বের বিস্তৃত আলোচনা ও ইতিহাসের জন্য নিম্নোক্ত গ্রন্থগুলি উপযোগী — পি.ভি.কানে, *History of Sanskrit Poetics,* চতুর্থ সংস্করণ (দিল্লী, ১৯৭১); এস.কে.দে, *History of Sanskrit Poetics*, দ্বিতীয় পরিমার্জিত সংস্করণ (কলকাতা, ১৯৬০): দুটি গ্রন্থই ১৯২৩ খ্রিস্টাব্দে প্রথম প্রকাশিত; এডুইন গিরো, *Indian Poetics, A History of Indian Literature,* পঞ্চম খণ্ড (উইসবাডেন, ১৯৭৭)।

৪। এলিয়ট, ডিউটসন ও জে. এ. ভন বুইটেনেন, *A Source Book of Advaita Vedanta,* (হনলুলু, ১৯৭১)।

৫। পি. ভি. কানে, ১৯৭১, পৃ. ২০৮-১৮।

৬। এডুইন গিরো, ১৯৭৭, পৃ. ২৭৯।

৭। তুলপুলে, ১৯৭৯, পৃ. ৩২৬।

৮। এল. এস. এস. ও'ম্যালী সম্পাদিত, *Modern India and theWest,* (লন্ডন, ১৯৪১), পৃ. ৫৮৭।

৯। দেখুন ডব্লিউ. এইচ. জি. আর্মিটেজ (W.H.G. Armytage), *Four Hundred Years of English Education* (কেম্ব্রিজ ইউনিভার্সিটি প্রেস, ১৯৬৪); *Educational Documents: England and Wales - 1816 to the Present day,* সম্পাদনা। জে. স্টুয়ার্ট ম্যাকলিউর, (মেথুয়েন: লন্ডন, ১৯৬৫ / ১৯৮৬), এডওয়ার্ড হিউম্স্, *Educational and Cultural Diversity* (লংম্যান, এসেক্স, ১৯৮৯)।

১০। কে. বি. মারাঠে, নভেল বা নাটক সম্বন্ধীয় নিবন্ধ, *Writing in India* তে সংকলিত পৃ. ১১৪-২০ (পৃ. ১১৫)।

১১। ভি. কে. রাজাওয়াড়ে, 'The Novel' (১৯০২); শান্তা গোখেল অনূদিত, *Journal of Arts and Ideas*, ৮ (১৯৮৪), পৃ. ৭৪-৮৮ (পৃ. ৮৭)।

১২। বালচন্দ্র নেমাড়ে, *কাদম্বরী, মারাঠি সাহিত্য: প্রেরণা বা স্বরূপ* এ অন্তর্ভুক্ত। পৃ. ১৩-৫৬ (পৃ. ৫৩)। জি. এন. দেবী কর্তৃক মারাঠি থেকে অনূদিত, সেতু: *Journal of Indian Literature in Translation,* দ্বিতীয় খণ্ড, I (১৯৮৬), পৃ. ২৯-৭১ (পৃ. ৬৮)।

১৩। মনসুখলাল জাভেরি, 'Literary Criticism: Gujarati'। নিসিম ইজিকিয়েল সম্পাদিত *Writing in India* তে অন্তর্ভুক্ত। সপ্তম PEN All India Writers' Conference, (বম্বে, ১৯৬৫), পৃ. ৭৭-৮৩।

১৪। কে এম জর্জ সম্পাদিত, *Comparative Indian Literature* দ্বিতীয় খণ্ড (মাদ্রাজ, ১৯৮৬)।

১৫। অনন্ত কানেকর, 'Literary Criticism: Marathi'। *Writing in India*, পৃ. ১১৪-২০; সুধীর রসুল, 'সমীক্ষা', *মারাঠি সাহিত্য: প্রেরণা বা স্বরূপ*, সম্পাদনা - জি. এম. পাওয়ার ও এম. ডি. টকনঙ্গঁলেকর (বম্বে, ১৯৮৬), পৃ. ৩২২-৬৮।

১৬। আর. বি. পতঙ্কর, 'Aesthetics: Some Important Problems', *Journal of Arts and Ideas*, ৬ (১৯৮৪) পৃ. ৪৩-৬৬ (পৃ. ৬৪-৫)।

১৭। জন স্ট্যাশনেউস্কির সঙ্গে সুরেশ যোশীর একটি অপ্রকাশিত সাক্ষাৎকার (১৯৮৫)।

১৮। এস. কে. দেশাই ও জি. এন. দেবী সম্পাদিত, *Indian Critical Thought* (দিল্লী, ১৯৮৭), পৃ. ২।

১৯। শ্রী অরবিন্দ, *The Future Poetry*, জন্মশতবার্ষিকী পাঠাগার, নবম খণ্ড, পন্ডিচেরী, ১৯৭২।

২০। বি. এস. মারধেকর, *Arts and Ideas* (লন্ডন, ১৯৩৭); সৌন্দর্য্য আনি সাহিত্য (বম্বে, ১৯৫৫)।

২১। পতঙ্কর, 'Aesthetics : Some Important Problems' (১৯৮৪), পৃ. ৬৫।

২২। কৃষ্ণ রায়ান, *Suggestion Today* (লন্ডন, ১৯৬৬); নগেন্দ্র, 'All Time Relevance of the Rasa Theory' দিল্লীতে অনুষ্ঠিত First Conference of Comparative Indian Literature Association, ১৯৮৪ তে পঠিত প্রবন্ধ।

২৩। বিগত পনেরো বছরে 'Nativism' নামক একটি সাহিত্য সমালোচনার ধারার মারাঠি সাহিত্যে উদ্ভব ঘটেছে। ঔপন্যাসিক-সমালোচক বালচন্দ্র নেমাডের নেতৃত্বে এই ধারাটি ব্যাপকভাবে প্রভাবশালী হয়ে উঠেছে। এই ধারার প্রধান ঝোঁক হল দেশীয় সাংস্কৃতিক পরিমণ্ডল থেকে সমালোচনার এক মানদণ্ড উদ্ভাবন ও কথাসাহিত্যের মূল্যায়নে গঠনবাদী 'শাশ্বত' মানদণ্ডের ধারণার প্রভাবকে যথাসম্ভব সংকুচিত করা।

২৪। মারে ক্রিগার, *Theory of Criticism: A Tradition and its System* (বাল্টিমোর ও লন্ডন, ১৯৭৬), পৃ. ৫৪।

২৫। এম. মনিয়ের উইলিয়মস্, *Sanskrit-English Dictionary* (অক্সফোর্ড, ১৮৯৯); আর. সি. টার্নার, *A Comparative Dictionary of Indo-Aryan Languages* (লন্ডন, ১৯৬৫)।

২৬। বালচন্দ্র নেমাডে মনে করেন যে মারাঠিতে 'কালচার' এর ধারণা সংস্কৃতি শব্দের মাধ্যমে প্রকাশিত হয়েছে, যদিও যে অর্থে ব্যবহার করা হয়েছে তা হল বৃদ্ধি ও উন্নতি (নেমাডে, ১৯৮৬)। সাধারণভাবে প্রচলিত মারাঠি, গুজরাতি ও হিন্দীতে এবং সম্ভবত অন্যান্য নানা ভাষাতে 'কালচার' ও 'সংস্কৃতি' শব্দদুটি পারস্পরিক প্রতিশব্দ হিসাবে ব্যবহৃত হয়।

২৭। ব্রিটিশ ঔপনিবেশিক শক্তি ও ভারতীয় রাজনৈতিক চেতনার মধ্যে রাজনৈতিক সহযোগিতা ও সংঘাতের ছবির এক মনোজ্ঞ বিবরণ পাওয়া যাবে জন জ্যালঘারের *The Decline, Revival and Fall of the British Empire* (কেমব্রিজ, ১৯৮২) শীর্ষক গ্রন্থে। এছাড়াও অনিল শীল রচিত *The Emergence of Indian Nationalism: Competetion and Collaboration in the Later Nineteenth Century* (Cambridge, ১৯৬৬) গ্রন্থটি এই প্রসঙ্গে উল্লেখযোগ্য।

২৮। এম. এন. শ্রীনিবাস, *Social Change in Modern India* (Berkeley, ১৯৬৬) মিলটন্ সিঙ্গাঁর, 'Tradition' in *Comparative Studies in Society and History*, ত্রয়োদশ খণ্ড (১৯৭১), পৃ. ১৬০-৯৫)। এছাড়া মিল্টন সিঙ্গাঁর ও বার্নার্ড কোহেন সম্পাদিত *Structure and Change in Indian Society*, ভাইকিং ফান্ড পাবলিকেশন ইন এ্যানথ্রপলজি, ৪৭ (শিকাগো, ১৯৬৮); এড্ওয়ার্ড শিল্স্, "Tradition and Modernity: The Case of Indian Society and History", *Comparative Studies in History and Society* সংযোজন ১, (১৯৬১)।

২৯। ঔপনিবেশিক মানসিকতার উপর তাঁর ধ্রুপদী গ্রন্থ *The Intimate Enemy: Loss and Recovery Under Colonialism* (দিল্লী, ১৯৮৩) শীর্ষক গ্রন্থে আশিস নন্দী যুক্তি দিয়ে বোঝানোর চেষ্টা করেছেন যে গান্ধীর রাজনৈতিক প্রতিভার পূর্ণ বিকাশ দেখা যায় ব্রিটিশ দ্বারা গঠিত গান্ধী পূর্ববর্তী যুগের দ্বিমেরু রাজনৈতিক কাঠামোকে অতিক্রম করার মধ্যে। ঔপনিবেশিক মানসিকতা বিশ্লেষণের জন্য নন্দী নারী-পুরুষ দ্বিমেরু রূপকের ব্যবহার করেছেন।

৩০। জি. এস. আমুর, কৃষ্ণ রায়ান ও আর. বি. পতঙ্করের প্রবন্ধগুলির জন্য দেখুন এস. কে. দেশাই ও জি. এন. দেবী সম্পাদিত *Critical Thought* (দিল্লী, ১৯৮৬) শীর্ষক গ্রন্থটি। কণ্টকের প্রবন্ধের জন্য দেখুন *New Quest*, ৪৪ (মার্চ-এপ্রিল ১৯৮৪), পৃ. ৭০-৮২।

৩১। ভি. ওয়াই. কণ্টক (১৯৮৪), পৃ. ৭০ ও পৃ. ৮২।

৩২। এস. এস. প্রওয়ার, *Comparative Literary Studies* (লন্ডন, ১৯৭৩), পৃ. ১।

৩৩। এডওয়ার্ড সইদের *Orientalism* (লন্ডন, ১৯৭৮), ভারতবর্ষের প্রতি ইউরোপীয় দৃষ্টিভঙ্গী বিশ্লেষণের ক্ষেত্রে একটি অমূল্য গ্রন্থ।

৩৪। আর্থার মেহিউ, *The Education of India: A Survey of British Educational Policy in India, 1835-1920, and its Bearing on National Life and Problems in India Today* (লন্ডন, ১৯২৬); জে. পি. নাইক ও সৈয়দ নুরুল্লা, *A History of British Education in India during the British Period* (বম্বে, ১৯৫১)।

৩৫। সুধীর কক্কর, *The Inner World: A Psychoanalytic Study of Childhood and Society in India*, দ্বিতীয় সংস্করণ, (দিল্লী, ১৯৮১)।

৩৬। প্রাগুক্ত, পৃ. ৬।

৩৭। প্রাগুক্ত, পৃ. ৬।

৩৮। সি. শংকর রামশাস্ত্রী সম্পাদিত, *কাব্যাদর্শ অব্ দন্ডিন্,* (মাদ্রাজ, ১৯৫৯); ভি. রাঘবন সম্পাদিত, *শৃঙ্গার প্রকার,* (মাদ্রাজ, ১৯৬৩)।

৩৯। জে. এস. মিল, ছয় খণ্ডে সমাপ্ত *The History of British India*, তৃতীয় সংস্করণ, (লন্ডন, ১৮২৬) দ্বিতীয় খণ্ড, পৃ. ৪৬-৭।

৪০। সুসান ল্যাঙ্গাঁর, *Feeling and Form* (লন্ডন, ১৯৫৩), পৃ. ৩২৩।

৪১। আশিস নন্দী, *The Intimate Enemy: Loss and Recovery Under Colonialism* (দিল্লী, ১৯৮৩)।

৪২। মাধব দেশপান্ডে, "History, Change and Permanence: A Classical Indian Perspective" in *Contributions to South Asian Studies*, প্রথম খণ্ড, সম্পাদনা - গোপালকৃষ্ণ, (দিল্লী, ১৯৭৯) পৃ. ১-২৮, (পৃ. ১০-১১)।

৪৩। স্যার উইলিয়ম জোন্স, *Works,* প্রথম খণ্ড, পৃ. ১৯-৩৪; ।

৪৪। ১৯৭৫ সালে এ. কে. ওয়ার্ডার লেখেন যে "সংস্কৃত হল ভারতের একমাত্র প্রকৃত জাতীয় ভাষা ... যদি এর সমস্ত সাংস্কৃতিক ঐতিহ্যসই এই ভাষা কোনদিন হারিয়ে যায় তো ভারত কখনো জাতি হিসাবে গড়ে উঠবে না।" এ. কে. ওয়ার্ডার "Classical Literature", A Cultural History of India,সম্পাদনা - এ. এল. ব্যাশাম (অক্সফোর্ড, ১৯৭৫), পৃ. ১৭১-৯৬ (পৃ. ১৯৬)।

৪৫। এড্ওয়ার্ড সইদ (১৯৭৮), ভি. জি. কিয়েরনান, *The Lords of Humankind: Black Man, Yellow Man and White Man in the Age of Empire* (বস্টন, ১৯৬৯)।

৪৬। ই. ভি. ডাউনস্ ও জি. এল. ডেভিস সম্পাদিত, *Selections from Macaulay" : Letters, Prose, Speeches and Poetry* (লন্ডন, ১৯৩২), পৃ. ৫৯: জলবায়ুর দ্বারা সৃষ্ট একটি ঘৃণ্য ফল। ইহা প্রায় কোন উদাহরণ ব্যতিরেকে সমস্ত কিছুকে ধ্বংস করে। ইস্পাতে মরচে ধরে, ক্ষুরের ধার কমে যায়, সূতো ক্ষয়ে যায়, জামাকাপড় টুকরো টুকরো হয়ে যায়, বই নষ্ট হয়ে যায় এবং বাঁধানো জ্যাকেট থেকে খুলে পড়ে, সিমেন্টের আচ্ছাদন ফেটে যায়, কাঠ পচে যায় এবং ছাদ খণ্ড খণ্ড হয়ে পড়ে যায়।

৪৭। মিশেল হুলিন, *সাংখ্য লিটারেচার: ভারতীয় সাহিত্যের ইতিহাস,* সম্পাদনা ইয়ান গোন্ডা, খণ্ড - ষষ্ঠ, পৃ. ১২৮-৬২ (উইসবাডেন, ১৯৭৮)।

৪৮। এম. এন. শ্রীনিবাস, (১৯৬৬)।

৪৯। ইংরেজি সাহিত্যের উপর ভারতীয় প্রভাবের আলোচনা এতদিন অবধি কেবলমাত্র বহিরঙ্গের কিছু বৈশিষ্ট্যের উপরই দৃষ্টিপাত করেছিল। উদাহরণস্বরূপ রবার্ট সেনকোর্ট এর গ্রন্থ (১৯২৩) এবং জন ড্রুর গ্রন্থ (১৯৮৬) এর কথা উল্লেখ করা যায়। রোমান্টিসিজম্ থেকে মডার্ণিজমে ইউরোপীয় চেতনার চলমানতার সঙ্গে ইউরোপীয় ঔপনিবেশিক ইতিহাসের সম্পর্কের আলোচনা অত্যন্ত কৌতূহলোদ্দীপক হতে পারে।

৫০। এম. ডি. হাক্টাঙ্গঁলেকর, *মারাঠি ভ্যাঙ্গঁমায়াভারিল পরকী প্রভাব, মারাঠি সাহিত্যে প্রেরণা*

বা স্বরূপ, সম্পাদনা - জি. এম. পাওয়ার ও এম. ডি. হাক্টাঙ্গঁলেকর (বম্বে, ১৯৮৬), পৃ. ৩০৮-২১।

৫১। মেকলের মতের একটি চমৎকার টীকাসহ আলোচনা পাওয়া যাবে এস. নাগরাজনের প্রবন্ধে — "Children of Macaulay" in *New Quest,* ৪৬, (জুলাই-আগস্ট, ১৯৮৪), পৃ. ২০৭-২২০।

৫২। মেহিউ (লন্ডন, ১৯২৬); নাইক ও নুরল্লা (বম্বে, ১৯৫১); আর. কে. মুখার্জী, *Ancient Indian Education* (লন্ডন, ১৯৪৭)।

৫৩। এইচ. ভি. হ্যাম্পটন, *Biographical Studies in Modern Indian Education* (মাদ্রাজ, ১৯৪৭), পৃ. ১৩৫।

৫৪। ভদ্রলোকের উদ্ভবের একটি বিশ্লেষণাত্ম আলোচনার জন্য দেখুন — জে. এইচ. ব্লুমফিল্ড, *Elite Conflict in a Plural Society: Twentieth Century Bengal* (বার্কলে ও লস এঞ্জেলেস, ১৯৬৮), পৃ. ১-৪১।

৫৫। হ্যাম্পটন (১৯৪৭), পৃ. ৭৯।

৫৬। ঐতিহ্যবাহী ভারতীয় সমাজে 'সচলতা' সম্পর্কে এম. এল. শ্রীনিবাস একটি তুলনাযোগ্য, কিন্তু আমার মতে, বিপরীতধর্মী বিশ্লেষণ প্রদান করেছেন। এই বিশ্লেষণে একজন ব্যক্তিকে তার বর্ণ (Caste) অতিক্রম করে উচ্চবর্ণে উত্তরণের স্বাধীনতার কথা বলা হয়েছে। এম. এন. শ্রীনিবাস (১৯৬৬)।

৫৭। পার্সিভ্যাল স্পিয়ার, *A History of India* দ্বিতীয় খণ্ড, (পেঙ্গুইন, ১৯৬৫/১৯৮২), পৃ. ১৩।

৫৮। প্রাগুক্ত।

৫৯। গ্যালাঘার (১৯৮২); শীল (১৯৬৮)।

৬০। এই তালিকায় ব্যবহৃত তারিখগুলি সংগ্রহ করার জন্য আমি বেশ কয়েকটি উৎস সন্ধান করেছি। সেগুলির মধ্যে উল্লেখযোগ্য হল —

(১) স্যার জর্জ গ্রীয়ার্সনের *Liguistic Survey of India* (কলকাতা, ১৯০২-২৮)।

(২) *The Cultural Heritage of India*, তিন খণ্ডে সমাপ্ত, রামকৃষ্ণ মিশন ইনস্টিটিউট (কলকাতা, ১৯৩৭), দ্বিতীয় সংস্করণ (১৯৬২/৬৯)।

(৩) *A History of Indian Literature* সম্পাদনা - ইয়ান গোন্ডা, (উইসবাডেন, সমস্ত খণ্ড এখনও প্রকাশিত হয়নি)।

৬১। মনসুখলাল জাভেরি (১৯৬৫), পৃ. ৭৭।

৬২। গুজরাতি সাহিত্যের ইতিহাস, দ্বিতীয় খণ্ড (১৪৫০-১৮৫০) সম্পাদনা - উমাশংকর যোশী, অনন্তরায় রাভাল ও যশোবন্ত শুক্লা (আমেদাবাদ, ১৯৭৬), পৃ. ১৬। [উদ্ধৃতির অনুবাদ করেছেন জি. এন. দেবী]

৬৩। দত্তাত্রেয় পুন্ডে (পুনে, ১৯৮৬)।

৬৪। প্রাগুক্ত, পরিশিষ্ট, পৃ. ৩-২৩।

৬৫। প্রাগুক্ত, পৃ. ৩১-৩৩।

৬৬। প্রাগুক্ত, পৃ. ৯২-১০১।

৬৭। এম. এন. শ্রীনিবাস (১৯৬৬), পৃ. ৭৬।

৬৮। "Recollection: Indian and Platonic", *Coomarswamy: Selected Papers*,দ্বিতীয় খণ্ড। সম্পাদনা - রজার লিপসি, ব্লিঙ্গেন সিরিজ LXXXIX, প্রিন্সটন ইউনিভার্সিটি প্রেস (প্রিন্সটন, ১৯৭৭), পৃ. ৪৯-৬৫।

৬৯। প্রাগুক্ত, পৃ. ৪৯-৬৫।

৭০। প্রাগুক্ত, পৃ. ৫৬-৫৭।

৭১। *The Basic Writings of Sigmund Freud* অনুবাদ ও সম্পাদনা - এ. এ. ব্রিল (নিউ ইয়র্ক, ১৯৩৮), পৃ. ৬২-৬৩।

৭২। রোনাল্ড স্টুয়ার্ট ম্যাকগ্রেগর, *Hindi Literature of the Nineteenth and Early Twentieth Centuries, A History of Indian Literature,*অষ্টম খণ্ড, (উইসবাডেন, ১৯৭৪), পৃ. ৬৬-৭।

৭৩। রবি বর্মার অবদান বিষয়ে বিস্তৃত আলোচনার জন্য দেখুন পার্থ মিটার, "Indian Artist, Western Art and Tradition"in *Changing South Asia: City and Culture*; সম্পাদনা কেনেথ বালহ্যাচেট ও ডেভিড টেলর (লন্ডন, ১৯৮৪), পৃ. ৭৭-৯০।

৭৪। এম. এন. শ্রীনিবাস (১৯৬৬), পৃ. ৫৫।

এক অন্তহীন পরিবর্তন :

১। আর. বি. পতঙ্কর, 'The Three Alternatives', *Towards a Common Indian Poetics* গ্রন্থে অন্তর্ভুক্ত, সম্পাদনা - সি. ডি. নরসিমহাইয়া (মহীশূর, ১৯৮৪), পৃ. ৫১-৬৩।

২। ঐ, পৃ. ৫১।

৩। এডওয়ার্ড সঈদ (১৯৭৮); ভি. জি. কিয়ারনান (১৯৬৯)।

৪। আর. সেনকোর্ট (১৯২৩)।

৫। জেমস্ ফোর্বস, *Oriental Memoirs: A Narrative of Seven Years Residdence in India*, দ্বিতীয় সংস্করণ রিভাইজড বাই কাউন্টেস দ্য মন্টালেমবার্ট, ভলিউম ১, (লন্ডন, ১৯৩৪), পৃ. ৩৩০।

৬। এ. কে. ফোর্বস (১৮২১-৬৫) নিযুক্ত হয়েছিলেন অ্যাসিস্টেন্ট জাজ হিসাবে গুজরাতের আমেদাবাদে। তিনি গুজরাতি ভাষা, সাহিত্য এবং ইতিহাস নিয়ে পড়াশুনা করেছেন। তিনি সুরাতে অ্যানড্রিউজ লাইব্রেরী প্রতিষ্ঠা করেন ১৮৫০ সালে। ডালপাটরাম (১৮২০-৯৮) এর সহায়তায়, উনি পুরোনো পাণ্ডুলিপি, ঐতিহাসিক ও প্রত্নতাত্ত্বিক উপাদান সংগ্রহ করেন। তিনি গুজরাতি ভাষায় সংবাদপত্র 'বর্তমান' এর প্রকাশনায় উৎসাহ প্রদনা করেছিলেন। তিনি বোম্বে বিশ্ববিদ্যালয়ের উপাচার্য্য হিসাবে নিযুক্ত হন (১৮৬৪) যেখানে তিনি 'গুজরাতি সভা'র প্রতিষ্ঠা করেন (লিটারেরি অ্যাকাডেমি অফ গুজরাতি) গবেষণা চালানোর জন্য। তার নাম অনুসারেই সভার নামকরণ হয় তাঁর মৃত্যুর বছরেরই (আগস্ট, ১৮৬৫)।

৭। জি. এ. গ্রিয়ারসন, *Linguistic Survey of India*, ভলিউম ৯, পার্ট টু (কলকাতা, ১৯০৮), পৃ. ৩৩৩।

৮। *Travels in Mogul Empire*, এডি ১৬৫৬-৬৮, ফ্রাঁসোয়া বার্নিয়ের, ফরাসি থেকে অনূদিত ও সম্পাদিত, আর্চিবল্ড কনস্টেবল (১৮৯১), পুনঃসম্পাদনা: ভিনসেন্ট স্মিথ (লন্ডন, ১৯৩৪), পৃ. ২২৮-৯।

৯। রোমিলা থাপার, *A History of India*, ভল. ১ (পেঙ্গুইন, ১৯৬৬/৮৩), পৃ. ১৫-২৭।

১০। আর. বি. পতঙ্কর (১৯৮৪), জীবন্ত ঐতিহ্য এবং প্রধান সামাজিক সমস্যা সম্পর্কিত তত্ত্বের ধারণা দেন।

১১। জগন্নাথের জীবনীমূলক বিস্তারিত তথ্যের জন্য দ্রষ্টব্য পি. ভি. কানে (১৯৭১), পৃ. ৩২২-৫।

১২। আর. সি. নিগম, *Language Handbook on Mother Tongues in Census*, *সেনসাস অফ ইন্ডিয়া* ১৯৭১, সেনসাস সেন্টিনারি মোনোগ্রাফ নং ১০ (দিল্লী, ১৯৭২)।

১৩। কামিল ভেইথ জেভেলেবিল, *Tamil Literature* (১৯৭৪), পৃ. ৩১-৮২; জর্জ লুজারনে হার্ট, *The Relation Between Tamil and Classical Sanskrit Literature* (১৯৭৬), উভয়ে মিলে তৈরি করেছে ভলিউম ১০, ১ ও ২; *A History of Indian Literature*, সম্পাদনা ইয়ান গোন্ডা (ওয়াইজাবাডেন)।

১৪। কে. আর. নর্ম্যান, *Pali Literature including the Canonical Literature in Prakrit and Sanskrit of all the Hinayana Schools of Buddhism, A History of Indian Literature*, ভলিউম ৭, ফ্যাকসি ২, সম্পাদনা জ্যাঁ গোনডা (উইসবাডেন, ১৯৮৩), পৃ. ১৬৯-৮।

১৫। কে. কৃষ্ণমূর্তি, 'Literary Criticism: Kannada', *Writing in India* গ্রন্থে অন্তর্ভুক্ত (বোম্বে, ১৯৬৫), পৃ. ১০২-১০ (পৃ. ২০২)।

১৬। ডুসান জাভটেল, *Bengali Literature, A History of Indian Literature*, ভলিউম ৯:৩ (উইসবাডেন, ১৯৭৬), পৃ. ২২।

১৭। অ্যানমেরি সিমেল, *Islamic Literatures of India, A History of Indian Literature*, ভলিউম ২ এর অংশ বিশেষ (উইসবাডেন, ১৯৭৩), পৃ. ২২।

১৮। তদুক্ত, পৃ. ৪৪।

১৯। তদুক্ত, পৃ. ২৬।

২০। তদুক্ত, পৃ. ১৮-১৯।

২১। রোমিলা থাপার (১৯৮৩), পৃ. ২৪১-৮৮।

২২। আর. কে. মুখার্জী (১৯৪৭)।

২৩। "করমভাকান্ত ভাষাভিরবিবিধভিরবির্নিমিমাতমা যথা মম ষোড়শভাষাময়ী প্রশস্তি রচনাবলী", বিশ্বনাথ, *Sahitya Darpana*, ৬, ৫৭১, সম্পাদনা - জে. ভি. ভট্টাচার্য্য (কলকাতা, ১৮৭৪), পৃ. ১৫৪।

২৪। অনুবাদ করেছেন এস. জি. মালসে অ্যান্ড এস. এ. গাভাসকার, *The History and Culture of the Indian People*, ভলিউম ৭, ভারতীয় বিদ্যা ভবন (বোম্বে, ১৯৭৪), পৃ. ৫৭৯।

২৫। অশোক কেলকর, *Towards a Common Indian Poetics,* সম্পাদনা সি. ডি. নরসিম্‌হাইয়া; (মহীশূর, ১৯৮৪), পৃ. ১৮-২৯।

২৬। *Orthodoxy, Heterodoxy and Dissent in India*, সম্পাদনা - এস. এন. আইজেনস্টাড, আর কাহানে এবং ডি. সুলমান (বার্লিন, ১৯৮৪)।

২৭। অভিনবগুপ্তের বিস্তারিত জীবনী জানতে দ্রষ্টব্য পি. ভি. কানে (১৯৭১), পৃ. ১৬১-২০৮।

২৮। ডিটলেট কানটোস্কি, 'ম্যাক্স ওয়েবার অন ইন্ডিয়া, অ্যান্ড ইন্ডিয়ান ইন্টারপ্রিটেশন অফ ওয়েবার', *Changing South Asia: Religion and Society* গ্রন্থে অন্তর্ভুক্ত, সম্পাদনা - কেনেথ বালহ্যাচেট অ্যান্ড ডেভিড টেলর (লন্ডন, ১৯৮৪), পৃ. ১১-৩৫।

২৯। *Orthodoxy, Heterodoxy and Dissent in India*, পৃ. ৪।

৩০। পি. ভি. কানে (১৯২৩/৭১), এস. কে. দে (১৯২৩/৬০); এডুইন গেরো (১৯৭৭)।

৩১। বিশ্বনাথ *সাহিত্য দর্পণ*, ১,৩।

৩২। Kâvyâdarśa, সি. শংকর রাম শাস্ত্রী (১৯৫৯); Srngâraprakâśa, ভি. রাঘবন (১৯৬৩)।

৩৩। তদুক্ত

৩৪। পি. ভি. কানে (১৯২৩/৭১), পৃ. ২০৮-১৮।

৩৫। ভারত এল. ভাট 'India and Indian Religion: A Critical Overview' *An Exploration of India: Geographical Perspectives on Society and Culture* গ্রন্থে অন্তর্ভুক্ত, সম্পাদনা ডেভিড ই. সফার (লন্ডন, ১৯৮০), পৃ. ৩৫-৬৪।

৩৬। *A Source Book of Advaita Vedanta*, সম্পাদনা এলিয়ট ডয়েশ অ্যান্ড জে. এ. ভি. ভ্যান বিউটনেন (হনলুলু, ১৯৭১), পৃ. ১১২-২২২।

৩৭। কার্যতত্ত্বের উপর গুরুত্বপূর্ণ কাজ হল ভরতের নাট্যশাস্ত্রের উপর প্রতিবেদন যা *অভিনবভারতী* নামে পরিচিত।

৩৮। এস. এ.এ. রিজভি, 'India and the Medieval Islamic World', *A Cultural History of India*, সম্পাদনা – এ. এল. ব্যাশাম (অক্সফোর্ড, ১৯৭৫), পৃ. ৪৬৫।

৩৯। ভারতীয় ইতিহাসে 'উল্লম্ব' এবং 'সমান্তরাল' উপাদানগুলি সম্পর্কে পারস্পরিক আদানপ্রদানমূলক বিশ্লেষণের জন্য দ্রষ্টব্য বি. সুব্বারাও প্রণীত *দি পারসোনালিটি অফ ইন্ডিয়া* (বরোদা, ১৯৫৬)।

৪০। এম. মনিয়ের-উইলিয়ামস্ এর Dictionary মার্গের নিম্নলিখিত অর্থগুলি দিয়েছে: "অন্বেষণ, খোঁজ, চিহ্নিতকরণ করা, শিকার করা, বন্য জন্তুর ভ্রমণ পথ, যেকোনো পথ, রাস্তা, পথ, দিক, প্রবাহ (বাতাস এবং নক্ষত্রেরও), স্থান করে দেওয়া, যাওয়ার অনুমতি দেওয়া, একই ভাগ্যের শিকার হওয়া, অন্যের জন্য সুযোগ করে দেওয়া, হাঁটা, যাত্রা, পৌঁছানো, মাপকাঠি, ক্ষতচিহ্ন, চিহ্ন, একটি প্রবেশপথ, ধারা, দিক, পদ্ধতি, রীতি, ব্যবহার, বক্তব্য পেশ করার অথবা লেখার পদ্ধতি, টান, পদ্ধতি, অভিনয়, নৃত্য ও সঙ্গীতের উচ্চঘরানা।"

৪১। এন. এ. জিয়ারাজভয়, 'Music', *A Cultural History of India* গ্রন্থে অন্তর্ভুক্ত, সম্পাদনা এ. এল. ব্যাশাম (অক্সফোর্ড, ১৯৭৫), পৃ. ২১৮-২১৯।

৪২। তদুক্ত, পৃ. ২১৯।

৪৩। বিশ্বনাথ, *Sahitya Darpana*, ৯, পৃ. ১-৫।

৪৪। ক্লাউস ভগেল, *Indian Lexicography, A History of Indian Literature*, ভলিউম ৫, ফ্যাকসি, ৪, সম্পাদনা ইয়ান গোনডা (উইসবাডেন, ১৯৭৯), পৃ. ৩৪৪।

৪৫। থমাস উইলব্যাঙ্কস, "Accessibility and Social Change in Northern India", *An Exploration of India* গ্রন্থে অন্তর্ভুক্ত, সম্পাদনা - ডেভিড ই. সফার (লন্ডন, ১৯৮০), পৃ. ২৬৯।

৪৬। রোমিলা থাপার (১৯৬৬/৮৩), পৃ. ২৪১-৫০।

৪৭। এস. এস. নারুলা, *Social Roots of Indian Linguistics* (দিল্লী, ১৯৭৯), পৃ. ১০২।

৪৮। আনন্দ কুমারস্বামী, *The Dance of Shiva* (বোম্বে, ১৯৪৮); শ্রী অরবিন্দ, 'The National Value of Art' *Collected Works* গ্রন্থে অন্তর্ভুক্ত, ভলিউম ১৭, বার্থ সেন্টিনারি লাইব্রেরী (পন্ডিচেরী, ১৯৭২), পৃ. ২৩-৫৪।

৪৯। এলিয়ট ডয়েশ অ্যান্ড জে. এ. বি. ভ্যান বিউটনেন (১৯৭২), পৃ. ১০।

৫০। তদুক্ত, পৃ. ১৬৬।

৫১। *A Reader on the Sanskrit Grammarians*, সম্পাদনা জে. এফ. স্টল (কেমব্রিজ, ম্যাসাচুসেটস ও লন্ডন, ১৯৭২), পৃ. ৪৩২-৫২৫।

৫২। *Sources of Indian Tradition*, সংকলক উইলিয়াম থিওডোর ডি. ব্যারি ও অন্যান্য (নিউ ইয়র্ক, ১৯৫৮/৬০), পৃ. ৭৭।

৫৩। *Al Beruni's India: An Account of the Religion, Philosophy, Literature, Geography, Chronology, Astronomy, Customs, Laws and Astrology of India about AD 1030*, সম্পাদনা সি. সচাউ (লন্ডন, ১৮৮৮), ভলিউম ২, চ্যাপ্টার ৬১, পৃ. ১১৮-২২, (পৃ. ১১৮)।

৫৪। মিশেল হুলিন (১৯৭৮)।

৫৫। রোমিলা থাপার (১৯৬৬/৮৩) পৃ. ২৪১।

৫৬। সুধীর কক্কর (১৯৮১), পৃ. ১৪২।

৫৭। পি. ভি. কানে (১৯৭১), পৃ. ১০৭।

৫৮। আর. বি. পতঙ্কর, 'Three Alternatives' (১৯৮৪), পৃ. ৫৭।

৫৯। এই অনুবাদটি করেছেন রামচন্দ্র গোপাল ভান্ডারকর, *A Reader to Sanskrit Grammarians* গ্রন্থে (১৯৭২), পৃ. ৯৯-১০০।

৬০। সমর্থ রামদাস, *Sri Dâsabodha*, শব্দরঞ্জন সংস্করণ, ভূমিকা তর্কতীর্থ লক্ষ্মণ শাস্ত্রী-জোশী (বোম্বে, ১৯৬২/৬৮), পৃ. ৪৫।

৬১। এই অনুবাদটি এ.কে. রামানুজনের, *Speaking of Siva* গ্রন্থে (পেঙ্গুইন, ১৯৭৩/৭৯), পৃ. ৭৫।

৬২। জেমস স্টুয়ার্ট মিল (১৮২৬), পৃ. ৫০-১।

৬৩। কার্ল দ্য. সুইনিজ, জুনিয়র, *The Rise and Fall of British India, Imperialism as Inequality* (নিউ ইয়র্ক, ১৯৮৩), ভারতবর্ষের ঔপনিবেশিক সমাজতত্ত্ব বিষয়ে একটি সুস্পষ্ট ধারণা প্রদান করে।

৬৪। *Oxford Advanced Learner's Dictionary of Current English* প্রণেতা এ. এস.

হর্ণবি (অক্সফোর্ড, ১৯৭৪), পৃ. ১২৪। ক্যান্টনমেন্ট সংজ্ঞা হিসেবে বলেছেন – "স্থায়ী সামরিক আস্তানা, স্থান যেখানে সৈন্যরা বসবাস করে (মূলত ভারতবর্ষ ও পাকিস্তান)।"

৬৫। জেমস মিল (১৮২৬), ভলিউম ২, পৃ. ১, ক্যান্টারবেরির আর্চবিশপকে লেখা স্যার টমাস রো'এর চিঠি থেকে মিল কর্তৃক উদ্ধৃত।

৬৬। ফ্রাঁসোয়া বার্নিয়ের (১৮৯১), পৃ. ২৯৮; মুঘল স্থাপত্য এবং এর উপর ইটালীয় প্রভাব নিয়ে দ্রষ্টব্য এবা কোচ, 'Pietre Dure and other Artistic Contacts Between the Court of the Mughals and that of the Medici', *A Mirror of Princes* গ্রন্থে অন্তর্ভুক্ত, সম্পাদনা ডালু জোনস, মার্গ পাবলিকেশন (তারিখ উল্লিখিত নেই), পৃ. ২৯-৫৬।

৬৭। জেমস মিল (১৮২৬), পৃ. ১।

৬৮। জন রাসকিনের ভারতবর্ষের ওপর প্রতিক্রিয়া জানতে হলে দ্রষ্টব্য আর. সেনকোর্ট (১৯২৩)।

৬৯। কেনেথ বালহ্যাচেট, *Race, Sex and Class, under the Raj: Imperial Attitudes and Politics and Their Critics* (লন্ডন, ১৯৮০), ফ্যানি এপস্টেইনের ব্যাপারে আলোচনা করেছেন 'Low Life and Racial Prestige' অধ্যায়ে, পৃ. ১২৩-৪৩।

৭০। তদুক্ত, পৃ. ১২৩।

৭১। আর্থার মেহিউ (১৯২৬), পৃ. ১৮০-৮১।

৭২। ই. এম. ফর্স্টার, *A Passage to India* (পেঙ্গুইন, ১৯৩৬/৬৯), পৃ. ১০।

৭৩। এল. এস. এস. ও' ম্যালে (১৯৪১), পৃ. ৫৬৮।

৭৪। কার্ল দ্য. সুইনিজ (১৯৮৩), পৃ. ৭৯।

৭৫। এল. এস. এস. ও ম্যালে (১৯৪১), পৃ. ৫৬৯।

৭৬। আশীষ নন্দী (১৯৮৩), পৃ. ৫২-৩।

৭৭। এ প্রসঙ্গে বিস্তারিতভাবে হালহেদ এর কাজের ব্যাপারে জানতে হলে দ্রষ্টব্য রোসানে রোচার, *Orientalism, Poetry and the Millennium: The Checkered Life of Nathaniel Brassey-Halhed*, ১৭৫১-১৮৩০ (দিল্লী, ১৯৮৩)।

৭৮। তদুক্ত, পৃ. ৪৮।

৭৯। ফনীন্দ্রনাথ ব্যানার্জী, 'Impact of British Policy on the Judicial Administration in Bengal in the Eighteenth Century, *Western Colonial Policy* গ্রন্থে অন্তর্ভুক্ত, ভলিউম ১, সম্পাদনা এন. আর. রায়, ইনস্টিটিউট অফ হিস্টরিকাল স্টাডিজ (কলকাতা, ১৯৮১), পৃ. ৩১২।

৮০। অলিভার মেনডেলসোন, 'The Pathology of Indian Legal System', *Modern Asian Studies*, ভলিউম ১৫ নং ৪ (১৯৮১), পৃ. ৮২৩-৬৩।

৮১। বার্নাড এস. কোন, 'Some Notes on Law and Change in North India'; *Economic Development and Cultural Change*, নং ৮ (১৯৫৯)।

৮২। রবার্ট এল কিডের, 'Courts and Conflict in an Indian City: A Study in Legal Impact', *Journal of Coomonwealth Political Studies*, ভলিউম ১১, নং ২ (১৯৭৩), পৃ. ১২১-৩৯।

৮৩। অলিভার মেনডেলসন (১৯৮১), পৃ. ৮২৬।

৮৪। তদুক্ত, পৃ. ৮৫৭।

উত্তর বিস্মরণ :

১। এস. কে. নন্দী, Studies in Modern Indian Aesthetics, *ইন্ডিয়ান ইনস্টিটিউট অফ অ্যাডভান্সড স্টাডি* (সিমলা, ১৯৭৫)।

২। তদুক্ত, পৃ. ২৯১-৩।

৩। জোয়ান সাইমন, *The Social Origins of English Education* (লন্ডন, ১৯৭০)।

৪। টেরি ইগলটন, *The Function of Criticism from the Spectator to Post-structuralism* (লন্ডন, ১৯৮৭)।

৫। টেরি ইগলটন, *Literary Theory: An Introduction* (অক্সফোর্ড, ১৯৮৩), পৃ. ২৭।

৬। এম. এইচ, অ্যাব্রামস, *The Mirror and the Lamp* (নিউ ইয়র্ক অ্যান্ড লন্ডন, ১৯৫৩)।

৭। পাশ্চাত্য দর্শন ও বিজ্ঞান বিষয়ে পরিবর্তিত চিন্তাধারা নিয়ে আমার মতে সর্বোৎকৃষ্ট

বই হল আর্থার কোয়েসলারের *The Sleepwalkers* (লন্ডন, ১৯৩৯)।

৮। জি. এন. দেবী, 'Comparative Literature in India' *New Quest*, ৬৩ ও ৬৪, মে-জুন এবং জুলাই-আগস্ট, ১৯৮৭।

৯। জি. এস. আমুর, 'Laughter in Sanskrit Poetics'; *A Critical Spectrum* গ্রন্থে অন্তর্ভুক্ত (ঔরঙ্গাবাদ, ১৯৭৫), পৃ. ১৫৪।

১০। কৃষ্ণা রায়ান, 'Rasa and the Obejctive Correlative', *The British Journal of Aesthetics*, ভল্যুম ৫, নং ৩, জুলাই ১৯৬৫, পৃ. ২৪৭।

১১। ভি. কে. গোকাক, *An Integral View of Poetry: An Indian Perspective* (দিল্লী, ১৯৭৫), পৃ. ৯৯।

১২। বি. এস. মারধেকর, *Arts and Man: Lectures and Essays* (বোম্বে, ১৯৬০), পৃ. ১৮৫।

১৩। উইলিয়ম এস. উইলিস, জুনিয়ার, 'Skeletons in the Anthropological Closet' ইন *Reinventing Anthropology*, সম্পাদনা ডেল হাইমস (র‍্যানডম হাউস, ১৯৬৯), পুনর্মুদ্রিত ভিন্টেজ বুক (১৯৭৪), পৃ. ১২২-৩।

১৪। যোগেন্দ্র সিং, *Modernization of Indian Tradition* (রাওয়াত, জয়পুর, ১৯৮৬), পৃ. ১২০।

১৫। ফ্রেড ডব্লিউ রিগস, *Administration in Developing Countries*, উল্লেখ করেছেন যোগেন্দ্র সিং, পৃ. ১২০।

১৬। এখান থেকে এই বিভাগের শেষ অবধি আমি আমার প্রবন্ধের অংশ সমূহ ব্যবহার করেছি এবং তার শীর্ষক হল, 'কলোনিয়াল এক্সপেরিয়েন্স অ্যান্ড দ্য ইন্ডিয়ান ক্রিটিকাল ট্রাডিশন', *The Colonial and the Neo Colonial Encounters in Commonwealth Literature* গ্রন্থে অন্তর্ভুক্ত, সম্পাদনা এইচ এইচ আনাইয়া গৌড়া (মহীশূর, ১৯৮৩), পৃ. ১৩৫-১৪৮।

১৭। শ্রী অরবিন্দ, 'The Sources of Poetry', *The Harmony of Virtue*, বার্থ সেন্টিনারি লাইব্রেরী এডিশন, ভলিউম ৩ (পন্ডিচেরী, ১৯৭২), পৃ. ১০৫।

১৮। পরবর্তী দুটি পরিচ্ছেদ সংগৃহীত হয়েছে আমার রচনা 'শ্রী অরবিন্দ'স 'Sources of

Poetry' এ্যান্ড 'Indian Poetry in English', *A Common Poetic for Indian Literatures* গ্রন্থে অন্তর্ভুক্ত, সম্পাদনা সি. ডি. নরসিমহাইয়া এবং সি. এন. শ্রীনাথ (মহীশূর, ১৯৮৪), পৃ. ১০৪-১১৬।

১৯। শ্রী অরিবিন্দ, 'The National Value of Art', *The Hour of God*, বার্থ সেন্টিনারি লাইব্রেরী, ভলিউম ১৭ (পন্ডিচেরী, ১৯৭২), পৃ. ২৩১-৫৪।

২০। 'To My Brother' (চিঠি), সেন্টিনারী লাইব্রেরী, ভলিউম ২৭, পৃ. ১৪৮-৬২।

২১। শ্রী অরবিন্দ, *The Future Poetry*, সেন্টিনারি লাইব্রেরী, ভলিউম ৯ (১৯৭২)।

২২। তদুক্ত, পৃ. ৯।

২৩। 'অহনা', *Collected Poems*, সেন্টিনারি লাইব্রেরী, ভলিউম ৫, পৃ. ৫২৩-৩৬।

২৪। বি. এস. মারধেকর, Arts and Man: Lectures and Essays (পপুলার, বোম্বে, ১৯৬০) এবং সৌন্দর্য আনি সাহিত্য (মৌজ, বোম্বে, ১৯৫৫)।

২৫। আর. বি. পতঙ্কর (১৯৮৪)। এই বিস্তৃত এবং চিন্তাশীল রচনায়, যা পূর্বে বর্তমান কাজে উল্লেখিত হয়েছে, পতঙ্কর উপস্থাপিত করেছেন মারাঠি সমালোচনামূলক তত্ত্বের উপর মারধেকারের প্রভাব।

২৬। বালচন্দ্র নেমাডে, 'মারাঠি নভেল - ১৯৭০-৭৫'; মারাঠি থেকে জি. এন. দেবী কর্তৃক অনূদিত : *Setu: Journal of Indian Literature in Translation*, ভলিউম ২, নং ১, ১৯৮৬, পৃ. ২৯-৭০।

২৭। তদুক্ত, পৃ. ২৯।

২৮। তদুক্ত, পৃ. ৫৯-৬০।

২৯। *New Quest* (মে, ১৯৮৩) জার্নালের এই বিশেষ সংখ্যায় মারাঠি ও কন্নড় সাহিত্যে দেশীয়বাদ এর ভূমিকা নিয়ে আয়োজিত একটি সেমিনারে পঠিত গবেষণাপত্রগুলি সংকলন করা হয়েছে, তত্ত্বগতভাবে আলোচনা হয়েছে এবং দেশীয়বাদ এই আলোচনা চক্রে মতবাদ হিসেবে গৃহীত হয়েছে—সমালোচনামূলক তত্ত্ব হিসেবে নয়।

৩০। বালচন্দ্র নেমাডে, অনুবাদক জি. এন. দেবী, সেতু, ভলিউম ২, নং ১, ১৯৮৬, পৃ. ৬৮।

উপসংহার :

১। শ্যামলাল, 'A Cure for Amnesia', *The Times of India* (আমেদাবাদ এডিশন), ১৯ মে ১৯৯০, পৃ. ৬।

২। ইমান্যুয়েল ভেলিকোভস্কি, *Mankind in Amnesia* (অ্যাবাকাস, লন্ডন, ১৯৮২/৩)।

৩। তদুক্ত, পৃ. ৯।

গ্রন্থপঞ্জি

আব্রামস, এম.এইচ., *The Mirror and the Lamp : Romantic Theory and Tradition*, ১৯৫৩, অক্সফোর্ড ঃ অক্সফোর্ড ইউনিভার্সিটি প্রেস।

অস্টিন, গ্রেনভিল, ২০০৯, *Language and Constitution : The Half-hearted Compromise in Language and Politics in India*, সম্পাদনা ঃ আশা সারঙ্গী, ৪১-৯২, নিউ দিল্লী ঃ অক্সফোর্ড ইউনিভার্সিটি প্রেস।

বদ্রিলাড়, জ্যঁ, *The Illusion of the End* (১৯৯৪), ইংরেজি অনুবাদ, ক্রিশ টার্নার, কেমব্রিজ ঃ পলিটি প্রেস।

বার্কেন, লরেন্স, *Consuming Desire : Sexual Science and the Emergence of a Culture of Abundance*, ১৯৮৮, ইথাকা, নিউ ইয়র্ক ঃ কর্ণেল ইউনিভার্সিটি প্রেস।

বিয়ঙ্কো, জোসেফ লো, ২০১২, *National Language Revival Movements : Reflections from India, Israel, Indonesia and Ireland* : ইন *The Cambridge Handbook of Language Policy,* সম্পাদনা বার্নাড পলস্কি, ৫০৯-৫২২, কেমব্রিজ ঃ কেমব্রিজ ইউনিভার্সিটি প্রেস।

ব্লেঞ্চ, রজার অ্যান্ড ম্যাথিউ স্প্রিগস, সম্পাদক ১৯৯৯-২০১২, *Archaeology and Language : Theoretical and Medhodological Orientations,* চার খন্ড, এবিংডন অ্যান্ড নিউ ইয়র্ক ঃ রুটলেজ।

ব্র্যাগ মেলভিন, ২০০৩, *The Adventure of English : The Biography of a Language,* লন্ডন ঃ হডার অ্যান্ড স্টাওটন।

ব্র্যাগস, আই. অ্যান্ড ফ্রিডম্যান, এইচ. আই., সেপ্টেম্বর ১৯৯৩, *Can the Speakers of a Dominated Language Survive as Unilingual? A Mathematical Model of Bilingualism ঃ ৯-১৮, A Mathematical and Computer Modelling,* ভল. ১৮, নং ৬, অক্সফোর্ড ঃ পার্গামন প্রেস।

বিস্ট্রো, জোসেফ, *Sexuality ইন The New Critical Idiom,* 'গ্রন্থমালা' সম্পাদক জন ড্রাকাকিস, ১৯৯৭, রুটলেজ, নিউ ইয়র্ক।

করবালিস, মাইকেল সি. *The Recursive Mind : The Origin of Human Language, Thought and Civilisation,* ২০১১, প্রিন্সটন ঃ প্রিন্সটন ইউনিভার্সিটি প্রেস।

ক্রিস্টাল, ডেভিড, ২০০০, *Language Death,* কেমব্রিজ ঃ কেমব্রিজ ইউনিভার্সিটি প্রেস, ফ্লোরে, মার্গারেট-এ সম্পাদিত, ২০১০, *Endangered Language of Australia,* নিউ ইয়র্ক ঃ অক্সফোর্ড ইউনিভার্সিটি প্রেস।

ডেরিডা, জ্যাক, *ইন Force and Signification ইন Writing and Difference*(১৯৬৮) ভূমিকাও অতিরিক্ত তথ্যসহ অনুবাদ করেছেন অ্যালান বাস, ১৯৬৮, রিপ্রিন্ট ১৯৭৮, রুটলেজ অ্যান্ড কেগান পাল, লন্ডন, পৃষ্ঠা ১২।

দেবী, জি. এন. সম্পাদিত, *Indian Literary Criticism : Theory and Interpretation,* ২০১০, নিউ দিল্লী ঃ ওরিয়েন্ট লংম্যান, দেভী, ২০১০ ঃ ২২।

ডাইসন, ফ্রিম্যান, *'Search for Artificial Stellar Sources of Infra-Red Radiation,"* *ইন দ্য জার্নাল Science,* ১৯৬০।

এলুইন, ভেরিয়ার, *The Oxford India Elwin,* ভূমিকা লিখেছেন, জি. এন. দেবী, ২০০৯, নিউ দিল্লী ঃ অক্সফোর্ড ইউনিভার্সিটি প্রেস।

গিলেসপি, টার্লটন, ২০০৭, *Wired Shut : Copyright and the Shape of Digital Culture,* কেমব্রিজ, ম্যাসাচুসেটস ঃ দ্য এম আই টি প্রেস।

হল ডোনাল্ড ই, *Subjectivity* ইন *The New Critical Idiom,* সিরিজসম্পাদনা ঃ জন ড্রাকাকিস, ২০০৪, রুটলেজ ঃ নিউ ইয়র্ক।

হারাওয়ে, ডোনা, *'A Cyborg Manifesto',* লন্ডন ঃ রুটলেজ, ১৯৯১, পৃষ্ঠা ৫৪।

লেন, রিচার্ড জে, *Jean Baudriliard, The New Critical,* গ্রন্থমালা সম্পাদক, রবার্ট ইগলসটন, রুটলেজ, নিউ ইয়র্ক, ২০০৩, পৃষ্ঠা ৩৫।

লুকানোভিক, সোনজা নোভাল, সম্পাদিত ২০১০, *A shared vision : International Dialogue–A Global Paradigm to Promote Linguistic and Cultural Diversity,* ল্যুবল্যিয়ানা ঃ ইনস্টিটিউট ফর এথনিক স্টাডিজ।

ম্যাকমোহন, এপ্রিল, অ্যান্ড রবার্ট ম্যাকমোহন, ২০১৩, *Evolutionary Linguistic,* কেমব্রিজ ঃ কেমব্রিজ ইউনিভার্সিটি প্রেস।

মোজিলা মনিলাল, অনুবাদক বীণা শ্রীনিবাসন, ইন *Bhupen Khakhar*, পৃষ্ঠা ১০১-২০৩, ২০০১, নিউ দিল্লী ঃ কথা।

মোসলে, ক্রিস্টোফার, ২০১০, *The Atlas of the World Languages in Danger,* ইউনেস্কো।

নারায়ণ, কোচেরেথি, ১৯৯৮, ত্রিবান্দ্রাম ঃ ডি. সি. বুকস্, ইংরেজি অনুবাদক ক্যাথারিন থাঙ্কাম্মা, ২০১১, নিউ দিল্লী ঃ অক্সফোর্ড ইউনিভার্সিটি প্রেস।

নিগম, আর. সি., ১৯৭২, *Language Handbook on Mother Tongues in Census of India* ১৯৭১, নং ১০, নিউ দিল্লী ঃ সেনসাস সেন্টিনারি মনোগ্রাফস।

'Phoren Soap' অনুবাদক জি. এন. দেবীও নৌসিল মেহতা। *Bhupen Khakhar* গ্রন্থভুক্ত, পৃ. ৬৬-১০০। ২০০১, নিউ দিল্লি ঃ কথা।

রোসি্, পাওলো, ২০০৬, *Logic and The Art of Memory : The Quest for a Universal Language,* লন্ডন ঃ আথলোন প্রেস।

সারঙ্গী আশা, সম্পাদিত ২০০৯, *Language and Politics in India,* নিউ দিল্লী ঃ অক্সফোর্ড ইউনিভার্সিটি প্রেস।

সেনগুপ্ত, কমলিনী সম্পাদিত, ২০১০, *Endangered Languages in India,* নিউ দিল্লী ঃ ইনট্যাক।

সোয়ার্জ বার্গ, জোসেফ ই, ২০০৯, *Factors in the Linguistic Reorganisation of*

Indian States in Language and Politics in India, সম্পাদনা ঃ আশা সারঙ্গী, নিউ দিল্লী ঃ অক্সফোর্ড ইউনিভার্সিটি প্রেস।

শেলী, মেরী, *Frankenstein, or the Modern Prometheus* ১৮১৮, লন্ডন, স্টেপলডন, ওলাফ Star Maker (১৯৩৭),
http://manybooksnet/titles/stapledonetherof Star_Maker.html

উল্‌ফ, ম্যারিয়ান, *Proust and Squid : The Story and Science of the Reading Mind,* ২০০৭, নিউ ইয়র্ক ঃ হারপার কলিন্স।

ওয়ার্ন, স্টিফেন, ২০০৫, *Atlas of the World's Languages in Danger,* ইউনেস্কো।

ইয়েট্স, ডব্লিউ.বি, *'Easter 1916'* ইন *Selected Poems,* ভূমিকাসহ সম্পাদনা ও টীকা প্রদান করেছেন টিমোথি ওয়েব। লন্ডন ঃ পেঙ্গুইন, ১৯৯৯, পৃষ্ঠা ঃ ১৯-২১।
https://en.wikipadia.org/wiki/Shuji_Nakamura_last visited on 12.05.2017

নির্দেশিকা